정부규제와 중소기업 기술혁신

-이론과 실제-

김권식 · 안승구 · 이광훈

도서출판 대영문화사

머리말

4차 산업혁명으로 일컬어지는 기술혁신의 물결이 거센 지금, 우리나라 역시 기술혁신으로 인한 신기술·신산업이 봇물 터지듯이 등장하고 있다. 이러한 기술혁명의 거센 파고를 잘 활용하여 혁신성장의 물꼬를 트는 일이야말로 저출산 고령화 및 경제성장의 둔화, 지방소멸, 기후위기 등 복합적 위기에 직면한 우리나라가 적극적으로 모색해야 하는 가장 중요한 돌파구의 하나라고 할 수 있다. 정부는 기존의 법령과 제도가 제대로 뒷받침하지 못하는 제도상의 미비점을 보완해가는 동시에 혁신기업이 제도적 장애를 극복하고 신기술 사업화를 신속하게 추진할 수 있도록 뒷받침할 수 있어야 한다.

이러한 배경에서 급속한 기술진보의 시대에 지속가능한 혁신성장을 뒷받침하기 위해 정부가 감당해야 할 새로운 책무들을 생각해보게 된다. 첫째는 신속한 제도개선의 책무이다. 기술혁신의 속도를 따라잡지 못하는 기존의 법령상 근거 및 기준 미비로 인해 발생하는 규제 장애가 신기술 서비스의 사업화를 발목 잡는 일이 없도록 정부는 관련 법령을 신속하게 제·개정함으로써 기술혁신을 제도적으로 지원할 필요가 있다. 둘째는 지속적 협의조정의 책무이다. 기존 법령이나 규제에 의해 허용되지 않는 내용이라 할지라도 신기술 사업화를 통한 새로운 경제적 이익 창출의 기회와 상호 조화가 가능한 제도적 절충점을 찾아내기 위한 정부의 노력이 필요하다. 이를 위해서는 소관 부처와 기업, 지자체 등 관련 당사자 간 지속적인 토론과 협의과정에서 정부의 적극적인 협의 및 조정 역할이 요구된다.

바로 이러한 문제의식에 기초하여 저자들은 본 서에서 변화하는 대내외적 환경변화와 정책적 수요에 부응하는 바람직한 정부의 역할을 이론과 사례를 통하여 짚어나가고자 한다. 일반적으로 정부규제와 기술혁신의 관계는 거시적인 수준에서 특정한 산업별로 차이가 발생할 수 있으며, 미시적인 수준에서는 개별 기업마다 상이해질 수 있다. 즉, 정부규제가 산업 및 기업의 기술혁신에 미치는 영향은 선험적으로 일관적이라기보다는 상황적인(contingent) 조건이나 환경의 변화에 따라 달라지는 경험적 연구문제라고 볼 수 있다. 그러면 우리나라의 경우 정부규제와 산업 및 기업 기술혁신 간의 관계는 어떠한가? 이러한 연구질문에 답하기 위해 이 책은 1부에서 정부규제와 기술혁신의 관계에 대한 이론적 기초를 바탕으로, 2부와 3부에서 각각 산업 수준 및 기업 수준에서 분석한 실증연구 사례들을 소개하였다. 이와 같은 정부규제와 기술혁신에 관한 이론과 사례가 주는 시사점을 통해, 급격한 환경과 여건의 변화에 대응하여 개인과 기업의 창의성을 활짝 꽃피울 수 있는 정부의 의미있는 제도적 혁신이 지속되기를 기대한다.

2023년 1월

저자 일동

차 례

제 1 부　이론적 기초

제 2 부　정부규제와 산업 기술혁신 사례

제1부

이론적 기초

제1부는 정부규제와 기술혁신에 관한 이론적 기초를 설명한다. 제1장은 정부규제가 무엇인가를 이해하기 위하여 다양한 측면에서 정부규제의 특성을 살펴본다. 구체적으로 정부규제의 개념과 유형, 기원과 형성에 대한 이론적 관점을 소개하고, 정부규제의 한계 및 오류를 논의한다.

제2장은 기술혁신은 정부규제와 어떠한 관계를 갖는지를 논의한다. 이를 위해 기술혁신의 개념을 바탕으로, 기술혁신에서 정부의 바람직한 역할은 무엇인지를 논의한다. 나아가 중소기업규제개혁의 의의와 원칙을 살펴보고, 우리나라의 중소기업 규제개혁관련 주요제도를 설명한다.

끝으로 정부규제가 산업 및 기업의 기술혁신에 미치는 영향에 관한 선행연구들과 본 서의 실증연구사례 구성을 소개한다.

제1장

정부규제란 무엇인가?

제1절

정부규제의 개념 및 유형

1 정부규제의 개념

1) 정부규제 개념의 다양성[1)]

오늘날 자본주의·법치주의 사회에서 규제의 영향을 받지 않고 경제활동을 영위한다는 것은 불가능하다. 규제는 명시적 혹은 암묵적 형태로 경제 주체 간의 생산과 소비 전 과정에 긴밀하게 개입하고 있으며, 주체들의 경제 활동에 직·간접적인 영향을 미치고 있다. 규제에 관한 경제·경영·행정학 분야의 초기 연구자들은 공급자 관점, 즉, 규제자로서의 정부 관점에서 규제를 정의하는 경향이 두드러졌다. 기존 연구들이 정의한 다양한 규제의 개념을 살펴보면, 규제(regulation) 혹은 정부규제(government regulation)란 "규제 대상자의 활동과 선택에 대한 재량권의 의도적 제약" 혹은 "특정한 정책목표나 목적을 지닌 개인, 기업, 조직의 활동에 대한 개입(interference)"으로 정의된다(Mitnick, 1980). Selznick(1985)은 공동체에서 발현되는 여러 가지 활동에 대하여 공적인 기관이 지속적·집중적으로 통제하는 것이 규제라고 정의하였다.

한편, OECD(1997: 6)는 규제를 "정부가 기업이나 일반 국민에게 의무를 부과하는 다양한 형태의 수단"으로 보았다. 구체적으로 OECD(1997)는 "정부가 기업과 시민에 대한 요구 사항을 설정하는 다양한 수단들로서, 모든 수준의 정부에서 부과한 법률, 공식 및 비공식 명령과 종속 규칙은 물론 정부가 규제 권한을 위임한 비정부 또는 자율 규제 기관에서 규정한 규칙이 포함하는 것"이라는 개념을 제시하였다. 미국 연방정부의 규제개혁 총괄기관인 연방관리예산처(Office of Management and Budget, OMB)는 "규제란 정부기관에서 법령을 집행하거나 기관 본연의 설립 목적을 수행하는데 활용하는 주요 수단으로서, 개인이나 기업 및 기타 단체들의 행위를 허가 혹은 불허하는 특정한 기준과 명령"이라고 정의한다. 영국의 중소기업 연구센터(Small Business Research Centre, 2008)는 국가 내외 전반에 걸쳐 정부의 공식적 기구에 의하여 법적·행정적 원칙을 제

1) 안승구, 2018, "규제정책이 중소기업의 기술혁신 및 성과에 미치는 영향", 한국과학기술기획평가원(KISTEP) 연구보고서 2018-014.

정 · 적용 · 의무화하는 것으로서, 형법, 민사 및 행정규칙을 위반한 개인 및 조직에 대한 각종 지시와 금지를 포괄하는 것이라고 정의하였다. 영국의 기업혁신기술부(Department for Business, Innovation and Skills, 2015)는 공식적으로 규제를 중앙 및 지방 정부가 채택한 법적 효력이 있는 모든 조치들로서, 개인이나 집단이 준수하지 않을 경우 현행법에 저촉되거나, 재정적 지원, 정책의 적용에서 제외될 수 있는 일련의 규칙이나 가이드라인으로 정의하고, 조세 및 예산 편성은 규제에 해당하지 않는다고 명시하였다. 이에 비해 호주의 Regulation Taskforce(2006)에서는 규제를 두 가지 차원으로 정의하였는데, 첫째는 개인 및 사업자의 행위를 통제 · 통치하기 위하여 고안된 원칙, 규칙, 법규이며, 둘째는 관습 · 관행이 적용되는 특정한 방식이다. 여기서 후자의 정의는 법규로서 명시되지 않은, 이른바 암묵적이고 관념적인 형태로 정치 · 경제 · 사회 전반에 작용하고 있는 광의의 규제까지도 포괄하는 정의로서 앞선 정의들과 차이가 있다. 이상과 같이 규제의 정의는 대체적으로 정부의 통제적 기능을 중심으로 한 개념에서, 정부 정책

표 1-1 정부규제의 개념 정의

연구자	개념 정의
Mitnick(1980)	규제 대상자의 활동과 선택에 대한 재량권의 의도적 제약 혹은 특정한 정책목표나 목적을 지닌 개인, 기업, 조직의 활동에 대한 개입(interference)
Selznick(1985)	공동체에서 발현되는 여러 가지 활동들에 대하여 공적인 기관이 지속적 · 집중적으로 통제하는 것
OECD(1997)	정부가 기업과 시민에 대한 요구 사항을 설정하는 다양한 수단들로서, 모든 수준의 정부에서 부과한 법률, 공식 및 비공식 명령과 종속 규칙은 물론 정부가 규제 권한을 위임한 비정부 또는 자율 규제 기관에서 규정한 규칙이 포함하는 것
미국 연방관리예산처(Office of Management and Budget, OMB)	정부기관에서 법령을 집행하거나 기관 본연의 설립 목적을 수행하는데 활용하는 주요 수단으로서, 개인이나 기업 및 기타 단체들의 행위를 허가 혹은 불허하는 특정한 기준과 명령
영국 중소기업 연구센터(Small Business Research Centre, 2008)	국가 내 · 외 전반에 걸쳐 정부의 공식적 기구에 의하여 법적 · 행정적 원칙을 제정 · 적용 · 의무화하는 것으로, 형법, 민사 및 행정규칙을 위반한 개인 및 조직에 대한 각종 지시와 금지를 포괄하는 것
영국 기업혁신기술부(Department for Business, Innovation and Skills, 2015)	개인이나 집단이 준수하지 않을 경우 현행법에 저촉되거나, 재정적 지원, 정책의 적용에서 제외될 수 있는 일련의 규칙이나 가이드라인
호주 Regulation Taskforce(2006)	개인 및 사업자의 행위를 통제 · 통치하기 위하여 고안된 원칙, 규칙, 법규이며, 관습 · 관행이 적용되는 특정한 방식

뿐만 아니라 경제 · 사회 전반에서 다양한 이해관계를 조율하기 위한 규범을 가리키는 것으로 발전되어 왔다.

2) 논의의 종합

일반적으로 정부규제란 “정부가 바람직한 경제사회의 질서를 구현하기 위해 시장에 개입하여 기업과 개인의 행위를 제약하는 것”(최병선, 1992: 18)으로 정의될 수 있다.[2)]우리나라에서는 1998년에 제정된 행정규제기본법 제2조제1항에서 규제를 “국가 또는 지방자치단체가 특정한 행정목적을 실현하기 위하여 국민의 권리를 제한하거나 의무를 부과하는 것으로 법령 등이나 조례 · 규칙에 규정되는 사항”이라고 규정하고 있다.

기존 논의들이 공통적으로 규정해 온 정부규제의 핵심적 개념요소를 종합하면 다음과 같은 특징을 지님을 알 수 있다. 첫째, 정부규제의 주체는 정부이다(최병선, 1992). 우리나라 행정규제기본법에서는 “정부규제의 주체를 국가, 지방자치단체, 행정권한을 위임 · 위탁받은 법인 · 단체 또는 그 기관이나 개인”으로 한정하고 있다. 국회 · 법원 · 헌법재판소 · 감사원 등은 광의의 국가개념에 포함되나 행정규제기본법상 행정규제의 주체에서는 제외된다(행정규제기본법 제3조제2항).

둘째, 정부규제의 객체는 민간 부문의 개인이나 기업으로 볼 수 있으며, 이들을 피규제산업(regulated industries) 또는 피규제자(regulatee)라고 부른다(최병선, 1992). 행정규제기본법에서는 동 법의 규제 대상을 내국인으로 한정하지 않고 외국인도 포함하며, 자연인이 아니라 하더라도 법인격 유무에 관계없이 적용 대상에 포함된다. 특정한 행정기관이 다른 행정기관을 대상으로 하는 규제를 ‘행정내부규제’라 하며, 행정기관에 대해 부여하는 의무가 국민의 권리를 제한하거나 의무를 부여하는 결과를 초래한다면 실질

---

2) 협의의 정부규제 개념은 “사적영역에 대한 국가의 통제(Vogel, 1996)” 혹은 “정부가 민간경제 주체의 자율적인 사회적 행위를 소극적으로 제한하는 조치(배용수, 2013: 34)”로서, 국가의 강제력(coercive power)에 의존하여 규제 대상자가 규제의 집행에 대하여 불응할 경우 그에 대해 불이익을 주거나 처벌하는 방식으로 행사된다. 이에 비해 광의의 정부규제란 “민간의 행위에 영향을 미치기 위한 노력(Meier, 1985)”으로서, 소극적 제한조치 외에도 세제혜택, 보조금 지급과 같이 피규제자의 인식과 행태를 변화시키기 위한 적극적 유인정책(positive incentive)까지도 정부규제에 포함되는 것으로 보는 입장이다. 한편, 최광의로 정부규제를 정의한다면 정부가 기능을 수행하기 위해 사용하는 모든 수단을 지칭하며, 이 경우 경제적인 목적과 관련된 조세, 관세뿐만 아니라, 각종 인허가 및 행정 절차 나아가 기존의 관행이나 법적 근거가 없이도 정치적인 영향력 혹은 행정력에 근거하여 민간의 행위를 제한하는 모든 공권력 작용까지 포함될 수 있다(하병기 외, 2000).

적으로 규제의 적용을 받는 국민이 행정규제의 객체가 된다.[3)]

셋째, 정부규제는 국민의 권리를 제한하거나 의무를 부과한다(행정규제기본법 제3조).[4)] 즉, 정부규제는 공공의 이익을 위하여 민간의 행위 혹은 재산권 행사를 제약하는 것이다(최병선, 1992).[5)] 정부는 통상적으로 특정 행위를 금지하거나 기준을 제시하여 준수하도록 강제하고 이에 응하지 않으면 불이익을 주거나, 기타 공권력에 근거한 제재를 가하는 방식으로 개인과 기업의 행동에 영향을 준다. 하지만 이러한 직접규제 뿐만 아니라 보조금 삭감, 불응자 명단 공개 등 간접적인 방식으로도 직접적인 제재와 같은 효과를 얻을 수 있다. 예컨대 유인(incentive)의 방식, 즉 특정 행위나 선택을 가능한 한 적게 하도록 유도하기 위해 불이익이나 부담을 부여하는 소극적 유인(negative incentive or disincentive)은 물론, 어떠한 선택이나 행위를 더 많이 하도록 유도하기 위한 수단으로서 특허나 보조금 등의 보상을 주는 적극적 유인(positive incentive)으로 개인과 기업의 행위에 영향을 미치기도 한다.

한편, 정부가 규제자(regulator)이고 민간이 피규제자(regulatee)가 되는 일반적 의미의 규제 개념과는 달리 민간이 규제자이면서 동시에 피규제자가 되는 규제를 자율규제(private self-regulation)라고 한다(Mitnick, 1980). 이는 의사, 변호사, 약사, 미용사 등 전문직업군의 영업활동과 관련된 각종 감시·감독이나, 협회, 연합회, 조합 등 단체에

---

3) 규제대상자들에게 의무를 부과하는 규제 이외에 정부 간 계약 혹은 행정사무를 처리하기 위해 준수해야 하는 규칙과 절차까지도 규제에 포함하는 견해도 있다. 예컨대 Salamon(2002)은 민간의 자유로운 행위에 제약을 가하는 규제와 정부 업무 절차 혹은 정책의 시행을 위한 내부적 운영(internal operation of government) 차원의 규제를 구분하여 제시하였다(박순애·손지은, 2015: 187 재인용). 우리나라 「행정규제기본법」에서 사용하는 '행정규제'라는 용어는 정부규제와 동일한 의미로 볼 수 있다. 이에 비해 OECD(1997)는 정부의 업무 수행과 관련된 서류작업과 행정적인 요식행위를 '행정적 규제(administrative regulation)'로 규정하고 있다. 여기서 '행정적 규제'란 예컨대 '행정내부규제'와 같이 일반적인 정부규제의 집행과정에서 관련 행정기관의 내부 운영절차와 의사결정 과정을 합리화하기 위한 목적을 가진 규제를 의미한다(최유성, 2011: 57).

4) 「행정규제기본법」 제3조에서는 ① 범죄수사 등 형사관련 사무, 확정된 형을 집행하는 행형 및 보안처분 등에 관한 사무, ② 병역법, 향토예비군설치법, 민방위기본법, 비상대비자원관리법에 의한 징집·소집·동원·훈련과 직접 관련된 사항, ③ 방위산업에 관한 특별조치, 군사시설, 군사기밀보호에 관한 사항, ④ 조세의 종목, 세율, 부과 및 징수와 직접 관련된 사항에 대해서는 국민의 권리를 제한하거나 의무를 부과하더라도 적용에서 제외하도록 규정하고 있다.

5) 특별히 국민생활에 대한 정부의 자의적 개입을 방지하기 위해 「행정규제기본법」에서는 '규제법정주의(規制法定主義)'를 천명하고 있다(행정규제기본법 제4조; 법 부칙 제4조). 동 법에 의하면 행정규제는 '법령(법률, 대통령령, 총리령, 부령, 조례, 조례규칙, 고시, 공고, 예규, 훈령)'에 규정되어야 하며, 행정기관은 국민의 대표기관인 입법부가 제정한 법률에 근거하지 아니한 규제로 국민의 권리를 제한하거나 의무를 부과할 수 없다는 원리이다

서 스스로 그 내용을 정하고 회원들을 감시하도록 위임하는 형태의 규제를 말한다. 현대사회에서 행정의 복잡성, 규제 대상의 광범위성 등으로 인해 정부에서 모든 행정 및 정책분야를 직접 규제・감독하는 것이 사실상 불가능해짐에 따라, 관련 분야 종사자들의 연합체인 협회나 연합회 등의 단체와 법인에 규제권한을 위임하여 자체적으로 감시・감독하게 하는 자율규제의 형태가 점차 증가하고 있다. 자율규제는 규제대상 분야와 업종의 현장에 가장 접근성이 높은 관련 종사자들이 직접 규제의 세부적 내용과 기준 및 규제집행을 담당한다는 점에서, 현장 변화에 대한 적응이나 현장 상황에 대한 적실성 등이 제고될 수 있다는 장점이 있고, 국가 공권력의 투입에 따르는 인적・물적 자원의 소모를 절감할 수 있다는 점에서 폭넓게 활용되고 있다. 하지만 세월호 사건에서 불거진 선박업계와 관련 공무원의 유착 문제에서 알 수 있듯이, 자율규제가 성공적으로 집행되려면 관련 분야 종사자들과 규제담당 공무원간의 유착의 고리를 끊어내고, 자율규제시스템이 제대로 작동될 수 있도록 하는 정부의 강력한 감시와 감독 및 집행시스템 작동을 위한 인력과 예산 지원이 전제되어야 한다.

2 정부규제의 유형

1) 정부규제 유형의 다차원성[6)]

정부규제의 개념적 다양성은 필연적으로 유형적 다차원성(multi-dimensionality) 문제를 제기하게 된다. 정부규제의 다차원적 유형화 관련하여 우선, 해외의 주요 연구들을 살펴보면, Blind(2012)는 규제를 경제적 규제, 사회적 규제, 제도적 규제로 구분하여 연구를 수행하였다. 경제적 규제에는 가격, 시장 진입, 자연적 독점 및 공기업 규제와 같은 사례들을 포함하였으며, 사회적 규제에는 환경 보호, 노동 보호, 제품 및 소비자 안전성과 관련한 규제가 포함되는 것으로 분류하였다. 또한 제도적 규제로 지적재산권 보호 등과 같은 내용이 포함되는 것으로 유형화하면서, 각 규제 특성에 따라 혁신 활동에 다양한 인센티브를 지닐 수 있음을 설명하였다. 전미제조업자협회(National Association of Manufacturers)에 제출된 규제비용 산출 보고서에서는 기존 문헌들을 참고하여 경제 규제, 환경 규제, 조세 규제, 직업・안전・보건 규제 등 네 가지로 구분하였는

6) 안승구, 2018, “규제정책이 중소기업의 기술혁신 및 성과에 미치는 영향”, 한국과학기술기획평가원(KISTEP) 연구보고서 2018-014.

데(Crain and Crain, 2014), 이러한 구분은 제조업계의 현황에 가장 첨예하게 부합하는 규제 단위가 어떠한 유형인지를 보여준다. 또한 Department of the Taoiseach(2007)에서는 소득세 및 법인세, 부가가치세, 관습 규제, 건강 및 안전 규제, 기타 고용법, 환경법규, 기업법 등으로 규제를 분류하여 기업에 미치는 전반의 규제 효과를 분석하였으며, Koske et al.(2015)에서는 규제 가운데에서도 제품 시장 규제에 초점을 두고 OECD의 제품 시장 규제 지표를 수정하여 공적 통제, 창업 장벽, 무역·투자 장벽 관련 규제 등으로 분류를 시도하였다.

Dixon et al.(2006)은 소기업 및 창업기업에 대한 규제 영향을 살펴보기 위해 규제 개혁 과정의 관점에서 규제를 분석하고 있다. 기업 규모에 따라 영향력이 달라질 수 있는 규제 영역을 고려하여 소기업 및 창업기업들과 관련한 핵심 규제 영역으로 기업법 및 증권법, 환경보호, 고용 법 및 규제, 건강보험 규제를 선정하여 분류하였다. 기업법 및 증권법은 기업의 형태나 자본 구조와 관련된 것으로 기업의 미래 성장 잠재성과 창업 관련 이슈에 직결된다. 또한 환경보호 관련 규제는 규제순응비용 등 이슈로 소기업과 창업기업의 산업 진입 등을 저해하는 요인이 될 수 있어 주요 고려대상이 된다. 고용 법 및 규제의 경우에는 최소 임금 규모, 노동자들에 대한 보상, 고용 보험 등 이해관계가 상충되는 경우로 기업 규모에 따라 고려해야 할 필요가 있다. 건강보험 규제는 주로 기업들에게 보험 상품을 판매하는 보험 회사들을 대상으로 형성되는데, 그럼에도 불구하고 소기업인 경우 대기업과는 다른 영향을 받게 된다는 점에서 유형에 포함하였다.

시장실패나 정책 문제들을 보완하기 위한 규제의 기능에 중점을 둔 연구를 살펴보면, Pelkmans and Renda(2014)에서는 정보기반 규제, 자발적 규제, 공동 규제, 표준화, 시장기반 규제, 규범적 규제 등으로 분류하였다. 또한 Stewart(2010)에서는 규제가 혁신에 미치는 영향을 분석하기 위해 미국 산업을 살펴보면서 규제를 경제적 규제와 사회적 규제로 분류하였다. 여기서 경제적 규제는 시장 환경을 조성하는 것으로, 가격 규제, 시장 진입 조건, 계약 용어에 대한 규제 등을 포함하는 것이다. 사회적 규제는 사회 복지나 환경 보호를 위해 기업의 요건을 도입한 것으로서, 환경 규제, 건강 및 안전 규제, 광고 및 제품 표시 규제 등을 포함하고 있다.

Regulation Taskforce(2006)에서는 규제를 사회·환경 규제와 경제·재정 규제로 분류하였는데, 사회·환경 규제는 공공 이익을 보호하기 위한 것으로서 건강 관련 규제(일반 진료, 민간 의료 보험, 약국, 치료 제품 및 의약 기구 등), 노동시장 관련 규제(안전보건, 산재보상, 교육, 보육 등), 소비자 관련 규제(소비자 보호, 개인정보보호, 식품

규제 등), 환경 · 건축 관련 규제 등이 포함된다. 그리고 시장 효율성 및 시장 질서를 유지하기 위한 규제를 경제 · 재정 규제로 분류하였으며, 여기에는 규제 당사자들 간 협력 · 조정 등을 위한 재정 및 기업 거버넌스 관련 규제, 조세 관련 규제, 연금 관련 규제, 무역 관련 규제 등이 포함된다.

한편, 국내 연구들에서는 주로 규제개혁위원회의 등록규제를 바탕으로 규제 분석을 수행함에 따라 경제적 규제, 사회적 규제, 행정적 규제의 분류를 반영하였다.[7] 산업연구원(2008)에서는 경제적 규제, 사회적 규제, 행정적 규제의 분류에 따라 규제 유형별 중소기업에 미치는 영향을 살펴보았다. 경제적 규제는 정부가 시장 효율성을 증진하기 위한 목적을 지니며 자원 분배에 영향을 미치는 것으로 시장 진입 및 퇴출 제한, 재정 · 신용정책을 통한 규제, 무역 규제 등을 포함한다. 사회적 규제는 사회적 권리나 가치 보호를 위한 것으로서 보건 및 안전, 환경, 노동 규제 등을 포함한다. 그리고 행정적 규제는 공공 및 민영 부문의 행정적 효율성을 촉진시키기 위한 것으로 조세 체계 등의 내용이 이에 해당한다.

이종한(2013)은 산업의 규제 수준을 나타내기 위해 산업 규제들의 강도를 살펴보기 위한 규제 분류별 가중치를 설정하였다. 이를 위해 선행연구 결과들을 토대로 산업별 규제 지표를 작성하는 과정에서 규제의 성격 유형과 사무 유형에 따라 규제 분류를 시도하였다. 규제는 성격 유형에 따라 경제적 규제, 사회적 규제, 행정적 규제로 나뉘며, 경제적 규제에 있어서 진입 규제, 가격 규제, 거래 규제, 품질 규제의 순으로 규제 강도가 차이가 있는 것으로 보았으며, 사회적 규제에는 투입, 성과, 시장 유인 순으로 규제 강도를 설정하였다. 행정적 규제는 규제개혁위원회의 등록규제 분류를 따라 세부 분류 없이 가중치를 부여하였다. 또한 규제는 사무 유형에 따라 사전승인, 투입기준, 산출기

7) 참고로 현행 행정 규제의 등록 제도는 유형별 분류와 성격별 분류로 구성되는데, 유형별 분류 체계의 경우 규제개혁위원회의 분류와 차이가 있다. 현행 행정 규제의 유형별 분류는 검사, 결정, 고용의무, 금지, 기준설정, 기타 1, 기타 2, 기타 3, 기타 4, 단속, 동의, 등록의무, 면허, 명령, 보고의무, 승인, 시험, 신고의무, 인가, 인정, 제출의무, 증명, 지도, 지정, 추천, 통지의무, 특허, 행정질서벌, 허가, 확인 등으로 분류된다. 한편, 성격별 분류는 규제개혁위원회의 분류와 마찬가지로 경제적 규제와 사회적 규제, 행정적 규제로 분류한다. 성격별 분류의 각 유형에 있어서, 경제적 분류는 진입 규제, 가격 규제, 거래 규제, 품질 규제로 세분류되며, 사회적 규제는 영역별 기준에 따라 환경 규제, 산업재해 규제, 소비자 보호 규제, 사회적 차별금지 규제로 분류되고 방식별 기준에 따라 투입기준 규제, 성과기준 규제, 시장 유인적 규제로 분류된다. 한편, 행정적 규제는 규제개혁위원회의 '행정규제 개념 및 판단기준'에서 세부적 유형이 특정되지 않아 그대로 적용한다 (행정연구원, 2015).

준, 정보규제로 분류되는데, 사전승인 규제에는 허가, 인가, 면허, 특허, 승인, 지정, 추천, 동의 등이 포함되며 투입 기준 규제에는 시험, 검사, 인정, 확인, 증명, 고용의무, 금지 등이 포함된다. 산출기준 규제에는 결정, 명령, 지도, 단속, 행정질서벌 등이 해당되며 정보 규제에는 신고의무, 보고의무, 등록의무, 통지의무, 제출의무 등이 포함되었다.

조용현 · 김승일(2013)은 환경 · 경제 · 고용 분야와 국토 · 해양 · 농수산 · 기타 분야를 분류하여 규제 현황을 분석하였으며 각 분야에서 등록규제 유형에 따라 경제적 규제, 사회적 규제, 행정적 규제를 살펴보았다. 특히 중소기업 규제를 선별하여 기업 경영주기별로 규제 유형을 분류하였다. 이를 위해 창업, 경영활동 과정, M&A 및 사업전환, 사업(가업승계), 폐업 · 회사정리로 대분류하였는데, 창업 관련으로는 창업, 건축, 입지 관련 규제가 포함되며 경영활동 과정에서의 규제에는 운영관리, 생산, 판매영업, 인력, 금융, 산업안전, 환경, 해외통상, 기술 규제가 포함되었다. M&A 사업전환과 관련하여 기업 합병, 자산 매각, 업종 전환과 관련한 규제가 포함되었으며, 가업 승계 절차와 회사 정리에 있어서는 대분류를 그대로 적용하였다.

한편, Levi-Faur(2011)는 규제 유형의 다차원성을 고려하여 연구자별 관점에 따라 다음과 같이 분류하였다. 국가 중심 개념(State-centered conceptions) 연구자들은 규제가 정부 차원을 넘어 기관들 간에 확산된다는 사회 중심(Society-centered) 개념과 반대로 규제를 국가가 제정한다는 점에 초점을 두어 규제 정의에 접근하고 있다. 한편 법학 연구자들은 규제의 사회 통제적 측면보다도, 회복적 사법, 대응적 규제와 같이 법적 도구로서 규제의 측면을 강조하였다. 또한 경제학자들은 규제가 다수의 사적이고 특정한 이해관계를 위해 이용되는 전략적 도구가 될 수 있음에 초점을 두었다. 특히 경제학자 가운데서도 제도경제학자들은 규제가 시장의 핵심적 구성요소이며, 소유권을 구성하는 메커니즘으로 간주되고, 심지어 경제적 원천이 될 수 있다고 설명한다. 그리고 행정학 연구자들은 규제가 국가의 권한 범위, 공식적 규제 기관, 정부 기술(the art of government)에 관한 직접적이고 긴밀한 증거가 될 수 있다고 주목한다. 이는 표준이나 유연한 규범으로서 규제에 초점을 둔 국제 거버넌스 연구자들의 관점과는 상이한 것이다. 예컨대 세계은행(World Bank)과 같은 국제적인 경제 기구에서는 사회적 목적을 달성하기 위하여 경제 기구를 통해 행해지는 특정 행위의 제한에 관한 규칙의 설정으로 정의하여 기관의 정체성을 강조하기도 하였다(Loaya and Serven, 2010). 또한 일부 국제 거버넌스 연구자들은 규제의 증가가 신자유주의의 진보나 복지국가의 쇠퇴에 대한 징후가 될 수 있다고 간주하고 있으며, 다른 한편에서는 규제가 신중상주의자들의 시장 확장을

표 1-2 규제에 대한 연구 관점

연구 관점	중심 내용	주요 연구
국가중심주의	국가가 제정한 법률	Laffont(1994)
법학	사회 통제가 아닌 회복적 사법, 대응적 규제 등과 같은 도구	Braithwaite(1989), Ayres & Braithwaite (1992), Braithwaite(2002)
경제학	다수의 사적이고 특정한 이해관계를 위해 이용되는 전략적 도구	Stigler(1971), Jarrell(1978) Priest(1993)
제도경제학	시장의 핵심적 구성요소, 소유권을 구성하는 메커니즘	North(1990)
	경쟁력의 원천	Porter(1991), Jänicke(2008)
행정학	국가의 권한 범위, 공식적 규제 기관, 정치기술(the art of government)에 관한 직접적이고 긴밀한 증거	Bernstein(1955), Mitnick(1980), Coen & Thatcher(2005), Gilardi(2005; 2008)
국제 거버넌스	표준, 유연한 규범	Mattli & Büthe(2003), Scott(2004), Jacobsson(2004), Trubek & Trubek(2005), Dejlic & Sahlin-Andersson(2006)
	국제적인 경제 기구에서는 사회적 목적을 달성하기 위하여 경제 기구를 통해 행해지는 특정 행위의 제한에 관한 규칙의 설정	Loaya and Serven(2010)
	신자유주의의 진보, 복지국가의 쇠퇴에 관한 징후	Majone(1994)
	신중상주의자들의 시장 확장을 위한 도구	Levi-Faur(1998)
	고도의 모더니즘(high modernism)	Moran(2003)
	사회공학(social engineering)	Zedner(2006)

자료: Levi-Faur(2011)의 내용을 토대로 재구성.

위한 도구, 고도의 모더니즘(high modernism), 사회 공학(Social engineering)이 될 수 있다고도 설명하고 있다. 이상과 같은 규제의 개념 정의에 관한 주요 관점들을 요약하면 〈표 1-2〉와 같다.

2) 논의의 종합

(1) 규제의 목적 및 성격에 따른 분류

정부규제는 목적과 용도에 따라 다양한 분류가 가능하다. 그 가운데 가장 보편적으로 사용되는 것은 규제의 목적 및 성격에 따른 분류로서 경제적 규제(economic regulation)와 사회적 규제(social regulation)로 나누는 것이다. 먼저 경제적 규제는 기업의 '본원적 활동'에 대한 규제(최병선, 1992)로서, 시장활동에 영향을 주는 정부행위, 즉 정부가 가격결정, 경쟁조건, 시장진입 및 퇴출 등 경제주체들의 결정에 직접 개입하는 것을 말한다(Mitnick,1980; OECD, 1997; 하병기 외, 2000). 여기서 '본원적 활동'이라 함은 기업의 설립이나 실제 기업의 영리활동을 영위하는 데에 수반되는 제반 의사결정과 행위들을 의미한다. 보다 구체적으로는 가격, 수익률, 재화와 서비스의 품질, 판매 조건, 시장 진입·퇴출 조건 등 기업이나 산업의 본원적 활동에 정부가 제약을 가하는 것이 경제적 규제이다.

다음으로 사회적 규제란 공공재 혹은 공익에 영향을 미칠 수 있는 분야에서 초래될 수 있는 시장실패를 최소화기 위해 사회정의 및 사회적 형평성 실현 차원에서 이루어지는 규제라고 할 수 있다(배용수, 2013). 예컨대 보건·안전·환경 등과 같이 공공의 이익에 관련된 분야, 사회적 통합을 위해 정책적으로 배려해야 할 여성·청소년·소비자·빈곤 계층을 고려한 정부의 개입이 이에 해당한다(Mitnick, 1980; OECD, 1997). 사회적 규제를 보다 협의로 파악하는 견해에서는 기업의 책임성 측면에 초점을 두어 "경제주체가 경제활동을 영위하는 과정에서 부수적으로 발생하는 사회적 문제 해결을 위해 정부가 시장에 개입하는 것"을 사회적 규제로 정의한다(최병선, 1992). 즉, 사회적 규제의 대상은 '기업의 사회적 행동'이며, 여기서 기업의 사회적 행동이란 환경오염, 소비자안전, 산업재해, 근로자에 대한 차별 등 기업의 사회적 역할과 책임에 직접 관련되는 기업행동을 의미한다.[8]

8) 각 분야의 사회적 규제의 예는 다음과 같다(배용수, 2013: 218-255). 첫째, 식품의약품 안전규제로서 기업에 부과되는 정보제공의무이다. 정보제공의무(규제)는 해당 식품 혹은 약품에 대한 성분 및 위생 관련 정보를 소비자에게 직접 제공하거나 제품에 표기하도록 강제하는 규제를 말한다. 이는 정보비대칭성을 해소하여 소비자의 권익을 보호하는 기능을 한다. 둘째, 환경규제는 환경오염이라는 외부불경제 현상을 적정수준에서 조정하기 위하여 정부가 다양한 수단으로 개입하는 것으로 조세(금전적 제재), 보조금 기타 비금전적 규제수단 등이 동원된다. 셋째, 직업안전 및 보건규제는 사용자에 비해 사회적으로 불리한 위치에 있는 근로자가 직무상 위험한 상태에 처하지 않도록 근로 및 작업장 안전 기준 수립 및 근로 관련 복지 의무 등을 고용주에게 부과하는 것을 주요 내용으로 한다.

참고 **경제적 규제와 독점규제의 구분**

규제의 대상에 따른 경제적 규제(기업의 본원적 활동)와 사회적 규제(기업활동에 수반되는 책임)로 나누는 이원론에 대한 비판적인 견해도 제시되고 있다. 이에 따르면 규제는 경제적 규제의 속성과 사회적 규제의 속성을 동시에 갖는 규제도 있기 때문에 경제적 규제와 사회적 규제라는 이분법적 분류보다는 경제적 규제/사회적 규제/독점규제의 세 가지로 구분하는 것이 더욱 적절하다는 것이다(김태윤, 2012; 배용수, 2013).

경제적 규제와 사회적 규제의 속성을 동시에 갖는 규제의 전형적인 예시는 환경피해의 방지나 소비자의 안전을 위해 기업을 대상으로 설정한 규제가, 실제로는 개별 기업들에 있어 시장 진입 장벽으로 작용하는 경우이다. 독점 및 불공정거래 행위 등에 대한 규제가 바로 이에 해당한다. 독점규제는 기업의 경제적 활동을 규제한다는 점에서 경제적 규제와 유사한 측면이 있지만, 정책의 방향성이 시장 경쟁을 촉진·활성화하는 데에 초점이 맞춰져 있다는 점에서 기존의 경제적 규제와 매우 다른 속성을 지닌다고 할 수 있다.

보다 구체적으로 양자는 다음의 측면에서 차이가 있다(배용수, 2013: 143-145):

① 속성 측면: 독점규제는 시장경쟁을 창달·증진시키거나 경쟁시장과 유사한 시장성과를 확보하는 방향으로 이루어지나 경제적 규제는 기본적으로 시장경쟁을 제한하거나 독점체제를 보호하는 속성을 지닌다.

② 대상산업 측면: 경제적 규제가 자연독점산업과 같이 비교적 한정된 산업을 대상으로 가격기구에 제한을 가하는 반면, 독점규제는 매우 광범위한 산업분야 전체를 대상으로 시장경쟁원리를 촉진시키기 위해 시장질서를 규율한다.

③ 개입방식 측면: 독점규제는 시장 내에서의 규칙과 조건을 설정하고 시장 시스템이 스스로 그에 맞추어 작동함으로써 경쟁질서가 촉진되는 효과가 나타나도록 만드는 반면에 경제적 규제는 기업의 내부 운영에까지 직접적으로 개입한다는 면에서 차이가 있다.

④ 보편적 서비스 제공의무의 측면: 보편적 서비스(universal service)는 방송, 통신, 우편서비스와 같이 국가안보 및 소외계층의 사회적 배제를 방지하기 위한 일종의 안전망으로서 기능하는 서비스이다. 따라서 보편적 서비스는 전국 어디에서나 적절한 설비와 합리적 가격으로 제공받을 수 있어야 한다는 점이 강조된다. 이러한 측면에서 보편적 서비스는 ① 공공 필수 서비스, ② 합리적이거나 저렴한 요금, ③ 지역적, 신체적, 경제적 차별없는 역무 제공, ④일정한 품질을 그 개념요소로 한다. 이처럼 보편적 서비스가 필수적인 공익서비스로 인식됨에 따라 생산자 입장에서는 가격기준의 설정 등과 같은 경제적 규제 및 이에 따른 의무가 부과되는 경우가 있다는 점에서 자유시장 원리와 충돌할 수 있다.

독점규제의 예를 한번 살펴보자. 우리나라의 현행 독점규제 및 공정거래에 관한 법률상 시장경쟁 위반행위에 대한 시정조치를 규정한 조문의 내용은 다음과 같다.

"독점규제 및 공정거래에 관한 법률 제16조(시정조치 등) ① 공정거래위원회는 제7조(기업결합의 제한)제1항, 제8조의2(지주회사 등의 행위제한 등)제2항부터 제5항까지, … 또는 제15조(탈법행위의 금지)의 규정에 위반하거나 위반할 우려가 있는 행위가 있는 때에는 당해 사업자 또는 위반행위자에 대하여 다음 각호의 1의 시정조치를 명할 수 있다.

1. 당해 행위의 중지 / 2. 주식의 전부 또는 일부의 처분 / 3. 임원의 사임 / 4. 영업의 양도 / 5. 채무보증의 취소 … 8. 기타 법위반상태를 시정하기 위하여 필요한 조치"

한편 독점규제와 구분되는 협의의 경제적 규제의 예로는 다음의 법률 조문을 들 수 있다. "항만운송사업법 제26조의3(사업의 등록) ① 항만운송관련사업을 하려는 자는 항만별·업종별로 해양수산부령으로 정하는 바에 따라 지방해양항만청장에게 등록하여야 한다. 다만, 물품공급업을 하려는 자는 본점 또는 주된 사무소의 소재지에 있는 항만을 관할하는 지방해양항만청장에게 신고하여야 하며, 그 영업구역은 제2조제3항제1호 및 제2호의 항만으로 한다. ② 제1항에 따른 등록 및 신고에 필요한 자본금, 시설, 장비 등에 관한 기준은 대통령령으로 정한다."

이상의 법조문 내용에서 알 수 있듯이 독점규제는 기업의 본원적 활동, 즉 영리추구를 비롯한 시장경제 시스템 내에서의 다양한 활동 중에서 법령에 규정된 내용에 따라 특정 유형의 행위를 규제하고 있지만 규제의 목적이 시장경쟁을 저해하는 행위를 규제하는 데에 있다. 즉 기업결합이나 지주회사 설립, 탈법행위 등을 통해 특정 기업이 시장지배력을 행사하여 시장경쟁을 저해하게 되는 것을 방지하기 위해 기업 등 시장주체들의 경제활동에 직접 개입하게 되는 것이다. 반면에 (협의의) 경제적 규제는 그 목적이 자유시장경쟁질서를 보호하고 시장경쟁을 활성화하는 데에 있지 않다. 항만운송사업법의 예에서 보듯이 항만운송서비스업을 영위하려는 기업의 등록 및 신고제를 통해 일정수준 이상의 자본금과 시설 및 장비를 갖춘 기업만이 영업을 할 수 있도록 허가하는 일종의 진입장벽을 구축함으로써 원활한 시장경쟁을 촉진하기보다 일정부분 억제하고자 하는 목적을 갖는다. 이는 시장의 과당경쟁으로 인한 서비스 질 저하를 막고자 하는 정부의 정책의도에 의한 것으로서 시장경쟁질서를 창달하여 사회적 후생을 극대화하고자 하는 독점규제 및 경쟁정책과는 규제의 목적 및 방향성 측면에서 명백히 차이가 난다.

(2) 규제수단에 따른 분류

정부가 시장이나 민간영역에 개입하여 의무를 부과하거나 권리를 제약하는 규제정책을 실현하는 경우에도 그러한 규제정책의 목적을 실제로 달성하는 데에는 어떠한 수단을 사용하는지가 중요한 의미를 갖는다.[9] 따라서 규제를 목적 및 성격에 따라 경제적 규제와 사회적 규제로 분류하는 것과는 별개의 차원에서, 규제수단의 성격에 따라 분류할 수도 있다.

Ogus(1994: 151)는 국민들에 대한 국가의 자유 침해의 정도, 즉 규제의 강도가 큰 순으로 네 가지 유형을 제시하였는데, 구체적으로 사전승인(prior approval), 투입기준(input standard), 산출기준(output standard), 그리고 정보규제(information regulation)로 구분한다(이종한 · 최무현, 2004; 최병선, 2009).[10] 첫 번째 유형으로서 '사전승인'은 정부로부터 미리 승인을 얻지 못하면 개인이나 기업이 상품이나 서비스를 공급하는 것을 법적으로 금지하는 방식의 규제이다. 두 번째 유형인 '투입기준'은 '기술기준' 혹은 '설계기준' 규제라고도 하는데, 공급자의 생산방식이나 투입요소(재료)에 대해 특정한 것을 사용하거나 사용하지 말 것을 사전에 요구한다. 세 번째 유형인 산출기준은 '성과기준'(performance standard) 규제라고도 한다. '산출기준'은 규제 목적을 충족시키는 질적 조건을 요구하나 그 조건을 공급자가 충족시키는 방법을 선택하는 데 있어 재량권을 부여한다. 네 번째 유형인 '정보규제'에는 공급자가 제품의 가격, 구성 및 양과 질 등에 관한 정보를 강제로 제공하게 하는 '강제 공개(mandatory disclosure)' 방식과, 잘못되거나 과장된 허위정보를 제공하지 못하도록 금지하는 방식의 규제가 이에 해당한다. 특별히 '정보 규제'는 침해의 정도가 가장 적어 공급자에게 사실에 대한 공개를 요구하지만 행위 자체에 대한 제약을 가하지는 않는다는 특징을 가진다.[11]

---

9) 예를 들면 규제수단에 따라 피규제자들의 유인구조가 달라지기 때문에 준수 여부 혹은 순응여부가 달라질 수 있고, 재원의 문제나 업무집행의 용이성 등 관료들의 유인구조(incentive structure) 역시 달라질 수 있기 때문에 규제정책의 성패에 있어 규제수단이 중요한 의미를 지닐 수 있다.

10) Ogus(1994)가 주로 사회적 규제를 대상으로 네 가지 유형을 제시하였다면, 최병선(2009)은 이러한 규제수단 유형을 경제적 규제에까지 적용 · 확대하였다.

11) 반면 그와 상반되는 '사전승인'의 경우는 공공기관의 승인이 없는 행위 자체를 금지시킨다는 면에서 차이가 있다. 이에 비해 '투입' 및 '성과' 기준은 사전적인 통제는 가하지 않지만 질적 기준을 충족시키지 못한 공급자를 제재하는 규제수단이라는 점에서 사전승인과 정보규제의 중간 정도의 규제 강도를 보인다(이종한 · 최무현, 2004).

표 1-3 규제수단에 따른 분류

유형	정의	특징	예시
사전 승인	사전에 일정한 질적인 조건을 충족하는 기관에게만 승인하는 방식	정부로부터 미리 승인을 얻지 않고서는 상품이나 서비스를 공급하는 것을 법적으로 금지	• 전문직종의 면허 • 직업 및 상업 행위에 · 대한 면허 • 상품 면허 • 토지 이용의 면허
투입 기준	기업이 특정 행동기준을 준수하도록 구체적으로 지시·강제하는 방식	기준설정 후 피규제자의 준수의무를 부과하고 달성여부를 확인 · 감시하여 강제력을 활용, 강력히 집행	• 근로자 근무조건 규정 • 작업장내 위험시설 설치 · 관리 제한 • 건축용적률 제한
성과 기준	투입기준 규제와 대조적으로 피규제자가 궁극적으로 달성해야할 목표치를 설정하고 이를 준수하도록 강제하는 방식	성과(최소목표치)를 달성하는 방법은 전적으로 기업의 자유재량에 맡김	• 수질생물학적산소요구량 (BOD) 기준 • 휴대폰 방출저주파 기준 • 의약품 품질관리 • 고용할당제 • 시험검사기관의 검사 통과 의무
정보 제공	국민에게 적절한 정보를 제공함으로써 행태 변화를 이끌어 내는 방식	법정 정보공개, 정보왜곡의 해소 등을 통한 자발적 행위변화 유도	• 식품의 내용물과 유효기간 표시제도 • 에너지효율등급 표시 • 식품원산지 표시

자료: Ogus(1994); 이종한 · 최무현(2004); 최병선(2009) 등 참고 재구성.

(3) 규제의 입법기술상 분류

규제가 그 법적 근거가 되는 법령에 어떠한 방식으로 기술되어 있는지에 관한, 규제의 입법기술상 분류방식으로는 '네거티브(negative) 규제'와 '포지티브(positive) 규제'의 구분을 들 수 있다(김유환, 2008). 네거티브 규제는 네거티브 리스트(negative list) 규제라는 말에서 비롯된 것으로, 통상법의 집행에 있어 수출입 허용 여부를 정하는 방식에서 유래되었다. 네거티브 방식은 열거된 품목에 대해서만 수출입이 금지되고(negative) 나머지 품목에 대해서는 허용되는 방식이다. 반면에 포지티브 방식은 법령 조항에서 열거된 품목만이 수출입이 허용되고(positive) 나머지는 금지되는 방식을 의미한다.

특정 규제가 네거티브 규제에 해당하는지에 대한 구별 기준은, 법령상 열거하는 것이 허용사항인지 아니면 금지사항인지의 형식적 차이다. 다시 말해, 규제의 형식에 있어서 특정한 금지 행위를 열거하고 열거되지 않은 다른 행위는 허용하는 방식으로 규정되어 있으면 네거티브 규제이다. 반면 법령 등의 형태로 특정되거나 규정된 행위만 허용되며 나머지는 허용되지 않는 방식은 포지티브 규제라 한다.

요컨대 네거티브 규제란 "규제의 근거가 되는 법령에서 특정한 사항을 열거하여 제한적으로 금지시키는 형식으로 되어있는 규제"로 정의할 수 있다(김유환, 2008: 66). 따라서 네거티브 규제는 기본적으로 행동의 자유를 일반적으로 허용하되 예외적인 경우에만 금지함으로써 국민과 기업에게 상대적으로 더 많은 자율성을 부여하는 규제방식이다. 건강보험 적용 범위와 관련된 규제에서 일반적인 질병과 수술 모두에 건강보험을 적용하도록 하되 예외적으로, 비의료적 성형수술이나 환자가 추가적인 비용을 많이 부담하여야 하는 치과 진료 등은 의료보험적용에서 제외할 수 있도록 규정하는 경우가 이에 해당한다. 또한 석유 및 석유대체연료 사업법 제39조[12]에서는 석유정제업자 등의 금지행위를 네거티브 방식으로 규정하면서 석유 및 석유대체연료의 건전한 유통질서를 저해하는 행위의 구체화를 하위명령인 법 시행령 제43조[13]에 위임하고 있다.

이에 반해, '포지티브 규제'란 허용 대상인 특정 대상들만을 근거법령에 열거하는 형식의 규제방식으로서 기본적으로는 금지가 우선적이고 예외적으로 일정 범위의 행위만을 허용하는 규제방식이다. 따라서 포지티브 규제는 사전승인, 인허가 등의 전통적인 명령지시적인 규제가 대부분 포함된다고 할 수 있다.[14]

---

12) 동법 제39조(행위의 금지) ① 석유정제업자·석유수출입업자·석유판매업자·석유비축대행업자 또는 석유대체연료 제조업자등은 다음 각 호의 어느 하나에 해당하는 행위를 하여서는 아니 된다.

13) 동 시행령 제43조(석유 및 석유대체연료의 유통질서저해행위) ① 법 제39조제1항제7호에서 "석유 및 석유대체연료의 건전한 유통질서를 저해하는 행위로서 대통령령이 정하는 행위"라 함은 다음 각 호의 행위를 말한다.

14) 예를 들면, 증권거래법 제188조의 4(③ 누구든지 단독 또는 공동으로 유가증권의 시세를 고정시키거나 안정시킬 목적으로 유가증권시장 또는 코스닥시장에서의 매매거래 또는 그 위탁이나 수탁을 하지 못한다. 다만, 다음 각 호의 어느 하나에 해당하는 경우에는 그러하지 아니하다)는 불공정거래의 유형의 하나로서 시세고정이나 안정을 목적으로 매매거래의 위탁 수탁을 금지대상으로 규정하면서 그에 대한 예외적 허용리스트를 규정하고 있다.

제2절

정부규제의 기원 및 형성

1 공익이론

1) 시장실패론

규제는 왜 그리고 어떻게 만들어지는가? 일반적으로 경제 이론에서는 정부가 시장실패의 치유 및 공익 실현을 목적으로 시장에 개입하는 과정에서 규제가 형성된다고 주장한다. 이는 주로 후생경제이론을 중심으로 한 주류경제학자들의 견해로서 공익근원설(규제의 공익이론; public interest theory)이라고 부른다. 시장 자체적으로 해결되지 못하는 시장실패(market failure)의 영역에 대한 정부의 개입은 그 자체로서 정부 고유의 책무로 볼 수 있다. 따라서 정부규제의 목적인 시장실패 치유는 규범적 차원에서 공익이라는 행정가치의 핵심적 내용을 대변하는 것으로 볼 수 있다.

정부규제의 개념을 이해하기 위해서는 우선 정부에 대응하는 시장의 개념부터 이해해야 한다. 시장이란 소비자와 생산자가 재화와 용역을 거래하는 유무형의 메커니즘을 말한다. 많은 경우에 경제이론에서는 시장을 완전경쟁시장 상황으로 가정하고 있는데, 완전경쟁시장이란 소비자의 수요(demand)와 생산자의 공급(supply)이 균형을 이루는 상태에서 자원배분[15]의 효율성이 최대한 달성되는 시장의 조건을 의미한다. 완전경쟁시장의 성립조건이 충족되지 못하여 시장이 자원배분의 효율성을 달성하지 못하는 상태를 시장실패라고 한다. 시장실패는 완전경쟁시장의 균형이 실현하고 있는 사회적 후생 극대화의 상태를 벗어나게 함으로써 사회적 후생 손실(초과부담)을 유발한다. 즉, 시장실패로 인해 소비자 잉여와 생산자 잉여의 손실이 발생되어 사회적 후생에 손실이 발생하게 된다. 바로 이러한 시장실패의 비효율성으로부터 정부개입의 필요성이 제기된다. Pigou(1938)에 의하면 외부성, 정보의 비대칭성, 경쟁의 부족 등으로 인한 시장실패가 발생할 경우, 장기구의 효율성을 증진시키기 위하여 정부규제의 필요성이 제기 될 수 있다.[16] 예컨대 환경공해로 인하여 발생하는 외부불경제의 문제를 해결하기 위하여

15) 자원배분(resource allocation)이란 무엇을 얼마나 생산할 것인가의 문제, 즉 주어진 생산자원을 생산품목과 수량에 각각 어떻게 배치할 것인가에 대한 의사결정을 의미한다.

법령에 대기환경규제 및 수질환경규제에 대한 세부적인 기준을 설정해 놓고, 오염물질 배출업소가 반드시 준수하도록 직접적 통제방식으로 강제하거나, 대기 및 수질오염 시 배출부과금을 매길 수 있으며, 오염물질을 배출할 수 있는 권리를 돈을 주고 거래하는 제도를 마련하기도 한다.

2) 공익근원설

앞에서 살펴본 시장실패의 치유라는 측면 외에도 규제가 대변하는 공익[17] 개념을 여러 가지로 정의할 수 있다(김용우, 2010). 첫째가 대리인 공익이론이다. 이는 규범적 이론으로서 국민의 대리인인 정부 혹은 규제당국은 공익적 목적을 추구해야 한다는 것으로 규제당국이 추구해야 할 바람직한 가치를 제시하고 있다. 즉 대리인들은 수탁자가 제시한 규범에 구속되어서 행동해야 한다는 것이다. 둘째는 구조적 · 법적 공익이론으로서 현실의 정부가 갖추고 있는 구조 · 조직 · 운영 등에 초점을 맞추어 실제로 정부 내에서 공익을 추구하기 위하여 각종 규제를 입안하고 형성하는 과정을 묘사하고 있다. 정부는 시행착오를 통해 규제업무를 개선하는 "흥미있는 실험실"이라고 보며, 정부의 역량을 기본적으로 신뢰하는 바탕 하에 정부의 적극성 혹은 시행착오를 통한 발전가능성에 초점을 맞추고 있다. 셋째로 집단공익이론에서는 규제가 기업의 권력남용으로 인한 문제를 해결하기 위해 도입된다고 설명한다. 기업의 경제활동으로부터 부당하게 피해를 입은 소비자집단의 지지를 받을 때에 비로소 규제가 시행되기 때문에 규제는 공익에 부합한다고 본다.

---

16) 사회적 후생손실(초과부담)을 발생시키는 시장실패 현상에는 다양한 유형이 있는데 가장 대표적인 것들로는 자연독점(불완전 경쟁), 외부효과(외부성, externality)의 문제, 정보의 비대칭성 등이 있다. 그 밖의 시장실패 유형으로는 실업, 인플레이션(경기변동, 경기순환) 등 시장경제체제의 불안정성 문제, 부익부 빈익빈 현상과 같은 소득분배의 형평성(불공평성) 문제 등이 있다.

17) Mitnick는 공익의 개념을 아래와 같은 다섯가지의 차원으로 설명하고 있다(김용우, 2010). 첫째는 균형의 개념으로서의 공익이다. 이는 이해관계가 다른 다양한 이익집단이나 사회세력들이 각자 이익을 추구하는 과정에서 이익의 일부를 자연스럽게 합의함으로써 이해관계의 공통분모를 도출한 것을 공익으로 보는 견해이다. 둘째는 국가사회목적의 개념으로서의 공익이다. 이는 공익을 국가사회체제를 유지하기 위해 기본적으로 필요한 것으로 보며 국민 전체의 공통적 인식에 의해 필요불가결한 것으로 인정되는 목적적 가치를 말한다. 셋째는 절충적 개념으로서의 공익이다. 이는 다양한 집단의 타협과 협상과정을 통해 도출되는 공익을 의미한다. 넷째는 득실개념으로서의 공익인데 이는 이익집단 간에 이익과 손해의 교환과정을 통해 자연스럽게 도출되는 이익을 의미한다. 다섯째는 가부장적 개념으로서의 공익이다. 이는 리더, 지도자, 정치엘리트나 정치적 권위를 가진 자가 국가 전체의 이익으로서 정의한 것을 공익으로 보는 견해를 의미한다.

2 규제의 정치이론

1) 사익이론

사익이론 또는 사익근원설은 정부개입은 반드시 시장실패를 치유하기 위한 목적에서만 이루어지는 것이 아니고 다양한 개인과 집단의 사적 이해관계를 대변하기 위해서 이루어지는 경우가 많음을 지적한다. 즉 사익을 추구하는 다양한 행위자(정치인, 관료, 기업, 이익집단, 개인 등)들과 정부(규제당국) 간의 정치적 거래의 결과로 규제가 만들어진다고 보는 관점이다.

공익근원설이 규제를 통해 추구하는 이익이 공익에 부합할 것을 요구하는 규범적(normative) 측면의 이론이라면, 규범론의 관점에서 벗어나 현실의 규제가 왜 또는 어떻게 도입되었는지에 대하여 탐구하는 사익근원설은 규제가 사적 이익 보호를 목적으로 이루어질 수 있다는 점을 강조하는 실증적(positive) 차원의 이론이다.

정부규제가 특정 집단의 이해관계를 대변하기 위하여 생성된다는 사익근원설은 정부규제의 형성계기를 정치적인 측면에서 찾는다. 첫 번째로 이익집단이론이 있다. 이는 정치학자들에 의해 주로 논의되고 있는 입장으로 민주주의 정치과정에서 활동하는 행위주체로서 가장 중요한 것은 개개인이 아니고 이익집단이며, 이러한 집단은 내부구성원 공통의 이해관계를 보호하기 위하여 정치과정에서 정부에 영향력을 미치기 위해 노력한다는 것이다.

두 번째로 스티글러(Stigler, 1971)가 주장한 포획이론(capture theory)이 있다. 스티글러는 주로 경제적 규제에 관하여 논의하였는데 특정 산업이 정부와 국가를 이용하여 자신들에게 유리한 내용의 규제를 만들기 위해 영향력을 행사한다는 것이다. 그 과정에서 정부 혹은 정치인과 산업간의 거래가 이루어지는데 정치인 혹은 정부는 지지나 투표로 보상을 받고 산업은 그 반대급부로 자신의 이익을 보장받을 수 있는 규제를 얻어낸다. 이때 규제의 내용은 독점권 보장 등 제도적 보호로서 특정 산업의 독점적 지위와 이익을 보장하는 방향으로 이루어진다. 그리고 이 과정에서 포획(capture) 현상이 발생한다.

세 번째로 펠츠만(Peltzman, 1976)의 규제이론이 있다. 펠츠만에 의하면 당선된 정치인은 총 득표수를 극대화하기 위해 노력하게 되는데 이때 표 극대화는 지지표에서 반대표를 제외한 순투표의 극대화를 의미한다. 이를 위해서는 지지자의 이익을 대변하는 것도 필요하지만 반대자의 반대를 최소화하는 것도 필요하다. 펠츠만의 이론과 스티글러 이론과의 차이점으로 스티글러는 정부가 관련 산업이나 이익집단의 이해관계를 전적으로 대변한다고 보지만, 펠츠만은 순투표 극대화의 관점에서 관련 산업 이외의 이해관계자의 정서도 반영하여 이익의 적정수준만을 반영하는 데에 그친다는 점을 들 수 있다.[18)]

한편, 포즈너(Posner, 1977)의 교차보조이론[19)]은 특정 서비스를 공급함에 있어서 수익이 낮은 부문에 높은 가격을, 수익이 높은 부문에는 낮은 가격을 부과해야 함에도 불구하고 동등한 가격을 부과하여 수익이 낮은(수요가 적은) 부문의 소비자에게 상대적으로 혜택을 더 주게 되는 가격이나 요금체계를 교차보조라고 한다. 예컨대 산간벽지의 버스노선은 이용자가 적기 때문에 운송원가를 충당할 만큼 요금을 부과하면 요금이 올라간다. 반면에 도심지 버스노선은 이용자가 많기 때문에 운송원가를 충당할 만한 요금수준이 높지 않다. 이때 교차보조방식에서는 비수익적 부문의 서비스 제공 비용을 충당하기 위하여 도심지 버스요금과 벽지 버스요금을 동일하게 설정하면 도심지역의 잉여수익을 활용함으로써 내부적으로 보조금 지급이 이루어지는 효과를 얻을 수 있다. 따라서 실제 원가보다 높은 요금을 지급하는 도심지역 버스노선 이용자의 수요자에게 조세를 부과하여 시골 벽지의 수요자에게 보조금을 지급하는 것과 실제로 동일한 효과가 발생한다. 환언하면 교차보조라는 형식의 규제를 통하여 조세를 부과하지 않고도 재분배의 효과를 거둘 수 있게 되는 것이다.

2) Wilson의 규제정치이론

앞에서 살펴본 바와 같이 정부규제의 기원과 관련해서는 공익이론과 사익이론이 지속적으로 대립해오면서 그 입장 차이를 좁히지 못하고 있다. 하지만 공익이론과 사익이론은 규제의 어느 한 측면만을 설명하므로 규제가 발생하는 다양한 상황에 대한 포괄적이고 일반적인 고찰에 이르고 있지 못한다는 한계가 있다. 반면에 윌슨(Wilson, 1980)

---

18) 예컨대 택시 업계가 기본요금을 2,000원에서 3,000원으로 인상할 것으로 요구한다고 하자. 펠츠만에 의하면 정부는 일반 서민의 정서도 고려하여 2,500원 정도로 요금인상폭을 요구수준의 일부만 반영하여 정한다고 본다.

19) 최병선(1992)은 교차보조이론을 사익이론으로 보고 있다. 취약계층이나 소외계층에 대한 지원이나 보조 행위를 형평성 제고의 측면에서 공익을 대변하는 행위로 볼 경우에는 공익이론으로, 특정 취약계층의 이익을 대변하는 것으로 보게 될 경우에는 사익이론으로 볼 여지가 있다. 관점의 차이에 따라서 다르게 분류될 수 있음을 참조하기 바란다.

은 규제가 발생하는 정치적 상황의 특성에 따라서 규제가 공익을 대변하기도 하고 사익을 대변하기도 한다는 상황론적 주장을 펼쳤다. 즉 규제를 둘러싼 정치적 상황의 특성에 따라 어떤 경우에는 공익이 그리고 어떤 경우에는 사익이 규제발생의 동기와 원인이 될 수도 있다는 것으로서 정치적 상황이나 사회적 배경 등에 따라 규제 발생의 원인이나 배경이 달라질 수도 있다는 입장을 취한다. 윌슨은 규제가 생성되는 이러한 다양한 정치적 상황을 네 가지로 유형화하고 각 상황에 따른 규제 형성과정과 규제 내용의 특성을 논의하고 있다.

윌슨은 규제의 생성 계기를 설명하기 위해 비용과 편익의 분산 내지 집중여부를 기준으로 네 가지 정치상황을 설정하고 다음과 같은 두 가지 기본가정을 제시하고 있다. 첫째, 개인이나 집단은 순편익의 증가보다는 기존에 누리던 순편익(=B-C)의 감소에 더 민감하게 반응한다. 즉, 자신의 현 상태가 개선되는 것보다 악화되는 것에 더욱 예민하게 반응한다는 것이다. 둘째, 비용이나 편익이 연대감이 약한 대규모 집단에게 귀속될 때보다 소수의 동질적 집단에 집중될 때에 정치적 조직화와 정치적 행동(political action)이 보다 용이하고 활발하게 발생한다. 이때 대규모 집단의 정치적 조직화가 어려운 이유는 집단행동의 딜레마 때문이다. 대규모의 집단은 집단내의 조직화와 단결 및 집단행동을 위한 의사결정 등에 거래비용이 많이 소요되므로 응집력 있는 조직적 활동이 어렵다.

이상과 같은 가정과 전제 하에 윌슨은 고객정치, 기업가정치, 이익집단정치, 대중정치의 네 가지 정치상황을 제시하고 있다.

그림 1-1 윌슨의 규제정치 유형

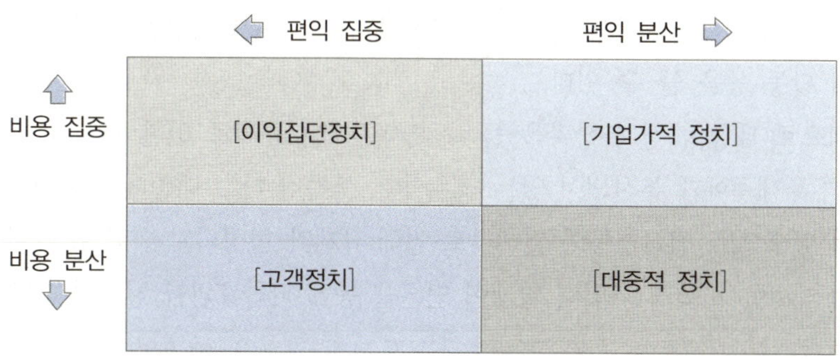

우선 첫 번째로 고객정치 상황은 정부규제로 인해 발생되는 비용은 이질적인 불특정 다수에게 부담되며 그 크기는 상대적으로 작은 반면, 편익은 동질적인 소수의 특정집단에게 집중되는 상황을 의미한다.[20] 기업이나 특정 산업은 그와 관련된 규제에 있어서 이익을 얻기 위하여 정부를 상대로 영향력을 미친다. 이로 인해 만들어진 진입장벽이나 인허가제도 등의 규제로 인한 이익은 소수의 기업이나 특정 산업이 향유하는 반면에, 그러한 규제로 인한 사회·경제적 비용은 일반 대중이 부담한다. 주로 기업의 본원적 활동과 관련된 경제적 규제가 이에 해당한다. 실제 사례로는 운송요율의 인상이나 특정 산업의 진흥을 위한 보조금 등 정부지원 프로그램을 들 수 있다.

두 번째는 이익집단정치 상황이다. 이는 편익과 비용이 모두 특정 집단이나 계층에 집중되는 경우를 의미한다. 이때 중재자로서의 정부는 어느 일방을 편들기가 곤란하다. 따라서 이익집단간의 상대적인 영향력이나 힘의 차이에 따라 협상과 타협의 결과가 결정되는 경우가 많다. 의약분업을 둘러싼 의료갈등, 임금협상 등을 둘러싼 노사간의 갈등상황 등을 들 수 있다.

세 번째는 기업가적 정치 상황이다. 이는 편익은 다수에게 분산, 비용은 소수에게 집중되는 상황으로서 고객정치상황과 정반대의 상황으로 볼 수 있다. 기업가적 정치상황은 환경규제, 산업안전규제 등 사회적 규제 관련 이슈와 주로 관련이 있다. 이때 기업가적 정치가(political entrepreneur)는 규제로 인한 편익을 누리게 될 다수 대중을 대중매체 등을 이용하여 조직화하게 된다. 즉 기업가적 정치가가 대중매체를 이용하여 대중의 지지를 확보하고 정치적 영향력을 행사함으로써 다수 대중의 이익에 부합하는, 즉 공익에 부합하는 규제를 입안하는 데에 기여를 하게 되는 것이다. 그 과정에서 시민사회운동, 풀뿌리 민주주의 조직, 공익운동, 공익단체 등이 활성화된다. 최근 원자력발전소에 대한 일련의 반대와 대체에너지 개발을 위한 압력을 둘러싼 갈등, 핸드폰 요금인하 등 소비자보호 운동, 각종 환경오염 방지를 위한 정부정책입안의 계기가 된 시민사회단체의 활동 등을 들 수 있다.

마지막으로 대중적 정치 상황을 들 수 있다. 이는 규제로 인한 편익과 비용이 모두 불특정 다수 대중에게 분산되어 있는 경우이다. 불특정 다수 대중에게 편익이 발생하나 분산되어 있으므로, 집단행동의 딜레마로 인해 규제가 형성되기 어렵다. 하지만 세월호 참사처럼 때로는 사회적 사건의 발생이 언론을 통해 파급효과를 낳으면서 대중의 폭발

20) 정책집행담당자에게 고객이란 정책과 관련된 이해관계자(stakeholder)들을 말한다.

적 관심을 불러일으켜서 새로운 규제를 형성하는 계기가 될 수도 있다. 또한 정부주도형의 공중도덕과 대중적 윤리의식에 호소하는 규제가 입안되기도 하는데 공중도덕, 미풍양속, 언론자유 관련 각종 조치들이라든가 우리나라 개발연대의 "가정의례준칙" 등이 그러한 예이다.

3 신제도주의 이론

앞에서 살펴본 이론들이 규제의 형성과 변동 과정에서 행위자의 역할을 강조하는 데 비하여, 행위자의 행태를 둘러싼 제도 혹은 구조적 요인에 주목하는 이론적 관점을 신제도주의라 한다. 여기서 제도(institutions)란 "인간과 조직간 상호관계에 영향을 미치는 인위적인 제약(constraints)"을 말한다(North, 1990:3). 인간의 행위와 사회적 현상을 설명하는 과정에서 제도의 중요성(institutions matter)을 강조하는 신제도주의(neo-institutionalism)는 사회 현상에 대한 원자적 설명(atomistic explanation)[21]에서는 대체로 집단의 행동을 결정짓는 요소로서 제도의 중요성을 경시한다는 문제의식에서 출발한다(김난도, 1997). 신제도주의는 특정 제도의 개념과 속성을 단순히 기술하고 묘사하던 기존의 구(舊)제도주의 연구와는 달리, 제도 자체가 갖는 독립적인 기능이나 제도가 인간의 유인체계(incentive system)에 미치는 제약을 분석한다. 구제도주의가 제도를 설명할 때 제도가 인간의 행동이 나타나는 장(locus)이라는 측면에 초점을 맞추는데 반해, 신제도주의는 제도가 행위자의 선호 및 유인에 미치는 영향, 궁극적으로는 인간의 행태에 미치는 영향을 분석한다는 점에서 좀 더 '제도 중심'의 분석을 강조한다.

신제도주의 이론은 크게 세 가지 분파, 즉 '합리적 선택 신제도주의',[22] '역사적 신제

---

21) 원자적 설명이란 방법론적 개인주의 또는 환원주의적 설명(reductionistic explanation)과 같은 의미로서 집단의 행동을 개개인의 행동의 합으로 보고, 개인의 행동을 설명함으로써 집단의 행동에 대한 설명을 대신하는 설명방법을 의미한다(김난도, 1997).

22) 경제학에서 합리적 선택(rational choice) 신제도주의는 현실세계의 경제는 신고전파 경제학에서와 같이 단순히 가격기구(price mechanism)에 의해 작동하는 것이 아니라 법률, 사회적 관습 등 각종 제도에 의해 규정된다는 점을 강조한다(하연섭, 2003). 이에 신고전파 경제학에서의 완전한 합리성을 가진 행위자에 대한 가정 대신에 좀 더 현실적이고 포괄적인 개념의 행위자를 상정하고, 경제적 균형상태 자체보다는 균형에 도달하는 과정에 연구의 초점을 두며, 경제체제는 행위자들의 학습을 반영하여 시간이 경과함에 따라 진화하는 것으로 인식한다. 신제도주의 경제학자들은 경제체제의 제도를 경제적 행위에 영향을 미치는 외생변수(exogenous variables)로 취급하기보다는 내생변수(endogenous variables)로 다루어 그 생성 · 유지 · 변화를 분석하는 데 주된 관

도주의',[23] '사회학적 신제도주의'[24]로 구분될 수 있다(Hall and Taylor, 1996). 각 분파별로 가정 및 접근방법과 방법론, 그리고 이론적 함의 측면에서 강조점이 상이하며, 분파 내에서도 학자별로 다양한 관점을 가지고 있다. 이러한 차이에도 불구하고 신제도주의의 각 분파에서 제도를 보는 입장을 정리하면 다음과 같은 공통점을 발견할 수 있다(하연섭, 2003). 신제도주의자들은 진공 속에서 활동하는 개인이 아니라 제도라는 맥락 속에서 이루어지는 행위자의 행태에 초점을 맞춘다. 제도란 사회의 구조화된 어떤 측면을 의미하며, 개인행위를 제약할 수 있다. 따라서 제도적 맥락 하에서 이루어지는 개인행위는 규칙성을 띠게 된다. 이와 같이 제도가 개인행위를 제약하지만, 개인 간 상호작용의 결과로 제도 자체 역시 변화할 수 있다. 즉, 제도는 독립변수인 동시에 종속변수로서의 속성을 띤다. 한편, 제도는 법령 등 공식적 규칙과 같이 공식적인(formal) 측면을 지닐 수도 있고 규범, 관습 등과 같이 비공식적(informal) 측면을 지닐 수도 있다. 또한 일단 형성된 제도는 그때그때의 상황과 목적에 따라 쉽게 변화하지 않는 안정성을 지닌다.[25]

이상에서 설명한 신제도주의 시각에서는 규제정치(정책)의 결과는 복수의 규제기관과 관련 상급기관 및 여러 이익집단을 포함하는 복잡한 정치적 환경과 제도적 구조에 의해 영향을 받는다고 전제한다. 먼저, 개인이 놓여있는 제도적 위치(institutional location)에 따라 규제에 대한 선호가 달라질 수 있다. 예컨대 규제입법을 담당하는 국회의원이 규제기관을 감독하는 위원회에 속해 있는지 아니면 피규제집단의 이익과 직결되

심을 갖는다(하연섭, 2003).

23) 1960, 70년대 비교정치학을 전공하는 정치학자들에 의해 탄생한 역사적(historical) 신제도주의의 초점은 제도 그 자체에 있는 것이 아니라 행위자들간의 상호작용을 제약하고 규율해 주는 제도의 영향력과 제도가 결합되는 양식, 즉 제도의 관계적 특성에 있다(Hall, 1986, 하연섭 2003재인용). 왜냐하면 정책에 대한 미시적 접근방법으로는 국가간 정책의 상이성과 한 국가 내에서 나타나는 정책패턴의 지속성을 설명할 수 없기 때문이다. 또한 역사적 신제도주의는 다양한 요인들이 결합되는 역사적 우연성(contingency)과 맥락을 중시하기 때문에 비교분석적 방법과 역사적 접근을 채택하고 비교연구를 통해 국가간의 다양성과 특수성을 파악하는데 주력한다(하연섭, 2003).

24) Meyer & Rowan(1977)의 연구로부터 시작된 사회학적(sociological) 신제도주의는 인간의 사회적 행동은 제도적 요인과 사회적 과정에 의하여 설명될 수 있다고 본다(하연섭, 2003). 이에 따르면 현대조직에서 사용되는 많은 제도적 형태와 절차들은 경쟁에 의한 결과물이거나 과업을 수행하는 데 효율적이기 때문에 채택된 것만이 아니라, 오히려 그 사회에서 만들어진 신화(myths)나 의식(ceremonies)처럼 '문화적으로 독특한 관행들'로 보아야 하며, 이러한 문화적 관행들을 보다 일반적으로 전파시키는 과정에서 발생한 결과라는 것이다(Meyer and Rowan, 1977; DiMaggio and Powell, 1983; 1991; Meyer and Scott, 1994; 하연섭 2003 재인용).

25) 역사적 제도주의에서는 이를 제도의 "경로의존성(path dependency)"라고 일컫는다.

는 위원회에 속하는지에 따라서 특정규제에 대하여 찬성하거나 반대하는 입장을 가질 수 있다. 한편, 국가의 권력구조나 정치체제의 구성 등 제도적 배열(institutional arrangements)이 상이함으로 인해 규제의 내용이 차이가 날 수 있다. 예를 들면, 특정 국가가 대통령중심제 혹은 의원내각제, 단원제 혹은 양원제를 채택하고 있는지에 따라서, 규제기관이 규제정책 형성 및 집행에 있어서 갖는 권한이나 역할이 달라질 수도 있다.

4 논의의 종합: 규제갈등의 동인으로서 이해관계와 이념[26)]

일반적으로 규제정책이나 제도 관련 이론 및 연구들의 공통된 주장은 규제를 둘러싸고 일어나는 이해관계자들간의 상호작용은 복잡하고 다차원적인 요인들에 의해 영향을 받는다는 것이다. 규제는 바람직한 경제사회 질서를 구현하기 위함을 목적으로 이해관계자들간의 지위, 권력, 자원배분에 중대한 영향을 준다(최병선, 1992). 이처럼 특정한 대상의 권리와 행태에 제한을 가하는 규제의 속성으로 인하여, 규제정책 영역에서는 다양한 이해관계에 따른 갈등 가능성이 높을 수밖에 없다. 즉, 규제개혁을 통하여 규제를 완화 혹은 폐지하는 것은 정책이념, 경제적 이해관계 및 권력관계 변화 등 다양한 요인의 영향을 받으며, 결과적으로 기존 이해관계의 조정이나 새로운 질서 형성을 초래하여 관련 이해관계자간 상호관계 속에서 갈등이 발생할 수 있다.

이와 같은 규제정치 및 정책과정에서 초래되는 갈등에 미치는 다양한 영향요인들 중에서 특별히 이념과 이해관계 요인은 규제 관련 행위자들의 행태를 분석하는 주요 설명변수로 활용되어 왔다(정광호, 2002; 조성은 · 김선혁, 2006; 권혁주, 2009; 김권식, 2013a, 2013b). 여기서 "이해관계"란 제도[27)]에 의한 제약 하에서 자신의 효용을 극대화하고자 하는 개별 행위자의 선호와 동기를 설명하는 핵심적 변수이며, "이념" 혹은 아이디어는 개별 행위자가 견지하는 대상에 대한 인식체계로서 정책의 성패를 좌우하는 중요한 변수의 하나라는 점에서 규제정책 결정요인으로 중요성을 갖는다(조성은 · 김선

26) 배귀희 · 이광훈 · 김권식, "건축설계 진입규제를 둘러싼 갈등의 중층구조 분석: 이해관계와 이념을 중심으로", 정부학연구, 고려대학교 정부학연구소, 2015-04, 제21권, 제1호, 199-229.

27) "제도"란 '문제해결을 위해 개인이나 조직의 활동을 제약하는 연계관계의 틀' 혹은 '개인간의 관계를 구성하는 공식규칙, 순응절차, 표준운영절차(Hall, 1986; March & Olsen, 1989)', 내지 '어떤 문제영역에서 사용 가능한 규칙의 묶음(Ostrom, 1990)' 등으로서 행위자에게 직 · 간접적으로 영향을 주고 정책결정자의 정책적 선택을 제약하는 '게임의 룰(rules of the game)'로 정의할 수 있다.

혁, 2006).

규제정책과정에 미치는 이해관계(interest) 요인에 관하여 기존 학자들이 제시해 온 이론적 관점은 크게 규제의 공익이론과 사익이론으로 대별된다. 우선, 공익이론에 의하면 규제의 목적과 필요성이란 사회 전체의 공익을 증진시키는 것이다(Meier, 1988). 민간 자율적으로 운영되는 시장기구가 불완전경쟁, 공공재, 외부성, 불확실성 등 시장실패로 인해 자원을 효율적으로 배분하는데 실패하여 사회의 비효율성이 야기되는 경우, 정부가 이러한 비효율성을 해소함으로써 공익을 증진시킬 수 있는 규제 개입의 정당성이 인정된다. 여기서 정부는 공익을 추구하는 존재로서 사익을 추구하는 개인의 사욕을 넘어서는 선호 체계를 보유하며, 합리적인 인지 과정을 통하여 무엇이 공익인가를 스스로 판단하고, 시장실패를 치유하는 등 공익을 달성하기 위한 최적의 규제수단을 선택한다고 전제한다(최성락, 2008).

이와 같은 전통적인 규제의 공익 이론에 대하여 사익 이론은 정부의 공익 추구에 있어서 규제가 왜곡되지 않고 순수하게 사회 공익을 달성할 수 있다는 가정에 의문을 제기한다. 예컨대 사익이론의 관점을 취하는 대표적인 학자인 Stigler(1971)는 규제는 공익을 위한 것이 아니라 규제되는 산업을 위한 것으로 본다. 또한 Posner(1974)는 단순히 생산자의 이익 외에 소비자의 이익을 위해서도 규제가 형성될 수 있다고 보았으며, Peltzman(1976)은 생산자 및 소비자뿐만 아니라 의회 및 관료 등 규제자의 이익을 위해 규제가 이루어질 수 있다고 주장하였다. 한편, Noll & Owen(1983)은 소비자보다는 생산자 이익집단이 결속력이 높고 조직화가 잘되므로, 생산자의 이익에 적합한 규제가 발생한다고 보았다. 요컨대 사익이론에서 규제란 관련 이해관계자들의 경제적 인센티브에 의하여 영향을 받으며, 이해관계자의 의도가 반영되기 위해서 압축적이고 잘 조직된 이익집단을 위한 규제 결정과 변동이 발생하는 경향이 존재한다(김태은, 2007).

한편, 규제의 공익이론과 사익이론은 규제의 어느 측면만을 설명하고 있는 반면에, Wilson(1980)은 규제가 발생하는 정치적 상황의 특성에 따라서 규제가 공익을 대변하기도 하고 사익을 대변하기도 한다는 상황론적 주장을 펼쳤다. 이러한 주장의 기본가정(assumptions)은 개인이나 집단은 규제로 인한 순편익(총편익－총비용)의 증가보다는 기존에 누리던 순편익의 감소에 더 민감하게 반응하므로 규제의 비용(편익)이 연대감이 약한 대규모 집단에게 귀속될 때보다 소수의 동질적 집단에 집중될 때, 규제 생성조건으로서 정치적 조직화와 정치적 행동이 보다 용이하고 활발해진다는 것이다.

Wilson(1980)의 규제정치이론에 의하면 정부규제가 생성되는 배경에는 규제의 영향

(impact), 즉 규제로 인한 비용과 편익이 어떻게 분포하는가의 문제와 관련된 정치적 동학이 핵심적인 역할을 한다. 따라서 정부는 기존 규제로 인한 편익의 수혜집단과 비용의 대상집단을 식별하고, 각각의 편익과 비용의 규모를 고려하여, 이해당사자간의 합리적인 비용-편익 협상의 조정자 역할을 담당해야 하며, 그러한 이해관계 조정 및 타협의 결과로서 새로운 규제의 균형점을 모색할 필요가 있다. 예를 들면, 이해관계가 상충되는 이익집단 규제정치 상황의 경우 정부는 이해당사자간 공통의 이익을 조정하여 합의점을 찾아나가면서 규제자와 피규제자 간의 상호 신뢰와 협력을 모색할 때 규제의 순응확보가 가능할 것이다.

한편, 규제를 둘러싼 이러한 정치적 역동성과 갈등 및 경쟁의 과정에는 이념 및 가치 충돌의 문제 역시 중요한 역할을 한다. 규제 및 정책과정에 관한 기존 이론들은 주로 이해관계의 측면에서 논의되어 왔으나, 규제정책과정의 동태적 구조를 포착하기 위해서는 이념적 요인의 영향력 역시 중요한 설명변수로 인식될 필요가 있다. 통치이념, 정책이념 등 정책이 지향하는 이념(ideas)[28]이나 가치(values)는 정책목표의 단계에서 가장 상위단계의 차원에서 목표를 규정하고 한정하며 방향성을 제약하여 정책수단 선택에 영향을 미친다(Howlett, 2009; 김권식, 2013b). 정책문제의 본질을 파악하는 정책문제 정의(problem definition) 역시 정치적 이념의 문제와 관련이 있으며(Brassers & O'Toole, 2005: 146), 이러한 이념적 정향성은 정책형성에 있어 일종의 패러다임의 성격을 띠는 하나의 경향성(도구 패러다임, Instruments Paradigm)을 형성하게 된다(Bagchus, 1998; 김권식, 2013b 재인용).

Hall(1989: 365)에 의하면 "새로운 사상은 그것이 사람들로 하여금 현실을 보는 기본 범주(basic categories)를 변화시키게 될 때 가장 강력한 힘을 발휘한다." 또한 이념(ideas)은 넓은 의미에서 세계관(world views)의 일종으로서, 선악·시비·정의와 부정의 등을 분별하는 규범 또는 기준으로 기능하는 원리화된 신념(principled beliefs) 또는 어떤 因果性에 대한 믿음(causal beliefs)이라고도 볼 수 있다(Goldstein and Keohane, 1993: 8-11). 이러한 이념의 측면에서 규제를 둘러싼 정치적 갈등의 양상을 풀어나가고

28) '이념'을 지칭하는 영어단어로는 ideology와 idea가 있는데, 어원상으로 idea와 ology의 합성어인 ideology는 a set of ideas를 의미하며, 이는 idea보다 체계적·집합적인 개념을 내포한다. 따라서 자본주의, 맑시즘 등과 같이 사회 전체적 차원에서 이데올로기라는 용어가 주로 쓰이는 데 비해, 최근의 정책수단과 관련된 일련의 연구들에서는 idea라는 단어를 주로 사용하고 있다. 이와 관련하여 Guy Peters(2002), Hall(1989), Goldstein and Keohane(1993) 등의 문헌들을 참조하기 바란다.

있는 대표적인 이론으로 Sabatier & Weible(2007)의 옹호연합모형(Advocacy Coalition Framework: ACF)을 들 수 있다. ACF모형은 정부기관들, 이익집단들, 시민사회단체들, 그리고 대중매체들을 포함하는 복합적 행위자들(multiple actors) 사이의 목표 불일치와 기술적 논쟁이 있는 곳에서 신념[29]이 정책변동에 미치는 영향을 이해하고 설명해 주는 데 유용하다(Sabatier, 1993; Sabatier & Smith-Jenkins, 1999; Sabatier & Weible, 2007: 123). 동 모형에 의하면 이러한 신념을 정책에 반영하고자 동일한 신념체계(belief system)를 가진 행위자 간 옹호연합을 형성하며, 이러한 옹호연합 간의 신념 차이는 상대방을 인식하는 지각 필터(perceptual filter)로 작용하여 서로를 적대화(the devil shift) 시킴으로써 상호불신이 커지게 되지만, 옹호연합 내에서는 더욱 공고한 신념공동체를 형성하게 된다. 즉 ACF모형은 인간은 물질적인 이익 외에도 자신의 규범적 신념에 의해 손해를 감수하는 이타적인 행위가 가능하고, 특정 상황에 적합한 정책수단이 무엇인지에 대한 확고한 생각(idea)은 정책 수단 선택에 직접 영향을 미칠 수도 있고, 또한 정책목표의 방향을 설정함으로써 정책목표를 매개로 하여 간접적으로 영향을 미칠 수도 있다고 전제한다.

요컨대, 규제가 공익을 위해 생성되는가 혹은 사익의 추구로 인해 생성되는가에 대한 논쟁은 다양하게 전개되어 왔으며, 공익이론과 사익이론이 오랫동안 대립적 입장을 취해왔지만 사실상 현실의 복잡다기한 상황 속에서 규제의 생성 배경과 원인 또한 다양할 수밖에 없다. 이러한 논쟁을 더욱 복잡하게 만든 것은 공익이라는 개념이 갖는 실체가 모호하기 때문이다. 이러한 견지에서 엄밀한 방법론적 가정과 분석틀을 제시하면서 상황론적 접근의 필요성을 역설하고 있는 윌슨의 규제정치이론은 주목할 만하다. 한편, 신제도주의적 관점에 의하면, 행위자를 둘러싼 제도적 요인 역시 행위자의 행태를 변하게 할 수 있을 뿐만 아니라, 그러한 행태에 의해 제도 자체가 변화하면서 규제의 형성에 영향을 미칠 수 있다. 현실의 정부는 언제나 특정 제약조건 하에서 사회후생을 극대화하기 위해 움직이는 것도 아니고 그렇다고 언제나 특정 집단이나 계층의 이해관계를 위해 규제를 만드는 것도 아니다. 그렇다면 규제의 특성, 규제가 생성되는 사회적 배경과 조건, 규제를 둘러싼 이해관계와 정치적 역학구도 등을 종합적으로 고려할 수 있는 접근방법이 최선일 것이다. 이에는 윌슨의 상황론적 접근이나 신제도주의 이론의

29) 여기서 신념, 이념 혹은 가치란 신념체계, 행위의 코드, 인지체계 등과 같이 하나의 행동을 구성하는 인식체계를 지칭하며, 정책결정의 맥락에서는 정책이념이 되거나 대안선택 혹은 의사결정의 기준일 수도 있다(Sabatier & Weible, 2007: 201).

관점뿐만 아니라 규제의 유형론(경제적/사회적 규제) 그리고 규제수단의 유형 논의(성과기준, 투입기준, 정보/시장유인, 사전승인) 등이 주는 시사점들을 종합적으로 고려하는 것이 필요하다.

제3절

정부규제의 한계

1 비시장[30]의 개념

과거에는 시장실패가 발생하면 정부의 개입이 필연적이라는 관점이 지배적이었으나, 시장실패 치유를 위한 정부 개입 역시 정부부문에 내재한 비효율성으로 인해 또 다른 비효율성을 유발할 수 있다는 점 역시 고려해야 한다.[31] 이에 관한 대표적인 논의인 경제학자 울프(C. Wolf, Jr.)의 비시장실패(Nonmarket Failure) 혹은 정부실패 이론에 대해서 구체적으로 살펴본다. Wolf는 비시장 혹은 정부개입(정부규제)을 시장에서 생산되는 재화와 유사한 개념으로 이해하였다. 그리고 재화의 거래에는 수요와 공급이 반드시 존재하듯 정부개입(정부규제)에 있어서도 정부규제에 대한 비시장공급과 비시장수요가 존재한다고 설명하고 있다. 여기서 정부개입의 의미는 사실상 공공정책 전반을 지칭하는 것으로 볼 수 있다. 즉 비시장공급에 의한 정부개입은 좁은 의미의 정부규제를 포함한 다양한 형태의 공공정책에 의한 민간부문에의 개입조치들을 통틀어 일컫는 말로 이해할 수 있다. 따라서 비시장수요라는 말의 의미는 정부의 개입의 형태인 공공정책 혹은 정부의 조치를 필요로 하는 상황을 지칭한다. 즉 어떤 경우에 혹은 누가 무슨 이유로 정부개입 혹은 공공정책을 필요로 하는가의 문제를 다루고 있다. 반면에 비시장공급

30) Wolf의 비시장실패에서 비시장(Nonmarket)이란 용어는 민간부문과 대비되는 공공부문과 준공공부문을 포괄적으로 지칭하는 개념으로 볼 수 있다. 하지만 비시장부문에서 핵심적인 역할을 담당하는 행위자는 아무래도 정부라고 할 수 있으므로 본 절의 설명에서 등장하는 비시장이라는 말을 사실상 정부라는 말로 대체하여 이해해도 큰 무리는 없다.

31) 본 절에서 정부실패 또는 비시장실패 이론과 관련된 논의는 대부분 Wolf, Jr(1979)의 내용을 중심으로 서술하고 있다. 보다 자세한 설명 및 사례 등은 전상경(1992), pp.1-11, 최병선(1992), pp. 164-187 등을 함께 참조하기 바란다.

은 정부개입 혹은 공공정책 내지 정부규제를 생산하여 공급하는 주체인 비시장(정부)의 구조적 · 행태적 특성을 나타내는 것으로 이해할 수 있다.

2 비시장수요의 특징

1) 시장실패에 대한 인식의 보편화

시장경제와 보이지 않는 손에 대한 믿음에 기초한 자유방임적 근대 시장경제는 대공황을 거치면서 그 한계를 노정하기 시작했다. 그리고 이와 함께 시장이 모든 사회 · 경제적 문제를 다 조정하고 해결해 줄 수 없다는 현실적인 한계를 모든 시장 주체가 보편적으로 인식하게 되었다. 대표적인 것이 독점, 외부효과 등 시장 내부에서 가격 기구에 의해 자율적으로 해결할 수 없는 이른바 시장실패의 문제들이다.[32] 바로 이러한 시장실패의 영역에 있어서 일반 시민들은 그 해결을 위해서는 시장에 맡기는 방식을 넘어 정부가 직접적으로 민간 영역에 개입해야 한다고 인식하고 정부의 개입을 적극적으로 요구하게 되었다.

2) 정치적 조직화에 따른 정치적 권익신장

의회민주주의(대의제 민주주의)의 발달과 함께 일련의 시민혁명에 의해 형성된 근대 입헌민주주의 정치체제에서는 개인의 권리를 헌법적 차원에서 규정하고 보호하게 되었다. 뿐만 아니라 민주주의 정치체제 하에서 보장된 정치적 자유를 활용하여 개인이나 집단은 그들만의 이해관계를 관철시키기 위해서 자신들의 권리를 적극적으로 주장하기 시작하였다. 또한 특정 이해관계를 공유하는 당사자들이 자신들의 이익을 관철시키기 위해서 집단을 형성하고 집단적으로 정부개입이나 정부의 정책적 조치를 요구하기도 하고 혹은 의회와 같은 정치의 장(field)에 영향력을 행사하기도 한다.[33]

---

32) 생활 속에서 쉽게 찾아볼 수 있는 시장실패의 예들은 아파트 층간소음 문제, 환경공해 문제, 독과점 및 불공정거래에 대한 규제문제 등 무수히 많다. 학자들의 견해차가 있긴 하지만 거시경제적 차원에서 경기변동과 경제적 불확실성 문제나 양극화와 소득불평등 문제 등도 시민사회가 정부의 적극적 개입을 요구하는 이슈들이다.

33) 정치학에서 논의되는 이익집단론에 의하면, 민주주의 정치체제의 본질은 이익집단이 집단적 이해관계를 관철시키기 위해 상호 경쟁하고 협상하는 역동적 과정으로 이해될 수 있다.

3) 정치적 보상구조의 왜곡

정치인에게 있어서 보상은 선거에서 그들이 획득하는 표(votes)와 정치적 지지이다. 정치인은 투표 극대화를 위하여 행동한다. 그런데 정치적 보상은 단기적으로 문제를 제기하는 행동에 집중되고 이후의 집행이나 해결책 제시에는 보상이 돌아가지 않는 경향이 있다. 어떤 사회·경제적 문제가 발생할 때 정치인이나 관료들은 그에 대한 효율적이고 합리적인 접근방법과 해결책을 차분하게 구체적으로 모색·검토하기보다 우선 문제의 해악을 강조하고 문제해결의 당위성만을 강조함으로써 더 큰 보상을 얻게 되는 경향이 있다. 즉, 문제를 제기하고 이슈를 만드는 행위는 득표에 도움이 되지만 해결책 제시나 집행이 제대로 되는지 점검하고 모니터링하는 실제적인 활동에는 유권자들의 관심이 집중되지 못하고 아무도 주의를 기울이지 않기 때문에 정치적 보상이 적다. 바로 이처럼 정치적 보상구조가 왜곡되어 있기 때문에 정책결정을 담당하는 정치인들이 중장기적인 문제 해결책과 근본적 대책마련을 위한 노력을 기울이기보다는 단기적인 문제제기와 관심 및 이목 집중을 통해 선거에서의 승리를 추구하게 되는 것이고 사회·경제적 문제의 근본적인 치유와 해결이 어렵게 된다.

4) 정치행위자의 높은 시간할인율

이러한 상황을 더욱 어렵게 만드는 것은 정치가들이 단기적 시야를 가지고 있다는 점이다. 앞에서 논의한 왜곡된 정치적 보상구조가 바로 이러한 단기적 시야, 즉 높은 시간할인율[34)]을 갖게 하는 일차적 원인이라 할 수 있다. 정치인들은 선출직으로서 임기가 상대적으로 짧기 때문에 단기적 성과에 더더욱 집착할 수밖에 없는 구조적 한계를 가지고 있다. 바로 이런 이유로 정치인들은 언론을 통해 대중의 주목을 받을 수 있는 단기적인 문제제기나 이슈 만들기에 집중하게 될 수밖에 없다. 심지어는 장기적으로는 큰 손실이 예상되는 정책이라도 단기적인 이익을 제공할 경우 이를 추진하려는 유인이 큰 반면, 장기적으로는 경제적·사회적으로 긍정적인 효과가 예상되는 정책이라도 단기적으로는 비용이 초래되거나 큰 관심을 갖지 못하는 정책일 경우에는 정책의

34) 할인율이란 미래의 가치를 현재의 가치로 환산할 때에 사용되는 개념이다. 할인율이 높을수록 미래가치는 크게 저평가되어 현재가치로 환산된다. 따라서 할인율이 높다는 것은 미래가치보다 현재가치를 더욱 선호한다는 의미이다. 이러한 의미에서 할인율을 시간선호율이라고 표현하기도 한다.

시행을 연기하거나 기피하려는 유인이 클 수 있다.

5) 편익과 부담의 분리

편익 수혜자와 비용부담자가 불일치하는 경우에는 상대적으로 더 잘 조직화된 집단이 그렇지 못한 불특정 다수의 존재를 이용하여 자신의 이익을 관철시키기 위해 정부개입을 요구할 수 있다. 소수의 조직화된 세력이나 이해관계자들은 자신들이 비용을 부담하는 것이 아니므로 정부개입을 강력하게 요구하게 된다. 이때 비용부담자가 불특정 다수이면 비용부담자는 적극적인 목소리를 내지 않는 반면에 수혜자는 적극적이고 강력한 요구를 하게 되므로 정부의 정책적 개입이 발생할 개연성이 높아진다.[35]

3 비시장공급의 특징

1) 산출물 정의와 측정 곤란

비시장부문은 일반기업의 매출과 달리 정부활동의 성과(performance)나 그 내용을 구체적으로 정의하는 것이나 수량을 측정하는 것이 어렵다. 민간기업의 경우는 매출이나 이익의 극대화라는 활동목표가 명확하게 식별이 되지만 정부활동은 주로 서비스가 많고 목표가 구체적이지 않은 경우가 많으므로 목표가 명확한 민간주체가 제공하는 서비스와 달리 내용을 구체적으로 확정하는 것이 어렵기 때문이다.

또한 정부가 제공하는 서비스는 대체로 공공재의 성격을 갖는다. 따라서 비경합성과 비배제성이 존재하므로 시장에서 거래가 불가능하거나 곤란하다.[36] 이에 따라 공공재나 정부부문의 자산은 시장가격이 형성되지 못하고 따라서 거래가 제대로 이루어지지 않으므로 거래 대상자(국민)와의 계약 과정에서 제시할 산출물의 종류와 수량을 정의하는 것이 불가능해진다.[37] 그 외에도 교육, 사회복지, 환경보호정책, 과학정책 등의 정

35) 이러한 현상은 뒤에서 다시 논의하겠지만 Wilson의 규제정치이론에서 제시하고 있는 고객정치상황이나 이익집단정치상황에서 주로 등장한다.

36) 앞에서 설명한 것처럼 비경합성을 갖는 경우 양(+)의 가격을 설정하는 것이 사회전체 후생극대화 측면에서 바람직하지 않으며(undesirable), 비배제성을 갖는 경우 양(+)의 가격 설정은 기술적으로 실현불가능하게 된다(impossible).

37) 정부부문의 재무관리를 민간부문의 재무회계원리에 의해 처리하는 정부회계에 있어서 정부부문의 자산을 정의하는 데에 가장 어려운 부분이 바로 이것이다. 정부부문이 보유하고 있는 자산,

부활동과 정책의 질에 대한 객관적이고 보편타당한 기준을 찾는 것은 사실상 매우 어렵다. 반면에 민간기업이 생산하는 재화나 서비스는 기본적으로 시장에서 거래되므로 시장가격이 형성되어 있고 그에 대한 수요의 변화 역시 시장에서 소비자의 선택에 의해 가격변동으로 나타나 즉각적으로 그 질에 대한 평가가 생산자에게 전달된다. 따라서 시장에서의 거래를 전제로 한 재화와 서비스로서 산출물의 정의와 수량 측정이 기본적으로 가능해지는 것이다.

2) 단일원천에 의한 생산(공급의 독점)

비시장부문의 공급은 단일의 기관에 의해 서비스가 공급되는 독점의 성격을 가진다. 한 국가의 영토 내에서 합법적이고 사실상 공식적 권위를 행사하는 정부는 하나이다. 이러한 독점적 공급체계의 특성상 시장경쟁을 기대할 수 없고 따라서 X-비효율성, 즉 공공부문의 독점적 성격으로 인해 생산성 향상 노력이 결여되는 데에서 초래되는 비효율성이 필연적으로 발생할 수밖에 없다.

3) 생산기술의 불확실성

생산기술 또는 생산함수는 투입과 산출 간의 체계적인 관계를 의미한다. 생산기술을 파악하려면 투입과 산출을 동시에 파악해야 하는데 투입의 양은 정부부문의 인력과 예산 등 인적·물적 자원의 투입량으로서 비교적 정의하기가 쉬운 반면에 앞에서 논의한 것처럼 정부부문의 산출물을 측정·정의하기는 매우 어렵다. 따라서 투입과 산출 간의 정확한 관계를 파악하는 것이 곤란하게 된다. 실제로 정부부문의 생산성을 증진시키기 위해서 어떤 개선조치를 취하고 어떠한 기술을 사용해야 하는지를 판단하는 것은 정부가 제공하는 서비스 성격, 시장에서 거래되지 않는 비시장재 성격, 그리고 정부정책이나 프로그램을 둘러싼 다양한 이해관계와 정치적 이념 및 가치의 다양성 등을 감안할 때 현실적으로 매우 어렵다.

예컨대 구립도서관, 구립체육관 같은 시설물의 경우 이것이 공공서비스 공급의 수단이기 때문에 기존에 시장에서 거래되는 사적 재화들이 아니다. 시장가격이 형성되어 있지 않으므로 그 자산의 가치를 평가하는 기준이 없는 셈이 된다. 이에 따라서 정부회계는 실무적으로 정부부문의 자산의 가치를 계상할 때에 취득원가나 조성원가를 그 가치산정의 기준으로 하고 있어 그 자산의 형성 및 유지에 따른 진정한 경제적 기회비용을 고려하고 있지는 못하다.

4) 최저선(bottom-line)과 종결매커니즘의 결여

특정활동이나 사업의 성과가 나쁠 때에 이를 종결시킬 수 있는 메커니즘이 없다. 경영성과를 명확히 측정할 수 있는 재무제표와 같은 평가 시스템이 정교하지 못하기 때문이다. 물론 최근 정부부문에도 발생주의 복식부기 회계제도가 전면적으로 도입되기는 하였으나 민간부문과 같은 유연하고 상황적응적인 정부활동과 사업관리를 기대하는 것은 현실적으로 여전히 어려운 일이다. 또한 공공선택론적 관점에서 볼 때 정부부문의 경우 수입상황을 고려하지 않고 비용지출이 관료제적 이해관계에 따라 결정되는 경향이 있다. 더불어 민주주의 정치체제의 특성상 많은 경우 정부지출이 다양한 이해관계자 및 정치과정 참여자들의 정치적 요구에 의해 결정되는 경우가 빈번하여 예산지출수요가 폭증하므로 수입상황을 고려한 지출통제가 합리적으로 이루어지지 못하고 재정적자가 확대될 수밖에 없는 구조적 취약점을 가지고 있다.

4 비시장실패의 유형

1) 비용과 수입의 분리

비시장수요와 비시장공급의 특성으로부터 Wolf는 네 가지 유형의 비시장실패 현상을 도출하고 있다. 첫 번째로 비시장실패는 비용과 수입의 분리로 나타난다. 민간주체는 수입에서 비용을 조달하여 영리활동을 하기 때문에 양자가 연결되어 있다.[38] 하지만 비시장활동을 통해 제공되는 정부서비스의 비용을 조달하는 원천인 수입(세금)은 정부서비스 제공을 위한 비시장활동의 내용과 직접 관련이 없다. 즉 재원 조달은 서비스 제공과 직접적인 연관성 없이 대의기관인 국회에서 법률(세법)의 형태로 결정이 되어 세금으로 조달되기 때문에 비용(서비스 제공측면)과 수입(재원조달 측면) 간에 연관성이 없게 된다. 이처럼 비용투입을 통해 서비스를 제공함에 있어서 수입과 관련이 직접 없으므로 재원을 절약할 유인이 없어지고 낭비가 발생하기 쉬운 상황이 되는 것이다.

38) 재무회계의 가장 기본이 되는 원칙 가운데 수익비용 대응의 원리라는 것이 있다. 이는 지출한 비용을 통해서 수익이 얼마나 발생했는지를 경영성과를 결산하는 시점에서 반드시 확인해야 한다는 원칙이다.

2) 내부성

조직 내부의 목표와 외부에서 주어진 조직의 사명 간에 괴리·불일치가 발생한다. Buchanan 등의 공공선택론에서 주장하고 있는 바와 같이, 전체 국가·사회의 공익달성을 위해 선발되고 조직된 것이 공공관료제이지만 실제로 관료가 추구하는 것은 소속 조직의 인력과 예산 극대화이다. 바로 이런 내부성의 문제는 곧 주인대리인 문제의 일종으로서 정보비대칭성에 의한 도덕적 해이의 성격을 동시에 내포한다. 주인인 국민의 이익에 봉사하는 것이 아니라 대리인 스스로의 이익, 즉 사익을 추구하는 것이다. 즉 주인인 국민과 대리인인 정치인 또는 관료제 간에 도덕적 해이가 발생하고 있는 것이다. 이처럼 공익에 봉사하는 공공관료제나 국민의 대표들이 국민의 이익에 봉사하지 않고 스스로의 사익을 추구한다는 데에서 출발한 이론이 공공선택이론(public choice theory)이다. 이때 대리인이 추구하는 사익은 정치인의 경우는 재선(reelection)이고 관료제의 경우는 소속 조직의 인력과 예산의 극대화이다. 이처럼 외부에서 정부관료제에게 부여된 공익이라는 목표와 별도로 실제로 그들이 추구하고 있는 내부적 목표들에는 세 가지가 있다. 첫째는 비용을 확대할수록 확보하는 예산액이 커지는 데에서 비롯되는 예산확보노력이고, 둘째는 최신기술 도입 여부로 정부활동의 질에 대한 평가를 우회하고 합리화하고자 하는 최신기술에의 집착, 셋째는 권력의 원천이 되는 정보의 획득과 통제 등이 그것이다.

3) 파생적 외부성(derived externalities)

정부활동 결과로 나타나는 비의도적이고 잠재적인 파급효과와 부작용을 파생적 외부성 혹은 외부효과라고 한다. Wildavsky가 "policy as its own cause"라는 명언을 남겼듯이 정책 자체가 정책문제의 원인이 되는 경우가 무수히 많다. 공공정책은 의도와는 다른 예기치 못한 파급효과를 초래한다. 좋은 의도가 항상 좋은 결과를 가져오는 것은 아니므로 정책의도가 바람직하다고 해서 정책이 항상 합리화·정당화 되어서는 안 된다. 정책입안과정에서부터 파생적 외부성이 내재할 가능성을 꼼꼼하게 따져봐야 정책오류로 인한 사회적 비용을 줄일 수 있다.

참고 파생적 외부효과의 예: 시간강사법 파동

1주일에 일정 시간 이상 강의하는 대학 강사에게 교원지위를 부여하고 1년 단위로 계약하도록 하는 고등교육법 개정안, 일명 시간강사법이 시행일을 하루 앞두고 또다시 2년 유예됐다. 국회는 31일 고등교육법 개정안을 2년 유예하는 내용의 재개정안을 의결했다.

원래 개정안은 시간강사의 고용안정성을 높인다는 취지로 주 9시간 이상 강의하는 전업 대학 강사에게 교원 지위를 부여하고 임용 기간을 1년 이상 보장하는 내용으로 2012년부터 시행될 예정이었다. 그러나 법 취지와는 달리 대학들의 예산 부담을 가중시켜 오히려 강사를 대폭 줄여 대규모 해고사태가 발생하고 강사 1명에게 여러 수업을 맡기고 강의를 통폐합하는 등 강의 기회가 축소될 것이라는 지적이 끊이지 않았다.

이 때문에 2012년, 2013년 두 차례에 걸쳐 3년간 유예된 끝에 내년 1월1일부터 시행을 앞두고 있었다. 그러나 한국대학교육협의회 등 대학 현장은 물론 한국비정규교수노동조합 등 강사 관련 단체들이 다시 우려를 나타내며 시간강사법 재유예나 폐지를 요구하고 나섰다. 이에 강은희 의원(새누리당)이 법 시행을 다시 2년 유예하는 재개정안을 국회에 냈고 이날 의결됨에 따라 입법 이후 총 5년간 시행이 미뤄지게 됐다.

(연합뉴스, 2015. 12. 31자 기사)

4) 분배적 불공평성

정부는 시장실패의 결과로 나타나는 경제적 효율성의 상실을 교정하기 위해서 개입하기도 하지만 또한 시장경쟁의 결과 나타나는 소득분배의 불공평성을 치유하기 위하여 개입하기도 한다. 하지만 정부정책으로 인하여 또 다른 불공평성이 발생하는 경우도 무수히 많다. 정부개입으로 인한 분배적 불공평성은 시장경쟁의 결과로 나타나는 경우와 성격이 다른데, 정부개입의 불공평성은 바로 특정 집단이나 개인에게 특혜를 허용하여 불공평한 상태를 형성하는 것이기 때문이다. 이에는 권력과 특혜로 인한 부도덕성이나 비윤리성이 문제되는 경우가 많다. 하지만 사회적 약자나 소외계층을 배려하는 조치의 경우는 사회적 공감대나 합의 하에 윤리적 도덕적으로 정당화될 수도 있을 것이다.

> **참고 분배적 불공평성의 예: 부부합산과세 위헌 사례**
>
> 2002년 8월 29일 헌법재판소는 부부 자산소득을 합산해 과세하도록 한 소득세법 제61조가 헌법에 위반된다는 결정을 내린 바 있다. 부부의 자산소득에 대한 과세가 개인별로 이루어질 경우보다 합산되어 이루어질 경우 과세대상 소득금액이 더 커지게 되어 누진세제 하에서 세금부담이 더 커지게 된다. 헌법재판소는 이러한 소득세법 조항이 혼인부부를 일반인에 비해 차별하는 것으로 헌법 제36조제1항에 규정된 혼인과 가족제도 보호라는 헌법상 원리 및 헌법 제11조 평등원리에 위반된다고 보았다. 원래 이러한 부부합산과세조항이 도입된 것은 부부간 명의변경 등을 통하여 자산소득에 대한 누진세율 적용을 회피하는 것을 막고 고소득 가구와 저소득 가구간의 형평성을 확보하기 위함이었다. 하지만 이러한 가구간 형평성 확보를 위한 정부의 조치는 혼인한 부부와 일반 개인간의 형평성을 저해하게 됨으로써 또다른 불평등의 문제를 초래하게 된 것이 바로 이 사례의 핵심 쟁점이라 할 수 있다.

5 소결: 비시장실패의 함의

행정학과 정책학에서 정부규제를 대상으로 한 연구의 대전제가 되는 것은 정부가 실현해야 하는 가치는 무엇인가의 문제이다. 즉, 정부가 해야 할 일과 해서는 안 되는 일을 구분하고, 정부가 민간 영역에 개입해야 하는 경우는 언제이며 어떤 내용으로 얼마만큼 개입해야 하는지를 적절하게 판별하는 일이 무엇보다 가장 중요하다. 이는 사실 행정학의 연구대상인 정부 및 정부활동의 가장 깊숙한 본질과 맞닿아 있는 중요한 문제로서 정부의 존재의의 자체에 대한 근본적인 물음에서 시작된다.

그렇다면 바람직한 정부의 역할은 과연 무엇인가? 일차적으로 정부는 시장실패의 치유를 위한 역할을 담당한다. 이것이 정부의 가장 기본적이고 중요한 사명이다. 하지만 이때 간과해서는 안될 문제가 있다. 바로 시장실패는 정부개입의 필요조건일뿐 충분조건은 아니라는 점이다(전상경, 1992). 즉, 시장실패가 존재한다고 해서 정부가 언제나 특정한 조치를 취하거나 개입해야 하는 것은 아니며, 정부의 개입이나 조치가 필요한 경우라 하더라도 정부실패(비시장실패)로 인한 부작용과 폐해를 최소화할 수 있는 방안을 깊이 성찰할 필요가 있다(이성우 · 김권식, 2013). 정부개입으로 인해 발생하는 정부실패는 어떤 경우에는 민간기업에 의한 시장실패의 폐해보다 더 심각할 수도 있기 때문이다(Sidgwick, 1887; 전상경, 1992 재인용).

결론적으로 바람직한 정부의 역할을 모색함에 있어서 무엇보다 중요한 것은 Wolf(1979)가 역설한 바와 같이 현실에는 불완전한 정부와 불완전한 시장이 존재하고 있을 뿐이라는 점, 그리고 우리가 선택할 수 있는 대안은 시장이나 정부 어느 한편 만에 의한 사회공동체 운영이 아니라 양자 간의 적절한 조합이라는 점이다. 따라서 먼저 정책분야 및 개별 이슈별로 시장과 정부 가운데에 어떤 기제가 보다 더 효과적으로 작동할 수 있는지를 신중히 검토한 후 각각의 단점을 보완할 수 있도록 양자를 잘 조합하기 위한 노력이 필요하다는 점을 인식해야 할 것이다.

제4절

정부규제의 오류[39)]

1 개관

시장에 대한 정부의 바른 역할은 시장실패가 존재할 경우 이를 적절한 방법에 따라 치유하는 데에 있다는 것이 일반적인 관점이다. 하지만 시장실패가 정부개입의 대전제의 하나는 될 수 있으나 시장실패가 있다고 해서 반드시 정부개입이 자동적으로 합리화되는 것은 결코 아니다(이성우 · 김권식, 2013). 시장실패가 존재하는 경우에도 그 상황을 치유하기 위해 정부개입이 필요한지, 그리고 필요한 경우에는 어떤 수단을 통해 어떻게 접근하는 것이 적절한지를 신중하게 검토해야 한다.

Wildavsky(1980: 62-85)가 "policy as its own cause"라는 명언을 남겼듯이 정부의 정책 그 자체가 정책문제의 원인이 되는 경우는 무수히 많다. 좋은 의도가 언제나 좋은 결과를 가져오는 것은 아니므로 정책의도가 바람직하다고 해서 정책이 항상 합리화 · 정당화 되어서는 안 된다. 따라서 정책입안 및 설계의 시작단계에서부터 시장에 대한 잘못된 정부개입으로 인한 비시장실패(non-market failure)가 발생할 가능성을 꼼꼼하

39) 김권식 · 배귀희 · 이광훈, "규제정책의 제1종 오류 사례분석:정보통신공사 설계 · 감리 진입규제를 중심으로", 한국사회와 행정연구, 서울행정학회, 2016-05, 제27권, 제1호, 295-313; 배귀희 · 김권식 · 이광훈, "진입규제의 제3종 오류 분석: 항만용역업 등록규제 사례를 중심으로", 분쟁해결연구, 단국대학교 분쟁해결연구센터, 2016-08, 제14권, 제2호, 137-157.

게 따져보아야 정책 오류로 인한 사회적 비용을 줄일 수 있다.

현실에서는 오직 불완전한 정부와 불완전한 시장 간의 다양한 조합 간의 선택만이 가능하다는 Wolf(1979)의 주장은 오늘날에도 여전히 유효하다. 이는 시장실패가 있다고 해서 반드시 정부개입이 자동적으로 합리화되는 것은 아니라는 것, 즉 시장실패는 정부개입의 필요조건일 뿐이지 충분조건은 될 수 없다는 사실이다. 다시 말해, 정책문제의 올바른 정의가 전제되지 않고 메타오류를 범한 채 정부가 시장에 섣불리 개입하거나, 정책문제 해결에 부적절한 수단을 사용하여 정부개입이 이루어질 경우에는 의도한 규제의 효과는커녕 전혀 의도하지 않는 부작용들이 양산될 위험이 있다. 특별히 본 절에서 제시하는 규제의 정책 오류 분석틀은 정부와 시장이라는 불완전한 두 개의 대안들 가운데 어떠한 상황 속에서 어떤 것을 선택해야 하는지에 대한 가늠자로서 실제 규제정책의 분석을 위한 체계적인 분석도구로 활용될 수 있을 것으로 기대된다.

본 절에서는 규제를 통한 정부개입의 과정에서 발생할 수 있는 오류를 분석하기 위한 단계적 접근방법을 제안하고 있다. 즉, 일반적으로 받아들여지고 있는 바와 같이 시장실패이론을 규제도입의 정당성을 판단하는 기준으로 전제하고 정책단계별로 이를 구분하여 분석하고 있다. 정부개입 여부를 결정하는 과정에서의 규제목적의 필요성 판단 단계와 정부개입 수단 선택에서 규제수단의 적절성 판단 단계로 나누었다. 구체적으로 정책목표의 설정 단계에서 정부개입의 '필요성' 기준과 수단탐색 단계에서의 '적절성' 기준으로 구별하여 규제정책 단계의 각 국면에 조응하는 보다 세밀한 분석적 접근을 제안한다. 이러한 규제의 정당성 분석 모형을 통해 정부개입이 필요한지를 판단하는 첫 번째 단계에서는 문제정의의 메타오류(제3종 오차[40])가 발생할 수 있음을, 그리고 개입수단의 선택과정에서는 대안탐색의 오류(제1종 또는 제2종 오차)가 발생할 수 있음을 보여주고 있다.

---

40) 우리나라의 경우 통계학이나 정책분석론 등에서 통상적으로 의사결정이나 판단의 착오나 잘못을 지칭하는 용어인 error를 번역할 때 '오차'와 '오류'를 혼용하여 사용하고 있다. 하지만 '오차(error)'와 '오류(fallacy)'는 논리적으로 엄밀히 보자면 다른 개념이다. 본 연구에서는 보다 일반적으로 통용되는 '오류'라는 단어를 사용하고 있다. 하지만 error를 지칭하는 보다 정확한 용어는 '오차'라는 점을 서두에서 밝혀두고자 한다.

2 규제의 정책 오류 개념 및 그 결과

일반적으로 정부규제 혹은 규제(regulation)란 "바람직한 경제사회 질서의 구현을 위해 정부가 시장에 개입하여 기업과 개인의 행위를 제약하는 것(최병선, 1992: 18)"으로 정의될 수 있다. 1998년에 제정된 행정규제기본법 제2조 제1항에서는 규제를 "국가 또는 지방자치단체가 특정한 행정목적을 실현하기 위하여 국민의 권리를 제한하거나 의무를 부과하는 것으로 법령 등 또는 조례 · 규칙에 규정되는 사항"이라고 정의하고 있다. 이와 같은 "사적영역에 대한 국가의 통제(Vogel, 1996)"는 국가의 강제력(coercive power)에 의존하여 규제 대상자의 불응시 불이익을 주거나 처벌하는 방식으로 행사된다.

규제의 기원(origin)[41]이 무엇인지, 다시 말해, 어떠한 정부규제가 바람직하고 존재가치를 인정받을 수 있는지에 관해서는 통상적으로 시장실패의 비효율성으로부터 정부개입의 필요성이 제기된다.[42] 즉 초과부담을 해소하고 시장기구의 효율성을 증진시키기 위하여 정부가 개입하여 수요나 공급을 조정할 필요가 있다는 것이다(Pigou, 1920; Apgar & Brown, 1987). 이와 같은 정부규제에서 오류가 범해지는 양상은 시장실패론[43]의 관점에서 크게 두 가지 경우로 구분해 볼 수 있다. 하나는 정부개입 불필요 또는 시장실패 부존재 상황을 시장실패로 오판하고 섣불리 정부가 개입하는 경우이고, 다

41) 이와 같이 사회조직과 운영의 두 가지 기본원리이자 사회문제 해결의 메커니즘인 시장(기능)과 정부(기능)의 선택과 조합에 관한 규제이론의 한 분야로서, 특정 사회문제 해결을 시장의 자율기능에 맡기기보다는 정부가 개입해야 하는 근거에 대한 논의를 통틀어 규제의 원인 이론(theory of regulatory origin)이라 한다(최병선 · 이혜영, 2001: 142).

42) 규제의 원인 혹은 근거 관련 기존 이론 및 실증연구에서는 정부개입의 정당성이 시장실패에서 비롯된다는 관점이 일반적으로 수용되어 왔다(이수아 · 김태윤, 2013: 92). 하지만 실제 현실 속에서는 반드시 시장실패와 관련된 경우에만 정부가 개입하는 것은 아니라는 점도 동시에 지적되고 있다. 즉, 정부규제가 도입되는 정당성의 근거가 시장실패의 치유라는 주류적 입장 외에도, 실제 규제정책의 방향과 내용을 결정하고 변화시키는 기타 요인들은 일반국민의 규제(정책)에 대한 선호와 태도, 가치 및 신념(최병선, 2003), 가부장주의(paternalism), 점증적 합리성 추구, 경제성장, 복지, 안전, 사회윤리 및 정치적 동기(최성락, 2009), 거래비용의 경감(지광석 · 김태윤, 2010; 이혁우, 2012), 정치적 편의, 국민의 요구나 특수 이해관계(김태윤, 2012) 등이 있다.

43) 규제를 통한 정부개입의 정당성의 근거로 가장 보편적으로 제시되는 것이 바로 Pigou(1920)의 논리이다. 시장 자체의 결함에 의해 발생하는 시장실패는 초과부담을 발생시켜 사회적 후생의 손실을 가져오므로 정부개입에 의해 초과부담을 해소함으로써 시장실패를 치유할 수 있다는 것이다(Pigou, 1920). 자연독점(불완전 경쟁), 외부효과의 문제, 정보의 비대칭성 등이 이러한 시장실패의 경우들로 주로 거론되고 있다(Apgar & Brown, 1987).

른 하나는 실제 시장실패가 존재하고 이를 치유하기 위해 정부개입이 필요한 경우라 하더라도 정부가 잘못된 규제수단 및 방식으로 개입하는 경우이다. 여기서 전자가 문제 정의의 제3종 오류(Raiffa, 1968)라면, 후자는 대안탐색단계에서의 오류(제1종 혹은 제2종 오류)[44]라고 할 수 있다. 정부규제에서 이러한 오류가 발생할 경우에는 기존의 시장실패 상황을 더욱 악화시키거나 혹은 시장실패가 존재하지 않는 상황에서 불필요한 정부개입으로 인하여 정부실패(비시장실패)가 발생할 수 있다. 따라서 정부가 규제를 통해 시장에 개입할 경우에는 규제도입 여부를 결정해야 하는 문제 정의 단계에서는 바른 문제정의와 상황 진단을 수행함으로써 제3종 오류의 가능성을 줄여야 하고(규제도입의 "필요성" 판단) 규제도입 후 적절한 수단을 탐색하는 단계에서는 대안탐색 과정에서의 제1종 오류나 제2종 오류의 가능성을 줄임으로써(규제수단의 "적절성" 판단) 수단 선택 과정에서 오류 가능성을 최소화할 필요가 있다.

이처럼 시장실패의 치유나 기타 정책적 의도하에 이루어지는 다양한 정부의 시장에 대한 개입이 초래하는 한계와 문제점을 Wolf(1979)는 비시장실패(non-market failure) 이론으로 개념화하고 있다. 본 연구의 분석대상 사례와 관련하여 문제가 되는 비시장실패 현상은 정부개입의 비의도적 결과로서 파생적 외부효과(derived externalities)이다. 정부규제의 정책 오류로 인한 파생적 외부효과는 구체적으로 세 가지 모습으로 나타날 수 있다. 첫째는, 시장효율성 측면의 부작용으로서 시장경쟁제한으로 인한 사회적 후생 감소를 들 수 있다. 자율적인 시장경쟁을 진입규제로 제한함으로써 사회적 후생손실(초과부담)이 초래되는 것이다. 둘째로, 거래비용의 발생을 들 수 있다. 거래비용[45]이란 시장에서 이루어지는 계약, 거래, 교환에 부수되는 불확실성이 야기하는 비용을 말한다(최병선, 2006: 7-8). 정부규제는 본래 그것이 존재하기 이전 상태의 거래비용을 경감시키는 것에서 그 정당성이 확보될 수 있다(지광석 · 김태윤, 2010: 275). 즉 정부는 시장에서 높은 거래비용이 존재할 경우 규제 개선조치를 통하여 거래가 원활히 이루어질 수 있도록 거래비용을 감소시키기 위하여 적절한 역할을 감당해야 한다. 그러나 현실에

---

44) 정책대안이 실제는 효과가 없는데도 효과가 있다고 판단하는 것을 제1종 오류(α오류)라 하고, 정책대안이 효과가 있는데도 효과가 없다고 잘못 판단하는 것은 제2종 오류(β오류)라고 한다(최종원, 1999).

45) Coase(1960: 7)에 따르면 시장거래의 비용(the costs of market transactions)은 시장거래 수행을 위해서는 거래하고자 하는 상대방을 발견하여 그들에게 거래 대상과 거래 조건을 알려주고, 거래 체결을 위해 협상하며 계약서를 작성하고, 계약조건이 제대로 이행되는지를 확인하는 데에 소요되는 제반 비용을 포함한다.

서는 불필요하거나 부적절한 정부규제로 인해 시장에서의 거래비용이 오히려 증가되어 시장효율성을 저해하는 경우가 빈번히 일어나고 있다. 한편, 또 하나의 의도하지 않은 효과로서 이익집단의 지대추구를 들 수 있다. Stigler(1971)에 의하면 특정 산업의 이익집단들은 정부와 국가를 이용해서 그들에게 유리한 내용의 규제를 만들기 위하여 영향력을 행사한다. 그 과정에서 정부나 정치인과 특정 산업이나 기업간의 거래가 이루어지는데 정치인이나 정부는 정치적 지지나 투표로 보상을 받고, 산업은 반대급부로서 자신의 이익을 보장해줄 수 있는 규제를 얻어낸다. 이러한 규제들은 정부의 독점권 보장과 같은 제도적 보호를 내용으로 하는데 특정 산업의 독점적 지위와 이익을 보장하는 방향으로 이루어지며, 이 과정에서 포획(capture) 현상이 발생할 수 있다.

앞에서 논의한 정부규제의 정책 오류의 양상을 [그림 1-2]와 같이 파악할 수 있다. 먼저, 규제가 추구하는 목적이 그 존재의의를 뒷받침하는가에 관한 규제의 「필요성」 차원의 문제이다. 이것은 정부개입의 필요조건으로서 시장실패라는 해결되어야 할 정책문제가 과연 존재하는지에 대한 판단을 의미하며, 오판하게 될 경우에는 정책문제 정의의 제3종 오류를 범하게 되는 것이다.

둘째로, 비록 규제의 존재 자체가 필요한 상황일지라도 그러한 규제의 목적 달성을 위한 수단이나 접근방식 측면에서 문제해결에 적합한 대안을 선택하였는지에 대한 규

그림 1-2 정책분석의 관점으로 본 규제정책 오류 분석틀

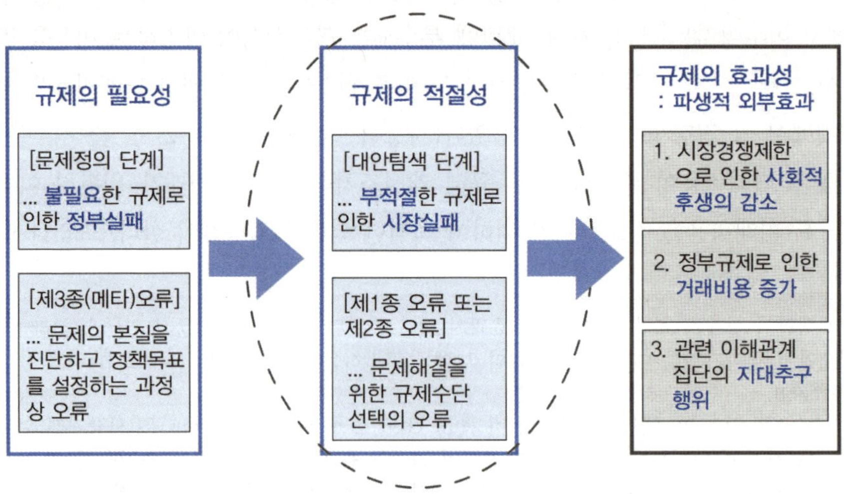

제의 「적절성」 차원의 문제이다. 즉 시장실패 치유를 위하여 규제의 필요성이 인정되는 경우라 하더라도 실제 정부개입이 이루어지는 과정에서 부적절한 규제가 도입됨으로 인하여 정부실패가 발생할 개연성이 존재한다. 결국 대안탐색의 오류인 제1종 또는 제2종 오류가 발생하는 것이다. 정부규제에서 발생하는 오류는 이처럼 "불필요한 정부개입"으로 인한 정부실패와 "부적절한 정부개입"으로 인한 시장실패 심화의 양상으로 나타나며, 결국에는 다양한 차원의 부작용을 배태하게 된다. 즉 시장경쟁 제한으로 인한 사회적 후생의 감소 혹은 정부규제로 인한 거래비용의 발생 등으로 시장의 효율성이 저해될 수 있음은 물론, 이익집단 지대추구 현상과 같은 정부규제의 비의도적 결과(unanticipated consequences)로서 파생적 외부효과의 발생으로 귀결될 수도 있는 것이다.

3 정부규제의 제3종 오류

정책학에서는 실제 효과가 없는 정책대안인데도 불구하고 효과가 있다고 잘못 판단하는 것을 제1종 오류라 하고, 반면에 효과가 있는 정책대안을 효과가 없다고 오판하는 것은 제2종 오류라고 한다.[46] 예컨대 어떤 병에 치료효과가 있다고 여겨지는 약이 실제로는 효과가 없는데도 있다고 의사가 오판하여 환자에게 처방하는 경우가 1종 오류에 해당하며, 이에 비해 2종 오류는 약효가 있는데도 없다고 판단하여 처방하지 않는 것이다.[47] 하지만 이러한 정책대안 선택에 있어서의 오류 여부와는 별개로 애초에 문제인식부터 잘못된 정책의 경우를 제3종 오류(Type Ⅲ Error) 혹은 메타 오류(Meta Error)라고 한다. 이는 사회문제를 해결하기 위한 과정에서 대안탐색 이전의 문제정의(problem definition) 단계에서 발생하는 오류로서, 의사결정의 대상이 되는 문제 자체를 잘못 정의하고 이처럼 그릇되게 정의된 문제를 풀려고 하는 오류를 말한다(Raiffa, 1968; 노화준, 1985). 즉, 제3종 오류란 가설의 검증이나 대안선택 과정에는 오류가 없었으나 초기에 정책 문제 자체를 잘못 파악하는 근원적인 오류로서, 이를 치유하지 않은 상태에서

46) 통계학에서 가설 기각 여부를 판단하는데 있어 발생가능한 오류를 두 가지로 구분하는데, 1종 오류(α오류)는 귀무가설이 옳음에도 이를 기각하는 오류를 말하고, 반대로 2종 오류(β오류)는 귀무가설이 그릇됨에도 이를 채택하는 오류를 지칭한다. 이때 귀무가설은 제시된 대안이 현상에 변화를 주지 않는다는 가정을 내용으로 한다.

47) 여기서 제1종 오류는 부적격한 대상을 적격한 것으로 오판하는 '잘못된 긍정'의 오류가 되고, 이와는 반대로 제2종 오류는 '잘못된 부정'의 오류라고 할 수 있다(최종원, 1999: 263).

는 아무리 노력을 기울여도 문제해결을 위한 적절한 대안탐색 자체가 불가능하게 된다. 만일 의사가 질병의 진단을 잘못하게 되면 바로 그 잘못된 진단결과에 근거하여 질병 치료를 위한 처방이 이루어지게 된다. 애당초 질병에 대한 진단 자체가 잘못되어 있기 때문에 이후에 아무리 합리적이고 효과적인 처방 수단을 강구하더라도 문제의 근원인 질병의 치료에는 아무런 도움을 줄 수 없게 된다. 이러한 오진(誤診)의 경우와 마찬가지로 규제 도입을 위한 문제정의 단계에서도 애초에 정책 문제 자체를 잘못 파악하는 근원적인 오류인 메타오류가 발생하면 문제 해결을 위한 이후의 대안탐색 과정 전체가 오류에 빠질 수밖에 없다(이성우 · 김권식, 2013; 배귀희 · 이광훈 · 김권식, 2015; 김권식 · 배귀희 · 이광훈, 2016).[48)]

이와 같은 정부규제의 제3종 오류 관점에서 볼 때, 시장실패 문제가 발생하지 않은 상황임에도 정부가 시장실패로 오판하고 불필요한 규제를 통한 정부개입을 시도할 경우에는 오히려 정부 자체가 근본적인 문제의 원인이 될 수 있다. 이와 관련하여 비시장실패[49)](non-market failure)라는 개념을 제시한 Wolf(1979)는 정부개입(정부규제)을 시장에서 생산되는 재화와 유사한 개념으로 파악하고 비시장공급과 비시장수요의 특성으로부터 네 가지 유형의 비시장실패 현상을 도출하고 있다.[50)]

이상의 내용을 종합하면 문제정의의 제3종 오류가 발생하는 조건과 양상을 [그림 1-3]과 같은 분석틀로 도식화할 수 있다.

이와같은 정부규제의 제3종 오류가, 동서고금을 막론하고 정부개입이 때로는 희극적인 혹은 심지어 비극적인 결과로 귀결되어 왔던 근본적인 이유였다는 불편한 진실은, 아무리 강조해도 지나치지 않을 것이다.

---

48) 나아가 정책문제의 근본적 해결을 위한 담론이 아니라 하위목표 혹은 위장된 정책의도에 따라 상이하게 정의된 문제들을 둘러싸고 소모적인 논쟁이 일어날 수도 있다.

49) Wolf(1979)의 비시장실패에서 비시장(non-market)이란 용어는 민간부문과 대비되는 공공부문 내지 준공공부문을 포괄적으로 지칭하는 개념으로 볼 수 있다. 하지만 민간영역이나 시장부문과 구별되는 공공부문에서 핵심적인 역할을 담당하는 행위자는 아무래도 정부라고 할 수 있으므로 비시장이라는 용어는 사실상 정부를 지칭하는 것으로 이해될 수 있다.

50) Wolf(1979)가 제시한 비시장실패의 네가지 유형은 첫째, 수입과 비용의 괴리, 둘째, 공익이 아닌 관료제 내부적인 목표를 추구하게 되는 내부성, 셋째, 애초에 의도한 정책목표와 다른 결과를 초래하게 되는 파생적 외부효과(derived externalities), 넷째, 부당한 정부개입으로 인한 분배적 불공평성을 말한다.

그림 1-3 문제정의의 제3종(메타) 오류 분석틀

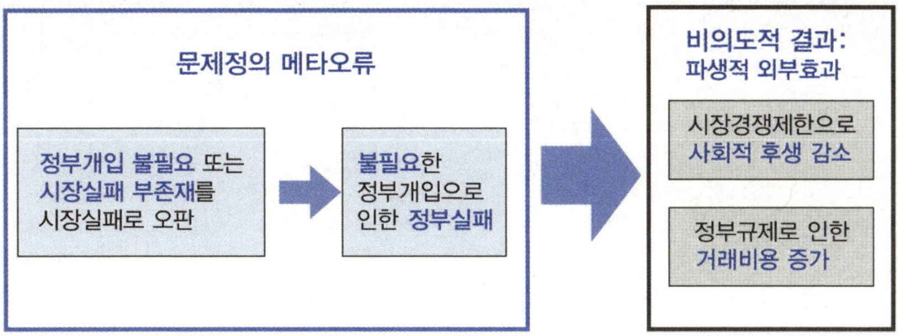

자료: 김권식・배귀희・이광훈(2016: 300) 그림 재구성.

SOFITEL

제2장

기술혁신과 정부규제

제1절

기술혁신의 개념[1)]

혁신(Innovation)은 개념적으로 '개인이나 조직으로부터 새로운 것으로 인식되는 아이디어, 실천방안 혹은 물체'를 의미한다(Rogers, 1983). 특히 새로운 아이디어는 주로 기술적인 혁신에서 비롯되는데, 기술은 목적을 달성하기 위해 관련된 인과관계의 불확실성을 줄여주는 기능을 수행하며, 주로 다음과 같은 두 가지 특징에 의해 구성된다. 첫째는 하드웨어로서, 기술의 물체적 특징인 형상을 의미한다. 그리고 둘째로는 소프트웨어로서 기술을 구성하는 지식 기반을 가리킨다. 사회적 시스템의 구성원들에 의해 채택되는 혁신이 지니는 특성은 주로 다섯 가지로 요약될 수 있는데, 상대적인 이점(relative advantage), 호환성(compatibility), 복잡성(complexity), 시험가능성(trialability), 식별가능성(observability)이다. 혁신의 채택과 실행의 과정에서 사용자들로부터 혁신이 변화하고 수정되는 것을 동의받음으로써 재혁신이 가능하게 된다. 이러한 혁신은 새로운 아이디어와 방법, 물체를 채택한다는 협의의 정의에서 나아가, 이를 널리 확산시키는 것까지 포함하는 광의의 정의로 생각할 수 있다(Rogers, 1983).

혁신의 유형을 살펴보면, 혁신은 주로 기술 혁신, 경영 혁신으로 분류할 수 있으며, 기술 혁신은 특히 아이디어 창출, 창업, 연구소 설립, 연구개발, 제품 및 공정의 개발 및 개선, 마케팅 및 판매 등 기업의 기술 경영 활동의 전 분야에 걸쳐 이루어지는 혁신으로 특정될 수 있다(신문봉 외, 2015). 또한 혁신의 분석 단위는 혁신 그 자체와, 혁신을 수용하거나 창출하는 개인, 조직의 하부 단위, 조직의 전체 단위, 산업 수준이나 국가 수중에 이르기까지 매우 다양할 수 있다(이진주, 1998).

기술혁신은 기술향상을 통해 새로운 제품(서비스)과 공정(프로세스)을 개발함으로써, 그 산출물을 고도화하고, 그에 따른 부가가치를 향상시키는 것이다. 기술혁신의 유형은 제품혁신과 공정혁신으로 구분될 수 있으며, 여기서 제품혁신(Product innovation)이란 기존 제품(혹은 서비스)에 비해 성능이나 용도 면에서 완전히 다른 신(新) 제품 또는 크게 개선된 제품을 시장에 출시하여 회사의 매출에 영향을 준 경우를 의미한다. 그리고 공정혁신(Process Innovation)이란 생산 프로세스(공정) 또는 물류 방법, 지원활

1) 안승구, 2018, "규제정책이 중소기업의 기술혁신 및 성과에 미치는 영향", 한국과학기술기획평가원(KISTEP) 연구보고서 2018-014.

동 등에서 완전히 새로운 방식 혹은 크게 개선된 방식을 실제 운영에 적용하여 생산 및 유통구조 개선, 물류비용의 절감, 품질 향상 등에 영향을 준 경우를 의미한다.

기술혁신에 대한 선행연구들은 이를 분석하기 위해 주로 다음과 같은 변수들을 연구에서 활용해 왔다. 먼저 특허는 기술 혁신을 측정하기 위한 대표적인 변수로 다양한 연구들에서 활용되어 왔다. 해외 연구 사례 가운데 Doh and Kim(2014)에서는 정부 지원이 기술혁신에 미치는 효과를 살펴보면서 기술혁신을 측정하기 위해 특허, 상용화, 실용신안 등을 사용하였으며, Hong et al.(2016), Kang and Park(2012)에서도 마찬가지로 혁신 성과로서 특허를 활용하였다. 또한 Liao and Rice(2010)에서는 혁신을 분석하기 위해 R&D 집중도, 훈련 집중도, 제품 기술 집중도의 세 가지 측정치를 사용하였으며, Zeng et al.(2010)에서는 혁신 성과를 측정하기 위해 신제품 매출액과 제품혁신 지수를 이용하였다. 그리고 Guo et al.(2016)에서는 정부 R&D 보조금이 혁신 성과에 미치는 영향을 분석하면서 혁신 성과를 측정하기 위해 신제품 매출액, 수출액, 신규 특허를 활용하였다.

한편, 국내 연구 사례를 살펴보면, 류숙원 · 김상윤(2010), 장현주(2016a), 이병헌 외(2014), 이후성 외(2015) 등에서는 기술 혁신 성과를 측정하는 변수로서 특허출원과 특허등록 등을 사용하고 있다. 그리고 김정호 · 김민서(2014)에서는 중소기업의 기술 혁신과 수출이 경영 성과에 어떠한 영향을 미치는가를 살펴보면서, 기술혁신을 측정하기 위해 연구개발집약도(매출액 대비 연구개발지출비)를 사용하였다. 박문수 · 이호형(2012)에서는 중소기업의 기술지원 정책이 기술 경쟁력에 미치는 효과를 분석하기 위해 기술 경쟁력을 측정하기 위하여 중소기업 기술통계조사 결과를 활용해 세계 최고 기술 수준 대비 해당 기업의 기술 수준을 점수화한 정량 지표를 사용하였다. 백승현(2016)에서는 기업 혁신을 분류하여 상품 혁신 · 공정 혁신에 대해서는 서열척도로 합산 점수를 적용하고 조직 혁신 · 마케팅 혁신에 대해서는 도입 유무에 따라 1과 0을 부여한 점수를 적용하여 혁신을 측정하였다. 서창적 · 이찬형(2007)에서는 정부의 연구개발 지원 제도가 기술 혁신 요소와 기술 경영 성과의 관계에 미치는 영향을 분석하면서, 기술 혁신 요소의 성과 변수인 기술 경영 성과를 측정하기 위해 중소기업청의 기술혁신형 중소기업(Inno-Biz) 인증 여부를 활용하였다. 기술혁신형 중소기업 인증은 기업의 기술적 혁신성을 측정해 일정 점수 이상인 기업에 대해 인증을 부여한 것으로, 기술 혁신의 성과를 포괄적으로 측정하고자 하였다. 유태욱 · 양동우(2009)에서는 기술혁신 활동이 기술적 성과와 경제적 성과에 미치는 효과를 종합적으로 실증 분석하면서 기술 혁신 활동으로서 R&D 집약도와 기술인력 비율을 측정치로 활용하였다. 또한 기술적 성과를 측정하기 위해 특허 출원 건수와 보유 기술 수준(기술개발결과 보고서, 논문 발표, 공인된 수상 경력 건수 값)을 사용하여 기술혁신 활동의 성과를 분석하였다. 기술혁신에 대한 선행연구를 종합하면 〈표 2-1〉과 같다.

표 2-1 기술혁신 관련 선행 연구

연구자	연구 내용	혁신 측정지표
Doh and Kim(2014)	정부 지원 → 기술 혁신	특허, 상용화, 실용신안
Guo et al.(2016)	정부 R&D 보조금 → 혁신 성과	신제품 매출액, 수출액, 신규 특허
Hong et al.(2016)	정부 R&D 보조금 → 혁신 성과	특허
Kang and Park(2012)	정부 R&D, 기술 협력 → 혁신 성과	특허
Liao and Rice(2010)	중소기업 혁신 → 기업 성과	R&D 집중도, 훈련 집중도, 제품 기술 집중도
Zeng et al.(2010)	협력 네트워크 → 혁신 성과	신제품 매출액, 제품혁신 지수
김정호 · 김민서(2014)	중소기업 기술혁신, 수출 → 경영 성과	R&D 집약도
류숙원 · 김상윤(2010)	정책 도구 → 중소기업 혁신	특허
박문수 · 이호형(2012)	중소기업의 기술 지원 정책 → 기술 경쟁력	기술통계조사 지표
백승현(2016)	기업 혁신역량, 정부 혁신 지원정책, 시장 환경 → 혁신 유형 → 혁신 성과	상품 혁신 · 공정 혁신 유무, 조직 혁신 · 마케팅 혁신 리커트 척도
서창적 · 이찬형(2007)	정부 연구개발 지원 제도 → 기술 혁신 요소, 기술 경영 성과의 관계	기술혁신형 중소기업(Inno-Biz) 인증
유태욱 · 양동우(2009)	기술혁신 활동 → 기술적 성과 → 경제적 성과	R&D 집약도, 기술인력 비율
이병헌 외(2014)	정부 기술개발 지원 → 중소기업의 기술혁신 성과	특허 출원 및 등록 건수

제2절

기술혁신과 정부의 역할[2)]

국가의 경제성장의 중요한 내생적(endogenous) 요인으로서 기술혁신과 지식의 역할을 이론적으로 조명한 경제학자 Paul Romer(1990)에 의하면 성장동력이 지속되기 위해서는 민간 및 공공 R&D 투자를 높은 수준으로 유지하는 것이 필수적이다. 경제성장에서 기술진보의 중요성을 강조하는 신성장이론(Lucas, 1988; Stokey, 1991; Aghion and Howitt, 1992)의 입장에서는, 국가 R&D 수행체계를 투입(input) 대비 산출(output)이라는 일련의 전환(transformation)이 일어나는 생산함수로 보고 국가별 R&D의 상이한 결과를 기술적 효율성의 차이로 설명한다. 이와 같은 이론에 따르면, 기술진보를 유도할 수 있는 요인 중 특히 인적자본(human capital)과 지식자본(knowledge capital)은 자본의 한계생산성이 체감하지 않는, 소위 규모수확체증(increasing return to scale)을 특징으로 하는 지속적인 경제성장의 핵심동인이다. 인적자본이란 인간이 교육이나 기능 훈련 등을 통해 습득하고 체화시킨 자본으로서, 일반적으로 한 국가가 보유한 인적자본이 증가할수록 기술진보에 의한 생산성 향상과 더불어 생산경험의 축적과 학습효과(learning by doing effect) 등의 확산효과(spillover effect)를 창출하고, 이로 인해 개별 노동자의 인적자본 축적에는 수확체감이 발생하더라도, 경제 전체로는 수확체증이 발생할 수 있다(Lucas, 1988; Stokey, 1991). 한편, 지식자본이란 새로운 부가가치 창출의 근원으로서 R&D를 통해 축적되는데, 축적도가 증가할수록 혁신비용(innovation cost)은 감소한다. 또한 일단 누군가에 의해 생산된 지식은 비경합적인 속성을 지니기 때문에 공공재적 성격을 띠므로, 개별 기업의 R&D 투자는 수확체감이 발생하더라도, 경제 전체로는 외부효과로 인해 수확체증이 발생할 수 있다.

하지만, R&D 투자는 민간이 판단하는 사적 수익률과 공공정책적 관점에서 중장기적으로 보는 사회적 수익률 간의 격차로 인해 과소투자가 일어날 여지가 크다. 시장실패이론의 관점에서 보면 R&D 투자에 의한 지식·기술의 창출은 긍정적 외부효과(positive externality)를 낳는 속성이 있어 민간부문의 시장에 맡겨놓을 경우 사회적 최적 수준보다 과소생산되는 이른바 시장실패(market failure) 현상이 발생하게 된다. 이

2) 김권식·이광훈(2013). "다부처 연구개발 사업 추진체계의 조직론적 탐색: O'Toole & Montjoy의 조직간 집행이론의 관점에서." 『사회과학연구』. 52(2): 1-39.

때문에 정부의 공공 R&D 투자 및 민간 R&D 활성화를 위한 제반 정책이 매우 중요한 의미를 갖는다. 우리나라의 지속적인 경제성장 과정에서도 국가 R&D는 추격형 성장의 견인차 역할을 해왔다. 그러나 양적인 측면에서의 R&D투자의 비약적 증가추세에 비추어 볼 때 R&D 투자효율성은 아직 OECD 평균수준에 불과하다. 또한 국가 R&D 사업을 통해 창출된 논문, 특허의 양적 성장에 비해 질적 수준의 향상이 필요하다는 지적도 힘을 얻고 있다. 나아가 정부 R&D 사업의 투자규모가 커지고 여러 부처에서 동시에 추진되면서 연구주체 간 연구영역의 중복 등에 의한 비효율성 문제가 대두되고 있다.

이와 같은 맥락에서 21세기 초부터 선진국들의 혁신시스템(innovation system), 즉, 산업 혁신 활동, 과학기술 연구와 교육시스템 그리고 이와 관련된 정책·행정적 구조 및 국가전략은 다양한 측면의 도전에 직면하고 있다. 경제·산업적 측면에서 시장 및 기술경쟁의 글로벌화, 사회경제적 측면의 고용시스템 및 직업훈련체계의 변화, 생태적 차원의 자원보존, 지속가능발전 이슈 등 지식 생산 및 연구개발 환경의 변화에 대응하여, 기존의 과학기술 행정시스템도 패러다임 전환이 필요한 시점인 것이다. 이러한 전환기에 창조경제(creative economy)가 핵심인 미래 사회의 R&D와 관련하여 융합과 개방이라는 화두가 부각되고 있다. 융합(convergence)이란 기초기술과 산업기술간, 기술과 인문사회간 경계와 영역을 가로질러 탈영역간 연구역량의 시너지효과를 창출하는 것으로서, 범정부 차원의 융복합 차세대 연구과제에 대한 전략적 종합체계를 구축하여 정책-예산-평가가 유기적으로 연계되는 혁신시스템으로의 전환을 필요로 한다. 개방(openness)이란 실질적인 융합의 전제 조건으로서, 글로벌 경쟁 환경 하에서 세계 시장 기준에 맞는 공공-민간, 산·학·연 및 대·중소기업간 협력 및 역할 분담, 나아가 국제 공동연구를 연계하는 글로벌 네트워크형 R&D를 통하여 수요자와 공급자간 경계를 초월하여 상호 협력하는 개방형 연구 네트워크(network)의 구축을 의미한다.

21세기 창조경제 시대에는 세계일류 수준의 창조적 과학기술이 주도하는 '창조적 국가능력(state capacity)[3]'의 제고가 필수적이다. 창조적 국가능력이란 기존 노동, 자본 위주의 추격형(catch-up) 성장의 한계를 극복할 수 있는 새로운 추동력인 '창조성(creativity)'을 활용하여 국가발전을 선도하는 국가능력을 의미하며, 이를 위한 과학기술의 역할로서 창조적 과학기술의 개발을 통한 사회 전 영역의 혁신이 요청되는 것이

3) 국가능력(State capacity)이란 "국가가 국가 공동체 성원 간에 합의된 국가목표와 국가이익을 자율적으로 정책이나 국가 활동을 통해 실현할 수 있는 기능적·조직적·제도적 측면에서의 총체적 능력"을 의미한다(국가능력과 경제통치술, 김석준, 2002, p.49).

다. 외형적 선진화를 넘어 대한민국의 각 영역에서 창의적 인재(Talent)가 창조적 사고(Thinking)와 기술(Technology)을 통해 국가·사회 발전을 추동하기 위해서는 창조형 과학기술 혁신시스템의 구축과 전략 수립이 선행되어야 한다.

국가간 글로벌 무한경쟁 심화로 국경, 지역, 국적 등 기존의 경계를 가로 지르는 개방적 환경에서 과학기술 연구개발은 한편에서는 기술 선진국-후발 국간 격차 확대로 기술의 '부익부 빈익빈', '승자독식(winner takes all)' 현상이 나타나는 반면, 소수의 선진국들 간에는 기술의 상호 모방과 추격에 의해 보다 빠르게 선진기술의 수렴현상을 보이고 있다. 이에 따라 지속적인 혁신없이는 국가나 기업간 경쟁에서 금새 뒤쳐질 수밖에 없는 가운데 미래의 과학기술 국가경쟁력의 핵심 지향점은 기존의 물리적 과학기술 보유가 아니라 과학기술인재의 확보, 즉 과학기술 인적자본의 축적으로 귀결되고 있다. 이는 '과학기술은 국적이 없으나 과학기술자는 국적이 있다'는 말처럼 한 국가나 기업이 R&D의 성과로서 나타나는 물리적 과학기술을 예컨대 특허의 형태로 타국이나 경쟁기업에 대해 배타적 소유권을 갖고 있다하더라도, '특허괴물(patent troll)' 또는 모방·추격 후발자에 의해 순식간에 따라 잡히는 등 최신기술의 수명이 급격히 짧아지게 되어 물리적 기술보유 자체에 큰 의미를 둘 수 없게 된 현실에 기인한다. 반면에 기업이든 국가든, 양질의 과학기술을 체화한 창조형 인적자본을 많이 확보할수록 과학기술자들의 끊임 없는 기술혁신을 통해 장기적으로 과학기술 비교우위의 가치창출을 통한 경쟁력 확보가 가능해진다.

따라서 과학기술 혁신은 과학기술 인재의 혁신이어야 한다는 의미에서 우리나라의 R&D가 지향해야 할 패러다임은 휴먼이노베이션(human innovation)이라고 할 수 있을 것이다. 그러므로 미래 한국의 창조경제 실현의 핵심요소인 창조적 과학기술(creative science & technology)의 발전을 위하여, R&D가 지향해야 할 궁극적인 목표는 세계적 수준의 과학기술 '人' 육성 및 창조적 역량 확보이며, 이것은 R&D의 초점이 단기적인 '보여주기식' 결과가 아니라 지속가능한 혁신 과정과 그 과정에서 연구개발자들이 체화하는 기술 역량과 암묵지(tacit knowledge), 나아가 과학기술인력 자체의 창조적 혁신이 R&D의 성과를 가늠하는 중요한 시금석이 되어야 함을 의미한다. 이는 거시적·장기적 관점에서 미래 R&D 전략의 핵심 비전을 명확히 설정하고 과학기술혁신 주체들간 공유·확산을 통하여 세계 수준의 과학기술 육성과 창조형 혁신의 방향을 선도적으로 제시하는 것이 중요함을 의미한다. 그러므로 과학기술의 선진화를 통해 국가 지속발전에 토대를 마련할 수 있는 개방·융합형 R&D는 미래사회 산업경쟁력의 핵심요소로서 새로운 부가가치 창출을 위한 창발성(emergence) 증진을 지향하는 창조형 혁신체제 구축을 목표로 설정하고, R&D의 핵심가치(core value)로서 휴먼이노베이션, 다시 말해 '기술은 곧 사람이다(Technology is human being)'라는 전제 하에 과학기술 혁신의 주체로서 창조형 인적자본의 가치를 인식할 필요가 있는 것이다. 이와 같은 휴먼이노베이션의 관점에서 보면, 성실하게 사업을 이행하고도 결과가 실패로 나타나는 경우 일정한 요건 하에서 인정될 수 있는 '성실실패'에 대한 새로운 접근이 가능하다. 즉, R&D의 최종결과로서 물리적 지식뿐만 아니라 지식을 체화한 연구개발인력이 바로 R&D가 창출한 성과라는 인식을 통해, R&D과정에서 일어나는 인력 육성·개발 및 이 과정에서 습득한 유무형의 경험과 지식들을 축적하는 데이터베이스의 구축이 중요시되며, 실패요인을 철저히 분석하고 후속 연구자들과 공유하도록 함으로써 실패가 반복되지 않도록 하는 것이 필요한 것이다.

제3절

중소기업 규제개혁의 의의 및 원칙[4)]

경제성장의 활로를 찾기 위한 규제개혁의 요구는 정부혁신을 위한 지속적인 과제로 인식되어 왔다. 하지만 세월호참사로 인해 규제완화를 위주로 한 규제개혁의 논의가 새로운 국면을 맞게 되면서 규제개혁에 있어서 경제적 규제와 사회적 규제의 특성의 차이는 비중 있게 고려되어야 하는 것도 사실이다.[5)] 규제개혁의 두 가지 영역으로서 경제적 규제와 사회적 규제 양자는 상충되는 것이 아닌 다른 차원의 논의로서 양립가능하며, 국가경제 발전을 위해서 반드시 필요한 양대 축으로 기능할 수 있다. 즉, 경제적 규제는 시장경쟁질서를 촉진하고 기업의 자유를 증진시키는 방향으로 완화되어 나갈

4) 김권식(2021), 중소기업 정책평가와 향후 과제: 규제정책 분야, 중소벤처기업연구원.

5) 일반적으로 경제적 규제란 "기업의 본원적 활동"에 대한 규제를 의미하며, 사회적 규제란 "기업의 사회적 행동과 사회적 책임"에 대한 규제로 이해될 수 있다. 이론적으로나 특성 면에서나 기업의 본원적 활동(영리추구행위)을 직접 규제하는 경제적 규제는, 기업활동으로 인한 시장실패의 교정기능을 담당하는 사회적 규제와 구별되어야 하며 양자에 대한 접근방법도 달리할 필요가 있다. 세월호참사 이전까지는 '규제개혁'이라는 용어가 대체로 '(경제적) 규제 완화/폐지'와 동일한 의미로 사용되어 왔으나, 이후에는 공공안전, 재난관리 분야 등에 있어서 규제개혁은 경제적 규제의 경우와는 그 의미나 맥락이 다른 것으로 인식된다(김권식, 2014).

필요가 있는 반면에, 사회적 규제는 공공안전 및 시장실패의 치유와 공익의 보호를 위해 적절히 강화 · 보완되어 나가야 한다. 그리고 경제적 규제에 있어서는 규제비용을 피규제 대상의 입장에서 정확히 조사 · 인식하는 것이 중요하며, 사회적 규제에 있어서는 집행 및 감시를 위한 실효적 규제시스템을 구축하는 것이 필요하다.

따라서 규제개혁을 위한 접근에 있어서는 경제적 규제와 사회적 규제로 구분할 필요가 있으며, 규제 건수 위주로 완화 실적에 집중하는 수량적 접근을 취할 경우 정작 필수적인 사회적 규제가 완화되어 막대한 사회적 비용이 발생할 수도 있음을 유의할 필요가 있다(김권식, 2014). 결국 바람직한 규제개혁은 비효율적인 「경제적 규제」를 완화하는 동시에 국민의 생명 · 안전 및 재산 보호에 필수불가결한 환경 · 보건 · 공공안전 규제 등 「사회적 규제」를 강화하는 「최적 정책조합(policy mix)」을 활용함으로써 국가 경제성장 잠재력을 극대화하고 삶의 질을 높이기 위한 방안으로 볼 수 있는 것이다.

규제개혁의 이론적 · 철학적 근거를 살펴보면, 하이에크(Hayek)의 경우 자유경쟁 시장질서를 자생적 질서(catallaxy, spontaneous order)로서 그 자체로서 무목적적(無目的的)이며, 비의도적 결과로서 개별 구성원이 학습과 진화의 과정을 거쳐 지속적으로 적응해 가는 과정에서 형성되고 발전되어 온 질서로 보고 있다(김권식, 2014). 이에 따라 정부의 책무란 개인의 자유를 최대한 보호하고 사회질서를 유지하기 위한 공통의 행위준칙을 발견 · 실천하는 것으로 인식된다. 이에 비해 발터 오이켄(Walter Eucken)은 시장질서 자체는 자생적이지만 자유방임으로 인해 경제적 독점이 일단 형성되어 버린 후에는 경제적 권력남용을 막을 수가 없으므로 국가가 자유시장의 경쟁질서를 보호하고 촉진하는 적극적인 역할을 담당해야 한다고 보는, 이른바 질서자유주의(Ordoliberalism)를 주창하였다(황신준, 1995). 오이켄에 따르면 경제정책을 "과정정책"과 "질서정책"으로 구분할 수 있으며, 복잡한 분업질서에 따라 일상적인 경제활동들이 규율되는 경제 과정은 개인의 자유 선택에 맡겨두되(과정정책적 개입의 최소화), 자유경쟁 시장질서에 대해서는 국가가 독점규제 등의 형식으로 적극 개입할 필요가 있다(질서정책적 개입의 필요성)(김권식, 2014).[6] 이와 같은 규제개혁의 이론적 · 사상적 배경은 법질서의 규범적 대전제를 선언하는 헌법적 근거로서 각각 헌법 제119조 1항 및 헌법 제119

---

6) 다시 말해, 독과점 및 불공정거래 규제의 경우 경제민주화 및 경제력 집중의 완화 측면에서 국가의 감독과 개입이 적실성 있게 효율적으로 이루어져야 하나(질서정책적 측면), 기타 기업의 영리활동에 직접적으로 개입하는 경제적 규제들의 경우에는 공익 목적에서 합리화되지 않는 이상은 적극적으로 완화 · 폐지해 나가야 할 필요가 있음을 의미한다(과정정책적 측면).

표 2-2 규제개혁의 기본 철학 및 헌법적 기초

규제개혁의 이론적 · 사상적 배경	시장 및 정부의 바람직한 역할	헌법적 근거
하이에크(Hayek)	기본적 사회질서로서 시장질서(자생적 질서)의 중요성	헌법 제119조 1항
발터 오이켄(Walter Eucken)	시장질서를 유지 · 보호 · 창달하기 위한 정부 역할의 중요성	헌법 제119조 2항

조 2항에 규정되어 우리나라 규제개혁의 규범적 기초로서 작용하고 있는 것으로 볼 수 있다.

경제협력개발기구(OECD)에 의하면, 중소기업 규제개혁은 특정 제도나 프로그램을 활용하여 중소기업의 규제부담을 저감하는 방향으로 나타난다(OECD, 1999). 내용적 측면에서는 서류작업 및 관료주의를 줄이고, 관리부담을 최소화하며, 절차를 간소화하고, 중소기업의 준수비용을 줄이기 위한 규제개선을 포함한다. 제도적 측면에서는 규제심사 시 소기업에 불균형 또는 부당한 영향을 미치지 않도록 보완책을 마련하고 있다(OECD, 1999: 7; 이혜영, 2019, p.45. 재인용).

또한, OECD의 규제관리시스템 평가지표에 따르면, 규제품질을 향상시키기 위한 규제정책 및 제도로서 규제정책과 감독시스템, 정책 통일성, 규제품질 기술 교육훈련 등이 필요하며, 투명성과 개방성 향상을 위해서는 의사소통, 자문 절차, 의사결정의 명확성 및 적절성 등이 중요하고, 규제품질을 향상시키는 정책도구로서 규제영향분석, 행정간소화 전략과 사전사후 규제검토 및 평가제도 등이 구비될 필요가 있다(OECD, 2012).

특별히 중소기업의 규제 환경을 개선하기 위한 OECD 규제개혁 권고 사항은 다음과 같다(OECD, 1999: 10; 이혜영, 2019, pp.44-45. 재인용). 우선, 규제개혁 과정은 중소기업부문의 전반적인 경제적 중요성에 대한 명확한 이해를 바탕으로 해야 한다. 또한, 규제정책은 미래지향적이어야 하며, 크고 건전한 중소기업공동체 육성을 위한 광범위한 전략의 일환으로서, 조세와 같은 다른 요소를 포함한 구조개혁의 맥락에서 고려될 필요가 있다.

나아가 중소기업을 위한 규제개혁은 모든 정책 분야에서 '좋거나 나쁜(good or bad)' 규제 접근법을 취하지 말고 '더 좋은(better)' 규제 접근법을 취해야 하며. 아울러 규제는 중소기업, 특히 소기업이 경쟁할 수 있는 공정한 기회가 주어지는 경제적 구조를 보장해야 하고, 중소기업의 관심사가 규제 과정에서 고려되고 논의될 수 있는 장치를 마련하여야 한다. 특별히 중소기업, 특히 소기업에 대한 규제의 누적효과에 주의하여야 하며, 중소기업의 장점인 기업활동의 유연성에 영향을 미치는 규제에 특별한 주의를 기울여야 한다. 그리고 규제영향을 검토할 때 기술기반 또는 혁신적, 성장지향 중소기업뿐만 아니라 모든 유형의 중소기업을 고려해야 한다. 이러한 내용을 바탕으로 할 때, 중소기업 규제개선에서 중요한 내용은 기업활동의 유연성 제고, 규제품질 제고, 공정경쟁 기회 제고, 다양한 분야에서의 규제개선 노력임을 알 수 있다.

한편, OECD 규제정책 및 거버넌스 협의회에서 제시한 중소기업 규제개혁을 위한 정책권고안(OECD, 2012)에서는, 파산 절차의 효율성을 향상시켜 회생의 기회를 주고 행정부담을 줄일 필요가 있으며, 기술을 활용하고 프로세스를 단순화하여 규정 준수를 강화하고 비용을 절감할 필요가 있음을 강조하였다. 특히 레드테이프(red tape)를 줄이면서 정책목적을 달성하는 스마트한 규제를 개발해야 하며, 제도적 면에서 규제비용총량제 등의 관리방식이 보편화되면서 중소기업의 누적적 규제부담을 줄여주는 것이 중요하다. 이를 위해 규제의 효과를 높이고 중소기업에 미치는 영향을 평가하는 규제영향분석(RIA)을 실시하여야 하며, 소기업의 비용을 줄여 나가야 한다. 이러한 논의를 토대로 볼 때, 중소기업 규제개혁의 제도적 측면에서는 규제영향분석, 중소기업영향평가, 규제차등화 메커니즘, 규제총량관리 등이 중요하며, 개별적 규제개선에 있어서는 요건 완화, 절차 간소화, 진입 제한 개선, 공정 경쟁 및 기회 증진, 규제품질 제고, 개선 분야의 다양성, 규제 유연화 제고 등의 조치가 필요하다.

제4절 한국의 중소기업 규제개혁 제도

1 중소기업 규제영향평가 제도

1) 제도 도입 배경 및 운영 체계

“규제영향분석(Regulatory Impact Analysis)”이란 규제로 인하여 국민의 일생생활과 사회·경제·행정 등에 미치는 여러 가지 영향을 객관적이고 과학적인 방법을 사용하여 미리 예측·분석함으로써 규제의 타당성을 판단하는 기준을 제시하는 것을 말한다.(행정규제기본법 제2조). 이는 규제담당자들로 하여금 문제해결을 위한 정책대안의 탐색·설계 시 복수의 규제 대안 및 비규제 대안을 폭넓게 비교·검토하고, 규제의 도입이 불가피한 경우에도 규제의 비용·편익, 파급효과, 집행의 실효성 등을 균형 있게 고려하여 최선의 규제대안을 선택·제시하도록 함으로써 합리적 의사 결정을 도모하고 규제의 질을 제고하는 수단으로 볼 수 있다. 규제영향분석의 목적은 다음과 같다.

첫째, 규제의 내용에 따라 경제·사회에 미치는 영향은 매우 다르므로, 다양한 규제 및 비규제대안의 광범위한 비교·검토를 통해 부작용과 역효과를 최소화하는 품질 높은 최선의 규제대안을 선택함으로써 합리적 정책결정을 통한 규제의 품질을 제고한다.

둘째, 문제를 해결하지 못하고 규제부담만 양산하여 민간의 혁신적이고 창의적인 경제활동에 걸림돌이 되는 불필요하고 비효과적인 규제를 사전에 예방한다.

셋째, 정책목표의 효과적 달성을 위해 이해관계자의 의견수렴, 비규제 대안을 비롯한 다양한 대안을 검토함으로써 객관적이고 과학적 근거에 기반한 규제대안을 설계하는 규제자의 민주적·합리적 역량을 강화한다.

넷째, 규제대안의 비용과 편익을 비롯한 각종 영향을 객관적이고 과학적으로 분석하여 소통과 정책결정의 근거자료로 제공하고 성공적 국정운영의 기반이 되는 좋은 규제를 제시한다.

규제영향분석서는 규제개요, 규제의 필요성 및 대안선택, 규제의 적정성, 규제의 실효성, 추진계획 및 종합결론 순으로 구성되며, 규제영향분석서 작성시에는 ▲문제 정의의 정확성 ▲정부개입의 정당성 ▲규제목표의 명확성 ▲규제대안의 다양성 ▲규제대안 분석의 타당성 ▲규제대안 선택의 적정성 ▲이해관계자와 협의 ▲집행의 현실성 등을 충분히 고려하여야 한다. 규제개혁위원회는 각 부처의 신설·강화규제 심사 건에 대해 경쟁영향평가, 중소기업영향평가, 기술영향평가 등 심층적인 분석이 필요한 경우 규제개혁작업단에 '분야별 규제영향평가'를 요청하고, 규제개혁위원회는 규제 심사시 작업단의 의견을 검토·반영한다. 각 작업단은 규제개혁위원회(국무조정실)에서 소관 분야에 대하여 규제영향평가를 요청할 경우 특별한 사정이 없으면 15일 이내에 제출하여야 한다. '분야별 규제영향평가'는 「규제개혁작업단 설치·운영 규정」[7]에 따라 소관

---

7) 「현장중심의 규제개혁 추진을 위한 규제개혁작업단 설치·운영에 관한 규정」(총리훈령, 2013. 4. 15.)
 – 경쟁제한규제개혁작업단(공정위): 경쟁제한에 관한 규제영향평가

중앙행정기관에 규제개혁작업단을 설치·운영하여 영향평가를 실시하고 있다.

첫째, 경쟁영향평가는 정부나 여러 규제기관이 특정한 목적을 달성하기 위하여 도입하고자 하는 새로운 규제 또는 강화되는 규제가 경쟁에 어떠한 영향을 미치는지를 분석·평가하며, 경쟁에 대한 부정적인 영향을 최소화하면서도 목적을 효과적으로 달성할 수 있는 대안을 모색하는 작업을 말한다. 제안된 규제가 경제주체에 미치는 영향을 고려하지 않을 경우, 예상치 못한 부작용이 발생할 우려가 크므로 규제안의 도입단계에서부터 경쟁에 대한 영향을 평가하여 경쟁제한적인 규제의 신설·강화를 미연에 방지하는 것을 목적으로 한다. 각 부처의 법령 제·개정시 신설 또는 강화되는 규제에 대하여 경쟁제한성이 있는지 여부를 기준으로 판단한다.

둘째, 기술영향평가는 직·간접적으로 국민의 권리를 제한하거나 의무를 부과하는 기술기준이나 적합성 평가(시험·검사·인증 등)에 대한 규제영향평가를 말한다. 기술영향평가는 법령 등에 규정하여 법적 구속력을 갖거나 직·간접적으로 국민의 권리 제한·의무를 부과하는 기술기준과 시험·검사·인증 등을 대상으로 한다. 이는 정부 부처의 기술규제 도입으로 인해 기업의 경영이 위축되지 않도록 규제의 비용, 편익, 파급효과, 규제의 적합성 등을 고려하여 최선의 규제 대안을 제시하기 위한 것으로서, 각 부처 기술기준(기술규정)이나 시험·검사·인증 등과 관련된 법령 등의 제·개정 시에 기존·유사 제도와의 중복성 여부 및 국가표준(KS 등), 국제표준과의 조화여부 등을 파악하여 규제의 타당성을 평가하는 것을 말한다. 특히, 과도한 시험·검사·인증은 기업에 불필요한 비용부담을 발생시키며, 유사한 시험검사 항목임에도 불구하고 상호간에 인정이 되지 않을 경우에는 이중으로 시험·검사해야 하는 불합리한 기술규제로 작용하게 되므로 기술영향평가를 통하여 이를 사전에 방지할 수 있다.

셋째, 중소기업영향평가는 신설·강화되는 규제가 중소기업의 경영 및 기업활동에 미치는 제반 영향을 평가하고 중소기업의 규제부담을 완화할 수 있는 방안을 제시하여 중소기업에 불합리하거나 과도한 부담을 주는 규제 신설·강화를 사전에 방지하는 제도를 말한다. 이는 각 부처의 신설 또는 강화되는 규제로 인해 중소기업의 경영활동이 위축되지 않도록 규제의 비용 및 편익, 파급효과, 집행의 실효성 등을 고려하여 최선의 규제 대안을 제시하기 위한 것으로 중소기업에 불합리하거나 과도한 부담을 주는 규제가 도입되는 것을 사전에 방지하여 중소기업이 공정하게 경쟁할 수 있는 환경을 조성

– 기술규제개혁작업단(산업부): 기술기준 및 시험·검사·인증분야에 관한 규제영향평가
– 중소기업규제개혁작업단(중기부): 중소기업에 관한 규제영향평가

함으로써 안정적인 기업활동을 할 수 있도록 하기 위함을 목적으로 한다. 중소기업영향평가는 신설·강화되는 법령(고시 등 포함) 중 직·간접적으로 중소기업을 피규제대상으로 하고 있는 모든 법령을 대상으로 실시한다. 중소기업이란 영리를 목적으로 사업을 하는 기업 중 「중소기업기본법」 제2조 및 시행령 제3조에서 규정한 요건을 갖춘 기업을 말하며, 비영리 기업이지만 「사회적기업 육성법」에 따른 사회적 기업 일부도 중소기업에 해당된다.

규제영향분석 관련사항은 행정규제기본법 및 동법 시행령에서 규정하고 있다. 구체적으로 행정규제기본법 제7조에서 중앙행정기관의 장이 규제를 신설·강화하고자 할 때 규제영향분석서를 작성하도록 규정(법 제7조1항)하고 있으며, 입법예고기간 동안 규제영향분석서를 국민에게 공표하도록 규정(법 제7조2항)하고 있다. 또한, 규제개혁위원회에서 규제영향분석서 작성과 관련된 지침을 작성하여 중앙행정 기관의 장에게 통보하도록 규정(법 제7조4항, 시행령 제6조4항)하고 있다.

이에 더하여 현행 규제영향분석에서는 사회적 비용편익분석도 강화하고 있다. 사회의 다양화·복잡화에 따라 사회 전체에 미치는 규제의 파급효과·부작용 분석의 필요성이 증대되고 있으나 그동안 규제영향분석은 피규제자 집단에 대한 분석에 중점을 두고 있어 그 밖의 영향집단에 대해서는 분석이 미흡한 상황이었다. 이에 따라 피규제 집단에 대한 규제영향 이외에 집단간 영향이나 일반국민에 미치는 파급효과를 종합적으로 심사하기 위해 사회적 비용·편익분석 강화방안을 마련하여 '규제영향분석서 작성지침'에 반영하였다. 사회적 비용편익분석이란 이론적인 측면에서는 피규제 집단(기업·소상공인·일반국민)은 물론 피규제자 이외 사회 전체(피규제자 이외 집단+정부)에 나타나는 규제영향을 분석하는 것이라고 할 수 있으나 제도적인 관점에서 피규제자 이외 사회 전체에 나타나는 규제영향을 종합적으로 분석하기 위해 피규제자 이외 기업·소상공인과 피규제자 이외 일반국민에 나타나는 규제영향을 분석하는 것으로 구분하고 있다.

2) 제도 운영 실적[8]

중소기업 규제영향평가제도는 중소기업에 불합리한 규제의 신설·강화를 사전에 억제하여 중소기업의 규제부담 완화를 제고하는 것을 목적으로 하므로, 중소기업 규제영

8) 김권식(중소기업 정책평가와 향후 과제: 규제정책 분야, 2021: 40-42).

향평가 수행 및 의견반영 건수 외에 동 사업 운영에 따른 중소기업 규제 부담 완화를 객관적으로 측정할 필요가 있다. 이에 중소기업 규제 비용 절감액을 추정하기 위해 우선, 규제의 신설·강화에 따른 중소기업의 규제비용과 중소기업 규제영향평가 의견반영에 따른 비용 절감액(중소기업 비용절감액=당초 규제안의 규제비용－의견반영안의 규제비용)을 화폐적 단위로 추정하고, 규제에 따른 직접비용이 발생하지 않거나 데이터 확보의 한계 등으로 성과를 수치화하기 어려운 내용은 정성적(Qualitative) 효과를 기술하였다. 각 연도별 주요 성과는 다음 〈표 2-3〉과 같다.

구체적으로 2019.1.1.~2019.11.30. 기간 1,039건의 신설·강화규제(521개 법령)에 대한 규제영향 평가를 수행하여 31건의 의견을 제출하였고 이 중 19건이 반영된 것으로 확인된다. 2019년의 경우 60,191개 중소기업에 매년 약 2,500억 원의 규제비용이 발생하는 것을 사전에 방지하는 효과가 있을 것으로 추정되었으며, 그 밖에도 규제 적용 및 처벌 기준 관련 불명확한 조문을 명확히 개선함으로써 부가통신사업, 건설업, 화학물질 제조업체의 사업 불확실성 해소 등 정성적 효과가 기대된다. 2019.1.1.~2019.11.30. 기간 1,552건(807개 법령)의 신설·강화규제에 대한 규제영향 평가를 수행하여 86건의 의견을 제출하였고 이 중 55건이 반영된 것으로 확인된다. 2020년의 경우 233,562개 중소기업·소상공인에 연간 243,296백만원의 규제비용 절감효과가 추정되었으며, 그 밖에 정량적 측정은 어렵지만 시행시기 유예 및 소급적용 방지로 308,288개 중소기업·소상공인의 규제 순응성 제고 효과가 기대된다.

표 2-3 문재인 정부 출범(17.5~)이후 규제영향평가 실적 비교

연 도	심사규제	의견제출	반영	반영비율	수혜기업	절감금액
2016년	184	6	3	50.0%	–	410억
2017년	359	34	17	50.0%	1,986개사	141억 원
2018년	649	50	28	56.0%	32,408개사	1,342억 원
2019년	1,161	34	21	61.8%	60,191개사	2,544억 원
2020년(~11월)	1,552	86	55	63.9%	233,562개사	2,433억 원

2 중소기업 옴부즈만 제도[9)]

1) 제도 도입 배경 및 운영 체계

옴부즈만은 스웨덴어로 Agent, 대변자라는 의미로 「중소기업기본법」 제22조에 법적 근거를 두고 있다. 중소기업에 영향을 주는 기존 규제의 정비 및 규제 관련 민원처리의 원활한 지원을 담당하고 독립적으로 해당 업무를 수행하며, 업무수행과 관련하여 규제개혁위원회 또는 동 위원회의 위원에 준하는 법적 지위를 가진다. 주요 권한은 규제개선을 건의하고, 관계기관을 조사하거나 관계기관의 의견을 청취하고, 규제정비활동 결과를 규제개혁위원회, 국무회의 그리고 국회에 보고하거나 외부에 공표하는 것이다. 옴부즈만제도는 법령에 근거하여 행정부 내부에 소속되어 독립적으로 감시 모니터링 활동을 수행하여 중소기업의 권익과 목소리를 대변한다. 옴부즈만 제도의 구체적인 내용은 ① 불합리한 규제에 따른 고충처리 및 관계행정기관에 대한 제도개선을 건의하며 중소기업 관련 행정규제의 조사 및 규제 정비 보고와 평가분석 등을 수행하고, ② 규제정비활동보고서를 작성하여 규개위 등에 반기별로 보고하며 직무 수행과 관련하여 행정기관의 조사 및 의견을 청취하거나 직무 관련 내용 및 결과를 공표, ③ 그동안 상대적으로 과중했던 중소기업들의 규제부담을 덜 수 있는 제도적 기반을 마련하고 규제부담 경감을 도모하는 것이다.

중소기업 옴부즈만은 현장과 수요자 중심으로 중소·중견기업 기존 규제를 정비하고 각종 규제애로를 해소하기 위해 2009년 7월에 처음 설치·운영하게 되었다. 현재 「중소기업기본법」 제22조 내지 24조, 법 시행령 제13조 내지 제15조, 「중소기업청과 그 소속기관 직제」 제14조의 2, 「중소기업청과 그 소속기관 직제 시행규칙」 제11조의 2에 규정에 따라 옴부즈만지원단 운영규정을 제정하여 옴부즈만지원단의 운영에 필요한 사항을 정하여 운영 중에 있다. 중소기업기본법, 중견기업법, 규제자유특구법, 적극행정 운영규정 등이며, 중견기업법 제정으로 중견기업 옴부즈만으로의 역할 확대('14.7월)되었다. 중소·중견기업 관련 불합리한 규제발굴·개선(건의, 권고) 및 애로 해소, 적극행정 면책 건의, 기업민원인 보호, 이행점검 등의 기능을 하고 있다. 대상기관으로 정부, 지방자치단체, 공공기관, 중소기업정책자금 운용기관(중기기본법 제22조)이 있다. 적극

---

9) 중소기업 옴부즈만, 2019~2021, 중소기업 옴부즈만 2018~2020년도 활동결과.

적인 규제개선을 하는 과정에서 발생한 위법행위 등을 이유로 담당공무원을 징계하는 경우 중기 옴부즈만은 해당 징계권자에게 징계감경 · 면제 건의(중기기본법 제23조)가 가능하다. 중소 · 중견기업의 권익을 대변하여 정부 규제 정책 · 활동을 모니터링하고, 상시적 · 체계적으로 기업의 각종 규제 · 애로를 개선하는 역할을 수행한다. 전 지자체와 함께 규제애로 신속처리를 위해 '지방기업 규제애로 신고센터' 공동 운영('13년~)을 하고 있다.

2) 제도 운영 실적

중소기업 옴부즈만은 중기부장관이 추천하고 규제개혁위원회 심의를 거쳐 국무총리가 위촉(차관급 예우, 임기 3년, 1회 연임가능)한다. 자격요건은 중앙행정기관장, 지방자치단체장 등 중소기업 및 규제 분야의 학식과 경험이 많은 자이다. 관계기관 조사 · 의견 청취, 개선 건의 · 권고, 처리결과 공표 및 중기 옴부즈만 연차별 활동 보고(국무회의, 국회, 규개위) 등의 역할을 가진다. 중기 옴부즈만의 독립적 업무처리와 원활한 활동을 지원하기 위해 중소벤처기업부 소속으로 옴부즈만지원단을 설치 · 운영했다. 단장은 고공단이며 기재부 · 행안부 · 국토부 · 환경부 · 중기부 · 산업부 · 고용부 · 식약처, 지자체 8곳, 공공기관 8곳, 협 · 단체 등 민간 전문인력이 연합조직 형태로 구성되어 운영되고 있다.

중소기업 옴부즈만 활동은 현장 · 수요자를 중심으로 한 규제애로를 해소했다. 또한, 지역현장의 불요불급한 중소기업 규제애로를 적극 · 상시 발굴하기 위해 협 · 단체 등 유관기관 네트워크 및 기업소통을 강화했으며, 국회의원, 부처(국토부), 지자체, 유관기관 합동 간담회를 다수 실시했다. 구체적으로 기업현장에서 1,306명과 소통, 규제애로 5,328건 발굴('19)했다. '15년도에 2,016개, '16년도에 3,001개, '17년도에 4,970개, '18에 4,486개, '19년도에 5,328개를 발굴했다. 규제개선 대면협의 실시 및 규제혁신 대토론회 개최를 통해 소관기관과 쟁점사항을 논의하여 규제혁신 추동력을 고양시켰다. "기업 · 현장 눈높이에서 적극행정으로 이 규제만이라도 풀자"라는 주제로 '19.3.13에 중기중앙회에서 개최되었으며 약 300여명이 참석했다. 창업 131건, 입지 102건, 보건 99건, 기타 89건, 판로 86건, 환경 50건, 인력 46건 등 규제애로 총 775건 건의가 수용되었다. 수용된 건의 수가 '18년에 430개에서 '19년에 775개로 80.2% 증가했다. 발굴과제 대비 수용률은 '18년에 10.8%, '19년에 14.5%로 3.7%p 증가했다.

표 2-4 기업소통 및 규제애로 처리 현황(2018~2020)

구분	기업 현장소통				규제애로 처리							
	소계	기업 간담회	기업 방문	참여 현황	소계		제도개선		안내시정		장기검토	
					건수	비율	건수	비율	건수	비율	건수	비율
'18	146	60	86	684	3,982	100.0	430	10.8	1,896	47.6	1,656	41.6
'19	76	60	16	1,306	5,328	100.0	775	14.5	2,665	50.0	1,888	35.4
'20	157	54	103	1,224	5,469	100.0	2,103	38.5	1,271	23.2	2,095	38.3
누계	379	174	205	3,214	14,779	100	3,308	22.4	5,832	39.5	5,639	38.2

표 2-5 분야별 규제애로 발굴 현황(2018~2020)

구분		총계	금융	기술	보건	안전	상생	세제	수출	인력	입지	창업	판로	환경	기타
'18	건수	4,486	355	378	520	161	120	135	36	425	732	487	348	268	521
	비율	100	7.9	8.4	11.6	3.6	2.7	3	0.8	9.5	16.3	10.9	7.8	6	11.6
'19	건수	3,225	176	241	342	113	91	181	43	287	495	391	301	237	327
	비율	100	5.5	7.5	10.6	3.5	2.8	5.6	1.3	8.9	15.3	12.1	9.3	7.3	10.1
'20	건수	5,848	324	267	315	109	266	189	48	196	1,044	433	580	267	1,810
	비율	100	5.5	4.6	5.4	1.9	4.5	3.2	0.8	3.4	17.9	7.4	9.9	4.6	31
누계	건수	13,559	855	886	1,177	383	477	505	127	908	2,271	1,311	1,229	772	2,658
	비율	100	6.3	6.5	8.7	2.8	3.5	3.7	0.9	6.7	16.7	9.7	9.1	5.7	19.6

표 2-6 분야별 제도개선(수용 및 일부수용) 현황(2018~2020)

구분		총계	금융	기술	보건	안전	상생	세제	수출	인력	입지	창업	판로	환경	기타
'18	건수	430	24	45	71	12	15	5	4	28	91	43	32	15	45
	비율	100	5.6	10.5	16.5	2.8	3.5	1.2	0.9	6.5	21.2	10	7.4	3.5	10.5
'19	건수	775	44	61	99	23	17	19	8	46	102	131	86	50	89
	비율	100	5.7	7.9	12.8	3	2.2	2.5	1	5.9	13.2	16.9	11.1	6.5	11.5
'20	건수	2,103	95	124	25	21	158	68	11	32	406	101	315	90	657
	비율	100	4.5	5.9	1.2	1	7.5	3.2	0.5	1.5	19.3	4.8	15	4.3	31.2
누계	건수	3,308	163	230	195	56	190	92	23	106	599	275	433	155	791
	비율	100	4.9	7.0	5.9	1.7	5.7	2.8	0.7	3.2	18.1	8.3	13.1	4.7	23.9

3 중소기업 규제형평(규제 차등화) 제도[10)]

1) 제도 도입 배경 및 운영 체계

규제는 일차적으로 우리경제 주체 가운데서도 기업에 대한 규제순응비용을 야기하는데 중소기업은 가장 큰 비율을 차지하고 있으며, 같은 규제라고 하더라도 대기업에 미치는 영향과 중소기업에게 주는 부담이 다를 수 있으며, 기업규모에 따른 규제순응비용의 비대칭적 차별성이 존재한다. 이렇듯 상대적으로 중소기업에 대한 규제순응비용이 높게 나타나는 것은 기업 규모의 증대에 따라 규제순응비용을 분산시킬 수 있기 때문이며, 상대적으로 적은 인력과 자원을 보유한 중소기업에서는 비용분산의 여력이 없고 상대적으로 큰 기회비용으로 인한 손실을 입게 된다는 것이다. 이러한 규제순응비용의 관점을 받아들인다면 규제개혁의 가장 큰 수혜자는 대기업보다 중소기업이 될 것이며,[11)] 규제개혁은 중소기업 지원정책의 일환으로 해석될 수 있다. 하지만 정부가 규제를 만들 때 정부는 규제는 대기업을 생각하고 만드는 경향이 있으나, 규제를 이행해야 할 대부분의 업체는 중소기업이다.[12)] 대기업·중소기업 구분 없이 획일적인 규제 적용으로 중소기업의 규제비용 부담이 큰 상황에서, 중소기업에 대한 규제부담을 경감하기 위한 조치로서 미국은 규제유연화법(Regulation Flexibility Act: RFA)을 도입하여 정부규제의 기계적 적용을 완화하고 차별화된 집행을 통해 정부규제의 형평성을 제고하고자 하였으며, 우리의 경우에도 이를 모델로 하여 2008년 이후 '중소기업 규제영향평가'를 도입하였고 중소기업에 대한 과도한 규제부담을 사전에 완화시키기 위한 노력을 기울여 왔다. 2017년 5월 OECD가 발표한 보고서 "규제개혁보고서-한국 규제정책"에서도

10) 규제개혁위원회, 2018규제개혁백서, 2019, pp.148-150.

11) 중소기업과 대기업간의 매출액(중소벤처기업부 중소기업통계 2015년 자료)을 비교해보면, 업체당 119억 원의 매출액을 창출하는 중소기업에 비해 대기업은 약 43배에 달하는 5,129억 원의 매출액으로 산출하는데, 업체당 평균 10억의 규제비용이 부담으로 계산된다고 가정하면, 중소기업은 전체 매출액에서 부담하는 규제비용이 대기업보다 상대적으로 큼. 이러한 차이는 중소기업을 소상공인, 소기업, 중기업으로 나누었을 때 더 극단적으로 변하는데, 이는 동일한 규제비용이 각 사업체에게 전가되었을 때, 중소기업의 부담이 대기업보다 상대적으로 더 클 수 있다는 주장을 지지한다.

12) 통합전안법의 사례를 보면 이를 잘 알 수 있는데, 전기용품안전관리법과 품질경영공산품안전관리법을 통합하여 전기용품 및 생활용품 안전관리법을 만드는 과정에서 생활용품으로 SDoC가 확대 적용되게 되었고, 대기업들이 이행하는 데는 문제가 없으나 수많은 소상공인들에게는 큰 부담이 되는 규제였기에 결국 논란 끝에 새로운 안전관리 제도가 도입되고 법이 개정되었다.

한국 중소기업 규제영향분석을 보다 충실하게 실시하고, 규제차등화 및 중소기업에 대한 규제적용 유예 확대를 권고한 바 있다.[13)]

국내 중소기업은 전체 사업체 수의 99% 이상을 차지하며 고용 및 경제발전에 중추적인 역할을 담당하고 있지만, 경영환경은 매우 취약한 상황이다. 중소기업에 대한 과도한 규제비용 부담을 완화하기 위해 '09년부터 중소기업 영향평가제도를 도입・운영하고 있으나, 중소기업에 대한 과도한 규제부담 문제가 지속적으로 제기되어 왔다. 이에 따라 2013년 6월에는 중기영향분석 시 중소기업의 규제형평성을 제고하기 위해 기업규모에 따라 규제를 차등 적용하는 방안을 검토하도록 「규제영향분석서 작성지침」을 개정하였다. 문재인정부에서는 소상공인 등의 부담 경감을 위한 규제 차등화를 통해 민생안정을 도모할 수 있도록 국정과제(민생과 혁신을 위한 규제 재설계)에 반영하고, 국정과제의 구체적인 실천방안 등을 담은 『새정부의 규제개혁 추진방향('17.9)』에서도 민생부담 해소를 위한 세부 이행과제로 '소상공인・중소기업 규제부담 감면'을 명시하였다. 국정과제 및 새정부 규제정책 추진방향 이행을 위해 『중소기업・소상공인 규제차등화 추진방안』을 마련('18.1)하여 각 부처가 규제 신설・강화 및 이에 대한 규개위 심사 시 반드시 따라야 할 규제 원칙으로 규제부담의 형평성 제고를 명문화하고 규제영향분석(각 부처) → 중기영향평가(중기부) → 규제심사(규개위) 3단계에 걸쳐 규제 차등적용 검토를 의무화하도록 관련 체계의 전면 개편을 추진하였다.

이전에는 중소기업 등에 대한 규제 차등 적용을 검토・권고할 수 있는 법적 근거가 없었으므로 「행정규제기본법」에 규제 차등 적용의 법적 근거를 마련하였다. 이에 따라 2018년 4월에 중앙행정기관의 장이 규제를 신설・강화하는 경우에는 중소기업의 규제부담 경감과 형평성 제고를 위해 차등화를 검토하고 규제차등화가 적절하지 아니한 경우라고 판단된 경우에는 위원회 심사를 요청할 때 그 판단의 근거를 제시하도록 의무화(법 제8조의2. 2018.4.17개정 2018.10.17. 시행)하였다.[14)]

---

13) OECD(2017.5.) OECD Reviews of Regulatory Reform: Regulatory Policy in Korea.

14) 개정 당시 규제의 원칙 중 하나로 '규제부담의 형평성 제고'를 규정하는 내용을 행정규제기본법 정부 개정안에 반영하여 국회에 제출하였다. 정부 개정안은 유사한 내용으로 기존에 발의되어 있던 의원발의법안(김종석의원안)과 병합심사를 거쳐 양 법안 내용을 절충한 정무위원회 대안으로 2018년 3월 30일 본회의를 통과하였으며, 4월 17일에 공포되고, 10월 18일에 시행되었다.

2) 제도 운영 실적

개정된 법조항[15)]에 따라 중앙행정기관의 장은 규제를 신설하거나 강화하려는 경우 소상공인 및 소기업에 대하여 해당 규제를 적용하는 것이 적절하지 아니하거나 과도한 부담을 줄 우려가 있다고 판단되면, 규제의 전부 또는 일부 적용을 면제하거나 일정기간 유예하는 등 차등적용 방안을 검토하여야 한다. 또 차등적용하는 것이 적절하지 않다고 판단될 경우에는 규제개혁위원회에 심사를 요청할 때 그 판단 근거를 제시할 의무를 부담하게 되었다. 중기 규제 차등제도 도입이 실효성을 거두기 위해서는 규제 차등 적용 방법과 정보가 부족한 각 부처 규제입안자가 실무에 적용할 수 있도록 규제 차등 적용 기준을 마련하여 제공해 주는 것이 무엇보다 긴요한 일이었다. 국무조정실은 중소벤처기업부 · KDI · 행정연구원 · 중소기업 연구원 · 중기옴부즈만이 참여하는 『중소기업 규제 차등화 TF』를 '17.11월에 발족하고, TF를 중심으로 차등 적용 기준 마련 등 중기 차등 적용 도입방안을 논의하였다. 규제 차등화의 구체적 대상 · 유형 · 방법 등 기준 마련을 위해 경제 · 인문사회연구회 협동연구과제로 '18.4월부터 8월까지 연구용역을 실시하였다. 연구용역 과정에서 '중소기업 차등화 매뉴얼' 초안을 마련하여 환경부, 식품의약품안전처, 국토교통부 등 중기 규제 비중이 높은 일부 부처를 대상으로 시범적용한 후, 보완과정을 거쳐 최종 매뉴얼을 확정하였다. 확정된 매뉴얼은 행정규제기본법 시행시기에 맞춰 '18년 10월에 전 부처에 배포되었으며, 중소기업 차등화 매뉴얼의 주요내용은 다음과 같다.

- 규제 신설 · 강화시 규제대상집단에 중소기업이 포함된 경우 규제영향분석서 작성 과정에서 의무적으로 예비분석을 실시하고 규제 차등화 필요성을 검토
- 규제 사안에 따라 선별적으로 실시해 오던 중기부의 중기영향평가를 모든 중소기업 관련 규제에 의무적으로 시행
- 규제심사과정에서 예비분석 및 차등화 검토의 적절성 심사

15) 「행정규제기본법」 제8조의2(소상공인 등에 대한 규제 형평) ① 중앙행정기관의 장은 규제를 신설하거나 강화하려는 경우 「소상공인 보호 및 지원에 관한 법률」 제2조에 따른 소상공인 및 「중소기업기본법」 제2조제2항에 따른 소기업에 대하여 해당 규제를 적용하는 것이 적절하지 아니하거나 과도한 부담을 줄 우려가 있다고 판단되면 규제의 전부 또는 일부의 적용을 면제하거나 일정기간 유예하는 등의 방안을 검토하여야 한다. ② 중앙행정기관의 장은 제1항을 적용하는 것이 적절하지 아니하다고 판단될 경우에는 제10조제1항에 따라 위원회에 심사를 요청할 때에 그 판단의 근거를 제시하여야 한다.

4 규제샌드박스 제도[16)]

1) 제도 도입 배경 및 운영 체계

세계경제는 4차 산업혁명에 따른 융·복합 활성화로 산업간 경계 파괴가 가속화되고 새로운 기술·서비스가 빠르게 창출되는 상황 속에서 우리나라의 경우 포지티브 규제시스템, 칸막이 규제, 법제 미비 등으로 인해 융복합 신제품·서비스의 시장 출시에 애로가 발생해 왔다. 저성장·양극화를 극복하고 혁신성장을 위해 신제품·서비스의 출시를 막는 규제를 타파하여 규제방식을 개혁할 필요성이 제기됨에 따라 정보통신, 산업, 금융, 그리고 지역에 규제가 면제되는 '규제샌드박스(regulatory sand box)' 제도가 도입되었다. 문재인 정부에서는 신산업·신기술 규제체계의 패러다임 전환을 위해 2019년 1월 영국, 싱가포르 등 금융 분야에 도입되었던 규제샌드박스를 우리나라 실정에 맞게 설계하여 '한국형 규제혁신 플랫폼'인 규제샌드박스를 도입하였으며, 전 분야로 확대하여 적용하였고 이는 신산업 신기술 분야 규제혁신의 대표적 수단이라 할 수 있다. 규제샌드박스란 어린이들이 안전하고 자유롭게 놀 수 있는 모래놀이터처럼, 규제로부터 자유로운 환경을 제공하여 다양하고 혁신적인 아이디어를 펼칠 수 있도록 하는 제도이다. 2016년 영국에서 처음 시작되어 세계 50여개 국가에서 운영되고 있는 규제샌드박스 모델을 우리나라는 더욱 발전시켜 신산업 전분야로 확대하여 도입했다.

이전부터 규제의 산업현장 변화 적응을 위해 선조치·후개선 원칙에 따른 정부와 기업간 규제유연화 협약 제도를 효과적으로 활용하여 규제당국이 미리 신제품 사용을 허용하고 사후 보완하도록 하는 새로운 제도 도입의 필요성이 꾸준히 제기되어 왔다. 이에 규제샌드박스는 사업자가 신기술을 활용한 새로운 제품과 서비스를 일정 조건(기간·장소·규모 제한)하에서 시장에 우선 출시해 시험·검증할 수 있도록 현행 규제의 전부나 일부를 적용하지 않음으로써, 그 과정에서 수집된 데이터를 토대로 합리적으로 규제를 개선하는 제도이다. 한편, '실증특례'를 중심으로 규제 유무를 확인해주는 '신속확인' 제도와 안전성에 문제가 없는 경우 우선 시장 출시를 허용하고 관계 당국은 관련 규제를 개선하는 '임시허가'까지 연계하여 폭넓게 운영하고 있다. 아울러, 신기술 적용으로 인해 발생할 수도 있는 국민의 생명·안전 우려, 환경 훼손 등을 사전에 방지하기

---

16) 규제개혁위원회, 2020규제개혁백서, 2021, pp.47-49.

그림 2-1 규제샌드박스 개념도

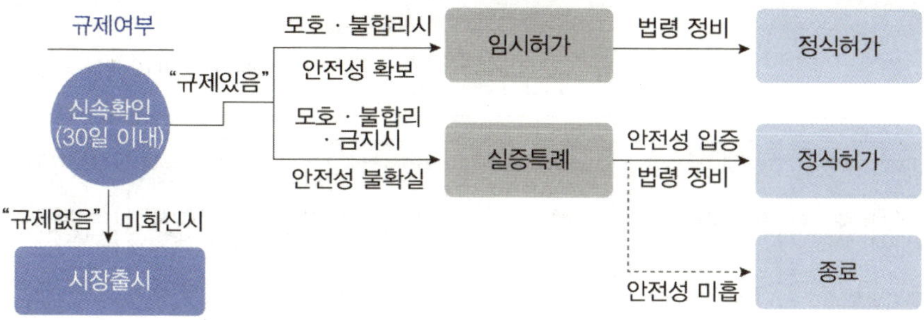

자료: 규제개혁위원회, 2020규제개혁백서, p.47.

위해 안전장치를 마련하고 있다. 국민의 생명 · 안전 등에 우려가 큰 경우 특례를 제한할 수 있고, 특례 적용 중 문제가 발생하거나 예상될 경우 특례를 취소할 수 있으며, 배상책임 강화를 위해 사전 책임보험 가입을 의무화하고, 고의 · 과실 입증책임을 피해자에서 사업자로 전환했다.

규제샌드박스의 법적근거는 2019년 7월 17일 규제샌드박스 제도의 기본법인 행정규제기본법 개정을 통하여 마련되었다. 2019년 1월 ICT융합 · 산업융합 분야, 2019년 4월 혁신금융 · 규제자유특구까지 총 4개 신산업 분야에서 시작되었다. 이후 2020년에는 스마트도시('20.2월)와 연구개발특구('20.12월) 분야로 확대하였다.[17] 규제샌드박스는 제도의 기획과 총괄운영을 담당하는 국무조정실을 중심으로 각 분야별 주관부처가 협업하는 체계로 운영하고 있다. 주관부처는 소관 법률에 따라 분야별 전문성을 토대로 제도를 운영하고 있고 부처간 이견이 있는 쟁점과제의 경우에는 국무조정실 주관의 '규제샌드박스 관계부처 TF'를 통해 점검 · 조정하고 있다. 각 부처는 규제샌드박스 관련 사항의 심의 · 의결을 위해 장관을 위원장으로 하는 민관합동의 '특례 심의위원회'를 구성 · 운영하고 있고, 규제자유특구 분야는 국무총리를 위원장으로 하는 상위 위원회인 '규제자유특구위원회'를 추가로 두고 있다. 또한 업무의 효율적 운영을 위해 각 부처는

17) 규제샌드박스 관련 규제혁신 법령은 다음과 같다: 행정규제기본법 ('19.7.17 개정 시행), 정보통신진흥 및 융합 활성화 등에 관한 특별법('19.1.17 시행), 산업융합 촉진법('19.1.17 시행), 규제자유특구 및 지역특화발전특구에 관한 규제특례법('19.4.17 시행), 금융혁신지원 특별법('19.4.1 시행), 스마트도시 조성 및 산업진흥 등에 관한 법률('20.2.27 시행), 연구개발특구의 육성에 관한 특별법('20.12.10 시행).

그림 2-2 우리나라의 현행 규제샌드박스 운영체계

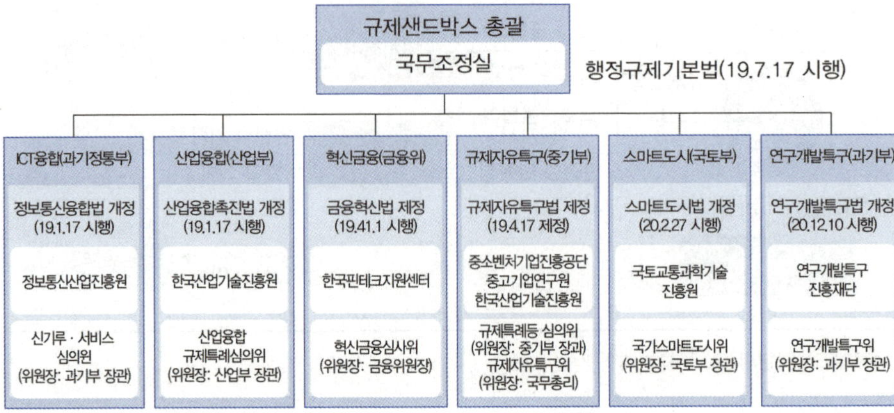

자료: 규제개혁위원회, 2020규제개혁백서, p.49

사전컨설팅 및 접수 등의 업무를 지원할 전담기관들을 두고 있다.

2) 제도 운영 실적

규제샌드박스에 대한 기업들의 인지도가 지속적으로 상승중이며, 만족도가 90%가 넘는 등 문재인 정부의 신산업 규제혁신의 아이콘으로 부각되고 있다(국무조정실, 2021, 규제샌드박스 시행 2년 주요 사례). 2019.1월부터 2021.1월까지, 총 51차례의 규제샌드박스 특례심의위원회가 개최되었고, 이를 통해 총 410건('19년 195건, '20년 209건, '21년 6건)의 과제가 승인되었다. 유형별로는 실증특례가 332건으로 가장 많았고, 임시허가가 48건, 적극행정이 30건, 분야별로는 금융혁신 분야가 137건으로 가장 많았고 산업융합 분야 102건, ICT융합 분야 90건, 규제자유특구 65건, 스마트도시 16건순이다. 기술별로는 에너지 분야가 가장 많은 비중을 차지하였고, IoT, 의료바이오, 빅데이터, 블록체인, AI 순으로 승인을 받았다. 기업규모별로 보면 승인기업의 67%가 중소기업에 해당하여, 매출 규모가 작은 스타트업·벤처기업의 혁신의 실험장 역할을 수행하고 있다. 실증을 통한 사업화 가능성이 입증되는 사례가 나오면서 유망 사업에 대한 벤처캐피탈 등의 투자 유치가 급격히 증가하여 현재까지 약 1조 4천억원의 투자가 이루어졌다. 제도의 활용주체인 기업이 규제샌드박스를 인지하고 있는 비율은 2019년 제도 시행 첫해의 조사 34.3% 대비 36.4%p 상승한 70.7%로 조사되어 제도의 활용은 지속적으로 증가할 것으로 예상된다. 승인기업의 만족도는 2019년과 2020년, 2년 연속 90%대를 유지하고 있으며, 특히, 2020년 조사에 의하면 신청을 했으나 승인을 받지 못한 기업의 만족도 또한 92%로 높게 나타나는 등 기업들의 규제샌드박스에 대한 기대가 높은 것으로 나타났다(국무조정실, 2021, 규제샌드박스 시행 2년 주요 사례). 규제샌드박스의 주요 사례는 공유주방, 숙박, 재외국민 비대면 진료, 손목시계형 심전도 장치, 안면인식 비대면 계좌 개설 등이 있다. ICT 융합, 산업융합, 지역혁신, 금융혁신, 스마트도시 5대 분야에서 총 1조 4,344억원의 투자유치, 518억원의 매출증대, 2,865명 고용증가 효과를 거두었다.[18)]

제5절 정부규제가 산업 및 기업의 기술혁신에 미치는 영향[19)]

〈표 2-7〉에 제시된 정부규제가 산업 및 기업의 기술혁신에 미치는 영향에 대한 선행연구들은 산업별 규제의 특성을 고려하여 다양한 정책적 시사점들을 제시하고 있다. Bozic and Rajh(2016)는 크로아티아 중소기업(제조업)을 대상으로 기술 혁신을 저해하는 요인에 대해 탐색적 연구를 수행하였으며, 규제가 기술혁신을 저해하는 요인 중 하나임을 분석하고 혁신 저해 요인을 완화하기 위해서는 산업별 차이를 인식하고 이에 맞는 적절한 조치가 중요함을 지적하였다. Kemp(1998)는 환경 규제를 중심으로 혁신에 미치는 긍정적 효과에 주목하였는데, 네덜란드 화훼재배 산업과 일본 자동차 산업, 북유럽 종이펄프 산업을 대상으로 정성적인 분석을 수행함으로써 환경 규제가 초기에는 부담이 되지만 결과적으로 혁신을 촉진할 수 있으며 환경 기술의 수출 증가 및 국가 경쟁력 향상에 기여함을 설명하였다.

한편, 국내 주요 연구들을 살펴보면, 강현규(2010)는 기술혁신을 유도하는 규제와 기술혁신을 저해하는 규제에 관한 사례 연구를 통해 기업의 기술혁신 의지를 고취하기 위한 정책 제언을 제시하였는데 크게 다음의 다섯 가지로 요약된다. 첫째, 규제영향평

18) 규제개혁백서 2018~2020년 참조하기 바란다.
19) 안승구, 2018, "규제정책이 중소기업의 기술혁신 및 성과에 미치는 영향", 한국과학기술기획평가원(KISTEP) 연구보고서 2018-014.

표 2-7 정부규제가 기술혁신에 미치는 영향 관련 선행연구

연구자	내용	정책 제언
Bozic and Rajh(2016)	• 기술 혁신을 저해하는 요인에 대해 탐색적 연구 –크로아티아 중소기업 사례 분석	• 혁신 저해 요인을 완화하기 위한 적절한 조치를 위해 산업별 차이를 인식하고 차별화된 정책 대안 마련
Kemp(1998)	• 환경 규제가 혁신에 미치는 영향 연구 –네덜란드 화훼재배 산업과 일본 자동차 산업, 북유럽 종이펄프 산업	• 환경 규제가 초기에는 부담이 되지만 결과적으로 혁신을 촉진할 수 있으며 환경기술의 수출 증가 및 국가 경쟁력 향상에 기여
강현규(2010)	• 기술혁신을 유도하는 규제와 기술혁신을 저해하는 규제 관련 사례 연구	• 규제영향평가의 전문화, 지방투자 촉진을 통한 균형 발전 • 민간의 부담을 최소화하는 규제 마련 • 환경보호와 기업 활동 강화를 동시에 지원 • 글로벌 표준 및 첨단 기술에 맞는 규제 • 삶의 질 관련 규제를 강화
김유환(2016)	• 과학기술규제의 특성 • 규제 거버넌스의 재구성	• 자율 규제 시스템 지원 및 감독을 위한 거버넌스 • R&D 지원 관리를 위한 규제 과제 개념화 및 추진을 위한 거버넌스 • 지식재산권정책 재검토 및 연구개발 결과물 보호를 위한 거버넌스 • 과학기술 가치평가 및 리스크평가를 위한 거버넌스 • 과학기술 및 산업정책의 연계를 위한 거버넌스 • 과학기술 리스크관리, 윤리, 기본권 보호를 위한 거버넌스
이광호(2016)	• 자동차, 에너지, 헬스케어, 화학 산업의 기술 규제 사례 분석	• 혁신친화적 시스템 구축 • 사회적 수요 충족을 위한 신규 규제 제정 • 글로벌 스탠다드 지향 • 민간 참여 확대 촉진 • 미래지향적 지원 인프라 구축
홍운선 외(2015)	• 신기술 제품화, 창업 및 시장진입 등을 저해하는 기술규제를 기업현장에서 발굴하여 개선방안을 마련	• 의료기기 우수업체 자기적합성선언을 통한 제품심사 간소화 • 고효율 기자재 인증 절차 간소화 • 드론산업 활성화를 위한 법제도 정비 등
김주찬 외(2016)	• 415개 창업기업에 대한 규제부담 실태를 분석	• 3D프린터의 제품이능 중복규제 개선 • 창업기업 정책지원 대상 심사방식의 합리화 • 창업기업에 대한 창업지원자금 사용규제 완화

가의 전문화, 지방투자 촉진을 통한 균형 발전 등으로 통제와 금지가 목적이 아닌 기술혁신 진흥을 목적으로 하는 규제를 기획한다. 둘째, 규제 예비타당성조사, 경제적 인센티브 적용 등 민간의 부담을 최소화하는 규제를 마련한다. 셋째, 금지적 규제보다는 조건부 규제를 도입하고, 환경 분야의 경우 입지 규제보다도 처리 기준을 엄격하게 하여 환경보호와 기업 활동 강화를 동시에 지원할 수 있도록 한다. 넷째, 국제공동연구 강화, 인증 대응 서비스 및 인력 지원을 통해 글로벌 표준 및 첨단 기술에 맞는 규제를 실행한다. 다섯째, 제품 · 서비스 사용자의 안전뿐만 아니라 생산자의 안전과 건강을 보장하는 규제의 설계를 통해 삶의 질 관련 규제를 강화한다. 이광호(2016)는 기술 규제에 초점을 두어 질적 연구를 수행하였는데, 자동차 산업, 에너지 산업, 헬스케어 산업, 화학산업의 기술 규제의 대표적 사례들을 살펴봄으로써 기술 규제의 문제 발생 원인으로 정보비대칭성, 규제 지체, 대응 역량 취약 등을 지적하였으며, 다음과 같은 정책적 시사점을 제시하였다. 첫째, 산업별 인 · 허가 진입장벽 완화 등 혁신친화적 규제 시스템을 구축한다. 둘째, 사회적 수요(안전, 사생활 보호 등) 충족을 위한 신규 규제를 제정한다. 셋째, 글로벌 혁신 추세에 부합하는 스탠다드를 지향한다. 넷째, 기술 규제 시스템 구축에 민간 참여 확대를 촉진할 필요가 있다. 다섯째, 다학제적 연구를 통해 미래지향적 지원 인프라를 구축하여야 한다. 김유환(2016)은 과학기술규제의 특성을 살펴보면서 규제 거버넌스의 재구성 방안을 다음과 같이 제시하였다. 첫째, 자율 규제 시스템 지원 및 감독을 위한 거버넌스 구축이 필요하다. 둘째, R&D 지원 및 관리를 위한 규제 과제의 개념화와 추진을 위한 거버넌스 구축을 마련해야 한다. 셋째, 지식재산권정책 재검토 및 연구개발 결과물 보호를 위한 거버넌스 구축이 필요하다. 넷째, 과학기술 가치평가 및 리스크평가를 위한 거버넌스를 검토할 필요가 있다. 다섯째, 과학기술 및 산업정책의 연계를 위한 거버넌스를 마련해야 한다. 여섯째, 과학기술 관련 리스크관리, 윤리 및 기본권 보호를 위한 거버넌스를 구축해야 할 필요가 있다. 홍운선 외(2015)는 신기술 제품화, 창업 및 시장진입 등을 저해하는 기술규제를 기업현장에서 발굴하여 개선방안을 마련하였다. 200개 업체를 대상으로 기술기준(규정), 시험, 검사, 인증 등의 규제에 대해 설문조사를 실시하여 중소기업 기술규제에 대한 전반적인 의견을 수렴하였으며, 20개 기업을 대상을 심층 인터뷰를 추진하였다. 이를 통해 47개의 규제건의서를 도출하였는데, 의료기기 우수업체 자기적합성선언을 통한 제품심사 간소화, 고효율 기자재 인증 절차 간소화, 드론산업 활성화를 위한 법제도 정비 등이 대표적이다. 김주찬 외(2016)는 415개 창업기업의 규제부담과 성장단계별 부담에 대한 논의를 바탕으로 창업기업에 대한 규제부담 실태를 분석함으로써 창업기업 핵심규제 개선과제 41개와 제도 개선과제 9개를 제안하였다.

이상의 선행연구 결과를 종합해보면, 정부규제가 산업 및 기업의 기술혁신에 미치는 영향은 선험적으로 일관적이라기보다는 상황적인(contingent) 조건이나 환경의 차이에 따라 달라지는 경험적 연구문제라고 볼 수 있다. 즉, 그러면 우리나라의 경우 정부규제와 산업 및 기업의 기술혁신 간 관계는 어떠한가? 이러한 연구질문에 답하기 위해 이 책의 2부와 3부는 다음과 같은 실증연구 사례들로 구성되었다.

우선, 제2부는 정부규제와 '산업' 수준(industry-level)의 기술혁신의 관계에 대한 연구논문들로 구성된다. 구체적으로 제3장은 과학기술 분야 규제부담의 수준 및 영향요인을 분석하고,[20] 제4장은 환경규제 수단의 선택에 미치는 영향요인을 분석한다.[21] 제5장은 규제가 산업의 기술혁신에 미치는 효과를 분석하고,[22] 제6장에서는 산업별 규제와 기업의 연구개발활동의 관계를 분석한다.[23] 이와 함께 제7장에서는 규제의 정당성 관점에서 본 기술평가 제도의 개선방안을 제시한다.[24]

다음으로, 제3부는 '기업' 수준(firm-level)의 기술혁신과 정부규제의 관계에 대한 연구논문들로 구성된다. 구체적으로 제8장은 중소기업 기술규제 법령 현황 및 인식을 분석하고,[25] 제9장은 기술규제와 중소기업 성과의 관계를 분석한다.[26] 제10장은 기업 혁신활동 단계별 기술규제가 중소기업 기술혁신 및 성과에 미치는 효과를 분석하고,[27]

---

20) 이광훈 · 김권식, "규제비용관리제를 적용한 미래창조과학부 소관 등록규제의 규제부담 실증분석", 규제연구, 한국규제학회, 한국경제연구원, 2016-12, 제25권, 제2호, 81-111.

21) 김권식 · 이광훈, "환경규제 수단의 선택에 미치는 영향요인 탐색: 지방분권화, 입법주체 및 규범형식을 중심으로", 지방행정연구, 한국지방행정연구원, 2014-03, 제28권, 제1호, 167-192.

22) 김권식 · 안승구 · 이종한 · 이광훈, "규제가 기술혁신에 미치는 영향에 관한 실증분석: 우리나라 제조업 분야기업을 대상으로", 규제연구, 한국규제학회, 한국경제연구원, 2016-06, 제25권, 제1호, 91-111.

23) 안승구 · 김권식 · 이광훈, "산업별 규제와 기업의 연구개발활동의 관계 탐색: 대기업 및 중소기업에 대한 차별적 효과를 중심으로", 기술혁신학회지, 한국기술혁신학회, 2017-03, 제20권, 제1호, 62-80.

24) 김권식 · 이광훈, "규제의 정당성 관점에서 본 기술평가 제도의 개선방안", 사회과학연구, 강원대 사회과학연구원, 2015-02, 제27권, 제2호, 113-135.

25) 안승구 · 김권식 · 이광훈, "중소기업 기술규제 법령 현황 및 인식 분석", 과학기술법연구, 한남대학교 과학기술법연구원, 2021-02, 제27권, 제1호, 3-42.

26) 안승구 · 김권식 · 이광훈, "기술규제와 중소기업 성과의 관계 탐색: 기술혁신의 매개효과를 중심으로", 규제연구, 한국규제학회, 한국경제연구원, 2018-06, 제27권, 제1호, 63-91.

27) 안승구 · 김권식 · 이광훈, "기업 혁신활동 단계별 기술규제가 중소기업 기술혁신 및 성과에 미치는 영향", 사회과학연구, 강원대학교 사회과학연구원, 2018-12, 제57권, 제2호, 159-195.

제11장은 연구개발협력 수행체계가 성과에 미치는 효과를 분석한다.[28] 마지막으로 제12장에서는 규제자유특구 제도의 개선방안을 제시한다.[29]

---

28) 안승구 · 이광훈 · 김권식, “연구개발협력 수행체계가 성과에 미치는 영향 실증분석: O'Toole & Montjoy의 조직간 집행 가설의 검증”, 정부학연구, 고려대학교 정부학연구소, 2016-4, 제22권, 제1호, 141-165.

29) 김권식 · 이광훈, “규제자유특구의 법제 개선방안 연구”, 과학기술법연구, 한남대학교 과학기술법연구원, 2022-02, 제28권, 제1호, 57-94; 김권식 · 이광훈, “규제자유특구 사업의 법적 쟁점과 입법 과제”, 공공정책과 국정관리, 지방자치연구소, 2022-04, 제39권, 제1호.

제2부

정부규제와 산업 기술혁신 사례

제2부는 '산업' 수준의 기술혁신과 정부규제의 관계에 대한 연구논문들로 구성된다. 제3장은 과학기술분야 규제부담의 수준 및 영향요인을 분석한다. 이 연구는 1960년부터 2012년까지 공포된 과학기술부 관할 등록규제(총 530건)를 대상으로 동 규제들의 특성 및 유형을 체계적으로 분석하고, 규제비용관리제를 활용하여 개별규제들의 규제부담을 측정하였으며, 나아가 규제부담에 영향을 미치는 요인들을 탐색하였다.

제4장은 환경규제의 수단 선택에 영향을 미치는 요인들을 분석한다. 이 연구는 환경부 소관 등록규제(총 867건)를 활용하여 환경분야 규제 형성 과정상의 다양한 영향요인들 중 지방분권화, 입법주체 및 규범형식 측면의 요인이 실제 규제수단 선택에 미치는 영향력을 분석하였다.

제5장은 규제가 산업의 기술혁신에 미치는 효과를 분석한다. 이 연구는 한국행정연구원의 산업별 규제지수와 과학기술정책연구원의 기술혁신조사 자료를 활용하여, 우리나라 제조업 분야 기업의 기술혁신 수준에 각 제조업별 규제의 수준이 미치는 영향을 추정하기 위해 서열로짓분석 및 이항로짓분석을 수행하였다.

제6장에서는 산업별 규제와 기업의 연구개발활동의 관계를 분석한다. 이 연구는 기업의 R&D 활동에 미치는 규제의 영향력은 기업의 규모에 따라 달라질 수 있다는 가설을 검증하기 위해 대기업과 중소기업에 미치는 차별적 효과를 OLS 및 2SLS 회귀분석으로 추정하였다.

제7장에서는 규제의 정당성 관점에서 기술평가제도의 의의 및 중요성에 비추어, 우리나라 기술평가시장 및 제도의 문제점을 시장실패와 거래비용 측면에서 각각 살펴보고 이에 대한 개선방안을 도출하였다.

제3장

과학기술규제 부담 수준 및 영향요인 분석

제1절

서 론

우리나라 규제개혁에 관해서는 기존의 수많은 연구결과들이 축적되어 있으나 과학기술 분야의 규제를 대상으로 규제개혁 과제를 도출한 연구들은 상대적으로 부족한 것으로 파악된다. 특히 과학기술부에 실제 등록되어 있는 규제들을 분석한 실증연구는 매우 드문 실정이다. 따라서 제4차 산업혁명에 조응하는 과학기술 관련 규제의 합리적 개선을 위한 실증적 분석이 필요한 시점이다. 또한 박근혜정부에서 규제개혁 수단으로 활용되고 있는 규제비용총량제(現 규제비용관리제)를 적용한 기존 과학기술 규제의 실태분석 및 개선과제 도출을 통하여 관련 부처의 증거기반 규제(evidence-based regulation) 정책추진을 위한 경험적 자료 구축의 필요성이 높은 상황이다. 이에 본 연구는 과학기술 규제의 합리적 개선과제를 도출하기 위하여 규제비용관리제가 규정하고 있는 규제부담 측정방식을 적용하여 실증분석을 수행하고자 한다.

본 연구는 다음과 같이 구성된다. 우선, 제2절에서는 규제부담의 측정 및 과학기술규제 관련 선행연구를 검토하고 본 연구의 차별성에 대해 설명한다. 이를 바탕으로 제3절에서는 규제비용관리제를 활용한 분석방법론을 서술한 다음, 제4절에서 분석결과와 이에 대한 해석을 제시한 후 마지막 제5절에서 본 연구의 결론 및 시사점을 도출한다.

제2절

선행연구 검토

1 규제지수 관련 기존 연구

최근 규제개혁의 경향은 단순한 규제의 개수, 즉 양적 차원의 규제총량 관리를 넘어 고품질 규제를 위한 총체적 규제관리의 방향으로 변화하고 있다.[1] 규제개혁의 중장기

1) 한국 정부 역시 그간 규제부담을 감축하기 위해 많은 노력을 기울여 왔음에도 불구하고, 규제 수

적 계획에 근거한 전략 수립과 체계적인 규제정책집행 및 효과적인 성과관리를 위해서는 기존 규제의 특성 및 유형별 강도, 파급효과 등 다양한 영향요인을 고려한 규제부담의 측정이 선행될 필요가 있다. 이에 여러 국제기구들과 규제연구자들은 다양한 형태의 규제지수를 활용하여 왔으며, 대표적인 예로는 〈표 3-1〉에 제시되어 있는 OECD의 규제관리체제 지수(Indicators of Regulatory Management System, 이하 RMS 지수), 생산물시장 규제지수(Product Market Regulation Indicator, 이하 PMR 지수), 비제조업종 규제지수(Indicators of Non-manufacturing Regulation, 이하 NMR 지수)와 세계은행(World Bank)의 Doing Business 지수 및 세계 거버넌스 지수(Worldwide Governance Indicators) 중 규제품질(regulatory quality) 지수 등을 들 수 있다(이종한, 2013: 36-60 참조).

한편, 국내의 대표적인 연구인 이종한(2013)은 Al-Ubaydli & McLaughlin(2012)[2]을 원용하여 한국의 전체 법령을 대상으로 우리나라 표준산업분류의 두 자리 단위 하위 산업 설명문의 키워드로 검색하여 산업분류를 실시하고, 규제개혁위원회의 등록규제 데이터를 활용하여 산업 전반의 규제수준을 측정한 표준산업별 규제지수를 작성하였다.[3] 본 연구는 이종한(2013)의 연구와 유사한 맥락에서 우리나라 과학기술 분야의 실제 법령 조문 내용들을 대상으로 규제부담을 측정하는데 목적을 두고 있다.

는 증가추세를 보여 규제개혁 성과는 높은 평가를 받지 못했으며, 이에 2004년에 규제총량제를 시행한 바 있으나, 규제내용이나 비용에 대한 고려 없이 규제건수만을 기준으로 운영한 결과 규제개선효과가 미미하다는 비판을 받았다. 이러한 경험을 바탕으로 실질적인 규제부담 감축이 가능한 방안으로서 박근혜정부는 영국정부가 2011년 도입한 One-in, One-out 원칙에 기반하여 규제비용총량제를 시행함으로써 규제비용총량이 일정 수준으로 유지되도록 관리하고 있다(김동연, 2014).

2) Al-Ubaydli & McLaughlin(2012)는 미국의 연방규제를 대상으로 산업별 규제데이터베이스를 구축하였는데 연방규제집의 타이틀별로 사업의 키워드를 이용하는 텍스트분석을 실시하였다(이종한, 2013: 103 재인용). 구체적으로 미국 표준산업분류의 각 산업의 키워드를 연방규제집 타이틀별로 검색하여 특정 산업의 키워드 검색건수를 타이틀별로 합계하여 해당 산업의 규제의 산업연관도를 작성하였다.

3) 구체적으로 모든 등록규제의 산업관련도에 개별 규제가 갖는 특성에 대한 가중치를 부여함으로써 최종적인 산업의 규제지표를 측정하였다(이종한, 2013: 102-114). 규제성격의 대분류에 따라 경제적 규제에 3, 사회적 규제에 2, 행정적 규제에 1의 가중치를 부여하였고, 기존 규제의 강화나 완화에도 가중치를 부여하였으며 규제 유형(사전승인, 투입기준, 산출기준, 정보규제)에 따라 1에서 4까지의 가중치를 부여하였다. 이에 따라 모든 규제는 규제의 성격과 세부유형, 규제변동 상태, 규제사무유형 등에 따라 −48에서 +72의 변동범위의 가중치 값을 갖게 된다.

표 3-1 주요 규제지수 현황

지수명	측정 목적	구성 체계
OECD의 RMS 지수	1995년 OECD 이사회가 도입한 고품질의 규제 의사결정을 위한 체크리스트를 회원국들이 얼마나 준수하고 있는지를 확인할 목적으로 1998년, 2005년, 2008년, 2009년 등 총 네 차례에 걸쳐 회원국을 대상으로 규제관리체계를 평가하는데 활용.	규제정책, 규제기관, 규제절차 및 규제수단으로 유형화되며 개별 유형들은 각각의 설문 문항들로 구체화 됨. 2008년 조사의 경우 총 4개의 Section(규제정책의 내용, 규제품질 수단, 규제품질제고를 위한 제도적 장치, 규제품질의 역동적 측면)의 19개 영역 별 86개 세부항목으로 구성됨.
OECD의 PMR 지수	OECD국가들의 생산물 시장을 중심으로 한 경제정책의 다양한 차이를 설명하기 위해 1998년 고안되었으며, OECD 국가들을 대상으로 1998년, 2003년, 2008년, 그리고 2013년 총 네 차례에 걸쳐 측정됨. 규제가 생산물 시장의 경쟁을 저해할 수 있는 잠재성을 가지고 있다는 관점에서 어떠한 정책 또는 규제가 생산물시장에서의 경쟁을 어느 정도 증진 또는 감소시키는지를 측정.	OECD 규제지수설문(OECD Regulatory Indicators Questionnare)을 회원국에 배포해서 필요한 정보를 수집하며, 응답은 각 영역별 중앙정부의 관련 부처 공무원들이 하고 단일 OECD 연락기관에 의해 조정됨. 2013년 조사의 경우, 설문을 통해 총 12개 Section(전기, 가스, 통신, 우편, 운송, 용수, 소매유통, 전문서비스업, 다른 영역들, 창업을 위한 행정적 요건, 외국인 처우, 기타) 별 364개 항목들에 대한 조사가 이루어짐. PMR 지수의 체계는 피라미드 형태를 띠고 있으며 세 개의 상위지수(국가통제, 기업활동장벽, 무역과 투자장벽)의 단순 평균으로 계산되고 2013년 시행된 PMR 지수 추정에서 활용된 하위지수는 총 18개로 구성됨.
OECD의 NMR 지수	제조업분야와는 다른 비제조업 분야의 특성, 즉 해외시장으로부터의 상품 수입이 상대적으로 제한되어 있기 때문에 상품에 대한 중간 및 최종소비자들의 선택이 제한적임을 고려하여 2001년부터 측정됨.	NMR 지수는 2008년부터 PMR 지수에 통합되어 세 가지 하위 분야별 규제(Sector regulation)인 ETCR, Professinal services, Retail distribution으로 구성됨. 구체적으로 ETCR은 통신, 전기, 가스, 항공수송, 철도수송, 도로화물수송으로 세분되며 Professional services는 법률서비스, 회계서비스, 공학서비스, 건축서비스로 세분되고, Retail distribution은 독립적으로 구성됨. 분야별 규제지수들은 하위지수에 가중치를 더한 평균값으로 계산되며 2013년 시행된 ETCR 지표 추정에서 활용된 하위항목은 총 7개로서 전문서비스지표 추정에 사용된 하위항목 및 소매유통 지표 추정에 사용된 하위항목은 각각 1개씩 구성됨.
World Bank의 Doing Business 지수	상이한 문화, 역사, 전통 및 경제 규모를 갖고 있는 세계 각 나라들의 기업 환경에 대한 의미 있는 비교가 가능하도록 하기 위해 각 나라의 가장 큰 도시에서 일정 규모를 가진 가상의 기업 설립 및	2004년 5개 항목, 133개국을 대상으로 시작되었으며, 2015년 조사의 경우 189개 국가를 대상으로 창업, 고용, 계약이행, 파산회복, 신용거래, 재산등록, 투자자보호, 납세, 무역, 건설허가, 전력수급 등 11개 영역에 대해 평가. 189개국의 11,400명 이상 변호사, 판사, 화물운송업자, 엔지니어, 건축가, 기

	운영을 전제로 하여 창업, 고용, 계약이행 등 다양한 영역에 대한 기업환경을 평가함. 창업에서 퇴출에 이르기까지 기업의 생애주기(Life Cycle)과정 전반을 측정함으로써 어느 국가에서든지 공통적으로 거치게 되는 행정 절차와 비용을 중심으로 평가함.	업컨설턴트, 정부관료 등으로 구성된 각 국 전문가에게 설문지를 보내고 취합된 설문을 바탕으로 영역별 지수를 측정하며, 2015년 측정된 주요 세부항목은 창업, 건설허가, 건물품질관리, 전력수급, 자산이전 효율성, 토지에 대한 행정품질, 신용거래, 투자자 보호, 납세, 무역, 상업분쟁해결 효율성, 재판과정의 품질, 파산회복, 파산체계의 강도, 노동시장 규제 등임.
World Bank의 regulatory quality 지수	215개 국가의 전반적 국정관리를 6개의 차원으로 구분하여 측정하는 세계거버넌스 지수(Worldwide Governance Indicators)의 하위 지수로서 규제품질(regulatory quality)은 시장원칙에 부합하지 않는 정책(가격통제, 미비한 은행감독제도 등)의 빈도, 그리고 무역이나 사업개발에 있어서 과도한 규제부담 등을 측정함.	1996년에 시작된 이래 2002년까지는 2년 단위로, 2002년 이후로는 1년 단위로 측정된 규제품질 지수는 산출 과정에 다양한 외부자료들이 활용되며 예컨대 World Economic Forum, Heritage Foundation, Institute for Management Development 등 다양한 연구기관들의 결과를 가중 평균하는 과정에서 각 결과들 간의 이질성이나 차이, 신빙성 문제 등을 해결하기 위해 Unobserved Component Model (UCM)을 활용하여 각 결과물들에 대한 가중치를 부여함.

자료: 이종한(2013: 36-60) 재구성.

2 과학기술규제에 관한 주요 선행연구 및 본 연구의 차별성

우리나라 과학기술규제에 관한 주요 선행연구를 살펴보면, 정승일 외(2007)는 1990년 초중반부터 국가 산업발전을 위한 발전주의적 규제체제를 시장주의적 규제체제로 전환시키는 우리나라 국가발전 방향이 장기적 성장에 어떠한 영향을 미칠 것인지 분석하기 위하여 전반적인 규제환경과 기술혁신 사이의 관계를 살펴본 다음, 이를 세분하여 대기업집단 규제, 금융규제, 지식재산권 규제, 환경규제가 기술혁신에 미치는 영향을 검토하였다. 분석결과, 정부의 기업통제수준이 낮을수록 기업의 R&D 활동이 더욱 활발해지는 것으로 나타났다. 이러한 연구결과는 탈규제 방향만이 능사가 아니라 기업과 산업의 발전단계에 따라 상이한 규제 정책을 수립해야 하며, 점차 영미식의 시장지향적 규제를 도입하는 과정에서 아직 준비가 되지 않는 기업이나 산업을 발전시키기 위한 제도를 구축해야 함을 시사한다. 그러나 이 연구는 대기업집단규제, 금융규제, 지식재산권 규제, 환경 규제 이외의 다른 규제 영역은 다루지 못하였고, 정부규제의 효과 부분만을 규명하였다는 한계가 있다. 본 연구에서는 과학기술 분야 규제의 특성 및 유형에 대한 실태파악과 함께 이러한 규제가 형성되는데 영향을 미치는 요인에 대한 실증

분석을 수행함으로써 성공적인 과학기술 분야 규제개혁을 위한 정책적 시사점을 도출하고자 한다.

심영섭(2013)은 영역과 장르, 경계를 건너뛰는 융합시대의 도래와 더불어 전개되는 기술 및 산업 패러다임의 전환기에 맞추어 산업활동과 비즈니스의 경계를 지나치게 구분하여 진입을 가로막는 규제를 개선할 필요성을 제기하였다. 이에 창의와 융합을 조장하고 뒷받침하는 규제개혁 차원에서 네 가지의 방향을 제시하였다. 첫째, 시장에서 창의성과 자율성, 다양성이 발휘될 수 있는 융합 환경조성이 필요하며, 진입규제도 이러한 기조에서 전면적으로 재정비하여야 한다. 둘째, 각종 규제의 규율방식을 기존의 포지티브 시스템에서 과감하게 네거티브 시스템으로 전환해야 한다. 셋째, 현존 시장의 경쟁촉진은 물론 잠재적인 시장의 진입가능성, 즉 시장경합성(Market Contestability)을 제고하는 환경 조성이 필요하다. 넷째, 법과 제도를 통한 규제와 함께 실제 시장에서 시행되는 관행을 바꾸는 작업 역시 긴요하다. 동 연구가 과학기술분야 규제개혁 추진을 위한 방향과 전략을 제시하였다면 본 연구는 과학기술 연구개발 관련 모든 규제를 연구대상으로 하고 있다는 점에서 국가전체 차원의 과학기술 전략 수립에 활용될 수 있다는 측면에서 정책적 함의를 찾을 수 있다.

김이경 외(2015)는 과학기술기본법 등 100여개 과학기술관련 법령 및 미래부 소관 법령에 대한 전수조사를 통해 2014년 기준 규제개혁위원회의 규제등록관리시스템에 등록된 957건 포함 총 3696건의 규제를 발굴하였다. 이 중 오분류된 약 10%의 규제들을 제외하고 나머지 규제들을 대상으로 성격별 유형분류를 실시한 결과, 경제적 규제 33.7%, 사회적 규제 6.8% 및 행정적 규제 50.2%인 것으로 나타났다. 하지만 동 연구는 성격별 규제유형 외에 규제강도 등을 고려한 정교한 유형분류를 하지 못하였으며, 단순 건수 위주의 통계분석에 그침으로써 실제 개별규제가 주는 규제부담의 정도를 측정하는 후속연구가 필요할 것으로 보인다.

한편, 김권식 · 안승구 · 이종한 · 이광훈(2016)은 규제가 기업의 기술혁신에 미치는 영향을 실증자료를 활용하여 정량적으로 포착하였다. 구체적으로 한국행정연구원의 산업별 규제지수와 과학기술정책연구원의 기술혁신조사 자료를 활용하여, 우리나라 제조업 분야 기업들을 대상으로 기업의 기술혁신 수준에 각 제조업별 규제의 정도가 미치는 영향을 서열로짓 및 이항로짓 모형으로 분석하였다. 분석결과, 제조업 분야별 규제 수준이 높을수록 해당 부문에 속한 기업들의 기술혁신 활동 및 성과가 저하되는 것으로 나타났다. 이러한 경향은 특정 제조업 부문의 규제저량(stock)보다는 규제유량(flow)

에서 더욱 두드러지는 것으로 나타났다. 동 논문이 우리나라 산업별 규제수준의 척도로서 산업별 규제지수라는 집계지표(aggregate index)를 사용한데 비하여 본 연구는 실제 과학기술부 소관 개별 등록규제를 대상으로 규제부담을 측정하였다. 특별히 규제비용관리제를 적용하여 과학기술 분야 규제의 부담을 사전에 측정하고, 규제부담이 높은 규제를 발굴함으로써 우선적 폐지 · 개선 대상이 될 규제들을 파악하고 과학기술 분야의 규제를 합리적 · 효과적으로 관리할 수 있는 정책적 시사점을 제시하고자 하였다.

제3절

분석방법론

본 연구는 우리나라 과학기술 관련 규제를 다양한 분류기준을 활용하여 유형화하고 각 유형별 특성을 고려하여 규제부담을 측정하였다. 과학기술 분야 규제개혁의 전제조건으로서 규제가 피규제대상에게 실제로 얼마나 부담을 주고 있는지에 대한 측정 작업이 선행되어야 하기 때문이다. 분석대상은 규제개혁위원회 등록규제 데이터베이스에 있는 과학기술부 소관 등록규제 전체이며 최초 등록 시기인 1960년부터 이명박 정부 시기까지의 모든 등록규제(총 530건)를 분석대상으로 하고 있다.4)

특별히 본 연구는 현 정부에서 규제개혁 수단으로 활용하고 있는 규제비용관리제(前 규제비용총량제)5)의 규제부담 측정방식을 참조하여 다음과 같은 분석방법을 채택하였다. 현행 규제비용관리제의 핵심은 신설 · 강화 규제의 규제성질, 강도, 파급효과 등을 고려하여, 부담이 유사한 수준의 규제를 폐지 · 완화한다는 것이다. 여기서 신설 · 강화

4) 본 연구의 1차적인 관심의 초점(focus)은 과학기술 분야와 관련된 규제, 즉 법과 제도에 있다. 하지만 실제 연구 대상으로 삼은 법령이 속한 분야(locus)는 과학기술부 소관 업무영역으로서 타부처 소관의 과학기술 관련 규제는 분석에서 제외되는 점이 고려되어야 한다. 하지만 본 분석결과는 우리나라 과학기술 분야를 총괄하는 과학기술부의 법령과 제도 개선을 분석대상으로 함으로써 특정 부처가 소관 분야의 법령을 개선하는데 적극적 주체로서 조치를 할 수 있도록 실제적인 정책적 시사점을 줄 수 있다는 점에서 의의를 발견할 수 있을 것이다.

5) 규제비용총량제('Cost-in, Cost-out')는 각 부처가 규제를 신설 · 강화하는 경우 발생하는 순비용(직접비용 - 직접편익)에 상응하는 기존 규제를 폐지 · 완화하는 제도이다(김동연, 2014). 이와 같은 규제비용총량제는 2014년 7월 일부 부처를 대상으로 시범실시를 통해 미비점을 보완한 후 2015년부터는 전체 부처를 대상으로 확대되었으며 현재는 규제비용관리제라는 명칭으로 시행되고 있다.

규제와 유사한 수준의 부담을 주는 폐지 · 완화 규제를 매칭시키는 것이 핵심이며 따라서 개별 규제들의 규제부담 측정 방식을 어떻게 측정할 것인지가 관건이다. 규제비용총량제 매뉴얼(국무조정실, 2014: 10)에서 제시하고 있는 가이드라인(〈부록 1〉 참조)에 따르면 규제부담은 다음과 같이 측정된다. 먼저 규제 성격(진입 · 가격 · 거래 · 품질 · 행정)별 기초지수를 계산한 다음, 규제강도 · 파급효과 · 개선정도 · 규제방식 · 일몰설정 여부에 따른 가중치의 합을 곱하여 최종점수를 산출하도록 되어 있다.

규제비용관리제의 규제부담 측정방법을 원용하여 과학기술 분야 규제의 부담을 측정하기 위해 본 연구에서는 과학기술 분야 규제의 특성을 고려하여 다음과 같은 방식으로 『규제부담지수』를 산출하여 규제부담을 측정하였다. 우선, 규제성격별 기초지수를 규제의 목적 · 성격별 유형에 따라 진입규제는 10점, 가격규제는 8점, 거래규제는 6점, 품질규제는 6점을 부여하였다. 이상의 경제적 규제와는 달리 행정적 규제는 2점 그리고 사회적 규제는 4점을 부여하였다. 이와 같은 기초지수의 점수 차이는 일반적으로 진입규제나 가격규제 등 경제적 규제의 부담이 상대적으로 높기 때문에 이에 대해 우선순위를 부여하여 규제개혁이 이루어질 필요가 있다는 가치판단에 따른 것으로 볼 수 있다.

이와 유사한 논리를 바탕으로 규제비용총량제 매뉴얼(국무조정실, 2014: 10)의 가이드라인에 따라 다음과 같은 가중치가 기초지수에 부가되었다. 먼저, 규제강도에 관하여 Ogus(1994)의 규제수단에 의한 유형에 따라 우리나라 규제개혁위원회 등록규제를 분류한 이종한 · 최무현(2004: 45)의 연구를 바탕으로 사전승인 규제는 2, 투입 규제는 1.5 그리고 성과 및 정보제공 규제는 1의 값을 각각 부여하였다.[6] 이러한 규제강도에 따른 규제유형은 국가개입의 국민의 자유침해 정도를 기준으로 가중치를 산정한 것이다. 즉, 그 정도가 가장 적은 정보 규제는 공급자에게 사실에 대한 공개를 요구하지만 행위의 제약을 가하지는 않는 반면, 사전승인은 공공기관 승인이 없이는 행위자체가 금지되며, 투입 혹은 산출(성과)기준은 사전 통제는 아니지만 질 기준을 미충족한 공급자를 제재

6) 「사전승인」은 규제기관의 사전승인을 얻지 않고는 상품이나 서비스의 공급을 금지시키는 형태이고, 「투입기준」은 사전에 사용해야 하는 생산방법 혹은 재료를 정해놓거나 하지 말아야 하는 기준으로 목표한 결과를 도출하기 위한 투입측면의 규제이며, 「성과기준」은 투입기준과 달리 생산의 결과물이 충족시켜야 하는 기준만을 제시하고 기준을 달성하기 위한 방법은 피규제자의 자율적 선택에 맡기는 방식이고, 「정보제공」은 정보의 공개를 강제하거나 잘못된 정보를 통제하는 규제를 말한다. 그밖에 사전승인, 투입기준, 산출기준, 정보제공 등 각 유형에 속하나 구체적인 행위유형 분류가 곤란한 경우는 기타 1~4로 범주화하였다(이종한 · 최무현, 2004).

한다(이종한 · 최무현, 2004: 45).

다음으로 규제가 미치는 파급효과를 전국민을 대상으로 하는 경우 3, 해당 과학기술 분야 전체를 규제하는 경우 2, 특정 개개인이나 단체가 규제대상인 경우 1을 부여하였다. 규제개선 정도는 규제의 신설 · 강화로 인하여 어느 정도 부담이 개선될 수 있는가를 말한다. 이것은 규제를 새로이 입안하는 기관 및 담당 공무원의 주관적 판단에 좌우될 수 있는 지표이다. 이에 비해 본 연구에서는 규제개선 정도의 대리지표로 등록규제가 근거로 하고 있는 법적 근거가 법률인지 혹은 시행령이나 시행규칙 등에 규정되어 있는지를 기준으로 활용하였다.[7] 여기서 특정 규제가 법률에 근거하고 있을 경우는 국회의 입법개정이 필요하므로 규제개선 정도가 가장 높은 것으로 보았고, 시행령에 근거할 경우는 행정입법의 영역이므로 상대적으로 규제개선 정도는 중폭이라고 보았다. 또한 시행규칙 및 고시 등에 규정된 등록규제의 경우는 법률이나 시행령에 비해 규제개선 정도를 소폭인 것으로 간주하였다.

한편, 일몰(sunset) 규제 여부 역시 가중치 산정에 반영되었다. 여기서 일몰규제란 특정 규제에 존속기한을 설정하고 사회 · 경제적 여건 변화에 따라 폐지 혹은 개선 등의 조치를 하도록 의무를 부과하는 방식의 규제를 말한다. 규제는 일단 생성되면 특별한 변동이 없는 이상 존속하는 것이 일반적이기 때문에, 주기적으로 현재 산업 · 시장 상황에 맞도록 재검토하여 지속적으로 규제를 개선해 나가야 할 필요가 있다. 따라서 일몰규제 방식을 활용하여 국민과 기업에 부담을 주는 규제인 경우에 존속 필요성과 타당성을 지속적으로 검토하여 실효성 있게 작동되도록 해야 한다. 우리나라 등록규제에 설정되어 있는 일몰규제를 세분하면 일몰기한 도래 시 해당규제가 자동폐지되는 방식인 효력상실형 일몰규제와 주기적으로 일몰기한 도래 시 당해 규제의 타당성을 재검토하여 존속 · 개선여부를 결정하는 방식인 재검토형 일몰규제로 구분된다. 이에 효력상실형은 0.5, 재검토형은 1, 그리고 일몰이 미설정된 규제는 1.5의 가중치를 부여하였다. 마지막으로 규제의 입법기술 형식상 포지티브 규제인 경우 1.5, 네거티브인 경우는 0.5점을 부여하였다. 이상 규제부담지수 산출방식은 다음 〈표 3-2〉에 정리되어 있다.

---

7) 국민생활에 대한 정부의 자의적 개입을 방지하기 위해 「행정규제기본법」에서는 '규제법정주의(規制法定主義)'를 천명하고 있다(행정규제기본법 제4조; 법 부칙 제4조). 동 법에 의하면 행정규제는 '법령(법률, 대통령령, 총리령, 부령, 조례, 조례규칙, 고시, 공고, 예규, 훈령)'에 규정되어야 하며, 행정기관은 국민의 대표기관인 입법부가 제정한 법률에 근거하지 아니한 규제로 국민의 권리를 제한하거나 의무를 부과할 수 없다는 원리이다.

표 3-2 본 연구의 규제부담지수 산출방식

	규제분류	해당 규제의 내용	부여 값
규제 성격별 기초지수	경제적 규제	경제적인 목적을 달성하기 위해 주로 가격결정, 경쟁조건, 시장진입 및 퇴출 등과 같은 시장에 관한 결정에 정부가 개입하는 규제	진입규제=10, 가격규제=8, 거래규제=6, 품질규제=6
	사회적 규제	보건, 안전, 환경 및 사회적 통합과 같은 공공의 이익을 보호하기 위한 규제	4
	행정적 규제	행정규제를 집행하는 과정에서 규제의 목표를 달성하는 데에 부수되는 절차, 요식행위, 서류작성 등과 관련된 규제	2
규제강도	사전승인	허가, 인가, 면허, 특허, 승인, 지정, 동의, 기타 1	2
	투입기준	검사, 인정, 확인, 증명, 기타 2	1.5
	성과기준	결정, 지도, 단속, 행정질서벌, 기타 3	1
	정보제공	신고의무, 보고의무, 등록의무, 고용의무, 통지의무, 제출의무, 기준설정, 금지, 기타 4	1
파급효과	전국민	규제의 파급효과가 전국민에게 미치는 경우	3
	해당분야 전체	해당 과학기술 분야 전체를 규제하는 경우	2
	개별 피규제자	특정 개개인이나 단체가 규제대상인 경우	1
개선정도	대폭	규제의 모법이 법률인 경우	1.5
	중폭	규제의 모법이 시행령인 경우	1
	소폭	규제의 모법이 시행규칙 및 고시 등인 경우	0.5
일몰여부	효력상실형	일몰기한 도래 시 해당규제가 자동폐지되는 방식	0.5
	재검토형	주기적으로 일몰기한 도래 시 당해 규제의 타당성을 재검토하여 존속·개선여부를 결정하는 방식	1
	미설정	일몰 방식이 설정되지 않은 규제인 경우	1.5
네거티브	네거티브	특정한 금지 행위를 열거하고 열거되지 않은 다른 행위는 허용하는 방식	0.5
	포지티브	법령 등의 형태로 특정되거나 규정된 행위만 허용되며 나머지는 허용되지 않는 방식	1.5

이상의 기준을 토대로 규제부담 계산을 위한 산식은 다음과 같다:

> 규제부담(지수) = 성격별 기초지수 × (규제유형별 가중치의 합)[8]

8) 이 방식은 법령의 내용을 분석하여 규제부담 정도를 측정한 이종한(2013) 등의 연구와 유사한 맥락에서 현행 규제비용관리제 매뉴얼의 부담측정방법을 적극 활용한 것으로서 규제부담지수는 원

제4절

분석결과 및 해석

1 과학기술규제 부담 현황

과학기술부 소관 등록규제 총 530건에 대한 규제부담지수를 측정한 결과, 평균 31.40, 표준편차 20.27이었으며, 최소값 9, 최대값 85인 것으로 나타났다. 규제부담지수에 따른 순위는 〈부록 2〉에, 그리고 평균값 이상의 규제부담을 갖는 등록규제(총 230개) 목록은 〈부록 3〉에 별도로 제시되어 있다.

그림 3-1 규제부담지수의 분포

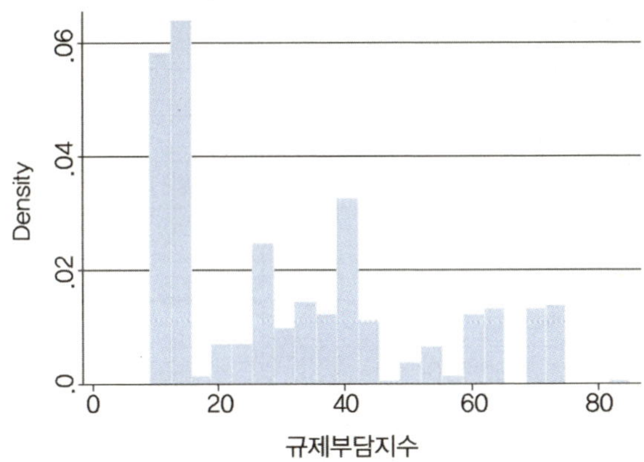

2 정책분야별 규제부담지수

과학기술부가 관장하는 정책분야를 크게 연구개발진흥 정책분야(제1차관 소관)와 방송정보통신 정책분야(제2차관 소관)로 구분하여 살펴본 결과(〈표 3-3〉 참조), 연구개발진흥 관련 규제는 108건(20%), 방송정보통신 관련 규제는 422건(80%)이었다. 연구개발

척적으로 최저 7점에서 최대 95점까지 분포가 가능하다.

진흥 관련 규제들의 규제부담은 평균 29.03(표준편차 20.43)으로, 방송정보통신 관련 규제들의 규제부담 평균 32.00(표준편차 20.21)보다 낮은 것으로 나타났다. 각 분야별 규제부담지수의 분포는 아래 〈표 3-3〉에 제시되어 있다.

표 3-3 정책분야별 규제부담지수

규제부담지수(점수)	연구개발 진흥정책분야(건수)	방송정보통신정책분야(건수)	총계(건수)
9	0	1	1
10	4	9	13
11	10	28	38
12	9	41	50
13	15	52	67
14	5	18	23
15	3	19	22
17	0	2	2
20	1	1	2
22	5	5	10
24	4	8	12
26	16	15	31
27	0	1	1
28	3	8	11
30	2	15	17
33	0	23	23
34	0	2	2
36	1	20	21
39	4	41	45
42	2	10	12
44	0	1	1
45	4	14	18
48	0	1	1
50	0	3	3
51	1	2	3
52	2	0	2
55	1	8	9
56	0	2	2

60	2	19	21
65	6	17	23
70	1	18	19
75	6	18	24
85	1	0	1
평균 (표준편차)	29.03 (20.43)	32.00 (20.21)	
건수	108	422	530
비중(%)	20	80	100

3 입법유형(정부입법/의원입법)별 규제부담지수

등록규제 근거법률(모법)의 발의자가 정부인지 국회의원인지의 여부로 구분하여 규제부담을 살펴본 결과(〈표 3-4〉 참조), 정부입법 규제는 475건(90%), 의원입법 규제는 55건(10%)이었다. 정부입법 규제들의 규제부담은 평균 32.04(표준편차 20.26)로, 의원입법 규제들의 규제부담 평균 25.85(표준편차 19.73)보다 높은 것으로 나타났다. 각 유형별 규제부담지수의 분포는 아래 〈표 3-4〉에 제시되어 있다.

표 3-4 입법유형(정부입법/의원입법)별 규제부담지수

규제부담지수(점수)	정부입법(건수)	의원입법(건수)	총계(건수)
9	1	0	1
10	13	0	13
11	28	10	38
12	45	5	50
13	59	8	67
14	21	2	23
15	16	6	22
17	2	0	2
20	2	0	2
22	8	2	10
24	11	1	12
26	28	3	31

27	1	0	1
28	8	3	11
30	15	2	17
33	23	0	23
34	2	0	2
36	20	1	21
39	42	3	45
42	11	1	12
44	1	0	1
45	18	0	18
48	1	0	1
50	3	0	3
51	3	0	3
52	2	0	2
55	9	0	9
56	2	0	2
60	19	2	21
65	21	2	23
70	18	1	19
75	21	3	24
85	1	0	1
평균 (표준편차)	32.04 (20.26)	25.85 (19.73)	
건수	475	55	530
비중(%)	90	10	100

4 집행기관별(분권화여부) 규제부담지수

등록규제를 중앙행정기관이 직접 집행하는지 아니면 지방 및 민간기관에 위임되어 집행되는지로 규제집행의 분권화 여부를 판단해 볼 수 있다. 중앙행정기관의 직접집행(집권) 규제는 511건(96%), 지방·민간기관 위임 집행(분권) 규제는 19건(4%)이었다. 집권 규제들의 규제부담은 평균 31.56(표준편차 20.34)으로, 분권 규제들의 규제부담 평균 27.11(표준편차 18.43)보다 높은 것으로 나타났다. 각 유형별 규제부담지수의 분포는 아래 〈표 3-5〉에 제시되어 있다.

표 3-5 집행기관별(분권화여부) 규제부담지수

규제부담지수(점수)	중앙행정기관 직접집행(건수)	지방 · 민간기관 위임집행(건수)	총계(건수)
9	1	0	1
10	11	2	13
11	35	3	38
12	48	2	50
13	67	0	67
14	22	1	23
15	22	0	22
17	2	0	2
20	2	0	2
22	9	1	10
24	10	2	12
26	29	2	31
27	1	0	1
28	11	0	11
30	17	0	17
33	23	0	23
34	2	0	2
36	21	0	21
39	42	3	45
42	12	0	12
44	1	0	1
45	18	0	18
48	1	0	1
50	3	0	3
51	3	0	3
52	2	0	2
55	8	1	9
56	2	0	2
60	21	0	21
65	21	2	23
70	19	0	19
75	24	0	24

85	1	0	1
평균 (표준편차)	31.56 (20.34)	27.11 (18.43)	
건수	511	19	530
비중(%)	96	4	100

5 정부시기별 규제부담지수

등록규제가 공포된 정부시기별로 규제부담을 살펴본 결과, 김영삼정부 이전에 만들어진 규제는 34건(6%), 김영삼정부 시기 규제는 38건(7%), 김대중정부 시기 규제는 95건(18%), 노무현정부 시기 규제는 99건(19%), 이명박정부 시기 규제는 264건(50%)로 정권이 지날수록 규제의 수가 증가하는 양상을 보였다. 이에 비해 각 시기별 규제들의 규제부담은 김영삼정부 이전 평균 41.09(표준편차 23.73), 김영삼정부 시기 평균 42.24(표준편차 22.51), 김대중정부 시기 평균 33.94(표준편차 21.35), 노무현정부 시기 평균 28.79(표준편차 18.96), 이명박정부 시기 평균 28.66(표준편차 18.61)로서 정권이 지날수록 규제부담은 감소해온 것으로 나타났다. 각 정부시기별 규제부담지수의 분포는 아래 〈표 3-6〉과 [그림 3-2]에 제시되어 있다.

표 3-6 정부시기별 규제부담지수

규제부담 지수(점수)	김영삼정부 이전	김영삼정부	김대중정부	노무현정부	이명박정부	총계(건수)
9	0	0	0	0	1	1
10	0	1	0	2	10	13
11	1	1	7	9	20	38
12	2	1	10	8	29	50
13	4	3	13	16	31	67
14	1	0	2	2	18	23
15	1	1	4	5	11	22
17	0	0	1	0	1	2
20	0	0	0	0	2	2
22	1	0	1	4	4	10
24	0	0	0	3	9	12

26	2	5	4	10	10	31
27	0	0	0	0	1	1
28	0	1	2	4	4	11
30	1	1	4	4	7	17
33	2	2	4	0	15	23
34	0	1	0	0	1	2
36	2	2	3	3	11	21
39	3	4	12	8	18	45
42	1	1	2	1	7	12
44	0	0	1	0	0	1
45	1	1	0	4	12	18
48	0	0	1	0	0	1
50	0	0	0	0	3	3
51	0	0	2	1	0	3
52	0	0	0	2	0	2
55	1	0	1	0	7	9
56	0	0	0	0	2	2
60	1	0	6	3	11	21
65	2	3	5	6	7	23
70	2	6	5	1	5	19
75	6	4	5	2	7	24
85	0	0	0	1	0	1
평균 (표준편차)	41.09 (23.73)	42.24 (22.51)	33.94 (21.35)	28.79 (18.96)	28.66 (18.61)	
건수	34	38	95	99	264	530
비중(%)	6	7	18	19	50	100

그림 3-2 정부시기별 규제부담지수의 변화

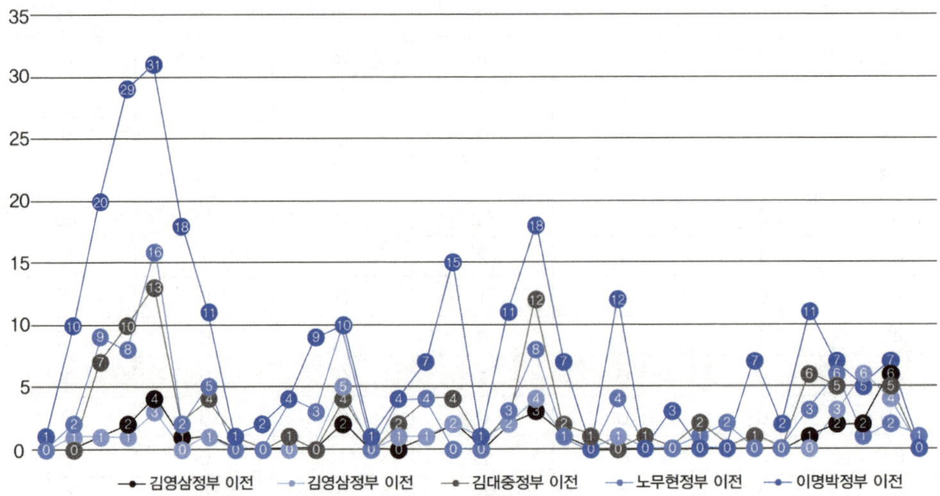

6 과학기술 규제부담지수의 영향요인 분석

앞에서 살펴 본 다양한 규제유형의 차이가 규제부담에 통계적으로 유의미한 영향을 미치는지에 대한 검증을 위하여 다중회귀분석을 수행하였다. 일반적으로 규제의 형성에 영향을 미치는 다양한 요인들을 이념, 이해관계 및 제도적 차원으로 구분해 볼 수 있다[9](김권식 · 이광훈, 2014). 이와 같은 차원에 따라 주요 영향요인을 식별한 결과, 이념적 요인은 정권별 이념차이, 이해관계 요인은 입법행위자인 의원과 정부에 의한 입법 여부, 제도적 요인은 중앙 및 지방 간 규제집행 상 분권화 여부를 독립변수로 설정하였다. 이와 함께 미래창조과학부의 관할 정책분야를 연구개발진흥 분야와 방송정보통신 분야로 대별하여 이러한 분야별 차이에 따라 규제부담이 달라지는지를 검증하였다.

구체적으로 규제부담지수를 종속변수(Y)로 하고 앞에서 식별한 각각의 규제유형들

9) 예를 들면, 최병선(1998)은 규제완화 정치의 세 가지 측면으로 아이디어의 정치, 이익집단의 정치, 제도적 기초와 역학을 들고 있으며, Peters(2002) 역시 정책수단의 정치적 선택에 영향을 미치는 다양한 요인들로서 이른바 3i, 즉 아이디어(idea), 이해관계(interest), 제도(institution) 등을 제시하고 있다(김권식 · 이광훈, 2014: 173 재인용).

표 3-7 규제부담 영향요인 회귀분석 결과

	Coef. (t-value)	P>t
연구개발진흥정책 여부	-3.55 (-1.51)	0.132
의원입법 여부	-6.49 (-2.13)	0.034
분권화 여부	-3.92 (-0.84)	0.402
김영삼정부	-3.31 (-0.59)	0.552
김대중정부	-12.31 (-2.33)	0.020
노무현정부	-15.07 (-2.63)	0.009
이명박정부	-19.22 (-3.32)	0.001
명목GDP(로그값)	2.01 (1.25)	0.213
상수항	20.39 (1.11)	0.269

자료: N = 530; Adj R-squared=0.0520; 정권별 더미변수는 김영삼정부 이전 시기를 기준으로 함. 명목GDP는 한국은행 자료임.

을 독립변수로 포함하는 분석모형을 아래와 같이 설정하고 OLS회귀분석을 실시하였다.

$$Y = \beta_1 + \beta_2(\text{연구개발정책여부}) + \beta_3(\text{의원입법여부}) + \beta_4(\text{분권화여부}) + \beta_5(\text{김영삼정부}) + \beta_6(\text{김대중정부}) + \beta_7(\text{노무현정부}) + \beta_8(\text{이명박정부}) + \beta_9(\text{LnGDP}) = \varepsilon$$

〈표 3-7〉의 분석결과를 보면, 통제변수인 명목GDP를 제외하고 모든 독립변수들의 회귀계수의 부호가 음(-)인 것으로 나타났다. 이 가운데 통계적으로 유의미한 독립변수는 연구개발정책 여부(유의수준 15%), 의원입법 여부(유의수준 5%), 김대중정부 시기(유의수준 5%), 노무현정부 시기(유의수준 1%), 이명박정부 시기(유의수준 0.1%)였다.

이와 같은 분석결과는 다음과 같은 시사점을 제공해줄 수 있다. 첫째, 연구개발 진흥 관련 규제의 경우 방송정보통신 분야 규제보다 상대적으로 규제부담이 낮은 것으로 나타난 것은 향후 방송정보통신 관련 규제의 부담을 줄이기 위한 노력이 필요한 것으로 해석될 수 있다. 물론 연구개발 진흥 분야는 정부의 직접적인 규제 방식의 개입보다는 재정적 지원이나 인센티브 제도가 주를 이루는 데 비해, 방송정보통신 분야는 시장질서 유지를 위한 정부의 규제적 개입이 상대적으로 많다는 개별 정책분야의 특성을 고려할 필요가 있다.

둘째, 정부입법이 의원입법보다 규제부담이 평균적으로 높은 것이 통계적으로 유의미하게 나타난 것은 입법주체의 차원에서 해당 규제 근거법률의 발의주체가 정부인 경우에는 의원일 경우에 비하여 상대적으로 부담이 높은 규제를 만드는 경향이 있음을 보여준다. 이는 미래창조과학부 등록규제의 90% 이상을 차지하는 정부입법 방식의 규제가 그간 상당히 높은 규제부담을 미쳐왔음을 시사한다. 또한 의원입법과 달리 정부입법에는 사전적 심의절차로서 규제영향평가제도가 적용된다는 것을 감안하면 기존에 실시되어 온 규제영향분석 제도가 실제 규제부담을 저감시키는 데 충분히 효과적이지는 못한 것으로 해석할 여지도 있다.

셋째, 정권별 규제부담의 차이를 비교해 보면 김영삼정부 이전 시기에 비하여 김대중정부, 노무현정부, 이명박정부 시기의 규제부담이 통계적으로 유의미하게 작은 것으로 나타났다. 이는 김대중정부 이래 각 정부가 추구하는 이념적 좌표와는 별개로 규제개혁이 지속적인 화두가 되어옴에 따라서, 과학기술 분야에서도 규제 형성과정에서 규제부담을 상대적으로 줄이는 방향의 경향이 존재했다는 점을 시사한다.

제5절 결 론

과학기술 연구개발 성과의 창출을 위해서는 재정지원 등 유인적 정책수단의 동원과 함께 혁신을 저해하는 과학기술 규제 개선 또한 동시에 요구된다. 본 연구는 과학기술부 관할 등록규제를 대상으로 이들의 특성 및 유형을 체계적으로 분석함으로써 과학기술 분야 규제개혁 과제를 도출함을 목적으로 수행되었다. 이를 위해 과학기술 규제개혁 관련 이론적 문헌 및 실증연구 검토를 통해 규제비용관리제를 원용한 규제부담 측정방법을 도출하고 규제부담지수를 산출한 후 양적 분석기법을 활용, 과학기술 규제 형성의 영향요인을 탐색하였다.

본 연구는 규제개혁이 단순한 규제건수의 감소라는 양적 접근을 넘어 개별 규제의 특성과 품질을 고려한 규제부담의 체계적 측정에 기초할 때 효과적인 규제개혁 시스템 구축의 시발점이 될 수 있다는 전제하에 수행되었다. 향후 규제개혁의 관점에서 규제의 파급효과를 고려하여 경제적 규제 가운데 진입, 가격, 거래, 품질 규제에 대한 규제부담 저감 조치는 물론 행정·사회적 규제 역시 규제품질 제고 노력이 필요하며, 장기적으로는 사전승인 혹은 투입위주의 규제방식을 규제 비용의 측면에서 보다 효율적인 규제수단인 성과, 시장유인, 정보제공 등의 방식으로 전환해 나갈 필요가 있다(최병선, 2009; 최유성·최무현, 2012). 또한 신설 규제의 경우 네거티브형 입법기술 형식을 우선적으로 고려하고 효력상실형 일몰 적용을 기본원칙으로 하되, 비현실적·획일적 규제 유지로 인한 문제점을 방지하기 위해 재검토형 일몰을 제한적으로 설정할 필요가 있다(김유환, 2008; 김동연, 2014).

특별히 본 연구에서 탐색한 규제부담의 영향요인 분석결과는 높은 규제부담을 초래하는 다양한 차원의 요인들을 식별하여 이에 대응한 규제개혁 전략을 수립할 필요가 있음을 시사해주고 있다. 특히 개별정책 분야, 입법주체 및 정권별 차이가 규제부담의 수준을 결정하는 변수로 작용할 수 있다는 점을 고려할 만하다.

기실 본 연구에서 분석한 자료는 특정부처(과학기술부)의 업무영역에 한정된 것이다. 따라서 다소 이질적인 성격의 자료들이 분석대상 자료의 범주에 포함되어 있는가 하면 경우에 따라 과학기술분야 관련 타부처 소관 법령은 제외되어 분석결과의 이론적 정밀도를 떨어뜨리는 부분이 있다. 하지만 본 연구는 현행 규제등록제도의 틀 안에서 과학기술분야 주무 부처인 과학기술부 소관 업무분야를 망라하는 규제법령을 분석함으로써 주무 부처의 입장에서 소관 분야의 정책 입안에 보다 실제적으로 적용할 수 있는 정책적 시사점을 제공하고 있다는 점에서 의의를 찾을 수 있다.

한편, 규제지수를 작성하는데 가중치 역할을 수행하는 규제강도의 추정에 있어 주관성 개입 및 척도(scale)의 불완전성 등에 대하여 가중치에 대한 신뢰성 문제가 제기될 수 있다. 또한 규제개선정도의 폭이나 규제의 성격, 그리고 규제의 파급효과가 어느 정도 되는지 등에 대한 판단에 자의성이 개입할 수도 있을 것이다.[10] 하지만 보다 합리적

10) 이와 같은 가중치의 자의성 및 척도(scale) 상의 한계 등으로 인해 실제 우리나라의 규제비용관리제 하에서도 규제비용을 산정할 때 실제 발생하는 비용·편익을 우선적으로 추정하며 본 연구에서 제시된 규제부담 산정방식은 규제순비용 추정이 불가능하거나 적절치 않는 등 예외적인 경우

인 가중치 산정을 위한 규제부담 측정 노력에는 그에 상응하는 시간과 비용이 필요하다는 점도 고려해야 한다.[11)]

그럼에도 불구하고 Al-Ubaydli & P. A. McLaughlin(2012), 이종한(2013) 등 규제강도 및 부담의 측정을 시도한 선행연구들의 논의와 현행 규제비용관리제의 규제부담 측정 방식을 기반으로 하여 본 연구에서 제시한 과학기술부 소관 등록규제의 규제부담 측정 결과는 향후 규제개혁 추진을 위한 증거기반 규제정책결정의 근거자료로 활용될 수 있을 것이다. 실무적으로 과학기술 분야 규제개혁의 근거자료로 활용될 수 있을 뿐만 아니라, R&D 성과를 저해할 수 있는 불필요한 부담을 유발하는 규제들을 개선함으로써 궁극적으로는 우리나라 과학기술 연구개발성과를 제고하는 데 유용한 정책적 시사점을 제공할 수 있을 것으로 기대된다.

에 차선책으로 활용하고 있다. 물론 규제비용을 금전적으로 직접 추정하는 것이 당연히 최선의 방안이지만 현실적으로 법령이 시행되기 전에 향후 시행되었을 때를 가정하여 비용편익을 추정하는 것은 많은 가정과 추정방법을 동원해야 하는 어려운 과정이다. 나아가 비용추정이 곤란하거나 불가능한 경우도 많은 바 이러한 경우에 다른 방식에 의해서 인식할 수 있는 규제부담을 굳이 금전적 비용 추정방식으로 측정하고자 할 경우에 발생할 수도 있는 왜곡도 고려할 필요가 있을 것이다.

11) 가령 관련 전문가를 대상으로 AHP(Analytic Hierarchy Process) 분석기법 등을 활용하여 수백 개의 개별 법령 조문에 대한 규제부담을 측정하는 경우 상당한 노력과 비용이 소요될 것이다.

[부록 1] 규제비용관리제의 규제부담 측정방법

i) 규제성격별 기초지수

구분	진입규제	가격규제	거래규제	품질규제	행정규제
기초지수	10	8	6	6	2

ii) 가중치 기준

• 규제강도

	가중치		
	2	1.5	1
진입규제	원칙금지(허가)	일부허용(인가 · 등록)	일반허용(신고)
가격규제	전면통제(허가)	사전통제(인가)	사후통제(신고)
거래규제	원칙금지(허가)	거래조건 제한	기준설정(가이드라인)
품질규제	전면통제(허가)	사전통제	사후통제(신고)
행정규제			정보제공 의무

• 규제 파급효과(영향집단)

구분	1,000만명 이상	100만~1,000만명	100만명 이하
가중치	3	2	1

• 규제개선 정도

구분	대폭	중폭	소폭
가중치	1.5	1	0.5

• 규제방식

구분	Positive	혼합·기타	Nagative
가중치	1.5	1	0.5

• 일몰

구분	미설정	재검토형 일몰	효력상실형 일몰
가중치	1.5	1	0.5

iii) 최종점수 = 규제성격별 기초지수 × Σ가중치 (최저7점~최고95점)

출처: 국무조정실(2014:10)

[부록 2] 규제부담지수에 따른 순위

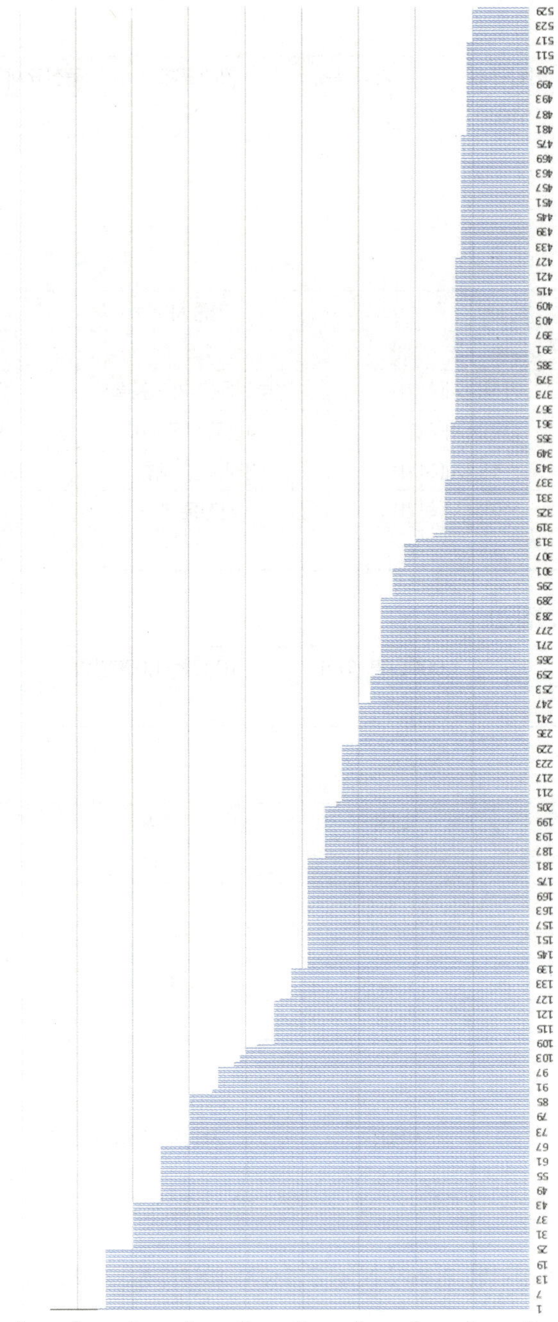

자료: 세로축은 규제부담지수, 가로축은 순위임.

[부록 3] 과학기술부 소관 등록규제별 규제부담지수(평균값 이상)

순위	규제부담지수	규제사무명	법령명	순위	규제부담지수	규제사무명	법령명
1	85	특구의 부동산 가격 안정	대덕연구개발특구 등의 육성에 관한 특별법 제45조제1항	26	70	유선방송사업 허가	방송법 시행령 제5조제1항, 제15조, 제16조
2	75	조합의 설립	산업기술연구조합 육성법 7조	27	70	소프트웨어진흥단지의 지정 조성	소프트웨어산업 진흥법 시행령 제4조
3	75	명칭	산업기술연구조합 육성법 4조	28	70	공제조합의 사업	소프트웨어산업 진흥법 시행령 21조
4	75	조합의 설립인가	산업기술연구조합 육성법 제8조	29	70	손실보전준비금의 적립 및 운영	소프트웨어산업 진흥법 시행령 24조
5	75	정관의 기재사항	산업기술연구조합 육성법 제9조	30	70	공제조합의 등기	소프트웨어산업 진흥법 시행령 20조
6	75	정관의 변경	산업기술연구조합 육성법 제10조	31	70	출자 및 출자증권 등	소프트웨어산업 진흥법 시행령 제25조
7	75	사업의 양수, 법인의 합병 등에 대한 인가	전기통신사업법 제13조	32	70	출자증권의 명의개서	소프트웨어산업 진흥법 시행령 26조
8	75	주식취득에 관한 특례	전기통신사업법 부칙 제4조	33	70	공제조합의 보고사항	소프트웨어산업 진흥법 시행령 28조
9	75	소프트웨어 공제조합 설립의 인가신청 및 인가	소프트웨어산업 진흥법 제7조, 제30조, 제31조	34	70	공인인증기관 지정	전자서명법 제4조
10	75	정관기재사항	소프트웨어산업 진흥법 제27조	35	70	방송법상 변경허가, 변경승인, 변경등록	방송법 시행령 제15조
11	75	정보통신기술인력의 양성 및 교육 등	정보통신공사업법 제38조	36	70	소프트웨어 품질인증기관의 지정	소프트웨어산업 진흥법 시행령 제9조, 제10조
12	75	공제규정의 승인	소프트웨어산업 진흥법 30조 3항	37	70	공인인증기관 지정의 유효기간	전자서명법 시행령 제3조의2
13	75	방송법상 허가 등의 신청 및 검사에 대한 수수료	방송법 제102조	38	70	공인인증기관의 갱신 지정	전자서명법 시행령 제3조의3
14	75	방송사업 허가·승인·등록	방송법 제9조 내지 제10조	39	70	준공검사전 토지 등의 사용	대덕연구개발특구 등의 육성에 관한 특별법 시행령 제27조
15	75	소프트웨어프로세스 품질인증	소프트웨어산업 진흥법 제23조 제1항	40	70	양수 및 합병 등 인가신청의 첨부서류	전기통신사업법 시행령 제20조
16	75	소프트웨어프로세스 품질인증기관 지정	소프트웨어산업 진흥법 제23조 제2,3,4항	41	70	기간통신사업 허가신청의 첨부 서류	전기통신사업법 시행령 제10조
17	75	특구개발사업의 시행자	대덕연구개발특구 등의 육성에 관한 특별법 제26조 제1항	42	70	변경허가 신청시 제출해야 하는 서류	전기통신사업법 시행령 제19조

순위	규제부담지수	규제사무명	법령명	순위	규제부담지수	규제사무명	법령명
18	75	하도급의 승인	소프트웨어산업 진흥법 제20조의3	43	70	외국인공위성을 이용한 위성방송사업의 승인	방송법 시행령 제11조
19	75	국제전기통신업무에 관한 승인	전기통신사업법 제59조	44	70	기간통신사업자양수 및 합병등의 인가대상범위	전기통신사업법 시행령 제18조제5항
20	75	기간통신사업자의 허가등	전기통신사업법 제5조	45	65	방송사업 허가·승인·등록 취소 및 업무정지	방송법 제18조, 제19조
21	75	역무의 추가 및 허가의 변경	전기통신사업법 제10조	46	65	부가통신사업자의 신고	전기통신사업법 제21조
22	75	이행강제금의 부과	전기통신사업법 제7조의2	47	65	기술사사무소 등록	기술사법 제6조 제1항, 제8조제1항, 제12조
23	75	허가를 통한 무선국 개설	전파법 제19조	48	65	주식의 발행	전기통신사업법 제8조
24	75	신고를 통한 무선국의 개설	전파법 제19조의2	49	65	정보통신공사업의 등록 등	정보통신공사업법 제14조
25	75	공인전자문서중계자 지정	전자문서 및 전자거래 기본법	50	65	공인인증기관 결격사유	전자서명법 제5조
51	65	인증업무의 정지 및 지정취소 등	전자서명법 제12조	76	60	최다액출자자 변경승인의 기한 및 의무	방송법 시행령 제15조의2
52	65	주파수 할당의 결격사유	전파법 제13조	77	60	손해배상 책임보험의 가입	우주손해배상법 제6조
53	65	유료방송의 이용요금 승인	방송법시행에 관한 방송위원회규칙 제29조	78	60	전기통신설비 매각의 신고	전기통신사업법 시행령 제22조
54	65	온라인콘텐츠 거래인증기관의 지정	콘텐츠산업 진흥법 시행규칙 제3조	79	60	별정통신사업자 등록의 신청서류	전기통신사업법 시행령 제26조
55	65	초과소유 주주에 대한 제한 등	전기통신사업법 제7조	80	60	부가통신사업의 신고절차	전기통신사업법 시행령 제29조
56	65	실시계획 승인신청서	대덕연구개발특구 등의 육성에 관한 특별법 시행규칙 제6조	81	60	사전선택 대상역무	전기통신사업법 시행령 제50조
57	65	준공검사전 사용허가 신청서	대덕연구개발특구 등의 육성에 관한 특별법 시행규칙 제8조	82	60	외국자본의 출자 및 출연 기준	방송법 시행령 제14조
58	65	외국정부 또는 외국인의 주식소유의 제한	전기통신사업법 제6조	83	60	전송망사업 등록의 제출 서류	방송법 시행령 제12조
59	65	소프트웨어기술자의 신고	소프트웨어산업 진흥법 제24조의3,1항, 7항	84	60	보편적역무손실보전금 산정대상 및 방법	전기통신사업법 시행령 제5조

순위	규제부담지수	규제사무명	법령명	순위	규제부담지수	규제사무명	법령명
60	65	소프트웨어기술자 변경신고시 허위 신고금지	소프트웨어산업 진흥법 제24조의3 3항, 7항	85	60	방송연장 명령을 받은 사업자의 의무	방송법 시행령 제17조
61	65	별정통신사업자의 등록	전기통신사업법 제19조	86	60	대기업인 소프트웨어사업자가 참여할 수 있는 사업금액의 하한	소프트웨어산업 진흥법 제24조의2
62	65	기간통신사업자 허가신청요령 및 심사기준(고시)	기간통신사업자 허가신청요령 및 심사기준	87	60	개발이익의 재투자	대덕연구개발특구 등의 육성에 관한 특별법 제27조의2
63	65	기간통신사업 허가의 결격사유	전기통신사업법 제5조의2	88	60	취약계층요금감면서비스 및 대상자	전기통신사업법 제4조제3항
64	65	외국방송관련위반행위에 대한 과태료	연구개발특구의 육성에 관한 특별법	89	56	기간통신사업의 휴지 또는 폐지 승인시 제출 서류	전기통신사업법 시행령 제24조
65	65	외국방송의 재송신채널 허용범위	연구개발특구의 육성에 관한 특별법 제23조의2	90	56	번호안내서비스에 대한 이용자의 동의	전기통신사업법 시행령 제51조
66	65	개발이익의재투자범위	연구개발특구의 육성에 관한 특별법,	91	55	전송망사업의 등록	유선방송설비의 준공검사 절차 및 기준과 전송·선로설비의 적합확인 및 전송망사업의 등록 제17조
67	65	공인전자문서중계자 인력, 기술능력, 시설 및 장비 등에 관한 규정	공인전자문서중계자 인력·기술능력, 시설·장비 규정	92	55	방송사업의 소유 및 겸영제한	방송법 제8조제2항 내지 제4항, 제9항
68	60	소프트웨어진흥시설 지정 등	소프트웨어진흥시설 지정 및 관리	93	55	외국인등의 정보통신공사업 등록절차 및 자격등 인정기준(고시)	외국인등의 정보통신공사업 등록절차 및 자격 등 인정기준
69	60	공인인증기관의 지정기준	전자서명법 시행령 제2조	94	55	정보통신공사업 영업정지와 등록취소	정보통신공사업법 제66조
70	60	외국자본의 출자 및 출연 제한	방송법 시행령 제14조	95	55	업무정지에 갈음한 과징금 부과	방송법 제19조(과징금 처분)
71	60	방송법상 수수료의 기준	방송법 시행령 제67조	96	55	별정통신사업자의 등록요건	전기통신사업법 시행령 제25조, 별표 2
72	60	소프트웨어사업자의 신고	소프트웨어산업 진흥법 시행령 제17조	97	55	대표번호 사용원칙 및 용도변경 방법	전기통신번호관리세칙 제20조제7항, 별표 2, 별표 3
73	60	정보통신망 표준인증기관 지정 및 취소 등	정보통신망이용촉진등에 관한 법률 제8조제4항 및 제5항, 제9조	98	55	대기업이 소프트웨어사업자가 참여할 수 있는 사업금액의 하한	대기업인 소프트웨어사업자가 참여할 수 있는 사업금액의 하한

순위	규제부담지수	규제사무명	법령명	순위	규제부담지수	규제사무명	법령명
74	60	공인인증기관 지정의 절차	전자서명법 시행령 제3조	99	55	사업시행자의지정취소 기준	연구개발특구의 육성에 관한 특별법
75	60	대기업 참여의 제한을 요청할 수 있는 정보시스템 구축사업	소프트웨어산업 진흥법 시행령 제17조의3	100	52	부지등 양도승인신청서	대덕연구개발특구 등의 육성에 관한 특별법 시행규칙 제10조
101	52	손해배상책임한도액	우주손해배상법 제5조	126	45	국제로밍서비스 계약에 관한 승인기준(고시)	전기통신사업법 제86조 제5항
102	51	전자서명생성정보의 보호의무	전자서명법 제23조	127	44	전송·선로설비의 이용약관 신고	유선방송사업 및 전송망사업의 허가 및 등록등에 관한 규칙
103	51	타인사용의 제한	전기통신사업법 제32조의2	128	42	전기통신설비에 관한 보고·검사	전기통신기본법 제45조
104	51	국토의 계획 및 이용에 관한 법률의 특례	대덕연구개발특구 등의 육성에 관한 특별법 제44조	129	42	정보통신공사의 감리 등	정보통신공사업법 제8조
105	50	과태료 부과기준 설정	정보통신망이용촉진등에 관한 법률시행령 제74조제3항, 별표 9	130	42	공인인증기관에 대한 검사	전자서명법 제14조
106	50	선불통화사업자의 의무	선불통화서비스 보증보험의 피보험자, 가입금액 및 보험금 배분 등에 관한 기준 제3조 제1,2항	131	42	인증업무에 관한 설비의 운영	전자서명법 제19조
107	50	선불통화서비스제공에 따른 자료제출	선불통화서비스 보증보험의 피보험자, 가입금액 및 보험금 배분 등에 관한 기준 제6조 제1,2,4항	132	42	입주승인 취소후 잔무처리	대덕연구개발특구 등의 육성에 관한 특별법 시행령 제36조
108	48	유료방송의 약관 승인	방송법시행에 관한 방송위원회규칙 제29조	133	42	특구개발사업시행자의 실시계획 승인 및 개발사업을 마친 때의 준공검사	대덕연구개발특구 등의 육성에 관한 특별법 시행령 제24조, 제26조
109	45	기술기준 위반에 대한 시정명령	전기통신기본법 제27조	134	42	방송통신기자재 등의 적합성평가	전파법 제58조의2
110	45	기간통신사업자의 정보제공 의무	전기통신사업법 제34조의4	135	42	지정시험기관 적합등록 대상기자재	전파법 제58조의2 제3항
111	45	특구개발사업 시행 대행자	대덕연구개발특구 등의 육성에 관한 특별법 제26조제3항	136	42	방송통신기자재등의 적합성평가 표시기준 및 방법	전파법 제58조의2 제6항
112	45	경매 등에 의한 부지·시설 또는 건축물의 취득 등	대덕연구개발특구 등의 육성에 관한 특별법 제39조	137	42	사전통관 신청 수입기자재의 적합성평가	전파법 제58조의3 제2항

순위	규제부담지수	규제사무명	법령명	순위	규제부담지수	규제사무명	법령명
113	45	무과실책임 및 책임의 집중 등	우주손해배상법 제4조	138	42	방송통신기자재등의 적합성평가	전파법 제58조의2
114	45	권리행사의 기간	우주손해배상법 제8조	139	42	방송통신기자재등의 적합성평가	전파법 제58조의2
115	45	이용약관의 신고등	전기통신사업법 제29조	140	39	전기통신설비의 설치 및 보전에 관한 설계도서의 작성	전기통신기본법 제25조
116	45	비상시의 통신의 확보	전기통신기본법 제22조	141	39	토지등의 일시사용	전기통신사업법 제73조
117	45	기간통신사업자의 상호접속 허용의무	전기통신사업법 제34조	142	39	전송선로설비 설치의 확인	방송법 시행령 제63조
118	45	번호이동성	전기통신사업법 제38조의4	143	39	방송통신위원회에 신고해야 하는 협정	전기통신사업법 제34조의6
119	45	전기통신설비 설치의 신고 및 승인 등	전기통신사업법 제62조	144	39	정보통신공사업의 양도 등	정보통신공사업법 제17조
120	45	송신인의 전화번호의 고지등	전기통신사업법 제54조의2	145	39	정보통신공사의 제한	정보통신공사업법 제3조
121	45	방송통신위원회의 인가를 받아야 하는 협정	전기통신사업법 제34조의6	146	39	정보통신공사 기술기준의 준수	정보통신공사업법 제6조
122	45	할당받은 주파수의 이용기간 및 재할당	전파법 제15조,제16조	147	39	공인인증서의 발급	전자서명법 제15조
123	45	주파수 할당	전파법 제10조	148	39	공인인증서의 효력정지	전자서명법 제17조
124	45	기간통신사업자의 가입자선로 공동활용 의무	전기통신사업법 제36조	149	39	인증업무의 양수 등	전자서명법 제9조
125	45	전기통신설비의 공동사용 허용의무	전기통신사업법 제41조	150	39	공인인증서의 폐지	전자서명법 제18조
151	39	시정명령	전자서명법 제11조	176	39	이동전화서비스 번호이동성 시행 등에 관한 기준(고시)	전기통신사업법 제58조 제5항
152	39	전자서명생성정보의 관리	전자서명법 제21조	177	39	가입자선로의 공동활용기준(고시)	전기통신사업법 제36조
153	39	인증업무의 휴지·폐지 등	전자서명법 제10조	178	39	전기통신설비의 공동사용 등의 기준(고시)	전기통신사업법 제41조 제2항
154	39	유선설비등에 관한 기술기준과 준공검사	방송법 시행령 제62조	179	39	전기통신번호관리세칙(고시)	전기통신사업법 제48조
155	39	방송프로그램의 편성	방송법 제69조	180	39	전기통신설비의 상호접속기준(고시)	전기통신사업법 제39조 제2항

순위	규제부담지수	규제사무명	법령명	순위	규제부담지수	규제사무명	법령명
156	39	전자문서 공개 금지	정보통신망이용촉진등에 관한 법률 제21조, 제67조	181	39	전기통신설비등의 매수	전기통신기본법 제32조
157	39	전자문서 보관의무	정보통신망이용촉진등에 관한 법률 제20조 제2항, 제67조	182	39	지상파 디지털튜너 내장의무 관련전자제품에 관한 고시	지상파 텔레비전방송의 디지털 전환과 디지털방송의 활성화에 관한 특별법 제6조
158	39	공인인증기관의 안전성 확보의무	전자서명법 제18조의3	183	39	설비등의 제공	전기통신사업법 제35조
159	39	주식의 상호소유의 제한	전기통신사업법 제38조의5	184	39	주파수이용권의 양도 제한 등	전파법 제14조
160	39	연구개발특구 개발사업시행자의 토지수용	대덕연구개발특구 등의 육성에 관한 특별법 제31조	185	36	무선국 검사	전파법 시행규칙 제18조, 제19조, 제20조
161	39	연구개발특구 교육, 연구 및 사업화시설 구역의 입주승인 및 취소 등	대덕연구개발특구 등의 육성에 관한 특별법 시행규칙 제3조	186	36	과태료 부과	전기통신기본법 시행령 제55조
162	39	연구개발특구 교육, 연구 및 사업화시설 구역의 부지의 양도 제한 등	대덕연구개발특구 등의 육성에 관한 특별법 제38조, 제76조	187	36	정보통신공사 도급의 분리	정보통신공사업법 제25조
163	39	인증업무의 장애발생 신고	전자서명법 제22조의3	188	36	정보통신공사업에 관한 정보관리 등	정보통신공사업법 시행령 제27조
164	39	공인인증기관의 손해배상 가입의무	전자서명법 제26조	189	36	인증업무에 관한 기록의 관리	전자서명법 제22조
165	39	임원의 결격사유	전기통신사업법 제6조의2	190	36	채널의 구성과 운영기준 준수의무	방송법 시행령 제53조 내지 제56조의2
166	39	입주승인신청서 등	대덕연구개발특구 등의 육성에 관한 특별법 시행규칙 제9조	191	36	인증업무 시설 및 장비의 정기점검	전자서명법 시행규칙 제13조의5
167	39	번호안내서비스의 제공	전기통신사업법 제38조의6	192	36	정보통신망 침해사고 예방 및 원인분석	정보통신망이용촉진등에 관한 법률시행령 제23조의4
168	39	무선국 시설자의 무선설비의 공동사용시 승인 의무	전파법 시행령 제69조	193	36	과태료의 부과 및 징수절차	대덕연구개발특구 등의 육성에 관한 특별법 시행령 제44조
169	39	사전선택제	전기통신사업법 제38조의3	194	36	방송사업별 프로그램 편성 기준	방송법 시행령 제13조의2, 제50조 내지 제52조의2
170	39	전기통신설비등의 통합운영	전기통신기본법 제31조	195	36	과징금의 납부절차	전기통신기본법 시행령 제22조

순위	규제부담지수	규제사무명	법령명	순위	규제부담지수	규제사무명	법령명
171	39	전기통신설비의 공동구축	전기통신기본법 제18조	196	36	인가를 받거나 신고해야 하는 협정의 제출 서류	전기통신사업법 시행령 제40조
172	39	고화질 디지털방송 프로그램의 편성	지상파 텔레비전방송의 디지털 전환과 디지털 방송의 활성화에 관한 특별법 제5조	197	36	전기통신설비의 설치·변경신고서 제출 서류	전기통신기본법 시행령 제11조
173	39	기간통신사업의 양수·합병 인가 등의 심사기준 및 절차(고시)	기간통신사업의 양수·합병 인가 등의 심사기준 및 절차	198	36	공동구축 전문기관 선정 및 자료 조사	전기통신기본법 시행령 제13조, 제14조
174	39	이용약관 인가대상 기간통신역무와 기간통신사업자(고시)	이용약관 인가대상 기간통신역무와 기간통신사업자	199	36	전기통신설비 공동구축의 권고	전기통신기본법 시행령 제15조
175	39	시내전화, 인터넷전화 및 080착신과금 서비스 번호이동성 시행 등에 관한 기준(고시)	전기통신사업법 제58조제5항	200	36	전기통신설비등의 통합운영	전기통신기본법 시행령 제28조
201	36	통합운영사업자의 선정	전기통신기본법 시행령 제29조	216	33	전기통신설비의 제공조건 및 대가산정기준(고시)	전기통신설비의 제공조건 및 대가산정기준
202	36	통합운영계획에 포함되어야 할 사항	전기통신기본법 시행령 제30조	217	33	무선설비규칙(고시)	무선설비규칙
203	36	고화질 디지털방송 프로그램의 편성비율에 관한 고시	지상파 텔레비전방송의 디지털 전환과 디지털 방송의 활성화에 관한 특별법 제5조제1항	218	33	시외전화 사전선택제 시행기준(고시)	시외전화 사전선택제 시행기준
204	36	설비등에관한자료제출절차	전기통신사업법 시행령안 제39조제1항	219	33	유선방송설비의 준공검사 절차 및 기준과 전송·선로설비의 적합확인 및 전송망사업의 등록(고시)	유선방송설비의 준공검사 절차 및 기준과 전송·선로설비의 적합확인 및 전송망사업의 등록
205	36	이용약관의 신고	전기통신사업법 제38조	220	33	시정명령 등 제재조치	방송법 제100조
206	34	긴급상황시 전기통신업무 제한	전기통신사업법 제55조	221	33	도매제공의무서비스 지정(안제3조)	전기통신사업법 제38조
207	34	통신비밀의 보호	전기통신사업법 제54조	222	33	도매제공 대가산정의 원칙(안 제23조 제3항)	전기통신사업법 제38조
208	33	정보통신망 보호조치 및 안전진단 의무	정보보호조치 및 안전진단 방법·절차·수수료에 관한 지침	223	33	해상업무용무선기기 전자파보호기준	전자파 보호기준 제13조의2조, 별표 10

순위	규제부담지수	규제사무명	법령명	순위	규제부담지수	규제사무명	법령명
209	33	전기통신설비 기술기준 준수의무	전기통신설비의 기술기준에 관한 규정	224	33	방송수신기의 내성기준	전자파 보호기준 별표 4
210	33	통신재난관리	전기통신기본법시행규칙 제16조의2 내지 제16조의4	225	33	기가헤르쯔(GHz)대역 전자파방사기준	전자파 장해 방지기준 별표 9, 별표 12
211	33	정보통신공사의 기술보유자 현장배치의무	정보통신공사업법 시행령 제34조	226	33	해상업무용무선기기 전자파장해방지기준	전자파 장해 방지기준 별표 13
212	33	양수 및 합병의 신고 등	전자서명법 시행규칙 제6조	227	33	대표번호서비스 제공 및 이용자 보호	전기통신번호관리세칙 제11조의2, 별표 2
213	33	인증업무의 휴지·폐지의 신고	전자서명법 시행규칙 제7조	228	33	전자파 인체보호기준(고시)	전자파 인체보호기준 별표3 (제4조 관련)
214	33	주요정보통신기반시설 취약점 분석·평가업무 관련기록·자료 관리	정보통신기반보호법시행규칙 제12조	229	33	방송통신설비의 안전성 및 신뢰성에 대한 기술기준	방송통신설비의 안전성 및 신뢰성에 대한 기술기준
215	33	인증업무시설 보호조치	전자서명법 시행규칙 제13조의4	230	33	통신과금서비스 운영에 관한 고시	통신과금서비스 운영에 관한 고시

제4장

환경규제 수단의 선택에 미치는 영향요인 분석

제1절

서 론

환경분야의 정부규제는 1960년대에 최초로 도입된 이후 다양한 요인에 영향을 받으면서 변천하는 과정을 겪어왔다. 산업화과정에서 심화된 환경오염이라는 외부불경제 문제를 해결할 필요에 따라 정부의 정책적 개입으로서 환경규제는 우리나라 경제성장 과정에서 양적 · 질적으로 비약적인 증가 양상을 보였다. 하지만, 개발연대를 거쳐 민주화시기에 접어들면서 과도한 국가개입을 줄이고 규제를 완화해야 한다는 공감대가 형성되었고, 이에 따라 1993년 김영삼정부 출범 후 행정쇄신위원회를 중심으로 본격적인 규제개혁이 시작된 이래, 새 정부출범 시마다 규제완화가 가장 중요한 화두가 되고 있다. 이러한 맥락에서 환경규제 분야 역시 여하히 개혁을 해야 할 것인지에 관하여 다양한 관점의 논의가 진행되어 왔다.

특별히 환경분야의 규제는 전형적인 사회적 규제로서 규제완화가 대종을 이루는 규제개혁의 물결 속에서 지속적으로 확대 · 강화되는 과정을 겪어왔다. 하지만, 사회적 규제라고 해서 무조건 강화되어야 한다는 논리는 현실을 지나치게 단순화하는 위험을 내포하고 있다. 환경적 가치를 추구하는 규제목적 달성을 위해서는 규제의 내용 및 규제대상의 성격, 규제 비용 등을 종합적으로 고려하여 가장 적절한 규제수단을 강구할 필요가 있다. 이와 관련하여 최근 규제유형의 재분류 논의에서는 동일한 규제목적을 달성하는 데 있어 보다 부담을 줄일 수 있는 시장유인적 성격의 규제수단을 활용해야 한다는 공감대가 확산되고 있다. 사전승인이나 투입 위주의 규제수단보다는 성과기준 혹은 시장유인 · 정보 유형의 규제방식이 보다 효율적일 수 있다는 주장이 바로 그것이다(최병선, 2009).

본 연구는 환경분야 규제의 형성과정에서 영향을 미치는 다양한 요인 중에서 지방자치제의 실시 및 지방정부에의 위임과 같은 규제의 분권화 흐름과 입법주체의 특성 및 규제의 규범형식 등과 같은 입법과정 측면의 요인들이 실제 규제수단 선택에 어떠한 영향을 미치고 있는지를 탐구하고자 한다. 이에 따라 본 연구는 다음과 같은 목적 및 필요성을 바탕으로 수행되었다. 첫째, 이론적 측면에서 효율적인 규제수단 선택의 중요성 및 그 영향요인을 고찰하고 있다. 둘째, 방법론적 측면에서 증거기반 정책결정을 위한 실제 등록규제에 대한 실증분석을 시도하고 있다. 셋째, 정책적 측면으로는 환경분야 규제의 특성 및 형성 메커니즘을 탐구함으로써 궁극적으로 우리나라 규제개혁에 시사점을 제공하고자 한다.

본 논문은 다음과 같이 구성된다. 제2절에서는 규제수단의 유형 및 선택에 관한 이론적 배경 및 우리나라 환경분야 규제에 관한 선행연구 검토를 통하여, 환경규제선택에 영향을 미치는 요인에 관한 연구가설을 설정한다. 다음으로 제3절은 분석모형, 변수선정 그리고 자료 및 분석방법 등에 관한 연구설계를 서술하고, 제4절장은 분석결과와 그 해석을 제시하며, 마지막으로 제5절장에서 본 연구의 결론 및 시사점을 도출한다.

제2절

이론적 배경 및 선행연구 검토

1 규제수단의 유형에 관한 연구

정부가 행정목적 달성을 위하여 활용하는 규제수단을 정부개입의 정도에 따라 유형화하면 다음과 같이 네 가지로 분류할 수 있다[1)](Ogus, 1994; 이종한 · 최무현, 2004; 최병선, 2009). 첫째, '사전승인' 형태의 규제란, 정부의 사전승인 없이 기업 등 민간주체가 재화나 서비스를 공급하는 것을 법적으로 금지하되 질적인 조건을 충족하는 기관에게만 이를 승인하는 가장 강한 형태의 규제를 의미한다. 둘째, '투입기준'은 공급자가 사용할 수 있는 생산방법이나 재료의 종류를 사전에 규정하는, 기술이나 설계기준(technical or design standard)상의 규제이다. 셋째, '산출 혹은 성과기준'은 특정 공급기준을 충족시키는 것을 요구하나 공급자가 이를 충족시킬 방법을 선택할 수 있도록 허용하는 형식의 규제이다. 넷째, '정보형 혹은 시장유인형' 규제의 경우는 공급자가 가격, 생산물의 구성 · 양 · 질 등에 관한 정보를 제공하게 하고 잘못된 정보는 통제하는 등 시장기능을 활용하거나 시장기능을 통하여 기업활동을 전개하도록 동기부여하거나 유도하는 방식의 규제이다.

1) Ogus(1994)는 정부가 행정목적 달성을 위하여 활용하는 규제수단을 개입정도에 따라 공공소유, 공공프랜차이즈, 사전승인, 기준, 정보규제, 경제적 수단, 사적 규제 등으로 구분한다(이종한 · 최무현, 2004: 44 재인용).

표 4-1 규제수단별 분류기준

규제수단 분류		정의	특징	예시
명령지시형 (directives)	투입기준	기업이 특정 행동기준을 준수하도록 구체적으로 지시·강제하는 방식	기준설정 후 피규제자의 준수 의무를 부과하고 달성여부를 확인·감시하여 강제력을 활용, 강력히 집행	• 행정당국의 사전승인 • 근로자 근무조건 규정 • 작업장내 위험시설 설치·관리 제한 • 건축용적률 제한
	성과기준	투입기준 규제와 대조적으로 피규제자가 궁극적으로 달성해야 할 목표치를 설정하고 이를 준수하도록 강제하는 방식	성과(최소목표치)를 달성하는 방법은 전적으로 기업의 자유재량에 맡김	• 수질생물학적산소요구량(BOD) 기준 • 휴대폰 방출저주파 기준 • 의약품 품질관리 • 고용할당제 • 시험검사기관의 검사 통과의무
비명령 지시형 (non-directives)	시장유인	시장기능을 활용하거나 시장기능을 통해 기업활동을 전개하도록 동기를 부여·유도하는 방식	규제목표 달성을 위한 효율적인 수단이 시장을 통해 발견됨으로써 저렴한 규제비용 및 경제적 효율성 증대	• 요금(charges) • 세금(taxes) • 보조금(subsidies) • 쓰레기종량제 • 거래가능한 배출허가권
	정보제공	국민에게 적절한 정보를 제공함으로써 행태 변화를 이끌어내는 방식	법정 정보공개, 정보왜곡의 해소 등을 통한 자발적 행위변화 유도	• 식품의 내용물과 유효기간 표시제도 • 에너지효율등급 표시 • 식품원산지 표시

〈표 4-1〉에 나타난 바와 같이, 최근 주목받고 있는 규제수단 유형분류는 규제개혁에 있어서 보다 효율적인 규제수단이 무엇인지에 대하여 유용한 정책적 함의를 제공한다 (최병선, 2009). 즉, 기존 규제들이 비록 그 목적에 있어서 공공의 이익을 지향한다 할지라도, 이를 달성하기 위한 제반 수단들이 비합리적이거나 비효율적일 경우(예컨대 시장유인 기제보다 투입기준 규제방식 위주인 경우)에는 규제개혁이 필요하다.[2] 규제수단별 유형분류는 지속적인 규제개혁[3]을 통해 어떠한 규제들을 대상으로 명령지시적 수

2) 규제개혁의 관점에서 장기적으로는 사전승인 혹은 투입위주의 규제방식을 규제 비용의 측면에서 보다 효율적인 규제수단인 성과, 시장유인, 정보제공 등의 방식으로 전환해 나갈 필요가 있다(최병선, 2009).

3) "규제개혁이란 규제완화와 철폐까지를 포함하는 보다 넓은 의미로서, 정책목표를 달성하는 정책수단의 품질을 향상시키는 과정인 것이다. ① 지시와 통제에 의존하지 않는 정책수단과 유인장치를 도입하고 ② 사적 유인동기와 시장기능을 활용하여 피규제자의 자율성과 창의가 최대한 보장

단에서 비명령지시적(시장유인적) 수단으로 전환해나갈지, 그리고 '명령지시적 수단' 중에서도 후진적인 '투입기준 규제'의 수를 가급적 점차 줄이고 '성과기준 규제'로 바꾸어 나가갈 것인지에 대한 시사점을 얻을 수 있다(최유성 · 최무현, 2012). 그리고 규제수단에 의한 Ogus(1994)의 유형분류는 규제강도라는 일원적 기준에 근거하여 4개의 일련의 범주로 구분하고 있는데 이들 범주는 국가개입의 강도라는 단일의 기준에 따라서 서열이 지워질 수 있다(이종한 · 최무현, 2004).[4] 따라서 환경규제 같은 공익 목적 규제일지라도 어떠한 수단을 선택할 때 보다 더 효율적일 수 있는지에 관해 유용한 시사점을 제공하고 있다.

하지만 네 가지 유형을 국가개입 강도라는 단일 기준이 아니라 두 가지 기준에 따라 파악할 수도 있다. 우선 투입규제와 산출규제의 두 가지를 대상으로 중앙정부가 직접통제하는가(즉 강제성이 높은가) 아니면 지방정부에 집행이 위임되어 있는가(즉 분권화 내지 자율성의 정도가 높은가)를 살펴보면, 양자는 중앙정부가 특정 가이드라인을 제시하여 직접 통제한다는 점에서 크게 차별화되지 않는다. 다만 양자는 시장유인의 관점에서 볼 때 차이가 나는데 산출규제는 투입규제와 달리 가이드라인의 범위 내에서 피규제자가 자신의 이익을 극대화할 수 있는 선택을 할 여지가 있어 시장유인의 정도에 있어서는 차이가 난다.

다음으로 산출규제와 시장유인 · 정보수단을 비교하면, 양자는 모두 정부가 제시한 가이드라인 한도내에서 개별 행위자의 자유로운 선택이 허용된다는 점에서 시장유인의 정도를 기준으로 할 경우에는 큰 차이가 없다. 반면에, 산출규제는 정부가 직접 규제내용에서 제시된 가이드라인을 실현하기 위해서 강제력을 행사하나 시장유인 · 정보 수단의 경우에는 정부가 직접 통제하거나 영향력을 행사하기보다 행위자의 자율적인 선택에 의해 규제의 내용이 실현되는 방식을 택하고 있다. 따라서 양자는 자율성의 정도에 있어서 차이가 난다.

이를 종합하면 규제유형간에 존재하는 다음과 같은 관계를 파악할 수 있다. 시장유

되도록 하고 ③ 강압적인 규제수단 보다는 유연하고 준수유인을 제공하는 규제수단을 사용하고 ④ 사전적 규제보다는 사후적 규제수단을 ⑤ 과정보다는 결과를 점검하는 규제수단 등의 개발이 바로 규제 품질의 향상을 통한 규제개혁의 방향인 것이다"(김종석, 1999: 458).

4) 이러한 규제강도에 따른 규제유형은 국가개입의 국민의 자유침해 정도를 기준으로, 그 정도가 가장 적은 정보는 공급자에게 사실에 대한 공개를 요구하지만 행위의 제약을 가하지는 않는 반면, 사전승인은 공공기관 승인이 없이는 행위자체가 금지되며, 투입 혹은 산출(성과)기준은 사전 통제는 아니지만 질 기준을 미충족한 공급자를 제재한다(이종한 · 최무현, 2004: 45).

인의 정도, 즉 인센티브를 통해 개별 행위자들의 자율적인 선택을 유도하는 정도를 기준으로 할 경우에는 네 가지 유형은 사전승인<투입규제<성과규제 ≒ 시장유인 · 정보와 같은 순서로 파악할 수 있다. 한편 집행의 분권화와 지방정부의 위임의 정도를 나타내는 자율성의 크기를 기준으로 파악한다면 네 가지 유형은 사전승인<투입규제 ≒ 성과규제<시장유인의 순서로 볼 수 있다. 결론적으로, Ogus(1994)가 제시한 국가개입의 정도라는 단일기준에 의한 규제수단 유형은 시장유인의 정도 및 분권화 · 자율성의 정도라는 두 가지 차원에 의해서도 파악할 수 있다([그림 4-1]).[5)]

그림 4-1 규제수단 유형간 특성비교

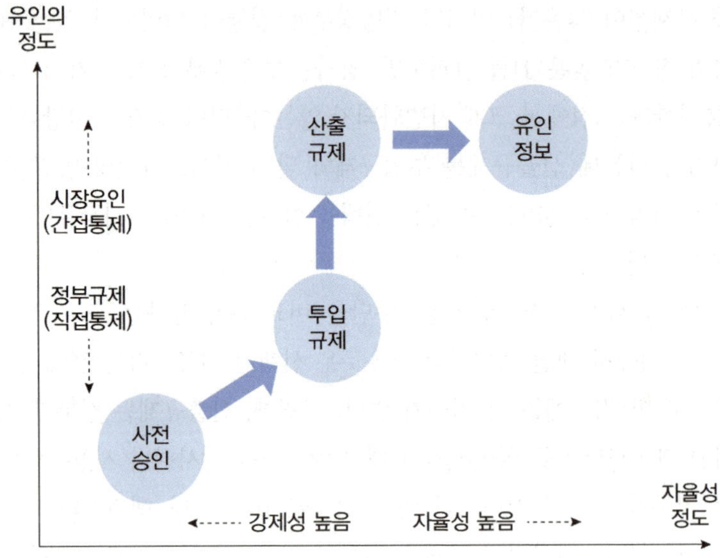

5) 네 가지 규제유형 범주가 국가개입의 정도라는 단일의 차원에 의해 서열 지워진다고 보는 것과 강제성 · 자율성의 정도 및 시장유인의 정도(간접통제 정도)라는 두 가지 차원에 의해 성격을 규정할 수 있다고 보는 것에는 차이가 있다. 왜냐하면 전자의 경우는 네 가지 범주가 특정 차원의 강도에 따라 서열범주로 파악될 수 있지만 만일 후자와 같이 통제의 직접성과 강제성의 두 가지 차원에서 파악한다면 네 가지 범주는 하나의 연속선상에 위치하기 어려운 다차원적 개념으로 이해해야 할 것이다. 만일 그런 입장을 취한다면 규제수단의 네 가지 유형은 서열범주라기보다는 부분적으로 서열의 성격을 가지면서도 각기 독자적 성격을 갖는 명목범주라고 파악하는 것이 보다 타당할 수 있다. 본 논문 후반부의 연구설계 부분에서 이 부분을 분석방법과 관련하여 보다 구체적으로 다루고 있다.

일반적으로 규제개혁의 방향은 [그림 4-1]의 화살표로 표시된 바와 같이 규제수단의 유형이 사전승인, 투입형에서 산출형 혹은 유인 및 정보형 규제로 전환되는 것을 의미한다. 그러면 이러한 다양한 종류의 규제수단들 중 특정한 유형을 선택함에 있어 어떠한 요인들이 영향을 미치는가? 이와 같은 연구문제에 대한 경험적 증거를 탐색하기 위하여 본 연구에서는 규제개혁위원회 등록규제 중 환경부 소관 규제목록을 대상으로 분석을 수행하고 있다.

2 지방분권화가 규제수단 유형 선택에 미치는 영향

일반적으로 규제수단의 채택에는 다양한 요인이 영향을 미치는 것으로 논의되고 있다. 최병선(1998)은 규제완화 정치의 세 가지 측면으로 아이디어의 정치, 이익집단의 정치, 제도적 기초와 역학을 들고 있으며, Peters(2002) 역시 정책수단의 정치적 선택에 영향을 미치는 다양한 요인들로서 이른바 3i, 즉 아이디어(idea), 이해관계(interest), 제도(institution) 등을 제시하고 있다. 이러한 요인들 가운데 본 연구에서 주목하는 것은 제도의 영향력이다. 제도는 인간의 복잡한 상호작용을 조정하는 규칙이자 일종의 약속으로서 개인은 이에 의존하여 자신의 행동을 정당화할 수 있고 의사결정상의 불확실성을 줄이고 예측가능성을 높일 수 있게 된다.[6] 지방자치제의 실시 등과 같은 지방분권화 요인들은 규제의 형성 및 집행과정에서 제도적 측면의 주요 영향요인이라 할 수 있다. 본 연구는 규제수단에 미치는 제도적 차원의 영향력으로서, 지방분권화의 효과에 주목하고 있다. 분권화가 환경규제 수단선택패턴에 미치는 효과에 대한 분석은 선험적

6) 신제도주의에서는 학자에 따라 다양하게 “제도”의 개념을 정의하고 있다. 합리적 선택 신제도주의의 입장에서 한 사회의 게임의 규칙으로서 인간의 상호작용을 형성하는 인위적으로 고안된 제약(humanly devised constraints)으로 정의하기도 하고(North, 1990), 제도분석틀(IAD; Institutional Analysis and Development Framework)의 관점에서 North와 유사하게 인간 행위에 제약을 가하는 규칙(rules)으로 보기도 한다(Ostrom, 1999). 즉, 규칙은 어떤 행동이 요구되며(required), 금지되고(prohibited) 또 허용되는지(permitted)에 관한 강제된 규정으로서, 참여자들간의 공통된 이해를 말한다. 한편 역사적 제도주의 입장에서 Hall(1986)은 제도를 “정치체와 경제의 다양한 단위에서 개인간의 관계를 구조화하는 공식 규칙, 순응절차, 그리고 표준운영절차를 포함”하는 것으로 보다 폭넓게 정의한다(Thelen & Steinmo, 1992). 역사적 제도주의에서는 특별히 미시적 차원에서 개별적인 제도를 논하기보다 거시적 차원의 구조적 제약으로서 ‘정치를 구조화하는(structuring politics)’ 측면에 주목하는데, 이는 한 국가의 정치체제에 내재된 제도적 구조는 그 나라의 정책패턴을 형성하는 핵심변수이며 이러한 제도적 구조의 변화가 정책의 변화를 낳는다는 것을 의미한다(Steinmo et al., 1992; 구현우, 2009 재인용).

인 문제라기보다는 경험적인 증거를 통해서 규명되어야 할 성격의 것이라 할 수 있다. 따라서 우리나라의 지방자치제 실시 및 환경분야 규제의 지방분권화로 인해 환경규제 수단이 실제 어떻게 변화하였는지에 대한 기존의 연구부터 살펴볼 필요가 있다.

먼저, 유재원 외(1995)는 1992년 7월 1일 환경규제권이 지방자치단체로 분권화된 이후, 환경규제활동이 대폭 완화되었고, 자치단체간 규제활동변화의 차이는 분권화 이전 강한 규제활동을 전개한 지역일수록, 분권화 후 규제활동이 보다 약화되는 규제수렴 현상을 보임을 발견하였다. 김재훈(1996)은 1996년 민선기초자치단체장 선출로 인한 환경규제행정 변화 및 그 영향요인에 대한 설문조사를 통해, 민선자치장 등장 이후 환경규제의지, 환경규제행정자원 및 환경규제활동은 강화되었으나 자치단체별로 큰 차이가 있었으며, 환경오염사업자들의 영향력도 증가하였고 환경상태가 좋은 지역일수록 자치단체장의 규제의지가 강화되었고, 이와 같은 자치단체장의 규제의지는 환경규제의 핵심변수로 나타남을 보여주었다. 김재훈·정준금(1996) 역시 설문조사법을 활용하여 1993년 기초지방자치단체의 환경규제처분 실적(강도)에 미치는 영향요인을 탐색하였다. 구체적으로, 적발된 업체에 대한 개선명령이 가장 많았고, 자치단체간 규제의 차이는 주로 강한 처분에서 나타났으며, 단속 및 적발활동 영향요인은 규제대상업체수, 주민저항 경험여부, 환경운동단체 존재여부, 지자체의 규제능력이었고, 또한 규제대상업체수, 자치단체 규제능력, 주민 소득수준은 강한 처분에 부의 효과 보임을 규명하였다. 고재경(2007)은 2002년 중앙정부에서 경기도로 위임된 환경오염물질배출업소에 대한 지도단속권에 대한 설문분석을 활용하여, 위임된 지도단속권이 경기도와 경기도 시·군 지자체의 환경관리 노력에 미치는 영향을 분석한 결과, 환경규제 수준이나 환경질보다는 문제에 대한 대응성, 정책 혁신, 민관 거버넌스 등 환경관리 역량의 측면에서 분권화의 긍정적인 영향이 가시적으로 나타나고 있음을 발견하였다. 기타 주요 선행연구들은 〈표 4-2〉에 제시되어 있다.

표 4-2 지방분권과 환경규제의 관계에 관한 실증연구

연구자	분석방법	주요 내용
유재원 외 (1995)	양적 연구(paired t-test, 상관계수, 변이계수)	1992년 7월 1일 지방자치단체로 일원화된 환경규제권의 분권화에 대한 규제활동 변화 양상을 연구.
김재훈 (1996)	양적 연구 (설문조사)	1996년 민선기초자치단체장 선출로 인한 환경규제행정 변화를 단체장 규제의지에 초점을 두어 분석.

김재훈· 정준금 (1996)	양적 연구 (설문조사)	1993년 기초지방자치단체의 환경규제처분 실적(강도)의 결정요인을 분석.
전영평 (1996)	양적 연구 (설문조사)	지방자치제실시이후(1995년) 환경규제 관련 의식변화를 분석.
김재훈 (1997)	질적 연구	지방자치단체 환경규제의 중앙-지방정부간 관계유형을 분석하고 규제 효과성 제고방안을 탐색.
사공영호 (2001)	양적 연구	평택시의 자치조례상 규제자치권 수준을 분석.
고재경 (2007)	양적 연구 (설문조사)	2002년 중앙정부에서 경기도로 위임된 환경오염물질배출업소에 대한 지도단속권을 대상으로 규제 분권화의 영향을 분석.
김두래 (2010)	양적 연구 (패널분석)	전국 228개 기초자치단체들이 2004년부터 2008년까지 5년간 수행한 환경규제 집행노력과 처벌강도에 영향을 미치는 요인을 탐색.
김흥주 (2013)	양적 연구 (패널로짓분석)	2003~2011년 43개 기초자치단체의 환경오염행위 신고포상금제도 조례제정에 영향을 미치는 요인 탐색.

이상과 같은 실증연구들을 바탕으로 우선 지방분권이 본격적으로 제도화되어 실시된 지방자치제도 시행의 효과를 살펴본다. 지방자치제 실시 전후의 규제형성 패턴의 차이와 관련하여, 분권화가 지역 환경에 미치는 영향에 관한 이론적 논의를 살펴보면, 크게 긍정론과 부정론의 상반되는 입장이 존재한다(〈표 4-3〉참조).

표 4-3 환경규제 분권화가 지역 환경에 미치는 영향

긍정적 영향	부정적 영향
• 환경문제의 지역적 특성 때문에 지역 실정에 맞는 환경관리가 가능해짐. • 지역 단위에서 정책실험과 혁신을 유도하여 전반적으로 환경정책의 발전에 기여. • 지방정부가 지방의 유권자들에게 보다 밀착되어 있어 환경오염 등의 피해와 관련한 시민의 선호에 보다 민감. • 정책과정에 주민을 참여시키고 지자체의 창의적 문제해결 능력을 제고함.	• 지방자치단체는 개발정책을 선호하므로 규제 분권화로 인해 환경오염이 악화될 수 있음. • 지방에서는 중앙정부보다 포획가능성이 높아 환경규제집행노력을 약화시키고 특수 이해관계를 대변할 가능성이 있음. • 지방차원의 지나친 참여 확대가 지역이기주의 형태로 표출되고 지자체간 외부성에 대한 광역적 대응이 어려움. • 업무간 중복과 행정력의 분산을 통해 자원 낭비와 비효율성을 초래할 수 있고 지자체간 불균형이 심화될 수 있음.

자료: 고재경(2007:149-151)의 내용을 중심으로 요약·정리함.

지방분권화와 관련한 두 번째 쟁점은 중앙정부와 지방정부 관료들간의 이해관계 및 선호의 차이가 규제수단의 선택의 차이를 가져올 수도 있다는 것이다.[7] 이는 지방정부의 규제정책이 중앙정부에 비하여 보다 강화되거나 혹은 완화된 형태의 수단을 선택할 수 있다는 상반된 기존 논의들에 근거한다(유재원 외, 1995: 5-7). 우선, 지방정부가 규제정책의 추구에 부정적인 성향을 갖는다는 입장에 따르면 규제권을 갖는 지방정부는 지역발전을 위한 기업 유치 노력 속에서 규제를 경쟁적으로 약화시켜 강한 규제는 구축되고 필수불가결한 최소한의 규제만 남으며 규제의 강도역시 지방정부간 차이가 없어진다고 주장한다. 또한 중앙정부에 비해 정치적 갈등의 범위가 협소하고 갈등의 규모가 작은 지방정부는 조직화된 이익을 보호하고 현상유지를 추구하는 경향이 강하여 규제정책을 회피하게 되는 것이다. 반면 지방정부가 규제를 시행하는데 있어 보다 적합한 행정단위가 된다는 입장에 의하면, 지방정부는 지역의 특수한 현실을 감안하여 효율적으로 규제활동을 해 나갈 수 있으며, 비록 중앙정부가 지방에 규제권한을 이양하더라도 통제와 감시를 통해 지방정부의 규제행태를 관리할 수 있다고 한다. 이상의 논의들을 바탕으로 다음과 같은 연구가설을 설정할 수 있다.

[가설1] 규제의 지방분권화 효과에 관한 가설

1-① 지방자치제도 실시 이후에는, 이전보다 성과형 혹은 시장유인형 규제를 선택할 것이다.

1-② 지방정부로 집행이 위임된 규제일 경우, 성과형 혹은 시장유인형 규제를 선택할 것이다.

3 규제수단 유형 선택에 미치는 입법주체 및 규범형식 측면의 영향

입법과정(legislative process)은 의회에서 하나의 법률안이 성안·발의되어 의결되기까지의 과정을 가리키며, 이는 법률안의 기초에서부터 공포에 의한 법률효력의 발생에 이르기까지의 전과정을 의미하는 것으로 정의할 수 있다(정준호, 2005: 58). 즉, 일정한

7) 이러한 관료제 고유의 이해관계 및 선호에 부합하는 행태를 시현(reveal)시키는 데에는 현실의 제도적 맥락에 존재하는 각종 제약을 고려해야 한다. 즉, 중앙정부와 지방정부 각각의 제도적 맥락에 존재하는 다양한 제도적 절차와 제약들은 일종의 게임의 룰로 작용하여, 중앙관료 및 지방관료의 행태적 동기 및 유인구조를 형성·제약할 수 있다.

정책목적하에 법률안이 기초되고 국회에 발의 또는 제출되어 국회에서 심의를 거친 후, 정부로 이송되어 대통령의 서명을 거쳐 공포됨으로써 법적 효력을 갖게 되기까지의 전 과정을 의미한다. 환경규제의 입법과정과 관련한 기존 실증연구들을 살펴보면 다음과 같다.

정준금(1992)은 국회보건사회위원회의 환경규제 법안 심의 과정을 분석한 결과, 대부분의 환경법안은 정부제출안이었고 의원발의안은 매우 적으며, 수정통과되는 경우가 많고, 심의수준이 피상적이며, 야당의원들이 환경보호에 보다 적극적인 것을 발견하였다. 우리나라 규제기관 및 관료의 포획현상을 연구한 사공영호(1998)는 가부장적 행정문화는 규제관료의 기업관과 규제조직의 편제 및 규제행정의 수행방식에 내재화되어, 규제행정체제의 친기업화 성향을 강화하고 기업에 유리한 규제정책 산출을 유도하며, 규제기관 및 관료의 포획현상을 유발 혹은 촉진함을 규명하였다. 정준호(2005)는 의원입법을 통한 행정규제 형성과정에 주목하여 우리나라의 이원화된 입법체계의 현황 및 실태를 파악하고, 의원입법에 의해 제정·개정된 법률이 행정규제에 미치는 영향에 대해 분석하였으며, 이를 통해 의원입법과정에서 규제품질의 제고에 이바지할 수 있는 제도적 방안을 도출하였다. 기타 주요 선행연구들은 〈표 4-4〉에 제시되어 있다.

표 4-4 입법행위자의 행태와 규제의 관계에 관한 실증연구

연구자	분석방법	주요 내용
정준금 (1992)	질적 연구	국회보건사회위원회의 환경규제 법안 심의 과정을 분석한 결과 환경입법 과정에서 정부와 야당의 역할이 적극적임을 발견함.
최성모·소영진 (1993)	질적 연구	기업활동규제완화특별조치법 시행 이후, 규제기관이 규제완화 압력에 전략적으로 대응하면서, 완화된 규제를 다시 강화시키는 풍선효과 현상이 나타남.
사공영호 (1998)	질적 연구	우리나라의 가부장적 행정문화는 규제관료의 기업관과 규제조직의 편제 및 규제행정의 수행방식에 내재화되어, 규제행정체제의 친기업화 성향을 강화하고 규제기관 및 관료의 포획현상을 유발 혹은 촉진함.
이용규·이성로 (2002)	양적 연구 (설문조사)	지방정부의 일선관료는 시장원리에 거부감을 가지며, 시민사회에 낮은 신뢰도를 보이고, 목민자로서 사명감과 공익보호를 중요시하여 규제개혁에 저항하는 태도를 보임.
정준호 (2005)	질적 연구	의원입법에 의해 제정·개정된 법률이 행정규제에 미치는 영향에 대해 분석하고, 의원입법과정에서 규제품질의 제고에 이바지할 수 있는 제도적 방안을 모색함.
김태은 (2007)	질적 연구	국민의 정부와 참여정부 시기 수도권입지규제에 있어서 정책딜레마 상황의 형성과 이에 대한 각 정부의 대응을 비교 분석함.

이상의 선행연구를 바탕으로 규제수단 유형의 차이가 실제 입법과정과 어떠한 관계를 갖는지를 규명하기 위하여, 본 연구는 입법주체 및 규범형식 측면의 영향에 주목하고 있다. 여기서 입법주체의 문제란 입법 형성 단계에서 관료와 의회 중 누가 발의하는가에 초점을 두는데 반해, 규범형식 측면의 문제는 입법작용의 결과로서 생성된 규제가 법률의 형식으로 규정되어 있는지 아니면 하위법령에 위임된 형태인지의 문제이다.

먼저, 입법주체의 문제로서 관료 및 의회의 입법행태와 관련하여 규제의 근거법률 자체를 국회의원이 발의한 경우와 대통령(정부)이 제안한 경우 규제수단 유형에 차이가 나는지를 살펴볼 필요가 있다. 우리나라는 헌법 제52조의 규정에 근거하여 의원뿐만 아니라 행정부도 법률안을 제출할 수 있으므로 입법과정에는 행정부의 입법과정도 포함한다(정준호, 2005: 58). 헌법 제40조는 '입법권은 국회에 속한다'라고 규정하여 국회입법의 원칙을 명문화하고 있다. 그러나 동시에 헌법 제52조에는 '국회의원과 정부는 법률안을 제출할 수 있다'라고 규정하여 정부가 입법에 참여할 수 있도록 제도적으로 보장하고 있다. 이로 인해 입법과정에서 정부는 큰 영향력을 행사할 수 있다. 그러나 입법과정에 있어서 법률의 최종 의결권은 국회에 있으며, 입법부는 정부의 입법기능을 견제하고 정책의 집행을 통제할 수 있다. 특별히 대부분의 환경정책은 법률의 형태를 띠고 있기 때문에 의회의 법률제·개정권 행사를 통하여 환경입법 속에 담는 규제 내용이 달라질 수 있다. 즉, 의회는 환경규제의 목표 및 환경보호 달성 시한 뿐만 아니라 규제기관의 재량정도, 환경규제절차, 규제대상 등을 결정하는 역할을 할 수 있으며, 환경이슈의 돌출성(salience)은 강력한 환경규제에 대한 지지의 동원이 용이하도록 하여 의회는 환경법률 발의에 주도권을 행사할 수 있는 것으로 알려져 있다(정준금, 1992: 309-310).[8]

하지만 현대행정국가에서 입법부가 행정부에 비하여 환경문제에 관한 전문성이 부족하여 실질적으로 입법권을 제대로 행사하지 못하게 될 가능성도 있다. 만약에, 우리나라 환경분야에 실제 통법부화 현상이 존재한다면 실제로 법안발의를 누가 하느냐에 관계없이 관료의 선호와 이해관계가 법률의 내용에 많이 반영될 것이라는 논리가 타당할 수도 있다. 공공선택론적 관점에서 보면 관료는 자신들의 선호와 이해관계 관철을

8) 의회가 발의한 환경규제 관련 법률은 다음과 같은 특성을 지닌다. 즉, 대통령과 같이 환경문제가 국민경제에 미치는 광범위한 영향을 고려하기 보다는, 범위가 좁은 선거구민의 이익을 대변해야 하는 경우가 많으며, 다양한 이해관계자들(환경집단의 환경문제해결 요구, 기업의 규제 반대 등)의 의견이 반영되는 경향이 있다(정준금, 1992: 311).

위하여 행동하는 합리적·이기적 주체로서 이 때 그들의 선호는 조직과 인력을 확대함으로써 그들 자신의 효용을 극대화하는 것이 된다. 관료의 이해관계와 그에 따른 정치적 행태를 다루는 대표적인 이론으로서 지대추구이론에서는 규제당국이 피규제대상자에게서 받는 유·무형의 각종 보상이나 정치적 지지(net votes, 순투표)를 극대화하기 위해 규제제도를 입안한다고 본다(Stigler, 1971; Pelzman, 1976). 또한, 관료들이 예산극대화를 통해 자신의 효용을 극대화한다는 Niskanen(1971; 1975) 모형이나, 관료들은 예산극대화 외에도 자신들의 효용 극대화를 위해 그들이 선호하는 방식으로 직무특성을 변화시키며, 관청외부의 제약에 의해 관료들의 효용극대화 행태가 일정한 방식으로 변할 수도 있다는 Dunleavy(1985; 1991)의 관청형성모형 등에 의해서도 공공관료제 자체의 이해관계에 따른 행정부의 행태를 설명할 수 있다. 따라서 입법주체의 차이, 즉 의원입법인가 행정입법인가에 따라 법안 내용으로 선택되는 규제수단/방식의 유형에 차이가 있는지를 실제 데이터를 통하여 검증할 필요가 있다.

〈표 4-5〉와 같이, 의원입법일 경우는 비명령지시형(non-directives: 정보/유인 및 성과형)의 규제가 명령지시형(directives: 투입 혹은 사전승인형)인 경우보다 상대적으로 많은 것으로 나타났다. 반면, 정부입법의 경우는 의원입법의 경우보다 명령지시형의 규제 숫자가 상대적으로 더 많은 것으로 나타났다. 즉 기술적인 통계량으로만 보더라도 의원입법과 행정입법의 경우는 규제수단 유형의 선택에 있어서 차이가 존재함을 볼 수 있다.[9] 따라서 규제수단 유형에 있어서 실제로 양자 간에 어느 정도 유의미한 차이가 나타나고 있다는 점을 고려할 때, 법안 발의주체가 정부인지 의원인지를 구분하여 분석할 필요성이 인정된다. 즉 환경규제 관련 입법과정에서 통법부화 현상에 따라 관료의 선호가 일방적으로 반영되는지를 선험적으로 규정짓기보다 데이터를 통해서 실증적으로 검증함으로써 기존의 이론적 가정들을 재음미하는 것도 의의가 있다고 할 수 있다.[10]

---

9) 이러한 차이는 본 연구의 패널분석결과에서도 유의미한 것으로 나타나고 있다(본문 p.19 참조).

10) 우리나라의 경우 행정부가 실질적으로 환경규제의 내용을 결정하고 의회의 역할이 소위 '통법부'에 한정되고 있다는 견해는 첫째, 의원의 전문성이 행정관료에 비하여 상대적으로 낮을 수 있으며, 둘째, 국회의 입법기능이 대통령의 권력적 작용에 의해 제대로 기능하지 못한다는 논리에 근거한다. 실제로 이와 같은 현상은 과거 민주화 이전의 입법과정에서 많이 나타났다. 그러나 근래에 들어 국회의 입법역량이 점차 강화되고 의원 및 보좌진의 전문성이 향상됨에 따라 국회의 기능 및 위상이 이전에 비해 제고되었다고 볼 수 있다. 이와 같은 시대적 변화 양상을 고려하여 본 연구는 김영삼정권 이전 및 이후 각 정권별 더미변수를 분석모형에 통제변수로 포함시키고 있다.

표 4-5 규제근거법률(모법)의 발의 주체별 규제수단 비중

입법주체	비명령지시형 (non-directives)		명령지시형 (directives)		총계
	정보/유인	성과형	투입형	사전승인형	
국회의원	82(30.0%)	110(40.3%)	6(2.2%)	75(27.5%)	273(100%)
정부	106(17.8%)	246(41.4%)	72(12.1%)	170(28.6%)	594(100%)
총계	188(21.7%)	356(41.1%)	78(9.0%)	245(28.3%)	867(100%)

이상과 같은 논거를 종합하여 입법주체에 따른 규제수단 선택패턴의 차이에 관한 가설의 논리는 다음과 같다. 관료조직의 경우 규제권한 확대 및 지대추구가 가장 우선적인 동기로 작용할 가능성이 높은 반면, 민주적 의사결정의 절차로서의 의회에서는 다양한 이해관계자와 피규제자들의 이익 및 견해들이 투입되므로, 정부가 주도하여 형성하는 규제의 경우보다는 상대적으로 민간 주체들의 규제부담을 줄이고 피규제자에게 자율성을 보장하는 방향으로 규제 근거법률이 제정될 가능성이 높을 것이다. 따라서 본 연구는 다음과 같은 두 번째 가설을 설정한다.

[가설 2] 입법주체의 차이에 관한 가설
→ 정부입법이 의원입법에 비해 사전승인, 투입형 규제를 더 선택할 것이다.

한편, 입법작용의 결과인 법규는 행정기관의 위임입법과 지방자치단체의 조례를 포함해서 각종 공공단체의 모든 원칙까지를 포함한다(정준호, 2005: 62). 성문법주의를 채택하고 있는 우리나라는, 헌법에 각종 법규 형식을 규정하고 있으며, 법규는 크게 법률과 법규명령으로 구분된다. 법률은 일반 국민의 권리나 의무와 관계가 있는 법규범을 가리키고, 법규명령은 행정청이 정립하는 일반적이며 추상적인 규범으로서 다른 행정청을 포함한 행정주체와 국민에 대하여 직접적인 구속력을 가지며, 재판규범이 되는 규범을 가리킨다. 그러므로 규범형식의 차원에서도 의회에서 제정한 법률의 형식에 근거한 규제인지 아니면 행정부 소관의 하위 법령(시행령, 시행규칙 등)에 근거한 규제인지에 따라 규제수단에 차이가 날 것으로 예상해 볼 수 있다.[11] 이와 같은 가설은 규제내

11) 본 연구에서 사용한 규제등록 데이터베이스에 의하면, 규제내용이 법률에 명시되어 있는 경우는 총 246건이고, 정부가 하위법령으로 제정한 경우는 총 617건으로서, 규범형식이 법률인 규제가 행정입법 형식의 규제의 약 40%에 달하고 있다. 따라서 규제의 내용이 실질적으로 국회에서 결

용의 대강을 형성하는 정책결정단계의 문제인지 아니면 이를 구체화하여 현장에 적용하기 위한 집행단계의 문제인지에 따라 규제수단 유형이 달라질 수 있다는 것을 의미한다.[12)]

> [가설 3] 규범형식의 차이에 관한 가설
> → 입법형태가 의회에서 제정된 법률인 경우 성과형 혹은 시장유인형 규제를 더 선택할 것이다.

제3절

연구설계

1 본 연구의 주요 변수 및 조작적 정의

본 연구에서는 Ogus(1994)의 규제수단 유형론에 기반하여 종속변수의 범주를 설정하고 있다. 사전승인, 투입형 규제, 성과형 규제, 유인 및 정보 수단이 그것이다. 본 연구는 이종한 · 최무현(2004: 45)의 연구를 따라 규제개혁위원회의 등록규제를 〈표 4-6〉와 같이 네 가지 규제수단 유형 범주로 분류한다.

정되어 버리는 경우가 40%라는 의미이고, 이는 입법권을 가진 국회의원들이 규제의 내용을 실질적으로 형성하는 경우가 40%에 달한다는 의미로 해석된다. 이와 같은 데이터 분석에서 나타난 것처럼, 법률 자체에서 규제내용을 실질적으로 결정하고 있는 경우도 적지 않은 것을 알 수 있다. 즉 집행단계에서 정부 관료들에 의해 구체화되면서 실질적으로 세부적 내용이 형성되는 시행령, 시행규칙 등의 형식으로만 규제가 존재하는 것이 아니라, 국회에서 제정된 법률의 형태로 내용이 최종적으로 확정되는 경우도 많다는 것이다. 따라서 입법형식이 법률인지 아니면 하위법령인지의 여부는 이론적으로나 실무적으로 충분히 고찰해 볼 가치가 있다고 볼 수 있다.

12) 본 연구에서는 규범형식이 규제정책의 집행단계가 결정단계인지 집행단계인지의 문제로 보고 있다. 하지만 앞서 입법주체의 차이에 관한 논의를 참고한다면 규범형식이 법률인지 아니면 하위법령인지에 따라 그러한 형식의 규범을 정립하는 입법권한을 가진 행위자가 의회인지 아니면 정부 관료제인지의 문제로 파악하는 것도 가능할 것이다.

표 4-6	종속변수(규제수단 유형)의 조작적 정의

규제수단 유형	조작적 정의
1. 사전 승인	허가, 인가, 면허, 특허, 승인, 지정, 추천, 동의, 기타 1에 해당하는 규제
2. 투입형 규제	시험, 검사, 인정, 확인, 증명, 기타 2에 해당하는 규제
3. 성과형 규제	결정, 명령, 지도, 단속, 행정질서벌, 행정형벌, 고용의무, 기준설정, 기타 3에 해당하는 규제
4. 유인 및 정보	신고의무, 보고의무, 등록의무, 통지의무, 제출의무, 기타 4 등에 해당하는 규제

자료: 이종한 · 최무현(2004: 45).

본 연구에서 본격적으로 살펴볼 설명변수는 앞에서 제시된 각각의 가설과 관련이 있다(〈표 4-7〉 참조). 먼저 지방자치제도의 실시(1991년) 전후를 구분하는 더미변수를 통해 제도적 요인으로서의 지방자치제 실시 효과를 분석한다. 그 다음으로는 지방정부에 위임된 규제인지의 여부, 그리고 규제의 근거법률의 발의자가 정부인지 국회의원인지의 여부 및 규범형식이 법률인지 아니면 그 외 명령 · 규칙 · 고시 등의 형식인지의 여부 등을 더미변수로 조작화하여 연구가설을 검증하고자 하였다. 그밖에 통제변수로서 김영삼정부에서 이명박정부에 이르기까지의 정권별 기간을 나타내는 더미변수와 사회경제적 변수로서 1인당 실질국민소득, 그리고 환경정책 분야의 특성 변수로서 해당 연도의 도시화율도 모형에 포함하였다.

표 4-7	독립변수 및 그 내용

<table>
<tr><th colspan="3">변수명</th><th>조작적 정의</th></tr>
<tr><td rowspan="4">설명
변수</td><td rowspan="2">1.지방분권화의 효과</td><td>지방자치제
실시 이후</td><td>지방자치제 실시 이전(1991년)과 이후를 구분</td></tr>
<tr><td>지방정부
위임여부</td><td>지방정부에 위임된 규제인지의 여부</td></tr>
<tr><td colspan="2">2. 입법주체의 차이</td><td>규제근거법률(모법)의 발의자가 정부인지 국회의원인지의 여부</td></tr>
<tr><td colspan="2">3. 규범형식의 차이</td><td>규범형식이 국회에서 제정하는 법률인지 아니면 그 외에 행정부에서 제정하는 시행령, 시행규칙 또는 고시 등 행정입법인지의 여부</td></tr>
<tr><td rowspan="3">통제
변수</td><td colspan="2">정권별 기간</td><td>김영삼, 김대중, 노무현, 이명박정부 시기의 구분</td></tr>
<tr><td colspan="2">1인당 실질국민소득</td><td>해당연도의 일인당 실질GNI 액수</td></tr>
<tr><td colspan="2">도시화율</td><td>해당연도의 도시화율</td></tr>
</table>

2 자료 및 분석모형

본 연구에서 분석하고 있는 자료는 규제개혁위원회 등록규제 데이터베이스에 등록·공개된 환경부 소관 규제로서 최초 등록 시기부터 이명박정부 기간까지의 모든 등록규제(총 867건)를 대상으로 하고 있다.

본 연구의 분석모형은 아래와 같다. 본 모형에서 종속변수는 범주형 변수로서 더미변수의 형태를 취하고 있다. 따라서 각 연구가설을 검증하기 위한 분석모형으로 특정 규제가 해당 범주에 속하는 경우 1의 값을 가질 확률을 종속변수로 하는 이항로짓모형을 사용하고 있다. 그리고 종속변수의 범주별로 복수의 이항로짓모형을 설정하여 각 독립변수별로 계수값 추정결과를 비교하는 방식으로 분석결과를 보고하고 있다. 앞에서 언급한 바와 같이 종속변수의 네 가지 규제유형 범주는 국가개입의 강도라는 단일의 척도에 의해 서열변수로 파악할 수도 있지만 국가개입의 직접성과 강제성이라는 두 가지 기준에 의해서 이차원적으로 파악할 수도 있다. 본 연구에서는 그러한 이차원적 개념으로 파악하는 입장에서 네 가지 유형 범주를 서열범주로 파악하기보다는 명목범주로 파악하여 기본적으로는 각각을 개별적 특성을 가진 범주로 설정하고 이를 각각에 대하여 이항로짓모형으로 분석하는 방식을 취하고 있다.[13)]

[본 연구의 분석모형 … 이항로짓모형 Binary Logit Model]

Pr[특정 규제수단유형 해당시=1]=$\Lambda[\beta_0+\beta_1$*(지방자치제 실시이후)+β_2*(규제집행의 지방위임여부)+β_3*(정부발의 여부)+β_4*(법률형식인지 여부)+β_5*(각 정권기간 더미)+β_6*(1인당 실질국민소득)+β_7*(도시화율), 단 Λ(x)=ex/(1+ex)로서 로짓 분포함수임.

13) 본 연구의 종속변수가 규제수단 유형의 범주와 관련되어 있으므로 특정 범주 해당 여부의 분석방법에는 다항로짓모형(Multinomial Logit Model)도 있다. 본 연구에서 다항로짓분석이 아닌 이항로짓분석을 취하는 것은 본 연구의 주제가 개별 유형간의 선택확률의 차이를 보고자 함이 아니고 한 유형이 다른 모든 유형들에 비해 상대적으로 더 선택되도록 하는 영향요인을 탐색하는 데에 있기 때문이다. 본 연구에서처럼 이항로짓모형으로 추정할 경우에는 개별 범주에의 해당 여부만을 추정하므로 개별 범주의 채택가능성을 단순 명료하게 다른 범주의 추정결과와 비교할 수 있는 장점이 있다. 모형 설정과 관련한 보다 자세한 내용은 김권식(2013; 47) 이하를 참조.

제4절

분석결과 및 해석

1 기술통계량 및 예비분석

〈표 4-8〉에는 지방자치제 실시전후 규제수단의 빈도수 및 상대적 비중이 나타나 있다. 지방자치제 실시 이후에 사전승인 및 투입형 규제의 비중이 높아진 반면, 성과형 규제는 감소한 것으로 나타나고 있다. 그러나 시장유인 및 정보형 규제의 비중은 증가하였다.

표 4-8 지방자치제 실시전후 규제수단의 빈도수

지방자치제실시 (1991년도)		이전	이후	총계
규제 수단	사전승인	21(23.86%)	224(28.75%)	245
	투입형	6(6.82%)	72(9.24%)	78
	성과형	46(52.27%)	310(39.79%)	356
	유인 및 정보	15(17.05%)	173(22.21%)	188
총계		88(100%)	779(100%)	867

〈표 4-9〉는 중앙정부와 지방정부가 각각 집행하는 규제수단의 빈도수 및 상대적 비중이 나타나 있다. 중앙정부가 집행하는 경우, 사전승인 및 투입형 규제의 비중이 높은 반면, 지방정부로 위임되어 집행되는 규제의 경우는 상대적으로 성과 및 유인・정보형

표 4-9 중앙-지방정부집행 규제수단의 빈도수

지방정부위임여부		중앙정부집행	지방정부집행	총계
규제 수단	사전승인	191(30.17%)	54(23.08%)	245
	투입형	70(11.06%)	8(3.42%)	78
	성과형	245(38.70%)	111(47.44%)	356
	유인 및 정보	127(20.06%)	61(26.07%)	188
총계		633(100%)	234(100%)	867

표 4-10 의원 및 정부입법 규제수단의 빈도수

근거법의 입법형태		의원입법	정부입법	총계
규제 수단	사전승인	75(27.47%)	170(28.62%)	245
	투입형	6(2.20%)	72(12.12%)	78
	성과형	110(40.29%)	246(41.41%)	356
	유인 및 정보	82(30.04%)	106(17.85%)	188
총계		273(100%)	594(100%)	867

규제가 높은 비중을 차지하고 있다.

〈표 4-10〉은 의원입법 및 정부입법 규제수단의 빈도수 및 상대적 비중을 보여주고 있다. 의원입법의 경우 유인 및 정보형 규제의 비중이 높은 반면에, 정부입법은 투입형 규제의 비중이 상대적으로 높음을 알 수 있다.

〈표 4-11〉에는 법률형식별 규제수단의 빈도수 및 상대적 비중이 나타나 있다. 법률의 형식을 취하는 규제인 경우, 사전승인과 성과형 규제수단의 비중이 높은데 비하여, 명령·규칙·고시 등과 같은 행정규범형식의 규제의 경우는 투입형과 유인 및 정보형 규제의 비중이 더 높은 것으로 나타나고 있다.

표 4-11 법률형식별 규제수단의 빈도수

법률형식		법률	명령·규칙·고시	총계
규제 수단	사전승인	78(31.71%)	165(26.74%)	243
	투입형	15(6.10%)	63(10.21%)	78
	성과형	112(45.53%)	243(39.38%)	355
	유인 및 정보	41(16.67%)	146(23.66)	187
총계		246(100%)	617(100%)	863

2 다변량 분석결과 및 그 해석

〈표 4-12〉는 본 연구의 자료 분석결과를 제시하고 있다. 첫째로 지방자치제 실시의 효과에 대한 분석결과이다. 사전승인형 규제는 지방자치제 실시 이후 큰 폭으로 감소하는 경향을 보이는 반면에 시장유인형 규제는 지방자치제 실시 이후에 뚜렷하게 증가하

표 4-12 이항로짓 분석결과

변수		명령지시형 (directives)		비명령지시형 (non-directives)	
		사전승인	투입	성과	시장유인
1. 지방분권화 효과	지자치실시 이후	−1.19*	−1.71	0.12	1.03**
	지방정부집행	−0.30*	−1.28***	0.26*	0.41**
2. 입법주체의 차이 (의원발의 여부)		−0.08	−1.69***	−0.01	0.60***
3. 근거규범의 규범형식 차이 (법률형식인지 여부)		0.17	−0.76**	0.28*	−0.28
김영삼정부		1.29*	1.34	−0.40	−0.72
김대중정부		1.76***	0.74	−0.59	−0.79*
노무현정부		2.31***	1.13	−1.53***	−0.37
이명박정부		1.74*	1.42	−0.92	−0.73
1인당 국민소득		−0.00	0.00	0.00	−0.00
도시화율		−0.00	0.02	−0.02	0.03
상수항		−0.93	−4.86	0.91	−3.29*

legend:*p < about10%; **p < 5%; ***p < 1%

는 경향이 나타나고 있다. 이는 본 연구의 가설에 부합하는 결과이다.

한편 지방분권화의 효과의 일환으로서 지방정부에 규제권한이 위임된 경우의 효과를 살펴보자. 분석결과 지방정부에 규제집행이 위임된 경우는 그렇지 않은 경우에 비하여 사전승인형 및 투입형 규제의 선택가능성이 낮아지는 반면에 성과형 및 시장유인형 규제의 선택가능성이 크게 높아지는 것으로 나타난다. 이 역시 지방자치제 실시의 효과와 매우 유사한 결과로서 계수의 유의미성에는 약간 차이가 있지만 지방정부에게 규제권한이 위임된 경우에는 사전승인형이나 투입형 규제와 같은 명령지시적 형식의 규제가 크게 감소하는 반면에 성과형이나 시장유인형 규제가 더 많이 선택되고 있음을 볼 수 있다.

규제의 분권화와 관련된 이러한 분석결과는 지방자치제도 실시라든지 규제권한의 지방위임 등으로 인해 지방정부의 자율성이 강화되고 국가정책이 결정·집행되는 과정에서 지방자치단체 차원의 참여와 분권이 중요성을 획득하게 된 결과로 볼 수 있다. 지방분권화는 정책과정에서의 주민 참여를 향상시킴과 동시에 정책의 정당성을 높이고 (Kelleher and Yackee, 2004; 고재경, 2007에서 재인용) 나아가 지방자치단체가 문제를 창의적으로 해결할 수 있는 능력을 함양한다(고재경, 2007). 즉 지역주민을 포함한 다양한 이해당사자들의 입장과 견해가 정책에 보다 직접적으로 반영될 수 있으면서 규제 형성과정에서도 변화가 초래될 것이다. 이는 결과적으로 행위주체에게 높은 자율성을 부여하면서 시장기능을 통해 정부가 간접적으로 통제하고자 하는 유인·정보형 규제수단이나 산출형 규제가 보다 많이 출현하게 됨을 의미한다.

다음으로 규제의 모법(근거법률)의 발의주체가 의원일 경우는 정부입법일 경우에 비하여 투입형 규제가 감소하고 시장유인형 규제가 증가하는 방향으로 나타나고 있다. 법률은 입법부에서의 민주주의적 절차를 거쳐 형성되는 규범인 만큼 그 내용상 명령지시적 규제의 성격을 지니는 투입형 규제수단의 선택가능성이 크게 낮아지고, 비명령지시적 규제의 성격을 지니는 시장유인형 규제수단의 선택가능성이 높아지는 것으로 볼 수 있다. 나아가 이는 의원의 발의법안 내용이 정부의 관료주의적 통제를 약화시키고 시장유인적 요소를 증진시키는 방향을 취하고 있다는 의미로서, 의회와 정부간의 관계에 있어서 정부에 대한 입법부의 통제의 관점에서 생각해 볼 수도 있다. 또한, 이를 뒤집어서 생각해보면 정부입법에 의한 규제의 경우는 명령지시적 규제인 투입형 규제를 더 선호하고 시장유인형 선호를 회피하는 것으로 해석할 수도 있다. 이처럼 입법발의주체가 정부일 경우 나타나는 규제수단 유형선택 패턴은 민주주의적 의사결정의 장으로서 국회의 성격과 대비되는 관료제적 특성이 발현된 것으로 해석할 수 있다. 이는 Niskanen (1971; 1975)이나 Dunleavy(1985; 1991) 등 공공선택론자들의 견해와 일맥상통하는 바, 조직과 인력 및 규제권한의 확장을 통해 지대를 추구하는 관료제적 경향과 관련이 있음을 짐작할 수 있다.

한편 의원은 자신이 발의한 법안이 관련 이해관계자들(stakeholders)의 후원이나 정치적 지지 등을 저해할 수도 있는지에 대해 예민할 수밖에 없다. 따라서 발의 전에 자신이 발의할 법안 내용이 어떠한 이익집단의 이해와 관련되어 있는지, 나아가 자신이 직접 이익을 대표하는 집단이나 계층의 이해관계에 저촉되는 것은 아닌지에 대하여 심각하게 고려할 수밖에 없는 것이 현대 대의민주주의 정치체제의 현실이다.[14] 따라서 의원발의 법안의 경우 비록 정부에서 내용을 마련하여 우회입법을 시도한 경우라 하더

14) 특히 더구나 입법권을 가진 의원의 발의행위는 설사 그 법안이 최종적으로 법률로 성립되는가의 여부와 관계없이 특정 이슈와 관련된 법안이 의회에 발의되었다는 사실 자체만으로도 언론과 대중의 관심이 집중되기 쉽고 그 결과 실제 입법현장에서 중대한 의미와 파급효과를 가질 수밖에 없는 것이 의회를 둘러싼 정치적 과정의 현실이라고 할 수 있다.

라도 국회의원 본인의 선호나 이해관계 혹은 관련이익집단의 이해관계에 부합하거나 혹은 적어도 그에 저촉되지는 않기 때문에 입법권자가 그 내용에 동의를 한 것으로 보아야 할 것이다.

규범형식의 차이에 관한 분석에서도 유사한 경향을 발견할 수 있다. 즉, 법률 형식의 규제일 경우에는 명령, 규칙, 고시 등과 같은 행정입법 형식일 경우에 비하여, 명령지시적 규제인 투입형 규제가 감소하는 반면에 비명령지시적 규제인 성과형 규제가 더 많이 출현하는 것으로 나타난다. 이는 규범형식이 국회에서 제정된 법률과 대비되는 정부의 하위법령(시행령, 시행규칙, 고시, 훈령 등)의 형식을 취하는 경우에는 반대로 비명령지시형인 성과형 규제가 감소하고 명령지시형인 투입형 규제가 증가하게 됨을 의미한다. 환언하면 입법 과정에서 유인 및 정보형 수단이나 성과형 수단의 내용을 갖는 규제가 법률의 형식으로 제정되더라도, 실제 집행단계에서 행정부가 법률의 범위 내에서 시행령이나 시행규칙 등의 규범형식으로 입안하는 규제의 경우는 자율성을 줄이고 강제적인 수단의 성격을 갖는 명령지시적 규제가 상대적으로 더 많이 선택되는 경향이 있을 수 있음을 시사한다.

제5절

결론 및 시사점

본 연구는 환경분야 규제의 형성과정에서 영향을 미치는 다양한 요인 중에서 지방자치제의 실시 및 지방정부에의 위임과 같은 규제 분권화 흐름과 함께, 입법과정상 입법주체 및 규제의 규범형식 등과 같은 요인들이 실제 규제수단 선택에 어떠한 영향을 미치고 있는지를 분석하였다. 이를 위해 본 연구에서는 기존의 실제 등록된 규제수단 유형의 분포와 그 영향요인을 살펴봄으로써 효율적인 규제방식을 끊임없이 모색하고 비효율성의 원인을 규명하여 증거기반 정책결정이 이루어지도록 하는데 유용한 시사점을 제시하고자 하였다.

연구결과, 우선 지방자치제 실시의 효과로서 사전승인형 규제는 지방자치제 실시 이후 큰 폭으로 감소하는 경향을 보이는 반면에 시장유인형 규제는 지방자치제 실시 이후에 뚜렷하게 증가하는 경향이 나타났다. 또한, 지방정부에 규제권한이 위임된 경우,

그렇지 않은 경우에 비하여 사전승인형 및 투입형 규제의 선택가능성이 낮아지는 것으로 나타나는 반면에 성과형 및 시장유인형 규제의 선택가능성이 크게 높아지는 것으로 나타났다. 한편, 해당 규제의 근거법률의 발의주체가 의원일 경우에는 정부입법일 경우에 비하여 투입형 규제가 감소하고 시장유인형 규제가 증가하는 방향으로 나타났다. 그리고 법률의 형식인 규제일 경우에는 명령, 규칙, 고시 등과 같은 행정입법의 형식일 경우에 비하여, 명령지시적 규제인 투입형 규제가 감소하는 반면에 비명령지시적 규제인 성과형 규제가 더 많이 출현하는 것으로 나타나고 있다.

환경보호, 소비자안전, 식품위생 등과 같이 국민의 삶의 질에 관련된 정책목표에 대한 규제수요는 향후 지속적으로 증가할것으로 예상되는 바, 규제개혁의 방향은 현재 규정된 규제기준이 얼마나 합리적인지 또한 규제의 집행수단이 얼마나 효과적인지를 평가하여 규제품질의 향상을 도모하는 방식이 되어야 할 것이다(김종석, 1999: 458). 지금까지 우리나라의 규제수단이 주로 사전승인이나 투입 위주의 규제방식을 취했다면, 앞으로는 보다 효율적인 규제수단인 성과, 시장유인 및 정보제공 등의 방식으로 전환해 나갈 필요가 있다. 이를 위해서는 지방자치제도 및 지방분권의 긍정적 효과를 적절히 활용하여 규제제도를 설계할 필요가 있다. 또한 기존 등록규제들이 형성되는 제도형성의 메커니즘에 대한 이해를 통하여 입법부, 중앙정부 및 지방정부의 행태적 유인과 동기를 고려한 효과적인 규제개혁 방안을 모색할 것이 요구된다.

제5장

규제가 산업의 기술혁신에 미치는 효과 분석

제1절

서 론

최근 우리나라 연구개발(R&D) 투자 규모의 양적 확대에 비하여, R&D 경쟁력은 높지 않아 세계 수준의 R&D 성과 창출이 이루어지지 못하고 있다는 인식이 확산되고 있다.1) 과학기술 및 산업 분야 R&D의 투입과 산출, 결과로 이어지는 일련의 단계에서 지속적인 기술혁신(innovation)을 이룩하기 위해서는 단순히 R&D 투자액의 증대만을 넘어, 혁신이 일어날 수 있는 환경을 조성하는 정부의 역할이 요구되는 시점이다.

일반적으로 기술혁신은 공공재의 성격을 가지고 있으며 유출효과(spillover effect)를 통해 사회 전체에 확산되어 경제적 후생을 증진시킨다. 기술혁신은 아이디어 창출, 창업, 연구소 건립, 연구개발, 제품과 공정의 개발 및 개선, 마케팅 및 판매 등 기업의 기술경영활동의 전 분야와 관련되어 있다. 따라서 각각의 기술경영활동 단계별로 개별산업의 생산자 및 소비자에 적용되는 규제가 어떠한지에 따라 기술혁신은 영향을 받게 된다.

최근 규제는 기업이나 산업 나아가 국가경제 전반의 경쟁력 제고를 위한 혁신활동에 영향을 미치는 주요 정책수단으로 인식되고 있다. 과학기술혁신정책의 관점에서 보면, 규제가 혁신에 미칠 수 있는 영향이나 메커니즘을 정량적으로 분석하여 과학적 근거에 입각한 혁신 촉진적인 규제나 제도 설계가 중요하다. 특정 기업이 속한 산업의 특성으로서 당해 산업에 대한 정부규제의 정도는 기업이 통제하기 어렵지만 기술혁신 활동과 성과에 영향을 미치는 외생변수로서, 특히 규제를 충족하기 위해 발생하는 기업의 부담뿐만 아니라 규제가 혁신에 미칠 수 있는 영향도 고려될 필요가 있다. 본 연구에서는 이 점에 주목하여 규제가 기업의 기술혁신 활동 및 성과에 미치는 영향을 분석하고 이를 정량적으로 포착(capture)하는 것을 목적으로 한다.

이에 본 연구는 한국행정연구원의 산업별 규제지수와 과학기술정책연구원의 기술혁신조사 자료를 활용하여, 우리나라 제조업 분야 기업들을 대상으로 기업의 기술혁신 수

1) 2014년 기준 한국의 GDP 대비 R&D 분야 지출 비중은 약 4%로서, '2015년 과학기술 혁신역량 평가' 결과에 따르면 한국은 스위스, 미국, 일본, 독일에 이어 세계 5위 수준이다(한국과학기술기획평가원, 2015). 하지만 2015년 서울대학교 행정대학원 정부경쟁력연구센터가 발표한 경제협력개발기구(OECD) 회원국 대상 연구개발 분야 정부경쟁력 순위를 보면, 한국은 R&D 분야에서 총 34개 OECD 국가 중 미국, 일본, 독일 등 선진국들보다 낮은 12위를 차지하였다(임도빈, 2015).

준에 각 제조업별 규제의 정도가 미치는 영향을 분석하였다. 이를 통해 우리나라 산업별 규제가 각 산업의 개별기업 수준에서 기술혁신에 어떠한 영향을 미치는지에 대한 경험적 증거를 발견하고자 한다.

본 연구는 다음과 같이 구성된다. 우선, 제2장에서는 규제와 기업의 기술혁신 간 관계에 대한 선행연구와 한국의 산업별 규제 동향에 관한 기존연구를 검토한다. 이를 바탕으로 제3장에서는 연구가설을 설정하고 이를 검증하기 위한 분석모형, 자료 및 분석방법에 대해 설명한 다음, 제4장에서는 분석결과와 이에 대한 해석을 제시한 후 제5장에서 연구의 결론 및 시사점과 한계를 제시하고 본 논문을 매듭짓는다.

제2절

선행연구 검토

1 규제와 기술혁신의 관계

일반적으로 과학기술분야 규제의 필요성은 외부효과(externality)로 인해 연구개발(R&D)이 사회적으로 적정 수준보다 과소하게 이루어지는 시장실패를 보완하는 순기능을 한다는 데 있다. 하지만 이러한 규제의 목표가 잘못 징의되거나 수단 상의 오류가 발생할 경우, 자원의 비효율적 배분을 초래하고 불확실성을 증대시키는 등 기업의 혁신, 생산 및 성장에 부정적 영향을 미쳐 기술경쟁력을 저하시키는 결과를 가져올 수 있다. 부적절한 규제적 정책수단의 사용은 시장경쟁을 제한하여 비용과 가격을 증가시키고 기업의 기술혁신을 저해할 뿐만 아니라 기술 발전을 왜곡할 수 있다(최영훈, 1997; 류숙원 · 김상윤, 2010: 72). 특별히 기술진보가 빠른 신제품 · 신서비스 · 신산업 분야에서는 규제가 기술의 발전 속도를 쫓아가지 못해 혁신 창출의 발목을 잡는 경우가 더욱 두드러지게 나타난다(강현규, 2010: 247; 박구선 외, 2011). 〈표 5-1〉에 정리된 규제가 기술혁신에 미치는 영향에 관한 기존연구결과를 종합해보면 결국 시대적 상황과 당시의 기술 수준을 반영하고 여타 정책과 조화를 이룬 적절한 규제가 기업의 기술혁신을 유도하고 촉진한다고 볼 수 있다.

표 5-1 규제가 기술혁신에 미치는 영향에 관한 주요 선행연구

연구자	연구결과
Thomas(1990)	소규모 기업은 연구개발능력이나 규제순응비용과 같은 규제의 효과를 흡수할 수 있는 능력의 부족 외에도, 전문기술을 지닌 인력의 부족으로 인해 규제나 관련사항의 존재를 인지하지 못하는 경우가 발생하기 때문에 규제가 소규모기업의 기술혁신을 저해함.
Besen and Raskind(1991)	규제완화는 발명의 급속하고도 광범위한 보급에 효과적으로 기능할 수 있음.
Rothwell(1992)	환경규제의 경우 규제의 목표가 기술혁신의 촉진보다는 사회전체에 이익이 되도록 시장에서 특정상황을 규제하는 기능이기 때문에 부정적 영향을 미칠 수밖에 없음.
Bassanini and Ernst(2002)	제품시장 규제의 난이도와 연구개발 지출 사이에 부정적 상관관계가 존재함.
Prieger(2002)	엄격한 규제가 기업의 서비스 혁신을 억제하고 있을 가능성을 정량적으로 확인함.
Conway(2006)	국가별 규제완화의 수준 및 속도의 차이로 인한 경쟁환경의 변화가 시장원리 작동과 ICT 등 새로운 기술접목 비용에 영향을 주어 해당국가의 생산성 향상에 저해요인으로 작용하기 때문에, 규제가 적은 국가는 최고의 생산성을 갖는 미국과 생산성 격차(productivity disparity)를 축소하는 반면, 규제가 강한 국가는 격차가 오히려 확대되는 경향을 보임.
정승일 외(2007)	규제개혁이 기술혁신에 미치는 영향을 파악하고, 세부규제개혁이 기술혁신에 미치는 효과를 검토한 결과, 전체적인 규제개혁의 효과는 정부의 기업통제수준이 낮을수록 기업의 R&D 활동이 더욱 활발해짐을 발견함.
김병우(2009)	다양한 금융규제가 기술혁신에 미치는 영향에 대하여 분석한 결과, 은행 건전성 규제의 경우, 금융시장의 안정성 확보를 위한 건전성 규제(바젤 II)는 R&D 수행기업 간 양극화 현상을 가져올 수 있으며, 금리규제의 경우는 금리 변동성이 기술혁신에 부정적인 영향을 미쳤던 것으로 나타났고, 금융기관 간 업무영역 규제의 완화와 이에 따른 업종간 겸업화 강화 경향이 R&D 투자에 긍정적인 영향을 미칠 가능성이 있음을 확인함.
김종호 · 오준병(2009)	혁신의 핵심 주체인 기업가는 경제의 변화와 성장의 주체로서 혁신적 아이디어의 생성 · 확산 · 활용을 가속화할 뿐만 아니라, 이를 통해 자원의 효율적 활용을 도모하고 경제활동의 범위를 확장하는 주체로서, 진입규제와 기업가정신 사이에는 음의 상관관계가 존재하며, 따라서 진입규제의 완화를 통해서 창업활동으로 측정되는 기업가정신의 활성화가 가능함.

자료: 류숙원 · 김상윤(2010), 강현규(2010)를 바탕으로 재구성.

이상 기존 연구의 대부분은 특정 규제와 산업에 초점을 맞춘 후 산업 수준의 집계 데이터를 사용하고 있어, 산업 수준의 전반적인 규제 정도가 개별 기업의 기술혁신 노력에 미치는 영향에 대한 실증분석은 많이 이루어지지 않고 있다. 그러나 기업의 기술혁신에 영향을 미치는 복수의 요인 중에서 규제의 영향을 정량적으로 포착하려면, 기업 차원의 미시적 데이터를 사용하여 규제 이외의 요인을 통제한 상태에서 산업별 규제가 기업의 기술혁신 활동 및 성과에 영향을 주는 메커니즘을 밝히는 것이 필요하다.

2 한국의 산업별 규제 동향

우리나라 산업별 규제 동향을 분석한 연구로는 이종한(2013)이 있다. 이종한(2013)은 산업별 규제정책의 경제적 성과를 평가할 수 있는 가늠자로서 산업별 규제지수를 작성하였다. 동 규제지수는 산업별 규제체계의 강도(stringency)를 측정하는 지표로서, 매년 규제개혁위원회를 통과한 신설·강화 규제들이 얼마나 추가적인 규제부담을 발생시키고 있는지 측정하였다. 우리나라에서는 행정규제기본법에 의해 법령에서 정한 규제요건에 해당하는 법률, 시행령, 시행규칙 등의 해당 규정들은 등록규제 데이터베이스에 기록된다. 이에 이종한(2013)은 등록규제 데이터베이스에서 추출한 개별 규제의 강도와 해당 규제의 산업연관성의 두 가지 요소를 이용하여 산업별 규제지수를 작성하였다. 즉, 규제의 성격, 세부 분류, 규제건수의 증감 및 규제의 사무유형에 따라 규제강도의 가중치를 차별적으로 설정하고, 표준산업분류에 따른 개별 산업분야별 규제지수를 산출하였다. 구체적으로 우리나라 산업별 규제지수의 연도별 변화추이가 나타나 있는 다음 [그림 5-1]에는 1986년부터 2014년 3월말까지 누적된 제조업 중분류별 규제지수의 연도별 변화(증감률)를 시계열 그래프로 보여주고 있다.

그림 5-1 제조업별 규제지수의 연도별 추이(1986~2014년)

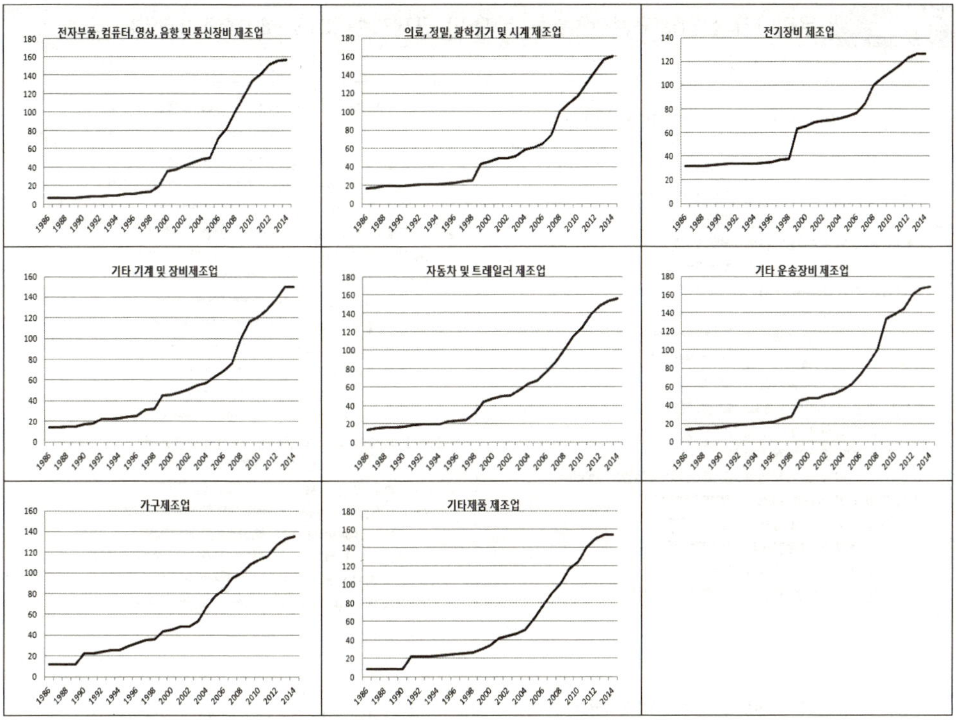

'가죽, 가방 및 신발제조업'의 경우 현행 산업분류의 적용이 어렵기 때문에 규제지수가 0으로 표시되었음.
자료: 한국행정연구원(2014: 25-26).

[그림 5-1]에서 보듯이 전반적인 추세는 제조업 업종을 불문하고 1986년부터 2014년까지 규제가 지속적으로 증가하고 있다. 이러한 추세는 한편으로는 우리나라 경제규모 및 제조업 분야의 급속한 성장에 따라 이를 제도적으로 뒷받침하기 위한 정부의 다양한 개입 역시 증가해온 과정에 따른 것으로 이해할 수 있다. 하지만 이러한 과정에서 누적되어 온 정부규제들이 변화한 경제적 환경과 산업 발달 단계 등 개별 산업들이 직면한 상황에 비추어 오히려 산업발전을 저해하거나 기업의 기술혁신 및 생산성 향상에 부담을 주는 측면도 분명 있을 수 있다.

세부적인 내용을 보면 [그림 5-2]에 제시된 것처럼, 2013년과 2014년도 3월말 기준으로 두 시기 모두에서 가장 높은 규제지수를 보이는 산업은 '금융 및 보험관련 서비스업'으로 2013년에 835.87, 2014년 3월말에 835.97로 나타났으며, 그 다음으로는 '목재 및 나무제품 제조업'이 2013년 418.19, 2014년 3월말 421.51, '금융업'에서 2013년 324.41,

그림 5-2 우리나라 산업별(표준산업분류 두자리) 규제지수(2013~2014년 3월말)

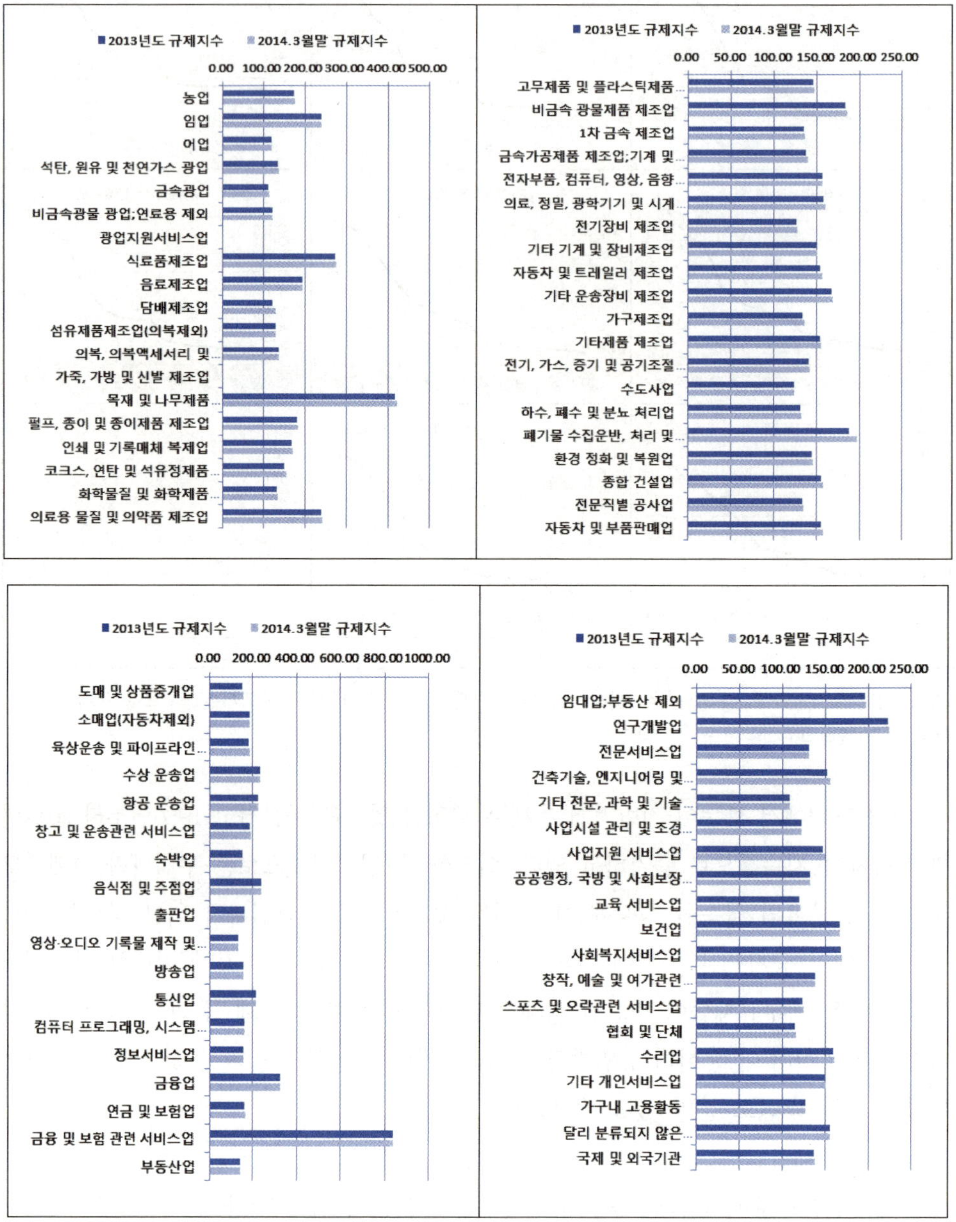

자료: 한국행정연구원(2014: 21).

2014년 324.59, '식료품 제조 업'에서 2013년 274.47, 2014년 3월말 275.61 등의 순으로 나타났다[2](한국행정연구원, 2014: 19).

이상과 같은 우리나라 산업별 규제지수를 활용한 대표적인 실증 연구인 이동렬 · 이종한 · 최종일(2015)의 연구에서는 동 규제지수를 이용하여 패널공적분 검정과 패널공적분 벡터 추정을 통해 규제가 산업별 노동생산성에 미치는 영향을 분석한 결과, 사회적 규제보다 경제적 규제를 완화하는 것이 노동생산성 향상에 보다 효과적일 수 있음을 보였다.[3] 이에 비해 본 연구는 우리나라 산업별 규제지수를 활용하여 기업의 기술혁신과의 관계를 탐색한 최초의 연구라는 점에서 의의를 지닌다.

제3절

연구설계

산업별 규제가 기업의 기술혁신에 미치는 영향을 실증적으로 분석하기 위하여, 본 연구는 규제지수로 식별되는 산업별 규제의 정도를 핵심 설명변수로 하고 다른 영향요인들을 통제한 다음과 같은 분석모형을 설정한다.

$$Innovation_{ij} = \alpha + \beta^{*}REG_{j} + \gamma X + \varepsilon$$

where, (Innovation) 산업 j에 속하는 기업 i가 행한 기술혁신,
(REGj) 산업 j의 규제수준, (X) 통제변수 벡터, ε=오차항

2) 전체 산업들 중 규제지수가 0으로 나타난 산업은 두 시기 모두 '광업지원서비스업'과 '가죽, 가방 및 신발제조업'으로 나타났는데, 이는 실제 해당 산업에 대한 규제가 전혀 없는 것이 아니라, 한국표준산업분류가 여러 차례의 개정을 거치면서 등록규제와 관련 산업과의 연계에 있어, 일부 등록규제의 경우 현행 산업분류의 적용이 어렵기 때문에 규제지수가 0으로 나타난 것이다(한국행정연구원, 2014: 19).

3) 패널공적분 검정 결과에서는 산업별 노동생산성은 1인당 자본스톡, 1인당 연구개발자본스톡 및 규제지수와 장기적으로 안정적 관계가 존재하는 것으로 나타났으며, 규제와 노동생산성간 장기균형 관계에 대한 패널공적분 벡터를 추정한 결과에서는 경제규제지수는 장기적으로 노동생산성에 부정적인 영향을 미치지만 사회규제지수는 노동생산성에 유의한 영향을 미치지 못하는 것으로 분석되었다(이동렬 · 이종한 · 최종일, 2015).

표 5-2 변수의 정의 및 조작화

구분	변수	지표	조작적 정의	출처
종속변수	기술혁신	• 기술혁신 조직화	해당 기업에서 주로 이루어지는 연구개발 활동이 조직화되어 있는 정도: 연구소 운영인 경우 4, 전담부서 운영인 경우 3, 필요시 비상시적 운영인 경우 2, 수행하지 않는 경우 1을 부여	2012년 STEPI 기술혁신 조사
		• 기술혁신 노력	지난 3년 동안(2009~2011년) 해당 기업에서 신사업 발굴을 위한 노력이 있었을 경우 1, 없었을 경우 0을 부여	
		• 국내 특허출원	지난 3년간(2009~2011년) 해당 기업이 발명이나 혁신과 관련하여 특허를 출원했을 경우 1, 아닐 경우 0을 부여	
		• 첨단제품 혁신	지난 3년간(2009~2011년) 해당 기업이 세계 최초 혹은 국내 최초인 제품을 시장에 출시하였을 경우 1, 아니면 0을 부여	
설명변수	규제수준	• 규제저량(stock)	해당기업이 속한 제조업 업종별(중분류) 지난 3년간(2009~2011년) 규제지수의 평균값	KIPA 산업별 규제지수
		• 규제유량(flow)	해당기업이 속한 제조업 업종별(중분류) 지난 3년간(2009~2011년) 규제지수의 전년대비 변화율의 평균값	
통제변수	혁신활동투입비용(K)		지난 3년간(2009~2011년) 해당기업의 혁신활동에 소요된 비용 총액(백만원)	2012년 STEPI 기술혁신 조사
	인적자본요소(L)		해당기업의 2011년도 상시종업원 수(명)	
			해당기업의 2011년도 연구개발전담인력 수(명)	
			해당기업의 2011년도 석사 이상 종사자 수(명)	
	회사형태		대기업(base), 중기업, 소기업 더미	
	법정유형		독립기업(base), 국내그룹 계열사, 해외그룹 계열사 더미	
	매출액		해당기업의 2011년도 매출액을 기준으로 6단계로 구분함: ① 10억 원 미만 ② 10~50억 원 미만 ③ 50~100억 원 미만 ④ 100~500억 원 미만 ⑤ 500~1,000억 원 미만 ⑥ 1,000억 이상	
	기업연령		기준년도(2012년) – 설립년도 + 1	

위 식에서 $Innovation_{ij}$은 특정 산업 j에 속하는 기업 i가 2009년에서 2011년 동안 수행한 기술혁신의 정도를 나타내는 종속변수이며, 설명변수인 REGj는 2009년에서 2011년 간 해당 산업 j의 규제수준을 나타내는 지표이다. X는 통제변수 벡터, ε은 오차항이다. 구체적인 변수들의 조작적 정의는 〈표 5-2〉에 제시되어 있다.

먼저, 종속변수인 기술혁신은 과학기술정책연구원(STEPI)의 「2012년 기술혁신활동조사: 제조업 분야」 자료[4]에서 추출된 기술혁신 조직화 수준, 기술혁신 노력 여부, 국내

4) 동 자료는 과학기술정책연구원이 제조업 분야 국내기업을 대상으로 2012년을 기준으로 지난 3년

특허출원 여부, 첨단제품혁신 여부의 총 4가지 차원의 지표들이다. 여기서 앞의 두 지표들은 기술혁신 활동의 대리변수이며, 뒤의 두 지표들은 기술혁신 성과를 측정한다. 다음으로 본 연구의 설명변수인 규제수준은 한국행정연구원(KIPA)의 산업별 규제지수로 측정하였다. 특별히 본 연구에서는 산업별 규제의 절대적 수준인 규제저량(stock)뿐만 아니라 시간적 변화율까지도 고려하기 위하여 전년대비 변화율인 규제유량(flow)을 별도로 계산하여 활용하였다. 기타 통제변수는 해당 기업별 물적 자원 투입량(K)인 혁신활동투입비용, 인적 자원 투입량(L)인 인적자본요소(상시종업원 수, 연구개발전담인력 수, 석사 이상 종사자 수), 회사형태, 법정유형, 매출액, 기업연령에 대한 STEPI 조사자료를 활용하여 측정하였다.

분석방법으로는 종속변수가 서열척도로 측정된 기술혁신 조직화 변수의 경우 서열로짓(Ordered Logit) 분석을 사용하였고, 그 외 더미변수로 측정된 종속변수들은 모두

표 5-3 분석대상 제조업 목록

업종코드	제조업 중분류	업종코드	제조업 중분류
10	식료품	23	비금속 광물제품
11	음료	24	1차 금속 제조업
13	섬유제품(의복제외)	25	금속가공(기계, 가구제외)
14	의복, 액세서리, 모피제품	26	전자, 음향, 통신
15	가죽, 가방 및 신발	27	의료, 정밀
16	목재 및 나무(가구제외)	28	전기장비
17	펄프, 종이 및 종이제품	29	기타 기계 및 장비
18	인쇄, 기록매체 복제업	30	자동차 및 트레일러
19	코크스, 연탄 및 석유정제품	31	기타 운송장비
20	화학물질 및 화학제품	32	가구
21	의료용 물질 및 의약품	33	기타제품
22	고무제품 및 플라스틱 제품	총 23개 분야	

자료: 「2012년 기술혁신활동조사: 제조업 분야」 조사 자료의 산업분류에는 담배제조업(업종코드 12번) 관련 기업은 존재하지 않으므로 담배제조업종은 분석에서 제외되었음.

간(2009~2011년)의 기술혁신에 대한 실태조사 결과이다. 기술혁신활동조사는 1996년에 처음으로 실시되어 현재까지 진행되어 오고 있으며 2003년에 본격적으로 통계청의 '승인통계(제39501호)'로 지정되어 모집단의 대표성을 갖게 되었다(김경아, 2008; 송치웅 · 오완근, 2010). 2002년부터는 제조업과 서비스업으로 분리하여 조사를 실시하고 있으며 2002년 제조업 부문, 2003년 서비스업 부문을 시작으로 3년마다 실시되고 있다.

이항로짓(Binary Logit) 분석을 사용하였다. 본 연구의 분석대상은 〈표 5-3〉에 나타난 우리나라 제조업 분야별 규제수준과 각 업종에 속하는 기업들이다. 2012년 STEPI 조사 자료는 총 4,806개의 기업 표본을 포함하고 있는데, 이 중 결측값을 제외하고 혁신활동 투입비용을 지출한 1,044개 기업들만을 대상으로 분석을 실시하였다. 해당 기업들에 대한 주요변수들의 기술통계량 및 상관관계는 각각 〈표 5-4〉와 〈부록〉에 제시되어 있다.

표 5-4 주요변수의 기술통계량

	번호	변수명	평균	표준편차	최소값	최대값
종속 변수	1	기술혁신 조직화	3.06	1.01	1	4
	2	기술혁신 노력	0.28	0.45	0	1
	3	국내특허출원	0.40	0.49	0	1
	4	첨단제품혁신	0.19	0.39	0	1
설명 변수	5	규제저량(stock)	125.65	27.03	0	212.86
	6	규제유량(flow)	0.11	0.08	0	0.38
통제 변수	7	혁신투입비용	2,928.29	16,743.89	0	300,000
	8	상시종업원 수	120.78	340.62	4	5,000
	9	연구개발인력 수	15.62	114.45	0	3,150
	10	석사이상인력 수	7.32	45.80	0	900
	11	소기업	0.54	0.50	0	1
	12	중기업	0.39	0.49	0	1
	13	대기업	0.07	0.25	0	1
	14	독립기업	0.92	0.27	0	1
	15	국내그룹 계열사	0.06	0.23	0	1
	16	해외그룹 계열사	0.02	0.13	0	1
	17	매출액	3.25	1.33	1	6
	18	기업연령	17.14	10.38	5	83

| 제4절 |

분석결과 및 해석

표 5-5 규제저량이 기술혁신에 미치는 영향

	기술혁신 조직화		기술혁신 노력		국내특허출원		첨단제품혁신	
	Coef.	P>z	Coef.	P>z	Coef.	P>z	Coef.	P>z
규제저량	−.003	0.12	−.004	0.11	−.003	0.15	−.008	0.02
혁신투입비용	0.00	0.19	0.00	0.29	−0.00	0.97	0.00	0.22
총인력수	0.00	0.69	0.00	0.96	0.00	0.73	0.00	0.97
연구개발인력수	−0.01	0.20	−0.00	0.57	0.00	0.26	0.00	0.30
석사급인력수	0.05	0.00	0.00	0.83	−0.00	0.43	−0.00	0.36
소기업	−0.54	0.25	−1.15	0.01	−0.62	0.13	0.03	0.95
중기업	0.18	0.67	−0.54	0.13	−0.50	0.18	0.10	0.81
국내그룹계열사	−0.57	0.07	0.27	0.40	−0.56	0.08	0.36	0.31
해외그룹계열사	−1.06	0.05	−0.14	0.80	−0.62	0.24	0.35	0.52
매출액	0.32	0.00	−0.04	0.56	0.17	0.02	0.11	0.22
기업연령	−0.01	0.12	−0.01	0.21	−0.02	0.01	−0.01	0.55

자료: Number of obs = 1044.

표 5-6 규제유량이 기술혁신에 미치는 영향

	기술혁신 조직화		기술혁신 노력		국내특허출원		첨단제품혁신	
	Coef.	P>z	Coef.	P>z	Coef.	P>z	Coef.	P>z
규제유량	−1.47	0.04	−1.81	0.06	−1.74	0.04	−3.49	0.01
혁신투입비용	0.00	0.20	0.00	0.30	−0.00	0.95	0.00	0.23
총인력수	0.00	0.65	0.00	0.94	0.00	0.70	0.00	0.95
연구개발인력수	−0.01	0.19	−0.00	0.57	0.00	0.27	0.00	0.30
석사급인력수	0.05	0.00	0.00	0.84	−0.00	0.42	−0.00	0.35
소기업	−0.54	0.25	−1.16	0.01	−0.63	0.12	0.02	0.97
중기업	0.20	0.65	−0.54	0.14	−0.49	0.18	0.11	0.79
국내그룹계열사	−0.57	0.07	0.27	0.40	−0.56	0.08	0.36	0.30
해외그룹계열사	−1.06	0.05	−0.12	0.82	−0.61	0.25	0.39	0.47
매출액	0.31	0.00	−0.05	0.55	0.17	0.02	0.10	0.23
기업연령	−0.01	0.13	−0.01	0.22	−0.02	0.01	−0.01	0.55

자료: Number of obs = 1044.

제조업 분야별 규제가 기술혁신 활동 및 성과에 미치는 영향에 관하여 〈표 5-5〉에는 규제저량(stock)의 효과, 그리고 〈표 5-6〉에는 규제유량(flow)의 효과에 대한 추정결과가 제시되어 있다. 이를 구체적으로 살펴보면 먼저, 규제저량 수준과 기술혁신의 관계는 다음과 같다. 종속변수가 기술혁신 조직화 수준, 기술혁신 노력 여부 그리고 국내특허출원 여부인 경우 규제저량은 부(-)의 효과를 미치는 것으로 나타났으나 이는 15% 유의수준에서 통계적으로 유의미한 것으로 나타났다. 하지만 첨단제품혁신 여부가 종속변수인 경우는 규제저량 변수가 5% 유의수준에서 통계적으로 유의미한 음의 효과를 주는 것으로 나타나고 있다. 이에 비해 규제유량이 기술혁신에 미치는 효과는 모든 종속변수들의 경우에 부정적인 영향을 미쳤으며 이는 통상적인 유의수준인 5~10%에서 모두 유의미한 것으로 나타났다.

이상의 분석결과는 다음과 같은 시사점을 제시하고 있다. 즉, 분석대상 제조업 분야의 규제저량이든 규제유량이든 비록 정도의 차이는 존재하나 모두 기업의 기술혁신 활동 및 성과에 부정적인 영향을 미칠 수 있다는 것이다. 특별히 특정시점에서 개별 산업 전체에 관련된 규제 법령의 총량을 정량적으로 제시하는 규제저량보다는 전년도 대비 규제의 양적 증가를 통해 규제총량의 시계열적 변화를 포착하는 규제유량의 영향이 더욱 두드러지는 것으로 나타나고 있다. 이는 특정 시점에서 파악한 정부규제의 총량이 주는 영향보다 시간의 경과에 따라 증감하는 규제의 양적 변화가 동태적으로 기업의 기술혁신 노력 및 활동에 영향을 미칠 수 있음을 보여주는 것이라 하겠다.

한편, 기술혁신에 영향을 미치는 기타 통제변수들을 살펴보면 다음과 같다. 첫째, 기술혁신 조직화 수준에는 석사급인력수와 매출액 모두 1% 유의수준에서 통계적으로 유의미한 긍정적인 영향을 미치는 것으로 나타났다. 또한 독립기업인 경우에 비하여 볼 때, 국내그룹계열사(10% 유의수준) 혹은 해외그룹계열사(5% 유의수준)일 경우에는 기술혁신 조직화 수준이 낮아지는 것으로 나타났다. 둘째로, 기술혁신 노력은 소기업인 경우 대기업보다 낮은 것으로 나타났으며 이는 1% 유의수준에서 통계적으로 유의미하였다. 셋째로, 국내특허출원 수는 매출액이 높은 기업일수록(5% 유의수준) 많은 것으로 나타났으나, 국내그룹계열사인 경우에는 독립기업인 경우보다 국내특허출원 수가 적었으며(10% 유의수준), 기업연령이 높을수록 국내특허출원 수가 적은 것으로 나타났다(1% 유의수준). 넷째, 첨단제품혁신을 종속변수로 한 모형의 경우는 규제저량 및 규제유량만이 통계적으로 유의미하게 부정적인 영향을 미쳤을 뿐 기타 통제변수들은 모두 통계적으로 유의미한 영향을 미치지 못하는 것으로 나타나고 있다. 이는 결국 우리나라 제조업 분야 기업들이 세계 최초 혹은 국내 최초인 제품을 시장에 출시하는데 중요한 영향요인이 바로 해당 기업이 속한 제조업 부문의 규제수준인 것으로 해석될 수 있다.

이와 같은 연구결과가 우리나라 과학기술 경쟁력 및 제조업 분야 규제개혁에 주는 시사점은 기업의 기술혁신을 촉진할 수 있는 법·제도적 환경을 조성하기 위한 정부 역할의 중요성이다. 특히 매년 규제개혁위원회를 통과한 신설·강화되는 규제들이 얼마나 추가적인 규제부담을 발생시키고 있는지 혹은 폐지·완화되는 규제들이 얼마나 규제부담을 감소시키는지의 대리변수(proxy)로서 규제유량에 대한 관리가 기업의 기술혁신을 위해서 필수적임을 시사한다. 기업의 연구개발 및 기술혁신에 대한 규제기관의 경직된 의사결정은 기술혁신을 저해할 뿐만 아니라 반기술혁신적 결과를 초래할 수 있기 때문이다(정성철, 1999; 이동원 외, 2008; Hahn et al., 1991; 강현규, 2010: 247 재인용). 따라서 시장환경을 기술혁신 친화적으로 바꾸어 기술혁신 동기를 자극할 수 있도록, 제조업 부문별로 기업의 기술혁신을 저해하는 법률, 시행령, 시행규칙 등의 해당 규정들에 대한 지속적인 규제품질관리가 이루어질 필요가 있다.

제5절 결 론

본 연구는 우리나라의 기업 차원 데이터를 사용하여 제조업 분야별 규제와 기업의 기술혁신의 관계에 관한 실증 분석을 수행하였다. 종속변수인 기술혁신은 과학기술정책연구원의 「2012년 기술혁신활동조사: 제조업 분야」 자료에서 추출된 기술혁신 조직화 수준, 기술혁신 노력 여부, 국내특허출원 여부, 첨단제품혁신 여부의 총 4가지 차원의 지표들이며, 설명변수인 규제수준은 한국행정연구원의 산업별 규제지수로 측정하였다. 분석방법으로는 서열로짓 분석 및 이항로짓 분석을 사용하였다.

분석결과, 제조업 분야별 규제수준이 높을수록 해당 부문에 속한 기업들의 기술혁신 활동 및 성과가 저해되는 것으로 나타났다. 이러한 경향은 특정 제조업 부문의 규제저량(stock)보다는 규제유량(flow)에서 더욱 두드러지는 것으로 나타났다. 이러한 본 연구 결과로부터 제조업의 각 분야별로 정부규제가 개별 기업의 기술혁신에 미치는 영향에 대한 시사점을 얻을 수 있다. 구체적으로 규제총량을 나타내는 규제저량과 전년도 대비 규제법령의 양적 증가분을 나타내는 규제유량 모두 각 산업분야별로 개별 기업의 기술혁신 노력에 부정적인 영향을 미치는 것으로 나타났으며, 규제저량보다는 규제 총량의 변화를 시계열적으로 보여주는 규제유량의 영향력이 상대적으로 더 큰 것으로 나타나고 있다.

다만, 이와 같은 본 연구결과는 동일 산업이나 업종 내에서도 규제의 종류와 성질이 다를 수 있다는 점, 규제와 기술혁신 사이의 시차적 요인(time lag 및 time span 등)을 반영하지 못한 점에는 주의가 필요하다. 향후 연구에서는 규제의 성질과 시차 변수, 단기적 영향과 장기적 영향을 구분하여 보다 상세한 분석을 수행할 필요가 있다. 아울러 본 논문에서 고려되지 않은 신규기업의 참가 상황이나 시장의 경쟁 환경, 정부의 연구개발 관련 지원 정책 및 제도 등 역시 기업의 연구개발 활동과 혁신에 영향을 끼치는 주요지표로서 분석에 포함시키는 것을 추후 검토할 필요가 있다. 또한 본 연구는 횡단면적(cross sectional) 단년도 자료만을 대상으로 분석하고 있어 규제의 장기적·시계열적 영향에 대한 포착이 어렵다는 한계가 있다. 이에 규제저량 외에 규제유량을 동시에 고려하였으나 향후 패널데이터 등을 활용한 분석방법을 적용한 분석은 후속 연구과제로서 남겨 놓고자 한다.

이상과 같은 한계에도 불구하고 본 연구는 기업의 연구개발에 영향을 미치는 산업규제를 경성자료(hard data)를 활용하여 실증적으로 분석함으로써, 규제개혁 추진을 위한 증거기반정책결정(evidence-based policy decision-making) 및 관련 법제 개선방안 마련에 유용한 함의를 제공하고 나아가 기업의 연구개발 성과 제고 방안 수립에 이바지 할 수 있을 것으로 기대된다.

[부록] 주요변수 간 상관관계

	1	2	3	4	5	6	7	8	9	10	11	12	13	14	15	16	17	18
1	1																	
2	0.20 (0.00)	1																
3	0.27 (0.00)	0.18 (0.00)	1															
4	0.14 (0.00)	0.09 (0.00)	0.30 (0.00)	1														
5	−0.02 (0.48)	−0.05 (0.13)	−0.04 (0.23)	−0.07 (0.03)	1													
6	−0.03 (0.38)	−0.06 (0.07)	−0.06 (0.07)	−0.07 (0.02)	0.96 (0.00)	1												
7	0.12 (0.00)	0.07 (0.02)	0.06 (0.05)	0.07 (0.03)	−0.01 (0.64)	−0.01 (0.64)	1											
8	0.16 (0.00)	0.07 (0.03)	0.11 (0.00)	0.07 (0.03)	0.03 (0.35)	0.03 (0.32)	0.47 (0.00)	1										
9	0.07 (0.02)	0.05 (0.10)	0.08 (0.01)	0.02 (0.42)	−0.01 (0.86)	−0.01 (0.77)	0.37 (0.00)	0.69 (0.00)	1									
10	0.11 (0.00)	0.04 (0.16)	0.08 (0.01)	0.03 (0.31)	0.00 (0.91)	−0.01 (0.81)	0.36 (0.00)	0.74 (0.00)	0.80 (0.00)	1								
11	−0.31 (0.00)	−0.13 (0.00)	−0.08 (0.01)	−0.05 (0.11)	−0.08 (0.01)	−0.10 (0.00)	−0.16 (0.00)	−0.30 (0.00)	−0.12 (0.00)	−0.15 (0.00)	1							
12	0.24 (0.00)	0.08 (0.01)	0.03 (0.33)	0.02 (0.44)	0.07 (0.03)	0.09 (0.00)	0.00 (0.91)	0.02 (0.57)	−0.01 (0.66)	0.01 (0.87)	−0.88 (0.00)	1						
13	0.16 (0.00)	0.10 (0.00)	0.11 (0.00)	0.05 (0.09)	0.02 (0.43)	0.02 (0.43)	0.34 (0.00)	0.56 (0.00)	0.27 (0.00)	0.29 (0.00)	−0.29 (0.00)	−0.21 (0.00)	1					
14	−0.05 (0.13)	−0.07 (0.03)	0.00 (0.89)	−0.05 (0.08)	0.00 (0.93)	−0.01 (0.81)	−0.16 (0.00)	−0.21 (0.00)	−0.14 (0.00)	−0.13 (0.00)	0.20 (0.00)	−0.02 (0.43)	−0.35 (0.00)	1				
15	0.05 (0.11)	0.07 (0.02)	0.00 (0.98)	0.04 (0.24)	0.03 (0.36)	0.03 (0.38)	0.07 (0.03)	0.20 (0.00)	0.14 (0.00)	0.13 (0.00)	−0.16 (0.00)	−0.01 (0.86)	0.33 (0.00)	−0.87 (0.00)	1			
16	0.01 (0.84)	0.01 (0.72)	−0.01 (0.76)	0.05 (0.14)	−0.06 (0.07)	−0.03 (0.28)	0.21 (0.00)	0.07 (0.02)	0.03 (0.30)	0.02 (0.43)	−0.11 (0.00)	0.06 (0.06)	0.11 (0.00)	−0.47 (0.00)	−0.03 (0.27)	1		
17	0.31 (0.00)	0.07 (0.02)	0.11 (0.00)	0.07 (0.02)	0.05 (0.09)	0.06 (0.06)	0.28 (0.00)	0.46 (0.00)	0.25 (0.00)	0.24 (0.00)	−0.60 (0.00)	0.39 (0.00)	0.46 (0.00)	−0.31 (0.00)	0.24 (0.00)	0.18 (0.00)	1	
18	0.08 (0.01)	0.01 (0.70)	−0.02 (0.47)	0.01 (0.63)	0.06 (0.06)	0.06 (0.04)	0.19 (0.00)	0.27 (0.00)	0.15 (0.00)	0.12 (0.00)	−0.29 (0.00)	0.16 (0.00)	0.27 (0.00)	−0.18 (0.00)	0.16 (0.00)	0.08 (0.01)	0.40 (0.00)	1

자료: 1–18 각 번호가 지칭하는 변수명은 〈표 5-4〉 참조; 괄호안은 p-value임.

제6장

산업별 규제와 기업 연구개발활동의 관계 분석

제1절

서 론

규제는 기업 및 시장에 주는 영향이 크기 때문에 규제에 대한 필요성과 실효성에 대해 논란이 계속되어 왔다. 시장실패 보정과 공익 실현을 위한 정부개입의 한 형태인 규제는 자유시장 원리와 상충되는 측면이 있으며, 규제 준수를 위한 생산비용 증대와 기업 R&D활동 위축 등을 야기할 수 있다. 실제로 기업은 생산, 판매 등 영업활동 시에 신설 또는 강화되는 규제에 대응해야 한다. 기업에 미치는 규제의 영향이 클수록 규제에 대응하기 위한 기업의 비용부담이 증가할 것이며 규제로 인해 기업의 연구개발 투자 인센티브는 변화할 것이다(Carlin and Soskice, 2006). 그 결과 연구개발 투자로 사용가능한 기업의 사내자원은 감소할 수 있다(Craft, 2006).

기업의 혁신 활동인 연구개발활동에 주목하면, 새로운 기술이나 지식은 기업의 연구개발활동을 통해서 창출되고 그것들이 다양한 형태로 기업의 생산성 향상을 가져온다는 연쇄구조를 가정할 수 있다. 이 연쇄구조에 따르면 규제는 기업의 연구개발활동 자체에 어떤 영향을 주는 경우뿐만 아니라, 연구개발 투자에 의해서 얻어진 연구 성과가 사회에 보급될 단계에 영향을 미치거나, 혹은 장기적으로 기업의 생산성과 경쟁력 등에 영향을 줄 수도 있다. 또한 상대적으로 비싸진 자원을 절약하는 방향으로 기술은 진보한다고 한 Hicks(1932)의 "유발적 혁신 가설(induced innovation hypothesis)" 혹은 생산활동에서의 병목(bottleneck) 현상을 해결하기 위해 혁신이 유발된다고 한 Rosenberg (1969)의 주장에 따르면, 규제에 의해 기업의 비용부담이 상대적으로 증가할 경우 그 비용을 아끼기 위해 혁신활동을 촉진한다고 본다.

이와 같이 규제가 기업의 연구개발활동에 미치는 영향은 긍정적일 수도 혹은 부정적일 수도 있으므로, 양자의 관계는 경험적 자료에 입각하여 판단할 필요가 있다. 이에 본 연구는 우리나라 제조업에 속하는 기업을 대상으로 하여, 연구개발활동의 투입 및 산출 지표인 연구개발비와 연구인력수, 특허출원 건수 및 신제품 도입 건수가 해당기업이 속한 산업의 규제로부터 받는 영향을 실증적으로 분석한다. 이를 통해 규제가 어떤 식으로든 기업의 연구개발활동에 영향을 준다는 증거를 발견한다면, 연구개발을 통해 지속적으로 기업의 혁신을 실현하고 산업의 경쟁력을 향상시키기 위해 정부는 사회변화와 기술진화에 대응하며 유연하게 규제와 법제도를 재검토·재설계해야 한다는 시사점을 얻을 수 있을 것이다. 즉, 규제와 기업의 연구개발활동의 관계를 충분히 분석하고 규제가 연구개발활동과 혁신에 미치는 영향과 그 메커니즘을 밝힘으로써, 효과적인 과학기술 혁신 정책수단을 설계·적용할 수 있다.

본 연구는 다음과 같이 구성된다. 우선 제2절에서는 규제와 기업의 연구개발활동 및 기술혁신에 대한 선행연구를 바탕으로 제3절에서는 연구가설을 설정하고 이를 검증하기 위한 분석모형, 자료 및 분석방법에 대해 설명한 다음, 제4절에서는 분석결과와 이에 대한 해석을 제시한 후 마지막 제5절에서 정책적 시사점을 도출한다.

제2절

선행연구 검토

일반적으로 정부의 규제형성 작용은 시장작동 규칙의 제정자 및 기업 활동의 억제자로서의 두 가지 상반된 형태로 나타난다. 규제는 그 내용에 따라 연구개발을 촉진하고 저해하기도 하지만, 아직까지 규제가 기업의 연구개발활동과 혁신에 미치는 영향에 대해서 정량적으로 실증하여 확립된 연구는 없다(Blind, 2012). 최근에는 규제의 종류와 성질을 어느 정도 한정하고 각종 개별적 규제가 연구개발활동 및 기술혁신에 미치는 영향을 분석한 연구들이 점차 축적되고 있다.

규제와 기술혁신의 관계를 정량적으로 분석한 것으로 규제는 기업의 혁신 투자에 대한 인센티브를 높이는 긍정적인 영향을 미친다는 연구들(Aghion et al., 2005; Carlin and Soskice, 2006)이 있는 반면, 규제가 기업의 혁신에 부정적 영향을 준다고 주장하는 연구도 다수 존재한다(Thomas, 1990; Rothwell, 1992; Bassanini and Ernst, 2002; Prieger, 2002; 최영훈, 1997; 류숙원·김상윤, 2010; 강현규, 2010; 박구선 외, 2011). 이와 같은 선행연구들은 규제의 종류나 범위, 산업, 영향을 주는 대상, 시차(time lag) 등에 의해 규제가 혁신에 미치는 영향이 달라질 가능성을 시사하고 있다. 예컨대 규제를 경제적 규제, 사회적 규제, 제도적 규제로 구분하고 기술혁신에 미치는 영향을 분석한 Blind (2012)는 가격 규제 및 지식재산 제도, 경쟁 정책은 혁신을 촉진시키지만 환경규제는 혁신을 억제할 가능성을 지적하였다. Rubenstein & Zegveld(1981)은 미국 44개 자동차 부품 제조업체를 연구하면서 정부규제의 양면적인 효과를 발견하기도 했다. 즉, 규제는 가장 중요한 혁신의 장애물이면서, 다른 한편으로 가장 중요한 혁신의 촉진제라는 점을 분석했다. Winston(1993)은 규제완화에 의해 미국의 비무역재 산업의 GDP가 확대된 결과를 보여주었으나, 기업의 연구개발활동에 규제에 따른 영향이 어떻게 조정되는지의 조정과정은 고려하지 않았다. 이 점에 대해서 사이토(1994)는 기업은 고용감소와 설비투자, 연구개발 투자 축소로 규제에 대응한다며 그 경우 규제의 영향은 부정적이라고 본다. 한편, 나카타니 · 오오타(1994)는 기업은 적극적으로 연구개발활동의 촉진이나 규모의 경제성 추구를 행하는 것으로 규제에 대응하기 때문에 규제의 영향은 긍정적이라고 주장한다.

규제의 근원에 따라 혁신에 미치는 영향을 상이하게 보는 경우도 있다. 조직 내부에서 자발적으로 이루어진 규제는 다른 조직으로부터 통제를 회피하려는 목적에서 이루어질 수도 있는 반면, 정부와 같이 조직 외부에서 부과된 규제는 기관간 조정이나, 외부통제의 성격이 강하다는 것이다. 따라서 외부로부터 포괄적 성격의 규제를 적용할 경우 혁신활동의 저해요인으로 작용할 수도 있다(Bozeman, 2000). 즉, 규제는 규제의 성격이나, 규제의 시기 및 규제대상의 성격에 따라 기술혁신에 다른 영향을 미친다는 것이다. 예컨대 시장진입 규제는 기업이 특정 시장에 진출할 장벽을 높인다. 이는 이미 시장에 참여하는 기업에게는 도움이 될 수도 있다. 규제에 의해 경쟁 압력이 약화되어 기존기업이 리스크가 높은 혁신 활동에 많은 자원을 투자할 수 있다고 여겨지기 때문이다. 그러나 시장진입 장벽에 의해 혁신적 기업의 시장참여가 어려워지면, 규제는 시장의 전체적인 혁신활동에 부정적 영향을 미치게 된다. 시장의 경쟁 환경이라는 관점에서는 규제로 인해 기업 간 시장경쟁이 촉진되면 경쟁우위를 획득 · 유지하기 위해 기업의 연구개발 투자에 대한 인센티브가 높아질 것으로 예상된다. 그러나 규제와 시장경쟁은 밀접하게 관계하기 때문에, 규제가 강화되어 경쟁이 격화되면 비효율적인 비용구조를 가지는 복수의 공급업체가 존재하게 된다. 결과적으로 기업은 가격경쟁으로 시장 점유율을 확대할 수밖에 없기 때문에 이것이 이익을 줄이고 기업의 연구개발 투자는 억제된다. 즉, 규제의 강도와 연구개발 투자 사이에는 오히려 U자의 관계가 존재할 가능성이 있다. 또한 경쟁격화에 의해 혁신활동보다 모방활동에 대한 인센티브가 증가해 경쟁과 혁신의 사이에도 반대 U자형 관계가 있다는 점(Aghion et al., 2005)을 감안하면 규제에 의한 혁신에 대한 영향 역시 반대 U자형의 관계로 정(+)의 효과가 부(−)의 효과로 전환될 가능성도 있다.

규제는 감춰진 조세(Hidden Tax)로 불리며(최병선, 2007), 민간의 투자의욕을 감퇴시키고 기업의 기술 선정 및 경영의사결정을 왜곡시킴으로써 비용을 증가시키는 부정적인 영향을 끼칠 수 있다. 하지만 국가 경제적 측면에서 규제는 개인이나 기업 등의 경제활동에 대한 제도적 여건을 형성하여 기업의 기술혁신 행태에 중요한 영향을 미침으로써 기업 및 국가의 경쟁력 배양에 결정적 요인으로 작용하기도 한다. 시장의 개방과 경쟁을 촉진하기 위한 규제 제도는 연구개발을 포함한 기술혁신과 신산업을 창출하는 효과가 있다. 또한 규제는 기업 활동에 새로운 기술적, 사회적 기준을 부과하고 기본 행동수칙을 제공함으로써 창업 등 기술혁신과정에서 중요한 역할을 수행한다.

개별 기업 측면에서 볼 때, 적절한 규제는 기업으로 하여금 대응전략을 모색하도록 함으로써 기업의 역량 제고와 성장을 동시에 추구하는데 기여한다. 특히 규제가 시장 진출에의 진입장벽으로 작용할 경우, 규제에 적극적으로 대응한 기업의 경쟁력 제고와 경영성과 향상에 기여하게 된다. 또한 환경 · 에너지 · 안전 등에 관련된 선도적인 기술혁신 상품 · 서비스를 제공하는 기업의 이미지도 제고되는 효과가 있다. 소비자 측면에서는 기술혁신 제품과 서비스 구입을 위한 초기 비용이 증가하나 장기적으로 에너지 소비 감소 등으로 인한 편익을 누릴 수 있다. 특히 관련 정부지원이 이루어질 경우 소비자의편익은 증가하게 된다. 예를 들어, 하이브리드 자동차의 경우, 일반 자동차보다 가격이 높지만 정부의 세제지원(개별소비세, 취 · 등록세 감면)과 보조금 지원을 통해 소비자 부담은 경감될 수 있다. 한편, 환경의 공공재적 특성, 감시 비용, 정보의 비대칭성, 시장의 불완전성 등에 따라 시장의 자율적 기능이 아닌 국가 정책을 통한 정부의 개입이 필요한 경우도 있다.

규제가 혁신에 미치는 긍정적 효과에 주목한 선행연구들의 대부분은 환경 분야 규제와 관련된다(Kemp, 1998). Porter and van der Linde(1995)는 네덜란드 화훼재배 산업과 일본 자동차 산업, 북유럽의 종이펄프 산업 등을 정성적으로 분석한 결과, 엄격한 환경규제는 초기에는 국내 산업에 큰 부담이 되지만 결과적으로 혁신을 촉진하고 국제 경쟁력 향상과 선진적인 환경기술의 수출증가에 기여한다는 주장을 폈다. 또한 몇몇 연구(e.g. Jaffe et al., 1995; Jaffe and Palmer, 1997)에 따르면 환경규제가 생산성에 미치는 부정적인 영향은 크지 않고 연구개발 지출의 증가를 가져온다는 결론을 내고 있다.

이에 반해 환경규제는 기업의 이익을 압박하는 비용부담을 떠넘기는 것이며 필연적으로 기업의 급격한 생산성 저하를 일으키고 경쟁력을 약화시킬 수 있는 연구들도 있다(Shadbegian and Gray, 2003; 이토 · 우라시마, 2013). 이처럼 환경규제가 혁신에 미치는 영향에 대해서도 긍정적 효과와 부정적 효과의 결과가 모두 나오고 있지만, Lanjouw and Mody(1996), Hart and Ahuja(1996), Kemp(1998), Brunnermeier and Cohen(2003), Popp(2006, 2002), Popp et al.(2007), Lanoie et al.(2008) 등 많은 선행연구는 적어도 장기적으로는 환경규제가 혁신에 대체적으로 양(+)의 효과가 있는 것을 보여준다. 예를 들면, Taylor et al.(2003)은 화석연료 연소로부터 유독한 이산화황(SO_2) 방출을 제어하는 기술들이 미국의 배출량 규제가 없었다면 훨씬 더 늦게 출현했을 것이라는 것을 보여주는 특허사례 조사연구를 통해, 환경기술혁신을 촉진하고자 한다면 정부가 단지 오염문제 해결을 위한 연구를 지원하는 것 외에도 그러한 목표를 향한 법률을 제정하는 것이 좋다고 주장하였다. 정부규제는 정부의 연구 지원만 있을 때보다 창조적 활동을 더욱 촉진하며, 규제를 예상하는 것은 창조적 활동을 촉진하기 때문이다(Taylor et al., 2003). 또한 강현규(2010)에 의하면, 글로벌 환경규제가 강화됨으로 인해 국내기업의 제조원가 상승에 따른 제품경쟁력 약화와 환경오염산업에 속한 기업의 사업 여건이 불리해져서 해외시장 진입을 원천 봉쇄하는 효과를 주지만, 규제가 요구하는 수준을 충족하는 제품개발에 성공하면 새로운 시장 창출과 확대의 계기를 제공하고 세계시장에서 통용되는 경쟁력 확보가 가능해지기도 한다.[1)]

한편, 일본 문부과학성 과학기술·학술정책연구소(이하 일본 문부과학성, 2015)에서 일본의 산업규제가 기업의 연구개발활동에 미치는 영향을 분석한 결과, 연구개발활동의 산출 지표인 국내 특허출원 건수 및 신제품 도입여부에 대해서는 규제지표 변화율과의 사이에 각각 부정적인 관계가 나타난데 비해, 투입 지표에 대해서는 사내 연구개발비 및 연구개발비 총액과 규제지표 변화율과의 사이에는 긍정적 관계가, 사외지출 연구개발비와 규제지표 변화율 사이에는 부정적 관계가 나타났다.[2)] 이와 같은 일본문부성(2015)의 연구결과에 의하면, 일본 제조업 전체의 연구개발 투입 면에서 규제완화가 연구개발활동의 외부화(外部化)를 촉진하는 경향이 있지만 전반적으로 연구개발 투자를 억제하는(규모를 축소하는) 방향으로 작용하는 경향이 나타났으며, 이는 규제 수준

---

1) 규제를 하지 않으면 기술개발 동인이 없으나, 규제 도입을 통해 신제품의 수요가 생기고 신시장이 창출될 수 있다(강현규, 2010). 예컨대, 폐수 독성평가 규제의 신설로 인해 폐수를 발생시키는 산업은 위축되지만, 규제 준수 확인을 위해 배출수를 모니터링하고 독성을 검출하는 센서 등의 신제품과 신시장이 창출될 수 있다.

2) 이와 함께 제품특성 및 기업규모를 고려하기 위해 제조업을 기초소재형 산업과 가공조립형 산업으로 구분하고, 동시에 대기업과 중소기업을 구분하여 분석한 결과, 규제완화가 연구개발활동에 긍정적 및 부정적 효과를 모두 주는 것으로 나타나, 제조업이라 하더라도 제품특성이나 기업규모에 따라 규제가 미치는 영향은 다를 수 있는 것으로 확인되었다(일본문부성, 2015).

의 강화가 연구개발 투자를 촉진함을 의미한다. 또한 일본 제조업 연구개발활동의 산출인 국내 특허출원이나 신제품 도입에 대해서는 규제완화가 긍정적으로 작용해 국내 특허출원을 증가시키고 신제품의 투입도 촉진하는 경향이 나타났다. 그러나 제품의 특성 및 기업규모를 고려하여, 일본의 제조업을 기초소재형 산업과 가공조립형 산업으로, 다시 대기업과 중소기업으로 구분하여 분석한 결과, 규제완화가 연구개발활동에 미치는 영향이 긍정적이거나 부정적인 면이 모두 존재하며, 제조업이라 하더라도 제품특성이나 기업규모에 따라 다른 것으로 확인되었다.

요컨대 기존의 많은 연구들은 연구개발활동에 미치는 규제의 부(-)의 영향을 밝혀내었는데 비해 최근의 연구들, 특히 환경규제에 초점을 맞춘 연구의 경우는 규제의 긍정적 효과를 보여주고 있다. 또한 혁신에 대한 규제의 단기적 영향은 장기적 영향과는 대조적으로 부정적이게 된다는 선행연구도 많다. 즉, 분석의 대상이 되는 규제의 종류나 범위, 산업, 영향이 발생하기까지의 장·단기적 시차(time lag), 영향을 받는 기업의 연구개발활동 범위 등에 따라 규제가 혁신에 미치는 영향의 방향성과 강도가 각각 다른 결과를 보여주고 있다.

제3절

연구설계

앞 장에서 고찰한 선행연구들의 대부분은 특정 규제와 산업에 초점을 맞춘 후 산업수준의 집계 데이터를 사용하였고, 규제와 기업의 혁신 활동의 관계에 주목하여 기업차원의 전반적인 분석은 별로 이루어지지 않고 있다. 특별히 우리나라의 경우 산업별 규제의 수준이 기업의 연구개발활동에 어떤 영향을 주는지에 대하여 기업 수준의 정량데이터를 사용하여 경험적으로 분석한 기존 연구가 부족한 실정이다. 그러나 기업의 연구개발활동에 영향을 미치는 다양한 요인 중에서 규제의 영향을 정량적으로 포착하려면 기업 차원의 데이터를 사용하여 규제 이외의 요인을 통제할 필요가 있다.

한편, 선행연구는 주로 연구개발활동의 산출 혹은 성과에 주목하여 분석이 이루어졌지만, 앞에서 살펴본 일본 문부과학성(2015)의 연구는 투입과 산출 양자를 종합적으로 고려하여 실증 분석한 점에서 기존 연구와의 차별성이 있다. 일본 문부과학성(2015)의 연구에서 사용한 분석모형은 다음과 같다.[3)]

$$R\&D_{ijt} = \alpha + \beta * REG_{jt-4} + \gamma X_{it} + \varepsilon$$

여기서 R&D는 산업 j에 속하는 기업 i가 t년에 행한 연구개발활동의 투입과 산출, REG는 규제의 강도를 나타내는 지표, 그리고 X는 통제변수 벡터이다. 연구개발활동에서 투입의 대리지표로 사내 연구개발비, 사외지출 연구개발비, 사내 및 사외 연구개발비 총액(모두 민연조사)을 사용하고, 연구개발활동의 산출 대리지표로는 국내 특허출원 건수, 신제품 도입여부(모두 민연조사)를 활용하였다. 규제의 대리지표로는 산업별 규제정도에 대한 인식(perception)을 측정한 연성자료(soft data)인 JIP의 규제지표 값(1995~2005년)의 전년 대비 증감률을 사용하였다.[4)]

이상과 같은 일본 문부과학성(2015) 연구를 참조하여, 본 연구는 한국의 제조업 분야 데이터를 활용한 실증분석을 실시하였다. 특별히 기존 연구들이 대부분 연구개발 성과(논문 혹은 특허 성과 등)를 종속변수로 삼아온 데 비하여, 본 연구는 연구개발활동의 투입 요소에 미치는 규제의 영향력을 살펴보고자 한다. 나아가 일본 문부과학성(2015)의 분석모형의 경우 통제변수들이 상대적으로 적어서 누락된 변수(omitted variables) 문제가 제기될 여지가 있으므로, 본 연구에서는 상시종업원 수, 기업연령과 같은 통제변수를 추가한 분석모형을 구축하였다. 또한 일본 문부과학성(2015)이 사용한 일본의 규제지수의 경우 피규제자의 규제부담에 대한 인식(perception)을 측정한 연성자료(soft

3) 동 연구는 일본민간기업을 대상으로 하는 연구개발활동에 대한 상세조사인 "민간기업의 연구활동에 관한 조사(이하, 민연조사)"의 2008년도부터 2010년도까지의 설문조사 데이터를 패널 데이터(Panel data)로 구축하고, 일본 산업생산성(이하 JIP) 데이터베이스의 산업별 규제 데이터를 사용하여, 민연조사 자료의 제조업 전체를 대상으로 기업규모와 산업특성을 고려한 분석을 수행하였다.

4) 분석 시 제품특성을 고려하기 위해 기초소재형 산업과 가공조립형 산업에 샘플을 구분하고, 아울러 기업규모를 고려하기 위해 종업원 수가 300명 미만의 기업을 중소기업으로 정의하고 그 경우에 1을 취한 더미변수(Dummy variable)를 설정하였다. 또한 규제와 연구개발활동의 time lag을 고려하기 위해 t-4년의 규제지표를 사용하였으며, time-trend 효과를 고려하기 위해 연(年) 더미를 각각의 분석에 포함시켰다. 분석방법으로는 종속변수가 양의 정수를 취한 사내 연구개발비, 사외지출 연구개발비, 연구개발비 총액, 국내 특허출원 건수, 신규 참가기업 수에 대해서는 카운트 자료모형(Count data model)인 Poisson 모델을 사용하여 패널분석을 실시하였고, 또 종속변수가 더미변수인 신제품 도입에 대해서는 Panel Probit 모델을 사용하였다.

data)임에 비하여, 본 연구에서 활용한 한국의 규제지수는 실제 해당 산업 분야를 규율하는 제반 규제 법령의 수와 강도를 측정한 경성자료(hard data)라는 차이를 지닌다. 구체적으로 본 연구는 규제지수로 측정된 산업별 규제수준을 핵심 설명변수로 하고 다른 독립변인들을 통제한 상태에서 회귀분석을 수행하기 위하여 다음과 같은 분석모형을 설정하였다.

$$R\&D_{ij} = \alpha + \beta * REG_j + \gamma X_i + \varepsilon$$

위 식에서 R&D는 특정 산업 j에 속하는 기업 i가 2009년에서 2011년 동안 수행한 평균적인 연구개발활동의 투입량이며, 대리변수(proxy variable)로는 자본 요소인 사내 연구개발비, 연구개발비 총액, 혁신활동 투입비용과 함께 노동 요소인 연구개발전담인력 수, 석사급이상인력 수로 측정하였다. 본 연구의 설명변수인 REG는 해당 산업별 규제강도의 수준(2009년에서 2011년 간 평균값)을 나타내는 지표이다. X는 통제변수 벡터이며, 특별히 분석 기간 동안 산업의 특성, 즉 업종별 부가가치 변화율, 매출액 증가

표 6-1 변수의 정의 및 조작화

<table>
<tr><th>변수</th><th>지표</th><th colspan="2">이용 데이터</th></tr>
<tr><td rowspan="2">종속
변수</td><td rowspan="2">연구개발
활동</td><td>자본 요소 (K)</td><td>• 사내 연구개발비(2009~2011년 누적액, 백만원)
• 총액 연구개발비(2009~2011년 누적액, 백만원)
• 혁신활동 투입비용: 해당기업의 혁신활동에 소요된 비용 총액(2009~2011년 누적액, 백만 원)</td></tr>
<tr><td>노동 요소 (L)</td><td>• 해당기업의 2011년도 연구개발전담인력 수
• 해당기업의 2011년도 석사급 이상 인력 수</td></tr>
<tr><td>설명
변수</td><td>규제강도 수준</td><td colspan="2">• KIPA 산업별 규제지수의 2009~2011년 평균값</td></tr>
<tr><td rowspan="6">통제
변수</td><td>회사형태</td><td colspan="2">• 대기업 = 0, 중소기업 = 1; 더미변수</td></tr>
<tr><td>매출액</td><td colspan="2">• 해당기업의 2011년도 매출액을 기준으로 6단계로 구분함:
① 10억 원 미만 ② 10~50억 원 미만 ③ 50~100억 원 미만
④ 100~500억 원 미만 ⑤ 500~1,000억 원 미만 ⑥ 1,000억 이상</td></tr>
<tr><td>총인력 수</td><td colspan="2">• 해당기업의 2011년도 상시종업원 수</td></tr>
<tr><td>법정유형</td><td colspan="2">• 독립기업(base), 국내그룹 계열사, 해외그룹 계열사 더미변수</td></tr>
<tr><td>기업연령</td><td colspan="2">• 기준년도(2012년) – 설립년도 + 1</td></tr>
<tr><td>제조업별 생산지수</td><td colspan="2">• 통계청 광공업생산지수(원지수)의 제조업 분야별 값(2009~2011년 평균)</td></tr>
</table>

표 6-2 주요변수의 기술통계량

변수명	관측도수	평균	표준편차	최소값	최대값
사내 연구개발비	936	1,776.89	10,454.19	0	210,000
연구개발비 총액	936	2,202.68	12,532.31	0	210,000
혁신활동 투입비	936	3,198.30	17,746.18	0	300,000
연구전담 인력수	1,744	12.27	82.75	0	3,150
석사급 이상 인력수	1,728	5.95	36.56	0	900
규제수준	1,751	126.43	28.15	0	212.86
중소기업 더미	1,739	.93	.25	0	1
매출액	1,730	3.32	1.36	1	6
상시인력수	1,751	123.43	368.04	4	8,010
국내계열사 더미	1,751	.06	.24	0	1
해외계열사 더미	1,751	.02	.14	0	1
기업연령	1,750	17.37	10.15	5	83
제조업별 생산지수	1,751	97.42	2.15	93.1	103

율, 수출 증가율 등 개별 업종의 성장·변동 추이를 분석에 반영하기 위해 제조업별 생산지수(2009~2011년 평균)를 통제변수로 모형에 포함시켰다. 이상 각 변수의 조작적 정의는 〈표 6-1〉에 그리고 기술통계량은 〈표 6-2〉에 제시되어 있다.

분석자료는 우선, 한국행정연구원(KIPA)의 산업별 규제지수[5]를 활용하여 본 연구의 설명변수인 규제수준을 측정하였다. 분석대상 제조업 목록과 개별업종의 규제수준은 〈표 6-2〉에 제시되어 있다.[6] 또한 종속변수와 통제변수의 측정은 과학기술정책연구원

5) KIPA의 산업별 규제지수는 이종한(2013)의 연구에 기초하여 우리나라 산업별 규제정책의 경제적 성과를 평가할 수 있는 지표로 개발되었다. 동 규제지수는 산업별 규제체계의 강도(stringency)를 측정하는 지표로서, 매년 규제개혁위원회를 통과한 신설·강화 규제들이 얼마나 추가적인 규제부담을 발생시키고 있는지 측정한다. 구체적으로 산업별 규제지수는 등록규제 데이터베이스에서 추출한 개별 규제의 강도와 해당 규제의 산업연관성의 두 가지 요소를 이용하여 작성하는데, 여기서 등록규제 데이터베이스란 행정규제기본법에 의해 법령에서 정한 규제요건에 해당하는 법률, 시행령, 시행규칙 등의 해당 규정들이 기록된 자료이다. 동 규제지수는 규제의 성격, 세부 분류, 규제건수의 증감 및 규제의 사무유형에 따라 규제강도의 가중치를 차별적으로 설정하고, 표준산업분류에 따른 개별 산업분야별 규제지수를 산출되었다.

6) 〈표 6-2〉를 보면, 규제수준이 상대적으로 높은 산업분야로는 식료품, 의료용 물질 및 의약품, 목재 및 나무(가구제외), 음료 산업 등의 순으로 나타났다. 이러한 산업분야는 모두 식품, 의약품, 음료 관련 소비자 안전이나 보건의료 관련 산업, 목재 등 환경 관련 산업 등 사회적 규제 영역으로서, 일반적으로 사회적 규제의 경우 경제적 규제에 비하여 더 높은 수준의 규제가 존재하는 경

(STEPI)의 「2012년 기술혁신활동조사: 제조업 분야」 조사[7] 자료를 활용하였다. 여기서 STEPI 조사의 샘플 총 4,086개 중 2,335개(약 57%)는 연구개발활동을 수행하고 있지 않은 기업들이어서 제외하였고, 나머지 1,751개의 기업들만을 분석대상으로 선정하였다.[8] 분석방법으로는 OLS회귀분석과 함께, 이를 보완하기 위하여 도구변수[9]로서 "규제수준 증가율"을 활용한 2SLS 회귀분석을 동시에 수행하여 양자의 결과를 비교하였다.

향이 있다는 점에 기인한 것으로 해석될 수 있다. 이는 규제수준이 낮은 것으로 나타난 산업들(섬유, 의복, 전기장비업 등)이 주로 경제적 규제 영역에 속하는 것을 통해서도 짐작해 볼 수 있다.

7) 동 조사는 과학기술정책연구원이 제조업 분야 국내기업을 대상으로 2012년을 기준으로 지난 3년간(2009~2011년)의 기술혁신 활동 실태를 파악한 실태조사 자료이다. 동 조사는 1996년에 처음으로 실시되어 현재까지 진행되어 오고 있으며 2003년에 본격적으로 통계청의 '승인통계(제39501호)'로 지정되어 모집단의 대표성을 갖게 되었다(김경아, 2008; 송치웅 · 오완근, 2010). 2002년부터는 제조업과 서비스업으로 분리하여 조사를 실시하고 있으며 2002년 제조업 부문, 2003년 서비스업 부문을 시작으로 3년마다 실시되고 있다.

8) 여기서 기업 전체가 아니라 연구개발 투자를 하고 있는 기업을 대상으로 규제의 효과를 살펴보는 이유는 연구개발을 해야 하는 기업의 경우 규제수준의 증감에 대응할 개연성이 있는 데 비해, 연구개발활동을 전혀 하지 않는 기업들은 규제수준이 변화해도 연구개발활동을 해야 할 유인이 없다고 가정해 볼 수 있기 때문이다. 하지만 실제 분석결과, 연구개발활동 수행기업만 대상으로 한 결과와 전체 기업을 대상으로 한 결과는 거의 동일하게 나타났다.

9) 일반적으로 도구변수(instrumental variable)는 회귀모형의 오차항과는 상관관계가 존재하지 않고 내생적 설명변수와는 상관관계 높을수록 적절하다고 볼 수 있다(민인식 · 최필선, 2009: 230). 본 연구에서 도구변수로 사용한 규제수준의 증가율(2009~2011년 평균값)과 설명변수인 규제수준(2009~2011년 평균값) 간 상관계수는 약 0.95로 나타났다. 즉 상대적으로 규제수준이 높은 업종의 경우 규제수준의 증가율 역시 높았다는 것을 의미하며, 이것은 각주 6번에서 지적한 바와 같이 규제수준이 높은 업종이 주로 사회적 규제 분야로서 지속적으로 규제가 강화되는 경향이 심화된 것으로 해석해 볼 수 있다. 사회적 규제 관련 산업 분야는 사회가 고도화 되고 삶의 질에 대한 사회적 요구가 증가함에 따라 점진적으로 강화될 수밖에 없다는 점과 함께 우리나라에서 사회적 규제는 규제완화가 대종을 이루는 규제개혁의 물결 속에서도 지속적으로 확대되는 과정을 겪어왔다는 점(김권식 · 이광훈, 2014: 169)을 고려하면, 산업 분야의 특성이 사회적 규제와 관련성이 높을수록 규제 증가율이 함께 높아지는 특성이 나타날 수 있을 것이다. 나아가 절대적 수준이 높은 규제일수록 확대 · 강화되는 자기 증식의 속성을 가질 수도 있다. 규제의 제도적 구현 형태는 법령이다. 이러한 복잡한 법령 체계는 시간의 흐름에 따른 변동을 통해 점차 자기증식과 관할권 확장의 경향성을 가질 수 있다. 이것은 바로 신규 규제가 시행된 후 미비점을 보완하기 위해 규제가 또 다른 규제를 낳는 악순환인 '끈끈이인형(Tar Baby Effect)' 효과 혹은 기존 규제의 실효성을 확보하기 위해 부수적인 규제들이 밑으로 양산되어 누적적으로 증가하는 '규제의 피라미드(regulation pyramid)' 현상과 관련이 있을 것으로 볼 수 있다(McKie, 1970; 김영평 외, 2006).

표 6-3 우리나라 제조업별 규제수준(2009~2011년 평균값)

표준산업분류	규제수준
식료품	212.86
의료용 물질 및 의약품	178.16
목재 및 나무(가구제외)	167.46
음 료	160.64
기타 운송장비	139.25
펄프, 종이 및 종이제품	135.43
인쇄, 기록매체 복제업	132.44
전자, 음향, 통신	130.65
기타 제품	127.28
자동차 및 트레일러	125.68
기타 기계 및 장비	121.67
코크스, 연탄 및 석유정제품	120.87
의료, 정밀	118.61
고무제품 및 플라스틱제품	113.95
금속가공(기계, 가구 제외)	113.73
화학물질 및 화학제품	113.46
1차 금속 제조업	112.74
가구	112.35
비금속 광물제품	112.28
전기장비	111.34
의복, 액세서리, 모피제품	107.66
섬유제품(의복제외)	107.31
가죽, 가방 및 신발	0

자료: 「2012년 기술혁신활동조사: 제조업 분야」 조사 자료의 산업분류에는 담배제조업(업종코드 12번) 관련 기업은 존재하지 않으므로 담배제조업종은 제외됨. '가죽, 가방 및 신발제조업'은 실제 해당 산업에 대한 규제가 전혀 없는 것이 아니라, 한국표준산업분류가 여러 차례의 개정을 거치면서 등록규제와 관련 산업을 연계하는 데 현행 산업분류를 적용하는 것이 어렵기 때문에 규제지수 값이 0으로 부여됨(한국행정연구원, 2014:19).

| 제4절 |

분석결과 및 해석

〈표 6-4〉와 〈표 6-5〉에는 제조업 분야별 규제와 연구개발활동의 관계에 대한 OLS 및 2SLS 회귀분석의 추정결과가 각각 제시되어 있다. 양자의 분석결과 공히 본 연구의 관심 변수인 규제수준, 중소기업 더미, 규제수준과 중소기업더미 교호작용항의 유의성

표 6-4 제조업 분야별 규제가 연구개발활동에 미치는 영향의 OLS 회귀분석 추정결과

변수명	사내 연구개발비	연구개발비 총액	혁신활동 투입비	연구개발전담 인력 수	석사급이상 인력 수
규제수준	−175.28***	−182.42***	−258.07***	−0.39***	−0.30***
	(−3.58)	(−3.20)	(−3.13)	(−3.43)	(−2.96)
규제수준 *중소기업 더미	175.15***	184.70***	255.38***	0.40***	0.30***
	(3.50)	(3.17)	(3.03)	(3.39)	(2.92)
중소기업 더미	−27200.11***	−29014.01***	−37267.88***	−57.17***	−33.13**
	(−4.15)	(−3.80)	(−3.38)	(−3.73)	(−2.50)
매출액	8.99	172.22	276.87	3.77***	1.10**
	(0.03)	(0.54)	(0.60)	(6.13)	(2.17)
상시종업원수	12.88***	15.57***	26.56***	0.04***	0.04***
	(9.60)	(9.97)	(11.76)	(16.06)	(18.97)
국내그룹계열사	−2591.05*	−3577.91**	−6667.22***	−1.98	−4.04
	(−1.90)	(−2.26)	(−2.91)	(−0.60)	(−1.46)
해외그룹계열사	9968.13***	19205.61***	22137.94***	7.42	−0.96
	(4.31)	(7.14)	(5.69)	(1.38)	(−0.22)
기업연령	31.85	2.36	42.26	−0.14*	−0.05
	(1.03)	(0.07)	(0.81)	(−1.91)	(−0.79)
제조업별 생산지수	−290.18**	−224.03	−97.83	−0.13	0.29
	(−2.21)	(−1.46)	(−0.44)	(−0.41)	(1.11)
상수항	54681.62***	49659.41***	45100.52*	64.36*	2.53
	(3.87)	(3.02)	(1.89)	(1.90)	(0.09)
Adjusted R2	0.2350	0.2669	0.2771	0.2524	0.2307
N	921	921	921	1714	1697

자료: *p<.1, **p<.05, ***p<.01; "규제지표 증가율*중소기업 더미"는 두 변수의 교호작용항, 괄호안은 t값.

표 6-5 제조업 분야별 규제가 연구개발활동에 미치는 영향의 2SLS 회귀분석 추정결과

변수명	사내 연구개발비	연구개발비 총액	혁신활동 투입비	연구개발전담 인력 수	석사급이상 인력 수
규제수준	−185.27**	−213.42**	−307.00**	−0.46**	−0.40**
	(−2.35)	(−2.33)	(−2.32)	(−2.48)	(−2.35)
규제수준 *중소기업 더미	185.15**	215.68**	304.29**	0.47**	0.40**
	(2.33)	(2.33)	(2.28)	(2.48)	(2.35)
중소기업 더미	−28470.18***	−32951.50***	−43483.93**	−65.85***	−46.05**
	(−2.79)	(−2.77)	(−2.53)	(−2.73)	(−2.11)
매출액	11.01	178.50	286.77	3.77***	1.11**
	(0.04)	(0.57)	(0.63)	(6.16)	(2.19)
상시종업원수	12.88***	15.56***	26.55***	0.04***	0.04***
	(9.65)	(10.02)	(11.81)	(16.09)	(19.03)
국내그룹계열사	−2598.19*	−3600.06**	−6702.19***	−1.94	−3.92
	(−1.92)	(−2.28)	(−2.94)	(−0.59)	(−1.42)
해외그룹계열사	9941.70***	19123.66***	22008.57***	7.19	−1.29
	(4.31)	(7.13)	(5.67)	(1.34)	(−0.29)
기업연령	31.59	1.58	41.01	−0.14*	−0.05
	(1.03)	(0.04)	(0.79)	(−1.92)	(−0.82)
제조업별 생산지수	−289.25**	−221.15	−93.28	−0.12	0.30
	(−2.21)	(−1.45)	(−0.42)	(−0.38)	(1.15)
상수항	55860.14***	53313.09***	50868.53*	72.24*	14.47
	(3.52)	(2.89)	(1.91)	(1.91)	(0.45)
R2	0.2425	0.2739	0.2838	0.2562	0.2343
N	921	921	921	1714	1697

자료: *p<.1, **p<.05, ***p<.01; "규제지표 증가율*중소기업 더미"는 두 변수의 교호작용항, 괄호안은 z값.

및 계수의 부호가 동일하게 나타났다. 이를 구체적으로 살펴보면 먼저, 자본 요소(물적 자원)로서 사내 연구개발비, 연구개발비 총액 및 혁신활동 투입비 모두 규제수준 지표와 통계적으로 유의미한 부정적 관계가 나타났다. 즉, 특정기업이 속한 제조업 분야의 규제수준이 높을수록 연구개발활동의 물적 자원투입은 감소하는 결과를 보여준다. 이를 거꾸로 해석하면 특정 산업의 2009~2011년 간 규제수준이 다른 산업 부문에 비해 상대적으로 낮을 경우, 연구개발활동의 투입요소 중 사내 연구개발비, 연구개발비 총액 및 혁신활동 투입비가 증가하는 경향을 나타냄을 의미한다. 노동 요소(인적 자원)인 연

구개발 전담인력 수, 석사급 이상인력 수를 각각 종속변수로 하는 모형에서도 양자 모두 규제수준이 높을수록 투입량이 통계적으로 유의미하게 감소하는 것으로 나타났다.

다음으로 기업규모가 연구개발활동의 투입요소에 미치는 영향은 중소기업 더미를 통해서 살펴볼 수 있다. 즉, 중소기업일 경우 대기업에 비해 연구개발활동에 인적 및 물적 자원을 덜 투입하는 것으로 나타났으며 이는 통계적으로 유의미하였다.

한편, “규제지표 증가율*중소기업 더미”로 표시된 교호작용 변수는 규제가 연구개발활동에 미치는 효과가 기업규모별로 달라지는지에 대한 추정결과를 보여준다. 앞의 결과에서는 높은 규제수준이 전반적으로 연구개발활동의 투입을 감소시키는 경향이 확인되었지만, 이러한 규제수준의 부정적 효과는 기업규모로 보아 대기업인지 또는 중소기업인지에 따라 달라질 수 있음을 보여준다. 즉, 규제강화의 영향은 대기업과 중소기업에 대해서 대조적으로, 대기업에게는 연구개발활동의 투입요소(사내 연구개발비, 연구개발비 총액, 혁신활동 투입비, 연구개발 전담인력 수, 석사급 이상인력 수)를 억제시키는 음의 영향이 있는 반면, 중소기업에게는 연구개발 투자를 촉진하는 양의 효과를 보일 가능성이 있다.

이와 같이 우리나라 산업별 규제강도가 높을수록 중소기업의 연구개발 투자(투입)에 정(+)의 효과를 주는 반면, 대기업의 연구개발 투입에는 부(−)의 영향을 미치는 이유는 다음과 같이 해석해 볼 수 있다. 우선, 우리나라의 기존 산업규제의 경우, 대기업에 대한 규제들은 연구개발 투자를 억제 등 기업의 경제활력을 억제하는 기능을 하고 있을 개연성이다.[10] 이에 비해 중소기업에 대한 규제들은 주로 연구활동 투자에 대한 지원 및 진흥 기능을 하는 법제들로 구성되어, 연구개발투자 진흥적 규제가 증가할수록 중소기업의 사내외 연구개발 지출이 늘어나는 것으로 해석될 수 있다. 한편, 또 다른 해석으로는 어떤 규제가 증가한 경우에 그 규제의 세부 내용이 기업규모에 따라 차별적으로 적용되었을 개연성이다. 다시 말해, 특정 규제가 실제 적용되는데 있어서 대기업에 보다 강화된 방식으로 적용되는 반면, 동일한 규제 하에 있더라도 중소기업에게는 상대적으로 완화된 형태로 적용될 경우, 각각 규제의 효과는 달라질 수 있다는 점을 시사한다.[11]

---

10) 정승일 외(2007)에 의하면 대기업을 중심으로 한 기업지배구조 규제개혁이 기업의 R&D투자에 부정적 영향을 미쳤는데, 이는 대기업집단이 갖는 순수한 상호지원도 지배주주의 사익추구로 간주되어 규제되고 있기 때문이다.

11) 특히 본 연구의 분석기간(2009~2011년)의 산업정책 기조였던 ‘대-중소기업 상생 및 동반성장’을 위한 규제들의 증가가 중소기업의 연구개발 투자를 장려하는 동시에 대기업의 연구개발 투자 억

제5절

결 론

본 연구에서는 규제가 기업의 연구개발활동에 미치는 영향에 대해서, 한국행정연구원(KIPA)의 규제지표와 과학기술정책연구원(STEPI)의 「2012년 기술혁신활동조사: 제조업 분야」 자료를 사용하여 정량적으로 분석하였다. 우리나라의 산업별 규제수준의 고저(高低)가 기업의 연구개발활동에 어떤 영향이 있는지를 실증한 기존 연구가 적은 상황에서 기업 차원의 정량 데이터를 사용하여 규제가 연구개발활동에 미치는 영향을 분석하였다는 점에서 본 연구는 의의를 지닐 수 있다. 또한 규제수준에 의해 기업의 연구개발활동의 어느 부분이 어떤 영향을 받는지, 또한 이러한 규제의 영향이 산업특성이나 기업규모에 의해서 달리 나타날 가능성을 발견한 점에서 본 연구는 차별성을 갖는다.

특별히 본 연구결과에서는 하나의 산업 범주에 관련된 규제가 그 산업에 속한 중소기업과 대기업에 미치는 효과가 차별적 혹은 비대칭적으로 나타나고 있다. 즉, 규제수준의 효과와 관련된 교호작용항의 더미변수는 중소기업에 양(+)의 효과를 나타내고 있는 반면에, 중소기업 더미 자체는 음(−)의 효과를 나타내고 있는데, 이는 규제의 영향을 제외한 중소기업 자체의 연구개발활동은 대기업에 비하여 상대적으로 뒤처지고 있다는 것을 보여준다. 다만, 규제의 효과와 관련하여서는 중소기업에 긍정적 효과를 주는데 이는 분석대상기간(2009~2011년)에 고려된 산업규제의 대부분이 대기업의 시장지배력을 억제하고 대중소기업간 상생발전을 유도하는 경쟁정책으로서의 성격을 띠고 있기 때문으로 해석될 수 있다. 중소기업 육성 및 지원에 관한 각종 법제 및 중소기업적합업종 지정 등 다양한 지원제도와 규제들이 중소기업에는 보호 및 지원의 효과를 보이는 반면 대기업에는 규제적 효과를 나타내고 있다는 점을 고려할 때, 결국 대기업과 중소기업간에 규제가 지니는 비대칭적 효과가 이상과 같은 분석결과에 반영된 것으로 보인다.

이상과 같은 본 연구의 결과를 바탕으로 정책적 시사점을 도출하면 다음과 같다. 우선, 제조업 분야의 규제수준이 증가할수록 연구개발활동의 물적 및 인적 자원투입은 대체로 감소하는 결과를 거꾸로 해석하면, 제조업 부문별 규제수준을 완화시킬 경우 해당

제라는 의도하지 않은 파생적 외부효과를 발생시키지는 않았는지에 대해서도 추후 검증이 요청된다. 다만, 이상의 잠정적 해석들은 실제 개별 규제들의 기업집단별 효과에 대한 보다 심층적인 추후 분석을 요함에 유의할 필요가 있다.

업종에 속한 기업의 연구개발 투자가 증가할 가능성을 시사한다. 또한 우리나라 산업별 규제강도가 높을수록 중소기업의 연구개발 투자(투입)에 정(+)의 효과를 주는 반면, 대기업의 연구개발 투입에는 부(−)의 영향을 미치는 결과를 통해서는, 중소기업과 대기업에 미치는 규제의 차별적 효과를 고려한 세심한 정책수립이 요청됨을 알 수 있다.

규제는 많은 분야에 다양한 목적에 따라 여러 가지 수단으로 적용되고 있으며, 여전히 규제의 실효성 및 적용 방법에 대한 논란이 존재한다. 그러나 규제의 긍정적인 부분이 존재하는 것은 분명하므로, 긍정적인 부분을 강화하고 부정적인 부분을 개혁하는 규제정책에 대해 논의가 필요하다. 민간의 경쟁력 강화를 통한 국가경쟁력 제고를 위해서는 규제의 원래 목적을 효과적으로 달성하면서 기술혁신을 유도할 수 있도록 규제의 내용과 방법을 수립하는 것이 중요하다.

본 연구는 산업별 규제수준의 변화가 기업수준에서 연구개발활동 관련 지표들의 변화에 어떠한 영향을 주는 것인지를 탐색하였으나, 연구개발활동의 대리변수로 활용한 여러 종속변수들 간 관계를 밝히는 데까지는 이르지 못하였다는 한계를 지닌다. 또한 본 연구에서 적용한 OLS회귀분석은 변수간 내생성이나 누락변수 문제 등을 해결하기 어렵다는 한계가 있으며, 이에 본 연구는 도구변수를 활용한 2SLS 회귀분석을 부가적으로 수행하였으나, 향후 연구에서는 패널자료를 구축하여 패널회귀분석을 수행하는 등 보다 정교한 분석기법을 사용할 필요가 있다. 나아가 규제가 연구개발의 결과나 성과 확산에 미치는 영향은 물론 어떤 규제가 어떤 조건 하에서 기업의 연구개발활동, 심지어 혁신 전체에 어떠한 영향을 주는지를 구체적으로 규명하는 분석에는 사례 연구방법도 유용하게 활용될 수 있다(Blind, 2012). 정량적 분석에서 일반적인 지식을 얻기 위해서는 일정한 가정들이 필요하지만, 현실 속에서는 규제가 기업의 연구개발활동에 미치는 영향이 반드시 일정하지 않을 것이다.[12] 따라서 연구개발활동과 규제와의 관계를 더욱 면밀히 분석하기 위하여 후속 연구에서는 정량적 분석과 병행하여 구체적인 사례를 깊이 분석함으로써 규제가 연구개발활동에 영향을 주는 메커니즘을 보다 명확히 밝힐 수 있을 것으로 기대된다.

---

12) 예컨대 본 연구에서 사용한 규제지수는 업종별로 산출되어 하나의 업종에는 모두 동일한 값을 가지게 되므로 하나의 업종 내에서는 모두 동일한 규제지수 값을 갖게 되어, 업종내의 규제효과 분석은 본 규제지수를 이용해서 수행하기가 어렵다는 한계를 가진다. 따라서 업종 내에서 규제의 효과를 분석할 수 있는 별도의 규제관련 지표에 관한 자료의 추가적 확보가 필요하다고 할 수 있으며, 이는 하나의 산업분류 코드를 단위로 규제지수를 산출한 자료를 사용한 본 연구의 한계라 할 수 있다.

제7장

규제의 정당성 관점에서 본 기술평가 제도의 개선방안

제1절

서 론

최근 기술혁신 환경의 변화 양상을 보면 기술개발의 소요비용이 급증하고 기술 및 제품의 수명주기는 줄어들며 기업 간에 무한경쟁이 더욱 치열해짐에 따라, 내부적인 연구개발(R&D)만으로는 급격한 환경변화에 대응하기 어렵다는 공감대와 함께 기술이전 및 거래를 통해 기술을 획득하는 '개방형 혁신'의 필요성이 대두되고 있다(박종복, 조윤애, 2010). 이에 따라 기술 아웃소싱에 대한 기업들의 관심이 높아지고 있고, 기술거래에 참여하는 기술공급자와 기술수요자가 늘면서 기술시장이 점점 더 주목을 받고 있는 상황에서 기술시장 활성화에 대한 논의의 필요성이 높아지고 있다(박종복 · 조윤애 · 류태규, 2009). 국가 R&D사업에서 창출된 신성장동력 관련 기초 · 원천기술의 사업화를 가속화하려면 대학, 공공연구소 등 연구기관에서 이를 사업화하는 기업으로의 기술이전이 원활해져야 하고, 기업 간의 기술거래도 활발하게 이루어져야 하기 때문이다(한국무역학회, 2012, p.57).

특별히 박근혜정부의 출범과 함께 국정과제로 등장했던 '창조경제'의 실현을 위해 기술금융의 활성화가 새로운 혁신과 미래성장동력으로 주목받았다. 이러한 정부의 금융정책기조에 부응하기 위하여 주요 금융기관들은 창조금융 실현을 주요 목표로 설정하고 유관기관과의 양해각서(MOU) 체결, 관련 상품 출시 등을 시행하였다.[1] 그러나 창조금융이 일시적인 '정책개혁 유행(policy reform fad)'으로 그치지 않으려면, 이러한 정책목표를 달성하기 위한 구체적이고 실현가능한 전략과 집행방안을 모색할 필요가 있다.

경제패러다임이 기술 · 지식기반의 창조경제로 변화함에 따라 기술 · 지식은 국가 경쟁력의 원천이 되고 이의 육성과 관리가 중요한 과제가 되고 있다. 또한 지적자산의 평가는 기업관리와 지식경영의 필수적 요소이며 국가차원에서의 효율적인 자원관리 및 배분 활용을 위해서도 중요하다. 이에 따라 급증하고 있는 국내외적인 기업구조조정과 M&A 시장에서의 기업평가에서도 기술력의 평가가 차지하는 비중이 커지고 있다. 전통적인 기업(신용)평가시스템은 과거 재무적 실적에 초점이 맞추어져 있어 기술기반의

1) 박근혜정부의 '창조경제 실현계획'에 나타난 '창업 → 성장 → 회수 → 재투자 · 재도전'의 벤처창업 생태계 선순환이 이뤄지기 위해선 금융의 역할이 필수적이라는 인식 하에, 공공 · 민간을 막론하고 금융사들은 앞 다투어 관련 금융상품을 출시하고 있다(국민일보, 2014.2.14.).

혁신형기업의 자금조달 및 기술금융에 어려움이 있다. 반면에 기업가치평가를 단순한 회계적 접근보다는 경제적 접근에 의한 시장가치개념으로 본다면 기업에게 미래의 경제적 이득을 제공할 수 있는 기술에 대한 평가가 매우 중요해지는 것이다(한국정부회계학회, 2006). 따라서 기업에 대한 투・융자 또는 인수합병시 기술평가를 통해 중소・벤처 기업에 대한 유용한 정보를 제공함으로써 기존의 기업평가시스템을 보완・발전시켜 나갈 수 있다.

이와 함께 금융제도가 물적 담보위주로부터 신용위주로 전환되어 감에 따라 기술을 중심으로 한 지적자산 평가의 중요성이 증가하고 있다. 유형자산보다 보유기술을 포함한 무형자산의 비중이 큰 중소・벤처기업 특성상 기존의 평가시스템으로는 기업가치를 적절히 평가를 할 수 없기에 기술평가의 중요성이 배가되고 있는 것이다. 이처럼 기술평가시스템이 창조경제의 중요한 인프라로 인식되고 있다는 점에서 객관적이고 공정한 평가시스템 확립이 시급한 과제이다.[2)]

이와 같은 기술평가의 중요성에 비하여 관련 학술연구는 많지 않다(김홍수, 2003; 이삼열 외, 2008, 정재일 외, 2009; 여인국, 2011; 박창균・임형준, 2014). 더욱이 대부분의 연구들은 실무적 측면에서 기술평가의 개선과제를 도출하고 있으나(박순철. 2005; 신상철, 2005; 한국정부회계학회, 2006; 시장경제연구원, 2007; 기은경제연구소, 2008; 김광희 외, 2008; 남수현, 2009; 박종복 외, 2009; 최봉현 외, 2009; 박종복, 조윤애, 2010; 한국금융연구원, 2010; 강요셉, 2014), 이론적 관점에서 기술평가 제도의 의의와 중요성을 고찰하는 연구는 드문 실정이다. 이에 본 연구는 기술평가 제도를 기술시장에 대한 일종의 규제로 파악하고, 정부규제 이론적 관점에서 보다 심층적인 분석을 시도하고 있다.

본 연구는 다음과 같이 구성된다. 먼저 정부규제의 정당성에 관한 이론과 기술평가에 관한 선행연구를 검토하고, 기술평가제도의 관점에서 우리나라 기술시장의 문제점을 해결하기 위한 바람직한 제도 개선의 논리와 방향성을 탐색한다. 나아가 이를 바탕으로 규제의 정당성 관점에서 기술시장 및 기술평가관련 제도에 대한 근본적인 정책과제들을 도출하고 있다.

2) 예컨대 신성장동력원인 기술혁신형 중소기업의 경우 기술에 기반한 미래의 성장가능성 위주로 평가하여 선별・집중 지원할 필요가 있는 것이다(기술보증기금, 2011).

| 제2절 |

이론적 배경 및 선행연구

1 정부규제의 정당성 근거: '시장실패의 치유'와 '거래비용의 감소'

1) 시장실패이론

정부규제의 정당성, 즉 "규제가 왜 필요한가?"에 대한 일반적인 근거는 Pigou(1938)의 후생경제학적 개념인 '시장실패의 치유'이며, 이는 구체적으로 외부성, 정보의 비대칭성, 등으로 인해 시장이 실패하고, 이에 대응하기 위해 정부가 시장을 규제할 필요가 있다는 것이다(Apgar & Brown, 1987). 실무적으로도 OECD의 규제영향분석가이드라인 및 선진 각국의 신설·강화 규제의 정당성을 분석적으로 규명하는 규제영향분석서 중 '규제도입의 정당성' 부분에서 '시장실패의 존재' 여부를 확인하도록 하고 있으며,[3] 우리나라의 규제영향분석서도 예외는 아니다(행정규제기본법 제7조 제1항 참조).

시장실패의 원인으로서 외부성(externality)이란 거래당사자가 아닌 제3자에게 비용이나 편익을 발생시키되, 의도하지 않은 행위를 통하여(비의도성), 가격기구에 의해 보상받지 않는 것을 의미한다(Apgar & Brown, 1987). 즉 외부성은 특정 경제주체의 행위가 다른 경제주체에게 중요한 영향을 미침에도 불구하고 그 영향에 대한 청산이 시장 메커니즘을 경유하지 않는 현상을 말하며, 외부성의 문제는 특정 재화나 서비스가 시장에서 자율적으로 공급이 이루어지지 않거나, 사회적 최적수준보다 과대 또는 과소 생산된다는 점에 있다.[4]

한편, 시장실패의 또 다른 요인으로서 정보 비대칭성(asymmetric information)이란

---

3) Regulatory Impact Analysis: Best Practices in OECD Countries(1997), OECD Reviews of Regulatory Reform, Regulatory Policies in OECD Countries: From Interventionism to Regulatory Governance (2002), 미국의 Economic Analysis of Federal Regulations under Executive Order 12866(1996), 영국의 Better Policy Making: A Guide to Regulatory Impact Assessment (2003), 뉴질랜드의 A Guide to Preparing Regulatory Impact Statements(1999) 등 참조(지광석·김태윤, 2010, p.264에서 재인용).

4) 외부효과의 한 유형으로서 공공재(public goods)란 비경합성(non-rivalry)과 비배제성(non-excludability)이 높은 재화와 서비스를 말하는데, 여기서 비경합성은 한 개인의 소비가 타인의 소비 가능성을 방해하지 않는 특성이며, 비배제성은 대가를 지불하지 않은 소비자를 소비에서 배제할 수 없는 재화의 특성을 의미한다.

거래 당사자 중에서 어느 한 편이 다른 편보다 거래와 관련된 정보를 더 많이 보유하여 거래 당사자간에 정보가 불균등하게 분포된 상황으로서, 거래 체결 전에 발생하는 사전적 기회주의로서의 역선택(불리한 선택, adverse selection)과 거래 체결 후 거래 내용의 이행과정에서 발생하는 사후적 기회주의로서의 도덕적 해이(moral hazard)가 있다.

하지만 시장실패가 존재한다고 해서 반드시 정부개입 혹은 정부규제가 합리화되는 것은 아니며 시장실패는 단지 정부개입의 필요조건일 뿐이다(이성우 · 김권식, 2013). 정부규제를 통한 시장에의 개입은 첫째, 시장실패가 명확하게 존재하고, 둘째, 시장실패가 지속적으로 유지되거나 강화되는 상태이며, 셋째, 정부 개입의 효과성이 있다고 판단될 때 그 필요성이 인정될 수 있을 것이다(지광석 · 김태윤, 2010: 266).

2) 거래비용이론

거래비용이론의 관점에서 정부규제의 정당성은 규제와 관련된 거래비용의 감소라고 할 수 있다. 일반적으로 거래비용이란 시장에서 이루어지는 계약, 거래, 교환에 부수되는 불확실성이 야기하는 비용으로서, 잠재적으로 보다 높은 가치를 실현할 수 있는 교환과 거래를 저해할 수 있다(최병선, 2006: 7-8). Coase(1960: 7)에 의하면 시장거래의 비용(the costs of market transactions)은 시장거래를 수행하기 위하여는 거래하고자 하는 상대방을 발견하고, 그들에게 거래 대상 및 거래 조건을 알려주며, 거래 체결을 위해 협상하고, 계약서를 작성하고, 계약조건이 이행되고 있는지를 확인하는 데에 드는 제반 비용을 포함한다. North에 의하면 거래비용은 주로 개인들이 재산권을 정의하고 교환 · 집행하는데 수반되는 일체의 비용으로서 은행업, 보험, 혹은 변호사, 회계사 등과 관련된 비용으로 구성된다(North, 1990). 한 사회의 경제가 성장하려면 교환이 활발히 이루어져야 하는데, 재산권 교환은 거래에서 발생하는 경제적 이익이 거래에 수반되는 비용(거래비용)을 초과할 때에 일어난다. 따라서 한 나라가 높은 경제적 성과를 달성하기 위해서는 교환 과정의 불확실성을 제거하고 거래비용을 감소시킴으로써 교환을 활성화시켜 주는 제도가 필요함을 알 수 있다.

요컨대 거래비용이론에 따르면 상당한 거래비용이 존재하는 현실의 시장에서 정부의 역할은 규제 등 제도를 통해 거래비용을 최소화하는 것이다. 즉 규제가 목표하는 바를 시장이 자발적으로 달성하려면, 협상비용, 조직화비용, 계약비용, 보험 등과 같이 집행을 담보하기 위한 거래비용이 소요되며, 이러한 거래비용을 감소시키기 위한 제도적 선택(대안)으로서 규제가 도입되었을 때 그 정당성을 확보할 수 있다(지광석 · 김태윤, 2010: 275). 이처럼 시장에서 거래(교환)가 원활히 이루어질 수 있도록 법 · 제도의 개선을 통해 거래비용을 감소시키는 것이 정부의 중요한 역할이다.

2 기술평가에 관한 선행연구

1) 기술평가의 개념 및 유형

기술평가란 무형의 기술을 대상으로 하여 그 기술의 기술성, 사업성, 시장성 등을 심층 평가하여 금액, 등급, 평점, 의견 등의 방법으로 표시하는 평가활동이다(한국정부회계학회, 2006).[5] 즉 기술시장[6]에서 거래되는 기술의 시장가치를 환산함으로써 시장가격 정보를 제공하는 활동으로서 기술시장의 활성화 및 기술거래의 촉진에 핵심적인 역할을 한다.

기술평가의 유형은 기술가치평가, 기술사업타당성평가, 종합기술평가의 세 가지로 나눌 수 있다(〈표 7-1〉참조). 첫째, '기술가치평가'는 기업이나 개인이 보유한 기술에 대하여 현재 시현되고 있거나 혹은 장래에 시현될 무형의 자산가치를 평가함으로써 기술의 가치를 화폐금액으로 환산 표시한다. 둘째, '기술사업타당성평가'는 특정기술이나 아이디어를 기업이 신규로 사업화하거나 현재 추진 중인 기술사업의 투자를 확대하고자 할 때 해당 사업의 기술성 및 사업타당성을 평가한다. 셋째, '종합기술평가'는 기업이 보유한 기술에 대한 기술성, 시장성, 사업성 및 경영환경 등을 기업 실체와 연계하여 종합적으로 평가한다.

한편, 기술평가모형은 기술평가의 종류에 따라 '기술등급평가모형'과 '기술가치평가모형'으로 구분된다. '기술력 등급평가'란 기술동향, 기술수준분석, 기술개발 목표 및 전

---

5) 「기술이전 및 사업화촉진에 관한 법률」 제2조제4호에 의하면, 사업화를 통하여 발생할 수 있는 기술의 경제적 가치를 가액 · 등급 또는 점수 등으로 표현하는 절차 또는 제도를 의미한다(기술보증기금, 2011).

6) 기술시장의 정의는 학자마다 견해를 달리하고 있다. 기술시장을 기술이 활용되는 시장이라 보는가 하면 기술이 체화된 제품의 현재 및 잠재시장이라고 규정하는 이들도 있다. 그러나 「기술의 이전 및 사업화 촉진에 관한 법률」에서 기술시장을 기술공급자와 기술 수요자간에 기술의 매매를 통한 기술거래 행위가 이루어지는 곳으로 정의하고 있는 것처럼, 최근에는 기술시장을 기술거래로 한정하여 정의하는 것이 타당하다는 견해가 지배적이다(여인국, 2011).

표 7-1 기술평가의 유형

기술평가 유형	주요내용
기술가치평가	벤처기업 현물출자 특례대상 산업재산권 등의 평가 외국인 출자 산업재산권 등의 평가 기술의 담보가치를 산정하기 위한 기술력 가산평가 기술의 이전·거래 기준가격 산정을 위한 평가 기술관련 사업의 이전, 양수도 등을 위한 평가 등
기술사업 타당성평가	보증 연계지원을 위한 평가 벤처기업 확인 및 이노비즈기업 선정을 위한 평가 발명기술의 기술성평가, 사업성 평가 신기술아이디어사업화 타당성 평가 기술이전거래 등을 위한 평가 금융기관 등의 여신심사용 기술평가
종합기술평가	금융기관, 벤처캐피탈 또는 엔젤투자자 등의 투자용 평가 벤처기업의 코스닥시장 등록을 위한 평가 주식가치평가 등

자료: 한국정부회계학회(2006).

략분석, 기술성과와 파급효과 등을 고려하여 수치나 등급으로 평가하는 절차를 의미한다. 이에 비하여 '기술가치평가'란 특정 기술로 발생할 미래 수익의 총합을 현재 시점에서 추정 혹은 예측한 결과에 근거하여 이를 현재 가치로 환산하여 기술의 가치를 화폐금액으로 결정하는 절차를 의미한다. 즉, 기술가치평가란 개별 기술의 경제적 가치를 정량적이고 절대적인 화폐금액단위로 평가하는 절차를 의미하는 기술평가 방식으로 정의할 수 있다.

2) 우리나라 기술평가 시장 현황

기술평가 시장은 공공, 민간 및 기타부문으로 구성된다. 첫째, 공공부문은 R&D자원배분, 기술금융의 활성화 등 정책사업 관련 평가시장으로서, 정부지원 R&D과제의 기획·선정·경제성평가, 기타 공공연구기관 보유기술의 이전·사업화 평가 등으로 구성된다. 둘째, 민간부문은 사업주체의 자발적 의사에 의해 발생하며, 목적에 따라 투·융자, 기술거래, 현물출자, 특허침해소송 등 다양한 평가수요가 존재한다. 셋째, 기타부문이란 공공부문과 민간부문이 혼재된 시장으로 보증을 위한 기술평가, 기술가치평가, 각종 기술사업타당성평가 등이 존재한다.

그림 7-1 국내 기술평가 시장 메커니즘

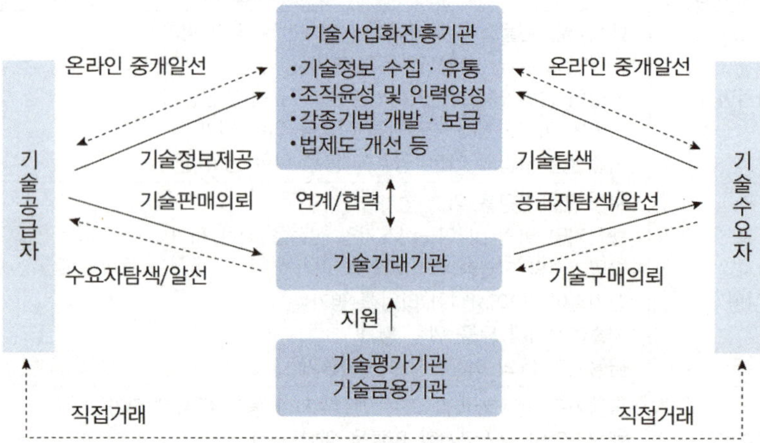

자료: 여인국(2011: 16).

국내 기술평가시장은 정책사업 수행에 따른 평가수요(공공부문)가 시장을 주도하고 있고, 민간수요는 여건 미성숙으로 초기 시장의 특성을 보이고 있다. 기술평가 시장의 구조는 공급 측면, 수요 측면 및 경쟁 현황으로 구분하여 파악할 수 있다(여인국, 2011: 16).

우선, 기술공급자 측면에서 대학, 연구소 등 기술공급자는 기설치된 기술이전 전담조직을 통해 연구자가 개발한 연구성과를 발굴하고 이를 필요로 하는 기업을 탐색하여 기술이전을 추진한다. 또한, 교수나 연구자 본인이 직접 기술수요자를 탐색하여 기술이전을 추진하기도 하며, 전담조직의 부재로 외부의 도움이 요청될 때는 기술거래기관에 소정의 비용을 지불함으로써 기술판매를 위탁할 수도 있다(여인국, 2011: 16). 기술수요자는 직접 기술공급자를 찾아 자신이 원하는 기술을 구매한다. 그러나 외부 도움이 기술 탐색에 소요되는 시간과 비용을 절감하고 유리한 협상도 가능해질 것이라 판단될 경우에는 기술거래기관에 위탁하여 기술을 구매하기도 한다.

한편, 기술거래기관은 기술의 공급자와 수요자간에 전문적인 중개알선 서비스를 제공하는데, 일반적으로 양자 중에 어느 일방의 이익을 대변하며, 거래규모에 비례하는 수수료를 대가로 징수한다(여인국, 2011: 16). 보통은 의뢰자의 영업비밀 보호를 위하여 비밀유지 계약 체결 후 업무를 개시한다. 기술사업화진흥기관은 기술시장의 조성, 유통질서 확립, 관련 제도 개선 등을 담당한다. 즉, 기술공급자가 보유한 기술정보를 수집하여 기술수요자 및 기술거래기관이 손쉽게 열람할 수 있도록 지원하고, 기술거래 가격 결정을 위한 기술가치 평가기법을 개발·보급하거나 이전받은 기술의 개량에 필요한 자금을 보조하는 역할을 한다.

특별히 기술평가기관은 기술의 가치를 평가하거나 기술의 사업화에 필요한 자금을 지원함으로써 기술시장의 활성화에 기여한다. 공적 평가기관으로서 대부분의 국내 기술평가 수행기관들은 기술평가를 주요업무가 아닌 부수업무로 수행하고 있다(〈표 7-2〉 참조).

표 7-2 관련법령에 의한 기술평가기관 지정 현황

평가제도	근거법령	주무부처	평가기관	평가내용	평가목적
기술가치평가 (현물출자)	벤처기업육성에 관한 특별조치법 제6조 및 동법시행령 제4조제1항	중기청 (산업부)	산업기술평가원 기술보증기금 신용보증기금 환경관리공단, 한국과학기술연구원 등 대통령령 지정 기술평가기관	산업재산권 등의 현물출자 시 가격을 평가하기 위한 기술평가	벤처기업에 대한 현물출자
기술평가 (벤처기업확인)	벤처기업육성에 관한 특별조치법	중기청 (산업부)	기술보증기금, 중진공	벤처기업확인을 위한 기술성 및 사업성 평가	벤처기업의 육성·지원
기술혁신형 중소기업을 발굴·육성 및 지원을 위한 기술평가	중소기업 기술혁신촉진법 제15조 및 시행령 제13조	중기청	기술보증기금(기술평가센터)	기술혁신시스템평가 및 개별기술의 경쟁력 평가(ECD의 sl Manual)	기술혁신형 중소기업 발굴·육성 및 사업화 금융지원
발명의 사업화를 위한 기술평가	발명진흥법 제21조	특허청 (산업부)	국공립연구기관 정부출연연구소 민간기관 등 특허청장 지정 기술평가기관	발명의 조속한 사업화를 위한 기술성·사업성 평가	특허기술의 사업화촉진
기술가치평가 (기술이전거래 및 기술의 담보제공)	기술의 이전 및 사업화촉진에 관한 법률 제8조 제1항 및 동법 시행령 제13조	산업부	기술보증기금, 산업은행, 한국발명진흥회등 관계중앙행정기관지정 기술평가전문기관	기술이전거래의 기반이 되는 기술가치평가	기술활용을 촉진하여 기술시장의 기반조성
기술가치담보	산업기반조성에 관한 법률 제14조의2	산업부	한국산업기술평가원	산업기술자금, 산기반자금 등 정책자금 지원을 위한 기술담보가치평가	금융지원 (기술력 담보)

	기술개발촉진법 제4조	과학부	한국과학기술평가원 한국과학기술원	기술개발결과의 산업화촉진 및 기술집약적 중소기업 지원을 위한 기술력담보 가치평가	금융지원 (기술력담보 대출)
기술영향 및 기술수준평가	과학기술기본법	과학부	한국과학기술기획평가원	기술의 경제적, 사회적 영향 및 파급효과 등	연구기획에 반영
기술평가(기술성·시장성·사업성)	기술신용보증기금법	금융위원회	기술보증기금	당해기술관련 기술성·시장성·사업성 등을 종합평가	정책수행 및 금융지원
여신, 담보심사용 기술평가	신기술사업금융지원에 관한 법률	기재부 정부출연기관	기술평가센타	기술력을 평가하여 보증서를 발급, 공공기관 등 의뢰에 의한 기술력 평가	금융지원 (기술력신용 보증대출)

자료: 중소기업연구원(2008.12), "기술금융활성화방안" 및 기은경제연구소(2008), "중소기업육성을 위한 기술금융 개선방안 및 정책과제" 등을 종합 정리한 것임.

제3절

기술평가 규제의 정당성 고찰

1 기술개발활동의 특수성 측면

창조경제의 활성화를 위해서는 기술경쟁력을 갖춘 혁신형 신산업 분야 중소기업 육성이 필요하다. 그러나 기술개발활동은 일반적인 기업의 생산활동과 현금흐름, 위험 및 담보능력 등 여러 가지 차이가 있다. 따라서 신산업 분야 중소기업은 기술개발 이후 사업화 성공시까지 사업의 위험과 불확실성 등에 의한 시장실패에 노출될 수 있다(기술보증기금, 2011). 즉 신산업 분야 중소기업과 금융기관간 정보 비대칭성으로 인해 기술개발 성과가 산업화·상품화되는 연계사슬이 견고하지 못하고, 후속투자와 단절되는 구조적 결함이 발생하는 것이다. [그림 7-2]에 나타나 있듯이 소위 '죽음의 계곡(Death Valley)', 즉 기술개발 이후 사업화 단계에서 정책금융이나 민간금융 어느 편으로부터도 자금지원을 받지 못하는 시장실패 현상이 문제가 된다. 이는 R&D 수요연계 미흡, 사업화 연계 기술금융 경색 등에 기인하는 것으로서, 특히 신산업 분야 중소기업의 가장 큰

그림 7-2 기술발전단계별 지원자금규모와 Death Valley

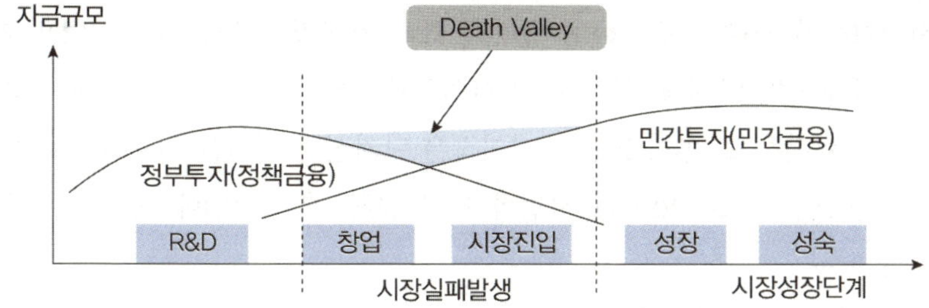

자료: 남수현(2009: 4).

애로사항인 자금조달의 경우 금융기관의 담보 중심의 대출 관행 개선이 요구된다. 따라서 신산업 분야 중소기업 정보비대칭성을 해소하고, R&D → 사업화 성공 → 구조조정에 이르기까지 일관된 흐름을 유지할 수 있게끔 기술평가 · 금융을 매개로 한 종합적인 지원체제 구축 필요하다고 볼 수 있다. 요컨대 기술개발을 위한 자금조달은 일반적인 기업금융과는 다른 특수성이 존재한다는 점, 다시 말해 기술사업화는 기술 자체의 불확실성 이외에도 관련 시장 및 산업 변동, 기업 고유의 리스크 등 다양한 위험이 상존하고 있다는 점에서, 기술금융 시장실패의 해결 방안으로서 기술평가의 필요성이 제기된다.

2 시장실패의 치유의 측면

우리나라 기술시장은 발달단계에 있어서 아직 초기에 머무르고 있는 바 이러한 기술시장의 미성숙함은 정부 R&D투자 확대에 따른 기술사업화 성과 증대와 신성장동력의 창출에 걸림돌로 작용할 수 있다(박종복 · 조윤애, 2010). 현재 국내에 기술평가 전문기관이 30여개 있지만 아직 초기단계로써 기술공급자와 기술수요자에게 모두 공신력을 인정받는 전문기관은 거의 없고 기술가치 평가만을 전문적으로 수행하는 기관은 없다. 또한 관련법령에 따라 기술평가기관들이 지정되어 있으나 평가실적이 연간 100건 이상인 곳은 기술보증기금, 한국산업기술진흥원, 산업은행, 한국과학기술정보연구원 등 소수에 불과한 실정이다.

R&D지원의 경우 개별부처 단위의 칸막이식 운영으로 말미암아 R&D전주기에 걸쳐

관리 주체가 상이하여 기술혁신의 전주기를 효과적으로 연결하지 못하고 있으며, 기술개발 후 사업화에 이르기까지 사업의 위험과 불확실성으로 기술금융 지원이 원활하지 못하여 사업화실패 사례가 빈발하고 있다.[7] 특히 자금력이 약한 중소기업은 기술개발 이후의 추가기술개발, 마케팅, 양산 등의 사업화과정에서 자금경색 때문에 시장진입 실패의 악순환을 반복하고 있다. 또한 투자시장은 단기성과 실현을 선호하므로 장기적 안목에서 기술금융이 필요한 R&D나 사업화 초기 벤처·창업기업에 대하여는 투자를 기피하고 있다.

한편, 데이터 및 공공인프라의 부족 역시 여러 문제를 야기하고 있다. 여인국(2011)에 의하면, 시장 관련 데이터는 한국산업기술진흥원이 매년 공공부문의 기술이전실적을 조사하고, 교육부가 기술무역수지를 발표하는 수준에 그치기 때문에, 민간부문의 거래규모가 파악이 안 되며 시장상황에 적합한 정책 개발과 효과 측정을 어렵게 하고 있다. 또한 대학, 연구소 보유 기술은 거래 규모가 작아 수익성의 확보가 어렵고, 기업이 보유한 기술은 세부 정보에 대한 접근이 어려워 중개·알선에 제약이 있다. 기술거래기관에 도움이 되는 공공 인프라로서 기술사업화종합정보망 등을 거래에 활용할 수도 있으나 등록된 대다수의 기술이 거래 규모가 작은 대학이나 연구소의 기술이므로 수익성 확보가 곤란하고, 그나마도 개발된 지 오래되거나 기술수준이 낮아서 구매자를 찾는 것이 곤란함으로 인하여, 대다수 민간기술거래기관의 수익성 부재→소극적 시장참여→중개·알선 서비스 부실화 →고객신뢰 저하→수익성 부재로 이어지는 악순환이 반복되고 있다(여인국, 2011).

이상에서 살펴본 바와 같이 시장실패에 대응하기 위한 기술평가 규제의 근거는 우선, 외부성의 교정이다. 기술혁신으로 인한 사회적 편익은 사적 이익을 초과하는데, 그 이유는 첫째, 기술개발로부터의 이익을 전적으로 사유화하기 어렵기 때문이다. 물론 기술개발기업을 모방기업에게서 보호하기 위해 특허권과 같은 제도가 존재하지만 화학업과 제약업을 제외하고는 이러한 제도가 그다지 성공적이지 못한 것으로 평가되고 있다. 둘째, 비공식적 네트워크를 통해 타 기업의 기술혁신을 촉진할 수 있다. 즉, 한 기업의 기술개발투자는 타 기업의 기술개발투자 성과를 높여주는 외부효과가 있다. 그런데 이전에 대한 대가로 로얄티를 받아 기술개발의 이익을 사적으로 소유할 수 있는 기술과

7) 예컨대 2014년 3월 특허를 획득한 '셀프카드결제 시스템' 기술을 기반으로 창업한 모 중소기업의 경우 7개월이 지나도록 사업은 커녕 회사 지위 확인이나 보안성 심의 신청 등 각종 행정절차를 처리하기 위해 관공서를 헤매느라 시간을 소모하였다(서울경제신문, 2014.11.3.).

는 달리, 무형의 지식이나 노하우는 주로 비공식적 네트워크를 통하여 전파되므로 개발의 이익이 사유화되지 않는다. 따라서 개별기업의 기술개발투자수준은 사회적으로 최적의 투자수준에 미치지 못하며, 이러한 과소투자 문제를 해결하기 위해서 정부의 보조가 필요하게 된다.

한편, 정보 비대칭성으로 인한 시장실패 현상은 금융시장에서 일반적으로 나타나지만, 투자대상이 벤처기업과 같은 기술개발 위주의 초기 기업인 경우나, 중견기업이라 하더라도 기술개발을 위한 자금조달일 경우에는 정보의 비대칭성이 더욱 심하게 나타난다. 비용구조가 비교적 잘 알려진 생산설비 투자와 달리 기술개발 투자의 경우는 성공가능성, 자금소요액, 지출 필요성 등에 있어서 투자자와 기업간에 정보 비대칭성이 더욱 크게 나타날 수 있기 때문이다(송종국, 2003: 16).

중소기업이 신기술을 개발하여 부가가치를 창출하기 위해서는 자금동원이 필요하지만 신기술 자체의 무형성에 기인한 정보의 비대칭성 때문에 외부에서의 주식형 자금조달이 어렵다. 이러한 경우 신기술 사업자는 내부 주식형 자금조달만을 이용하여 사업을 하게 되며 이에 따른 리스크 및 수익을 본인이 완전히 부담하고 수취하게 된다. 그런데 경기변동 등으로 사업의 리스크가 크게 변함에 따라 기업가는 투자의 순현가(NPV)가 높더라도 투자를 안하는 과소투자 문제가 발생한다. 따라서 기술개발 투자자금 조달에 있어서 정보 비대칭성으로 인한 시장실패 가능성은 일반 기업활동을 위한 자금조달의 경우보다 더욱 높게 된다.

이와 같은 기술개발 분야에서의 과소투자 문제 등 기술금융과 관련한 정보의 비대칭성 문제를 해결하고 신기술에 대한 외부 자금조달이 가능하게 하는 최선의 방법(the first-best solution)이 바로 기술·사업성에 대하여 정보를 제공하는 기술평가이다. 따라서 기술평가시장이 성숙되지 않은 초기단계에서 기술평가 분야에 대한 정부의 보조는 그 정당성을 가질 수 있다. 정보로서의 기술평가가 시장에서 충분히 공급되지 못하는 상황에서는 정부가 기술분야에 보조를 함으로써 문제를 해결할 수 있는데, 이것이 사회적으로 볼 때는 차선의 방법(the second-best solution)이라 할 수 있다.

요컨대 기술평가 시장의 시장실패는 혁신과정의 높은 불확실성에 따른 기술사업화의 위험과 더불어 금융 수요-공급자 간의 정보 비대칭성으로 인해 발생하며, 정부는 기술평가 시장의 시장실패현상 및 시스템 실패를 보정하기 위한 역할을 지속적으로 수행해나가야 한다. 기술평가 제도는 기술금융시장의 이러한 시장실패요인인 외부성과 정보 비대칭성을 완화하기 위한, 기술금융시장의 인프라라고 할 수 있다. 따라서 기존

신용평가 기준에 기술력 등급을 보완하는 등 기술평가를 통해 신용평가를 보완함으로써 시장실패현상을 교정하고 기술기반 중소기업의 기술금융 접근성을 제고해야 하는 것이다.

3 거래비용의 감소 측면

우리나라 기술시장의 높은 거래비용의 원인으로는 우선 열악한 시장의 여건에 비해 기술의 유통구조가 지나치게 복잡한 것이 문제점으로 지적된다(여인국, 2011). 정부가 기술이전 조직 설치를 권장하고, 기관평가에 기술이전 실적을 반영해 온 결과 대부분의 대학이나 연구소에 기술이전전담 조직이 생겨났고, 최근에는 보유기술을 직접 사업화하겠다는 의도로 기술지주회사 설립에 관심을 기울이고 있다. 민간부문에서도 기술거래가 새로운 수익원이 될 것이라는 기대로 정부지정을 받으려 경쟁하고 있다. 이로 인해 대학, 연구소의 기술유통구조가 기술이전전담조직 → 기술수요자, 기술이전전담조직 → 민간기술거래기관 → 기술수요자, 기술이전전담조직 → 기술지주회사 → 자회사 등으로 복잡해졌다. 복잡한 유통구조는 협력에 따른 시너지 효과를 제공하지만 역할의 중복을 초래함으로써, 기술수요자를 혼란케 할 뿐 아니라 과잉 투자를 유발하는 부작용을 낳을 수 있다.

한편, 수요-공급간 운영메커니즘의 측면에서 우리나라 기술평가시장의 성장에 가장 큰 문제는 낮은 기술수요 수준과 낮은 공급능력이 악순환의 고리를 이루고 있다는 점이다(최봉현 외, 2009). 우선, 기술수요자인 기업의 기술도입 실적이 오랫동안 답보상태에 있다.[8] 기술수요자인 우리나라 기업들은 필요한 기술을 자체 개발하는 것 못지않게 아웃소싱을 통해 획득하는 것이 중요하다는 마인드가 약한 편이며, 기술수요자의 대부분을 차지하는 중소기업들은 연구개발 능력이 부족하여 이전받은 기술을 흡수 · 활용하는 능력이 매우 낮아서 기술을 도입해도 사업화 성공에 많은 어려움이 있다(박종복 · 조윤애, 2010).

기술공급의 측면에서는 연구개발에 비해 상대적으로 기술이전 및 거래가 상대적으

---

8) 2007년 한국기술거래소 조사결과는 12%, 2003년에 대한상공회의소가 조사한 결과에서도 기업의 13.5%만이 국내에서 로열티를 지급한 경험이 있다고 응답한 바 있으며, 2009년에 한국산업기술진흥원의 조사 결과에 의하면 응답기업의 15.4%만이 기술도입 경험이 있는 것으로 나타났다(여인국, 2011).

로 저조하다는 점을 문제점으로 들 수 있다(박종복 · 조윤애, 2010). 기술시장의 규모가 작은 이유는 기술 아웃소싱이 일반화되지 않아서 기술거래가 저조하기 때문이고, 이는 다시 기술시장을 둘러싼 제반 요인들이 미성숙한 데에 기인한다. 이로 인해 시장에 공급되는 기술은 많으나 실제로는 거래될만한 것은 적으며,[9] 기술시장에서 거래되는 기술의 시장성이 부족하다(박종복 · 조윤애, 2010). 이는 기술시장에 나온 대부분의 기술이 특정 용도에 맞추어 개발되어서 유사한 기술이더라도 추가적인 R&D를 수행해야만 기술수요자의 용도에 맞출 수 있다는 기술 자체의 특성에 기인한 것으로 볼 수 있다.

이와 같은 수요-공급간 운영메커니즘의 한계를 보완할 수 있는 기술중개조직의 활동 역시 미약하다(박종복 · 조윤애, 2010). 민간의 기술거래기관이 공급자와 수요자간의 중개 · 알선을 수행하고는 있으나, 실제로 이들이 기술시장에서 차지하는 역할은 아직 미흡하다(여인국, 2011). 현재 국내에는 30여 개의 기술평가 전문기관이 있으나 기술공급자, 기술수요자에게 공히 공신력을 인정받는 전문기관은 거의 없고, 아직 초기단계에 불과하여 기술가치 평가만을 전문적으로 수행하는 기관이 부재하며, 기술평가 전문인력의 부족과 표준화된 기술평가시스템의 미흡 역시 여전히 문제점으로 지적된다(기은경제연구소, 2008).

특별히 우리나라 기술평가시스템은 각 부처별 근거법령에 따른 산하 기관의 주도로 다양한 상황에 따라 기술 개발 및 거래 활성화를 위한 법령들이 제정되고, 그 법령과 관련된 영역 담당 부처에서 법령의 시행과 운영을 책임지는 형태를 보인다.[10] 평가과정에서 공공성과 지원기능 등이 중시되어 관련 법령에 의해 평가기관을 지정하고 있기에 기술평가기관은 정부기관 위주이고, 기술평가수요 또한 주로 벤처창업, 기술개발자금 등의 금융지원을 위한 수단 및 정부정책 수행을 목적으로 이용되고 있어서 평가기관도 공급자 위주로 발전되어 왔다(김광희 외, 2008).

현행 기술평가에 대한 법적 근거는 정부 6개 부처 등에 산재되어 있고, 각 정부 부처 등의 기술이전촉진법, 발명진흥법, 기술 신용보증기금법 등 10개 이상의 개별법에서 목적에 따라 기술평가관련 내용을 단편적으로 규정되어 있을 뿐 아니라, 제도 운영상에

9) 한국산업기술진흥원이 운영하는 국가기술사업화종합정보망에 5만여 건의 이전희망 기술이 등록되어 있으나 거래에 성공한 것은 소수에 불과하며, 대학 및 연구소의 보유 기술이 산업계로 이전되는 비율도 수년째 불과 20% 중반에 머물고 있는 실정이다(여인국, 2011).

10) 예를 들어 '산업기술 기반 조성에 관한 법률'은 산업 기술에 관한 부분이므로 산업자원부에서, '기술개발촉진법'은 과학기술에 관련되므로 교육부에서, '기술신용보증기금법'은 기금을 다루는 재정 측면이므로 기획재정부에서 관할하게 된다(이삼열 외, 2008).

있어서도 일관성, 통일적 · 전문적으로 운영되지 않고 있어 이로 인해 기술평가에 대한 신뢰성을 저하시키고 또한 기술보증의 부실을 낳게 되는 문제의 악순환이 되풀이 되고 있다(한국정부회계학회, 2006; 기술보증기금, 2011).

반면, 기술거래, M&A기업에 대한 투 · 융자 등을 위한 민간기반의 평가수요는 미약하며, 투입비용에 못 미치는 평가수수료 책정으로 기술평가와 관련한 수익기반 구축에 어려움이 있어 민간 평가기관의 시장참여에의 장애요인으로 작용하고 있다. 따라서 증가하는 기술평가 수요에도 불구하고 민간 분야의 기술평가는 국공립연구기관에 비해 평가기능도 부족하고 활용도가 미미하며 몇몇 대기업에서만 제한적으로 이루어지고 있는 등 민간 분야의 제도 개선이 필요한 실정이다(이삼열 외, 2008). 국내 대기업의 기술평가 방법과 내용은 주로 자사의 신제품 개발에 대한 기술의 연계성이나 지식기반 · 지식관리 시스템의 경우와 같은 기업 내부의 자원 관리에 치중되어 있어서 해당 평가 내용들이 기술 시장 전체의 시각에서 공신력을 가지기는 어려운 상황이다.

한편, 평가 전문기법 개발, 기관별 표준화 등과 같은 기술평가 관련 기초연구의 부족 역시 문제점으로 지적된다(정성찬 외, 2002). 기술평가의 영역은 기술자체에 대한 이해를 전제로 다양한 분야가 결합되어 구성되므로 평가의 목적이나 대상에 부합하는 보다 다양한 평가기법이 개발되고 활용될 필요가 있다(이삼열 외, 2008). 또한 각 평가기관별로 작성되는 보고서가 평가내용이나 용도, 절차 등에서 표준화되어 있지 않아 기술평가업무의 확산이 미흡하고 신뢰성이 부족한 실정이다(박순철, 2005). 이러한 공신력 있는 평가시스템 미확립의 문제와 기술의 특성 · 시장성 · 사업성 등을 종합적으로 평가할 수 있는 전문기관과 전문인력 부족 등은 기술평가가 기술거래 및 사업화로 연계되지 못하는 원인이 된다(박순철, 2005). 또한 대부분의 이용기관이 기술평가보고서 활용에 대한 인식이 부족하여 기술평가업무를 단지 기술이전 및 거래의 참고자료로 활용하는 데에만 그치고 있으며, 기술평가를 거친 기술수요자에 대한 정책적 금융지원 등이 부재한 상황이다.

이상에서 살펴 본 여러 가지 요인들로 인하여 우리나라 기술시장의 거래비용이 매우 높은 것을 알 수 있다. 금융 공급자가 수요자의 기술수준이나 사업화 전망을 정확하게 알기 어려워 기술금융 공급 시 높은 거래비용이 발생하고 역선택의 위험 또한 존재하며, 기술금융 공급자 및 중개자의 기술평가 역량 부족, 기술금융 시장 참여자들 간의 정보교환 및 거래를 위한 네트워크의 미비 등으로 인해 기술금융 시장이 활성화되지 못하고 있는 것이다. 따라서 정부는 기술금융 시장의 시스템 실패를 보정하기 위해 시장참여자들의 역량 강화와 함께 네트워크 강화를 위한 환경을 조성해야 한다(강요셉, 2014: 29-30). 즉 기술평가체계 확립 및 기술 정보 유통의 활성화 등을 통해 기술금융 공급자의 정보 탐색 비용을 줄임과 동시에 기술금융 시장의 활성화로 수요-공급자 간의 정보 탐색 비용을 낮출 필요가 있을 뿐만 아니라 기술금융 수요자-공급자 간의 적절한 리스크 분산이 가능한 시장을 설계하여 과도한 리스크 쏠림에 의한 시장 불참이 일어나지 않게 할 필요가 있다.

나아가 기술사업화 인력 양성 등을 통해 기술금융 시장 참여자들의 역량을 강화하고, 이에 따른 시장참여자 간 신뢰형성으로 시장을 형성해 나갈 필요가 있으며, 시장참여자 간의 네트워크 구축을 통해 정보 비대칭성을 줄이고 상호간에 신뢰도를 높임으로써 기술시장에서의 거래비용을 줄여 나가야 할 것이다.

제4절

규제의 정당성 관점으로 본 기술평가 제도의 개선과제

1 시장실패의 치유를 위한 과제

기술평가의 제도적 기초를 논의하기에 앞서 가장 기본적인 출발점은 기술평가에 대한 개념 정립이다(최봉현 외, 2009). 지식서비스를 어떻게 정의하는가에 따라 정책의 범위와 대상, 그리고 정책수단의 선택이 달라질 수 있기 때문이다. 이를 통해 정책담당자가 바뀌어도 기조를 일관성 있게 유지할 수 있는 시스템을 갖춰야 할 필요가 있다. 또한 단기적인 성과를 겨냥한 정책수단을 나열하기보다는 [장기적인 계획 수립 → 중단기목표설정 → 정책수단 선택 → 성과 평가 → 계획 수정보완] 등과 같이 진행되는 정책 프로세스를 확립할 필요가 있다.

이와 같은 전제하에 기술의 내재적 특성으로 인한 시장실패를 최소화할 수 있는 기술이전 · 거래 관련 인프라 확충을 갖추어 나가야 할 것이다(박종복 · 조윤애, 2010). 즉, 부처별 · 기관별로 분산되어서 주로 기술공급자의 판매기술에 대한 정보 위주로 제공하는 거래기술 정보시스템을 범정부 차원으로 연계시키고 부가정보 제공과 상담자문

지원 기능을 확충함으로써 기술수요자의 참여를 촉진시킬 필요가 있다. 또한, 글로벌 기술시장과의 연계 통로로서의 역할을 할 수 있도록 국제기술거래 기반을 구축하고, 국가 기술혁신체제의 틀 내에서 혁신단계들이 상호 연계되고 피드백이 원활하게 될 수 있게 기술이전 및 사업화 관련 서비스 공급자들을 단계별로 매칭함으로써, 기술공급자와 기술수요자 등 전·후방 단계의 혁신주체 간의 협력적(collaborative) 네트워크를 구축하는 것이 요구된다.

나아가 기술평가기반이 현 수준에서 한 단계 더 발전하려면 시장에서의 검증을 통한 기술평가모형의 신뢰성 확보, 기술평가기관의 전문성 제고 및 우수평가 인력 확보, 평가의 질 향상, 평가수요 확대로 이어지는 선순환이 이루어져야 하며, 특히 민간분야의 기술평가수요가 확대되어야 한다(김광희 외, 2008: 65-69). 이를 위해 정부의 기술사업화 지원사업 등과 같이 기술평가가 필요한 부분에서 기술평가를 의무화하고, 중소기업 M&A용 기술평가, 벤처캐피탈 투자심사용 기술평가 등에 대해서는 기술평가수수료의 일부를 정부가 지원해주는 등의 기술평가수요확대를 위한 유인책이 필요하다. 이와 함께 중소기업은 자체 기술연구소를 보유하여도 규모의 경제를 달성할 수 없는 상황인 만큼, '기술개발', '기술 사업화', '기업경영'을 각각 분리하여, 기술연구소에서 개발한 기술이 제대로 평가될 수 있도록 해야 한다(박순철, 2005). 또한 중소기업이 기술가치평가에 의한 가격에 따라 기술을 인수하여 사업화하고, 그에 대한 대금은 일시불이나 사업화 이후 매출액의 일정부분으로 상환할 수 있도록 해야 할 것이다.

평가결과의 활용 및 환류 측면에서는 기술평가의 표준화 추진 및 평가모델 신뢰성을 제고할 필요가 있다(박순철, 2005). 즉, 기술가치평가를 인정받을 수 있도록 표준화를 추진하되 기술가치 평가등급을 기업체의 신용평가등급보다 세밀하게 구축하고, 그 등급에 따라 기술거래소에서 기술이 매매될 수 있게 해야 한다. 나아가 평가기관간 보고서의 공동 활용과 함께 사업화시 기술평가결과를 금융기관의 기술금융 지원과 정책적으로 연계하는 방안을 마련할 필요가 있다(박순철, 2005). 이를 위해 기술평가기관 및 기술가치평가모델의 신뢰성, 공정성 및 객관성을 확보하기 위한 개선 작업이 이루어져야 한다.

2 거래비용 경감을 위한 과제

기술시장의 높은 거래비용을 줄이기 위해서는 경쟁적 기술금융 시장 조성을 위하여 시장 참여자들의 확대가 전제되어야 한다(강요셉, 2014: 29). 즉 자금 수요 기업, 정책금융, 민간 금융기관, 기술평가기관, 기술거래 시장 운영자 등 기술금융 시장 참여자들을 유인할 수 있는 인센티브 설계와 관련 분야 전문인력 양성 등을 통해 시장 규모가 확대될 때 보다 건강한 기술금융 생태계 조성 가능할 것이다. 이를 위해 무엇보다 쓸만한 기술이 먼저 충분히 공급되어 이에 상응하는 기술수요를 창출하는 것이 전제되어야 한다(박종복 · 조윤애, 2010). 쓸 만한 기술의 공급을 확대하려면 시장과 연계된 R&D 기획이 이루어질 수 있도록 소요 예산을 대폭 확대하는 한편 산업계의 의견이 충분히 반영될 수 있게 관련 협회나 연구조합 등과의 연계를 강화해야 한다. 이를 통해 대학이나 공공연구소의 연구개발 결과물에 대한 사업화 가능성을 높여서 기술시장에서 활발하게 유통될 수 있게 기술검증 프로그램을 활성화해야 한다. 다시 말해 기술시장에서 수요를 확대시키기 위해 중소기업의 기술개발 투자의 저변을 확대하고, 대학이나 공공연구소 등과의 공동연구개발을 촉진하여 연구인력이나 기술 · 지식 등 중소기업에 부족한 R&D자원을 확충함으로써 기술흡수 능력을 제고할 필요가 있다. 또한 도입기술을 대상으로 하는 후속 사업화에 대한 R&D지원을 확대하며, 사업화 관련 컨설팅 서비스를 함께 제공하여 기술도입 유인을 제고해야 한다.

다음으로 기술중개조직의 경쟁력 강화가 필요하다. 기술중개조식이 제공하는 서비스의 고객만족도를 높이려면 컨설턴트형 비즈니스 모델과 같은 단순 서비스제공 위주의 저가전략에서 나아가 완성자형 모델처럼 통합 서비스까지 제공하는 다각화전략으로의 정책전환이 필요하다. 기술중개조직의 서비스 혁신활동을 활성화하려면 기술시장 조기 조성을 위해 기술중개조직을 지원하는 다양한 정부사업을 조직의 업력이나 생애주기에 따라 특성화시킬 필요가 있다. 또한 초기 투자가 상당 기간 필요한 만큼, 대형 투자은행, 벤처캐피털, 대형 하이테크기업 등으로부터 자금을 안정적으로 조달받는 것이 중요하다. 기술거래 전문인력의 중요성에 비추어 양적 확대나 질적 제고를 위한 다양한 지원이 지속적으로 필요하다. 또한 선진국의 대표적 사례들을 벤치마킹하는 한편 해외 유수의 교육기관과 연계하여 실무교육을 강화해야할 필요성이 있다.[11]

11) 기술거래기관 역할제고 방안으로는 첫째, 적극적인 정책적 개입을 통한 중개 · 알선 서비스의 품

제5절

결 론

본 연구는 창조경제 활성화를 위한 창조금융의 핵심과제로서 우리나라 기술평가 제도의 현황, 문제점 및 개선방안을 고찰하였다. 특별히 규제의 정당성 관점에서 기술평가 제도의 의의 및 중요성에 비추어 본 연구는 현행 기술평가시장 및 제도의 문제점을 시장실패와 거래비용의 측면에서 각각 살펴보고, 이에 대한 개선방안을 도출하고 있다. 결론적으로 기존 기술평가 시장 및 제도는 정보의 비대칭과 외부효과, 그리고 높은 거래비용 등으로 인하여 사회적 적정 수준에까지 이르지는 못하고 있는 상황임을 알 수 있다. 이러한 시장실패 치유와 거래비용 경감을 위한 기술평가 제도의 확립을 위한 제도적 · 정책적 노력이 필요하다. 구체적인 개선과제로는 기술평가를 위한 정책목표 및 수단의 확립, 기술이전 · 거래 관련 인프라 및 기술평가수요 확충, 기술평가의 표준화 추진, 평가결과의 활용 및 환류, 기술평가기관 및 평가모델 신뢰성 제고, 전문인력 양성 및 기술중개조직 역량강화 등을 들 수 있다.

기실 창조경제, 창조금융의 실현이란 새로운 개념은 아니다. 그것은 결국 기술 · 지식기반 경제의 핵심 윤활유로서, 본 연구에서 주목하는 기술평가 제도의 활성화 정도에 달려 있는 것이다. 본 연구에서 제시한 우리나라 기술평가제도의 개선방안은 결국 시장실패의 상황에서 어떻게 하면 시장이 보다 효율적으로 작동하여, 하이에크(F. A. Hayek)가 강조한 시장메커니즘이 갖는 "발견의 절차(Hayek, 1978)"로서의 순기능을 할 수 있는지에 대한 구체적인 실천방향을 모색한 것이라고 볼 수 있다. 정부는 경쟁적 시장 환경 조성이라는 장기적 정책목표 아래 조정자로서 시장에 인센티브를 제공할 수 있는 정책 수단을 설계 · 시행하고, 시장 변화를 유인하는 역할을 수행할 필요가 있다. 하지만 동시에 기술평가 제도 개선 과정에서는 무엇보다 시장 기능에 충실한 정책 선별이 요구되며, 기술평가제도나 기관이 비효율적인 기업을 지원하여 시장 자원배분을 왜곡하는 일이 있어서는 안 될 것이다(최봉현 외, 2009).[12] 결국 기술평가제도와 관련하여

질을 개선, 둘째, 공공연구소, 대학 및 민간기술거래기관간 역할중복 방지, 셋째, 신규 비즈니스의 개발을 통한 수익구조를 고도화, 넷째, 기술공급자 위주에서 수요자 중심의 정책으로의 전환 등을 들 수 있다(여인국, 2011).

12) 이와 관련하여 C. Wolf. Jr(1979)는 시장실패의 교정을 구실로 한 정부의 개입이 초래할 수 있는 부작용을 '비시장 실패(non-market failure)'라 명명한 바 있다. 이와 같은 지나친 정부의 시장 개

정부의 바람직한 역할은 질서자유주의(Walter Eucken's ordoliberalism)가 시사하는 바와 같이, 시장경쟁질서를 구축·촉진하는 것임을 주지해야 한다. 다시 말해, 높은 거래비용 및 정보 비대칭성과 같은 시장실패로 인한 비효율성을 제거하기 위한 정부규제는 필요최소한도의 역할에 한정되어야 한다는 원칙하에, 정부의 직접개입방식이 아닌 기술평가제도와 같은 정보제공 및 유인형 규제방식을 활용하여, 시장의 경쟁질서를 지속적으로 유지할 수 있도록 하는 규제가 정당성을 갖는다고 할 수 있다.

입은 좀비기업 양산과 같은 시장 참여자들의 경쟁력 저하, 민간 투자자금 구축 등으로 성숙한 시장형성에 오히려 악영향을 끼칠 가능성이 있으므로 과도한 개입을 통한 시장 교란을 주의해야 한다(강요셉, 2014: 29).

제3부

정부규제와 기업 기술혁신 사례

제3부는 정부규제와 '기업' 수준의 기술혁신 간 관계에 대한 연구논문들로 구성된다. 제8장은 중소기업 기술규제 법령 현황 및 인식을 분석한다. 이 연구는 우리나라의 중소기업 기술규제 법령 현황을 파악하고, 중소기업이 기술혁신 활동과정에서 부딪히는 규제환경과 기술규제 정책이슈에 대한 인식을 설문조사 및 FGI(초점집단면접) 자료를 활용하여 심층분석하였다.

제9장은 기술규제와 중소기업 성과의 관계를 분석한다. 이 연구는 286개 중소기업에 대한 자료를 대상으로 매개회귀분석을 활용하여, 기업이 인식하는 기업의 객관적 및 주관적 성과와의 관계를 탐색하였다.

제10장은 기업 혁신활동 단계별 기술규제가 중소기업 기술혁신 및 성과에 미치는 효과를 분석한다. 이 연구에서는 정부의 기술규제를 기업의 혁신활동 단계별로 기술개발, 제품생산, 상품판매·마케팅의 3단계로 구분하고, 보다 세부적으로 총 15개 규제로 유형화하여 기업의 기술혁신과 성과에 미치는 효과를 추정하였다.

제11장에서는 연구개발협력 수행체계가 성과에 미치는 효과를 분석한다. 이 연구는 다조직 간 관계유형에 따른 구조적·형태적 차이에 관한 O'Toole & Montjoy(1984)의 이론적 논의를 바탕으로 가설을 설정한 다음, 우리나라 국가연구개발사업 중 집단연구사업을 대상으로 포아송 회귀분석을 수행하였다.

마지막으로 제12장에서는 규제자유특구 제도의 개선방안을 제시한다. 이 연구는 규제자유특구의 제도적 특성과 운영현황을 분석하고, 규제자유특구 사업 시행 초기에 제기되는 다양한 쟁점과 문제점을 파악함으로써, 동 사업의 성과가 법제개선으로 이어질 수 있는 방안을 제시하였다.

제8장

중소기업 기술규제 법령 현황 및 인식 분석

제1절

서 론

최근 4차 산업혁명 시대의 신기술 및 신산업을 선도할 수 있는 중소기업 규제개혁에 대한 관심이 고조되고 있다. 그러나 현재까지 기술혁신을 저해하는 기존 규제의 개선 속도는 신산업 형성 및 신기술 발전을 따라가지 못하고 있으며, 그간 규제개혁 과정에서 기득권과 이해관계의 마찰로 인해 신생기업의 사업 진척도가 늦어져 신산업 분야로의 진출을 포기하는 등 혁신적인 창업이 저해되고 있는 실정이다. 이에 질적인 창업의 확산과 더불어 중소기업들이 중견기업 나아가 글로벌 기업으로 성장할 수 있는 혁신적인 산업 육성을 위한 기술규제 정책의 획기적 전환이 시급한 시점이다.

기술규제는 상대적으로 높은 전문성을 요구하며, 중소기업들은 규제 대응을 위한 전문 인력 부족 등 한계에 직면하기에 규제 내용을 올바르게 이해하지 못하면 기업활동 수행에 걸림돌이 될 수 있다.1) 반면 기술규제는 중소기업으로 하여금 규제 대응 전략을 추진하는 과정에서 기업혁신을 촉진하게 하는 순기능을 촉발할 수도 있다.2) 따라서 기업의 입장에서는 사업의 효과적인 관리 운영을 위해 기술규제의 완화 및 적절한 기술규제의 도입이 동시적으로 요구되고 있다.

그간 중소기업의 성장 촉진을 위해 우리 정부가 추진해 온 규제환경 개선을 위한 다양한 규제개혁 정책 추진의 법적 근거는 1966년 제정된 「중소기업기본법」이다. 중소기업 규제 정비 전반에 있어서는 규제개혁위원회가 중앙감독기구의 역할을 수행하고 있으며, 1997년 「행정규제기본법」 제정 이후 규제의 신설이나 강화 시 기업의 규제 부담을 완화하고 형평성을 유지하기 위해 사전적 조치인 규제영향분석을 도입하여 실시하고 있다. 또한 기업 간 의사소통 확대를 통해 개선 규제를 발굴하는 중소기업 옴부즈만 제도를 2009년 도입하여 관리하고 있다. 동시에 중소기업중앙회, 중소벤처기업부, 민관합동규제개선추진단 등 중소기업 관련 기관들은 규제차등화,3) 중복규제 통합, 규제애

---

1) 이광호, 『기술규제에 대한 이해와 대응방안-신산업 분야를 중심으로, 지식재산연구 공동학술대회 발표자료』, 한국지식재산연구원, 2018; 이광호 · 김명순, 『기술규제 이슈의 변화 특성과 대응방안』, 과학기술정책연구원, 2019; 이광호 외, 『기술규제 개혁을 위한 의제설정 연구사업』, 과학기술정책연구원, 2019.

2) 안승구 외, 『산업별 규제와 기업의 연구개발활동의 관계 탐색: 대기업 및 중소기업에 대한 차별적 효과를 중심으로』, 기술혁신학회지, 제20권 제1호, 2017.

로의 발굴 및 해소 등 기업의 규제부담 완화를 위해 협력하고 있다.

이처럼 기술혁신과 관련된 직·간접적 규제들을 개선하는 것이 기업활동에 중요하게 작용할 수 있으므로, 기업의 성장 잠재력 확보를 위한 정부의 규제정책 추진을 위해서는 기술규제의 객관적 실태와 이에 대한 피규제자의 주관적 인식을 다각도로 분석할 필요가 있다.

하지만 그간 기술혁신 관련 규제에 대한 많은 실증연구들이 축적되어온 해외에 비해 우리나라의 기술규제에 대한 기존 연구가 아직 부족한 상황에서, 보다 심층적인 이해와 정책대안 수립을 위한 실증연구의 필요성이 제기되고 있다. 이에 본 연구는 우리나라 중소기업이 구체적인 산업 현장 속의 기술혁신 활동과정에서 부딪히는 규제 환경을 경험적 연구방법을 활용하여 다각도로 분석함으로써 규제개선 과제를 도출하고자 한다. 이를 위해 본 연구는 선행연구에 비해 다음과 같은 차별성을 갖고 수행되었다. 우선, 중소기업 기술규제 법령 현황을 파악하고 중소기업이 기술혁신 활동과정에서 부딪히는 규제 환경에 대한 인식을 경험적 연구방법을 활용하여 실증 분석하였다. 이와 함께 본 연구는 중소기업, 협·단체 등의 이해관계자를 대상으로 규제 현황, 정책 환경, 규제 개선 방향 등에 대해 표적집단심층면접(FGI, Focused Group Interview)을 진행하여 해결해야 할 규제이슈를 도출하였다.

본 연구는 다음과 같이 구성된다. 제2절의 연구설계를 바탕으로, 제3절은 우리나라 중소기업 기술규제 법령 및 중소기업 유형별 규제인식을 분석하고 기술규제 관련 이슈를 도출한 후, 제4절에서는 결론과 정책적 시사점을 제시하며 연구를 매듭짓는다.

---

3) 규제차등화란 기존의 획일적·일률적 규제에서 탈피하여 기업 규모별로 규제 강도를 달리 하는 것으로서, 해당 규제로 인한 피규제자의 부담을 파악하여 규제부담 측면에서의 형평성을 맞추는 것이다(심우현 외, 2018, 『중소기업 규제 차등화』, 경제·인문사회연구회). 즉, 중소기업 규모에 적합한 규제기준 및 절차, 시기 및 주기, 제재 등을 탄력적으로 설계 및 적용하는 것을 말한다. 이는 대기업과 중소기업에 동일하게 규제가 부과될 경우, 규제로 인해 느끼는 '부담' 측면에서는 중소기업에 오히려 불공평이 발생될 수 있기 때문에 규제부담의 형평성 확보를 위해 필요한 것이다.

| 제2절 |

연구설계

본 연구는 우리나라 기술규제의 객관적 실태와 이에 대한 피규제자의 주관적 인식을 다각도로 분석하기 위하여 중소기업 기술규제 법령 현황을 조사한 다음, 중소기업이 기술혁신 활동과정에서 부딪히는 규제환경과 규제 이슈에 대한 인식을 설문조사 및 FGI를 활용하여 실증분석하였다.

1 중소기업 기술규제 법령 현황 조사 절차

중소기업 규제와 관련된 부처별 법령을 선정하는 과정은 다음과 같다. 우선, 기업활동 단계를 [그림 8-1] 및 〈표 8-1〉과 같이 기술개발, 제품생산, 판매・마케팅의 3단계로 나누었다.4) 세부적인 규제 유형은 기업활동의 3단계를 바탕으로 첫째 기술개발은

그림 8-1 기술규제의 유형

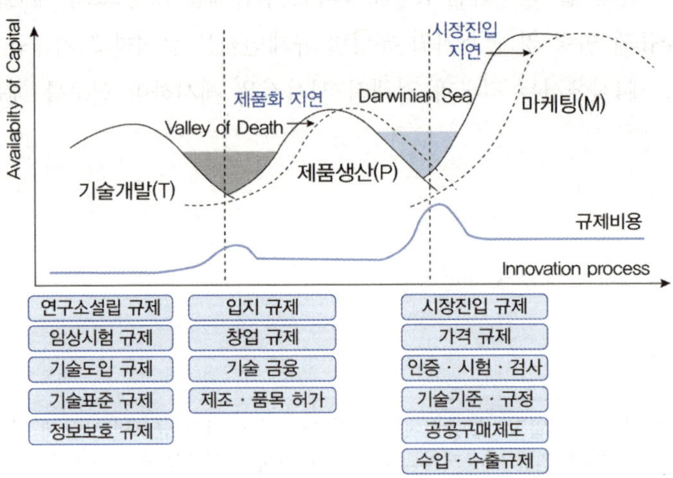

자료: 국가경쟁력강화위원회, 2009,「불편 없는 기업활동을 위한 기술규제 개선방안」, 수정・보완.

4) 국가경쟁력강화위원회, 2009,『불편없는 기업활동을 위한 기술규제 개선방안』, 국가경쟁력강화위원회.

표 8-1 기술규제의 유형

기업활동 단계	규제 내용	예시
기술개발	연구소설립 규제	연구소설립 요건, 연구인력 선발 및 자격요건 등에 관한 규제
	임상실험 규제	인체, 동식물 실험 등에 관한 규제
	기술도입 규제	국내외로부터의 기술 구매·교환 등에 관한 규제
	기술표준 규제	기술개발 관련 표준, 규격 설정 등 호환성 · 통일성 확보를 위한 규제
	정보보호 규제	국가기밀정보 보안, 개인정보보호 등에 관한 규제
제품생산	입지 규제	생산시설 설립, 공단입주 등에 관한 규제
	창업 규제	창업 자격요건, 창업 허가 등에 관한 규제
	기술 금융	기술개발 자금 조달, 보험 등에 관한 규제
	제조·품목 허가	각종 제조요건 및 사전·사후 허가 등에 관한 규제
상품판매·마케팅	시장진입규제	제품·서비스 판매 및 시장활동 자격 요건 등에 관한 규제
	가격규제	가격 통제 관련 규제
	인증·시험·검사	제품·서비스 또는 공정(프로세스) 등에 대하여 규정된 요구사항이 충족되었다는 것을 제3자에 의한 증명발행을 통해 보증하거나, 시험(Testing), 검사(Inspection)를 실시하고 적합성 여부를 확인하는 것
	기술기준·규정	상품의 특성·공정·생산·유통·폐기 및 서비스의 제공·절차 등에 관한 기준 및 규정(용어, 기호, 포장, 표시, 라벨링 등)으로 그 준수가 법령·조례·규칙에 따라 강제되는 것
	공공구매제도	정부 공공구매제도 참여 자격 요건 등
	수입·수출 규제	수입·수출과 관련한 사전·사후 허가 등

자료: 국가경쟁력강화위원회, 2009, 『불편없는 기업활동을 위한 기술규제 개선방안』, 국가경쟁력강화위원회, 수정.

연구소설립 규제, 임상실험 규제, 기술도입 규제로 구분하였고, 둘째 제품생산은 입지 규제, 창업 규제, 기술금융, 제조·품목 허가로 구분하였으며, 셋째 판매·마케팅은 자격 규제, 가격 규제, 인증, 시험·분석, 공공구매제도, 수입·수출 규제로 구분하였다.

다음으로 위에서 분류한 기업활동 단계별 규제 유형에 따라 개별부처 조문을 정리하였다. 구체적으로 국가법령정보센터(http://www.law.go.kr, 2017년 10월 기준)에서 규제등록카드에 포함되어 있는 약 49,000여 개의 조문(법, 시행령, 시행규칙 등 모두 포함)을 수집하였다. 동 법령 목록을 바탕으로 중소기업이 활동을 수행함에 있어 규제로 인식할 수 있는 모든 조문을 검토하여 추가로 정리하고, 각 법령의 연혁을 추적하여 변경 이력이 있는 사항을 갱신하였다. 이상과 같은 선별 절차를 거쳐 확인된 부처별 법령 수는 산업통상자원부 19개, 과학기술정보통신부 15개, 환경부 14개, 국토교통부 13개, 농림축산식품부 13개, 중소벤처기업부 9개, 해양수산부 9개 등이었다. 부처별 중소기업 규제 관련 검토 법령은 〈표 8-2〉와 같다.

표 8-2 부처별 중소기업 규제 관련 검토 법령

부처명	개수	근거 법령 (22개 소관기관, 124개 법령)
고용노동부	3	산업안전보건법, 산업재해보상보험법, 청년고용촉진 특별법
공정거래위원회	2	독점규제 및 공정거래에 관한 법률, 하도급거래 공정화에 관한 법률
과학기술정보통신부	15	과학기술기본법, 국가과학기술 경쟁력 강화를 위한 이공계지원 특별법, 국가연구개발사업의 관리 등에 관한 규정, 기초연구진흥 및 기술개발지원에 관한 법률, 소프트웨어산업 진흥법, 연구개발특구의 육성에 관한 특별법, 연구실 안전환경 조성에 관한 법률, 우주개발 진흥법, 우편법, 원자력 진흥법, 전기통신사업법, 전자문서 및 전자거래 기본법, 전자서명법, 협동연구개발촉진법, 방송법
국토교통부	13	개발이익 환수에 관한 법률, 건설기술 진흥법, 건축법, 공항시설법, 궤도운송법, 도시 및 주거환경정비법, 물류정책기본법, 시설물의 안전관리에 관한 특별법, 자동차관리법, 주차장법, 주택법, 항공사업법, 항공안전법
금융위원회	4	여신전문금융업법, 중소기업은행법, 자본시장과 금융투자업에 관한 법률, 저탄소 녹색성장 기본법
기획재정부	2	관세법, 한국은행법
농림축산식품부	13	가축전염병 예방법, 농수산물품질관리법, 농약관리법, 농업기계화 촉진법, 비료관리법, 사료관리법, 식물방역법, 인삼산업법, 종자산업법, 축산법, 친환경농어업 육성 및 유기식품 등의 관리·지원에 관한 법률, 해외농업·산림자원 개발협력법, 농림수산식품투자조합 결성 및 운용에 관한 법률
문화체육관광부	4	공연법, 관광진흥법, 체육시설의 설치·이용에 관한 법률, 문화산업진흥 기본법
방송통신위원회	2	방송법, 전기통신사업법
법원행정처	1	국가정보화 기본법
법무부	1	전자문서 및 전자거래 기본법
보건복지부	5	감염병의 예방 및 관리에 관한 법률, 공중위생관리법, 생명윤리 및 안전에 관한 법률, 약사법, 제약산업 육성 및 지원에 관한 특별법
산림청	2	산림자원의 조성 및 관리에 관한 법률, 임업 및 산촌 진흥촉진에 관한 법률

산업통상자원부	19	계량에 관한 법률, 고압가스 안전관리법, 대·중소기업 상생협력 촉진에 관한 법률, 도시가스사업법, 산업기술의 유출방지 및 보호에 관한 법률, 산업기술혁신 촉진법, 석유 및 석유대체연료 사업법, 석탄산업법, 소재·부품전문기업 등의 육성에 관한 특별조치법, 신에너지 및 재생에너지 개발·이용·보급 촉진법, 액화석유가스의 안전관리 및 사업법, 에너지이용 합리화법, 전기사업법, 전기용품 및 생활용품 안전관리법, 집단에너지사업법, 항공우주산업개발 촉진법, 뿌리산업 진흥과 첨단화에 관한 법률, 산업융합 촉진법, 산업집적활성화 및 공장설립에 관한 법률
소방청	2	위험물안전관리법, 화재예방, 소방시설 설치·유지 및 안전관리에 관한 법률
식품의약품안전처	8	건강기능식품에 관한 법률, 식품위생법, 실험동물에 관한 법률, 의료기기법, 축산물 위생관리법, 화장품법, 농수산물품질관리법, 약사법
원자력안전위원회	1	원자력시설 등의 방호 및 방사능 방재 대책법
중소벤처기업부	9	중소기업 기술혁신 촉진법, 중소기업 사업전환 촉진에 관한 특별법, 중소기업 인력지원 특별법, 중소기업기본법, 중소기업제품 구매촉진 및 판로지원에 관한 법률, 중소기업진흥에 관한 법률, 중소기업창업 지원법, 중소기업협동조합법, 대·중소기업 상생협력 촉진에 관한 법률
특허청	1	발명진흥법
해양수산부	9	선박안전법, 선박직원법, 수산업법, 항로표지법, 항만법, 농수산물품질관리법, 물류정책기본법, 친환경농어업 육성 및 유기식품 등의 관리·지원에 관한 법률, 농림수산식품투자조합 결성 및 운용에 관한 법률
행정안전부	4	승강기시설 안전관리법, 유선 및 도선 사업법, 전자정부법, 지진재해대책법
환경부	14	다중이용시설 등의 실내공기질관리법, 대기환경보전법, 먹는물관리법, 소음·진동관리법, 수도권 대기환경개선에 관한 특별법, 수도법, 수질 및 수생태계 보전에 관한 법률, 자원의 절약과 재활용촉진에 관한 법률, 토양환경보전법, 폐기물관리법, 화학물질관리법, 환경개선비용 부담법, 환경기술 및 환경산업 지원법, 환경영향평가법

자료: 일부 법령은 소관기관이 중복되어 있으며, 중복을 포함할 경우 부처별의 법령의 총 수는 134개임.

2 기술규제 환경에 대한 중소기업의 인식 조사 설계

중소기업이 기술혁신 과정에서 경험하고 있는 규제에 대한 인식을 파악하기 위해 설문조사를 실시하였다. 구체적으로 대한상공회의소에서 보유하고 있는 "2017년 전국기업체총람"의 총 290,000개 기업 DB로부터 이노비즈기업 17,205개 중 3,000개를 비례할당 표본추출 방법을 활용하여 추출한 후, 이 중 1,470개 기업을 조사업체를 통해 접축한 결과, 설문에 응답한 기업은 총 300개(응답률 약 20.4%)였다. 설문조사는 2017년 9월 15일부터 10월 13일까지 e-mail과 웹구축을 통해 이루어졌으며, 전화와 면담을 통한 조사를 병행하였다. 조사내용은 응답기업의 설립연도, 총 종업원수, 매출액, 기업유형 및 기술규제에 대한 인식 등이며, 특히 규제인식은 현행 규제부담, 향후 예상되는 규제부담 및 기존 규제에 대한 평가로 구분하여 〈부록 1〉의 설문항들로 조사하였다. 응답대상 중소기업의 유형은 〈표 8-3〉과 같다.

표 8-3 응답대상 중소기업의 유형

구분		설문 결과	
		사례수	비중(%)
기업형태	법인회사	282	94.0
	개인사업체	18	6.0
상장여부	비상장기업	284	94.7
	상장기업(거래소 및 코스닥)	16	5.4
보유인증	이노비즈	281	93.7
	벤처기업	82	27.3
	메인비즈	29	9.7
	강소기업	13	4.3
	일반중소기업	10	3.3
표준산업분류	제조업(10~34)	193	64.3
	건설업(41~42)	51	17.0
	도매 및 소매업(45~47)	19	6.3
	정보통신업(58~63)	18	6.0
	전문, 과학 및 기술 서비스업(70~73)	19	6.3
성장단계	창업기	5	1.7
	초기성장기	13	4.3
	고도성장기	73	24.3
	성숙기	200	66.7
	구조조정기	9	3.0
합계		300	100

3 FGI 조사설계

설문조사 결과를 보완하기 위한 질적 연구방법으로서 FGI를 활용하여 심층면접을 수행하였다. 구체적으로 FGI는 정부정책을 집행하는 공공기관(협단체 포함) 및 중소기업들을 대상으로 하여, 중소기업의 기술혁신을 촉진할 수 있는 규제 관련 정책이슈를 질의하는 방식으로 수행되었다. 구체적으로 심층인터뷰는 〈표 8-4〉와 같이 공공기관 8개, 중소기업 8개 등을 대상으로 2017년 11월에 진행되었으며, 〈표 8-5〉의 반유형화된 문항을 활용한 항목들을 조사하였다. 인터뷰 내용은 공공기관 및 협단체에는 관련 규제의 현황 및 문제점, 규제이슈의 진행 상황 등을 전체적으로 청취하고 규제이슈에 대한 정책방향을 논의하였으며, 중소기업에는 대표자와 경영자를 대상으로 기술혁신과정에서의 전반적인 규제 경험, 규제로 인한 애로요인 및 개선방안 등에 관한 질문을 다음과 같이 선별하였다. 첫째, 기업의 대표자에게는 기업의 업력, 전반적인 시장상황 등에 대한 간략한 설명을 청취하였다. 둘째, 기술혁신과정에서의 전반적인 규제 경험과 애로요인에 대해 질문하였다. 기술규제로 인해 기업이 느끼는 압박과 실제 경영 상 추가되는 부담 여부를 청취하였다. 셋째, 기존의 기술규제 중에서 향후 개선되기를 바라는 규제가 있다면 구체적으로 해당 규제의 내용, 이유 및 개선방향 등을 청취하였다.

표 8-4 심층인터뷰 대상 공공기관 및 기업 현황

공공기관/협단체		인터뷰 기업		
No.	구분	No.	분야	지역
1	협회	1	IT S/W개발	강원
2	협회	2	기계(펌프)	인천
3	협회	3	기계설비자동차	경기
4	관리기관	4	바이오의료	서울
5	기업지원기관	5	디지털헬스케어	서울
6	기업지원기관	6	진단키트	인천
7	연구기관	7	무인이동체	서울
8	병원	8	정보보안S/W	서울

표 8-5 심층인터뷰 항목

구분	인터뷰 항목
도입	• 업력, 전반적인 시장상황, 전망 등에 대한 소개
규제 경험 · 애로요인	• 불합리하다고 생각되는 규제를 경험하였는지 여부 • 불합리한 규제가 어떻게 기술혁신을 저해했는지에 대한 설명 • 기술규제로 인해 기업이 느끼는 압박과 실제 경영상에 추가되는 부담 여부
기술혁신 관련 규제 개선방향	• 기존의 기술규제 중에서 향후 개선되기를 바라는 규제가 있다면 구체적으로 해당 규제의 내용, 이유 및 개선방안

제3절

분석결과

1 중소기업 규제 관련 법령 조사결과

1) 총괄 분석

국가법령정보센터의 규제등록카드에 포함된 49,000여개 조문 중 중소기업 관련 규제 조문은 총 3,020개로 나타났다. 그 중 법률은 1,221건, 시행령은 591건, 시행규칙은 1,208건으로 조사되었다. 이를 기업활동 단계별로 구분하고 부문별 중복을 감안하여 검토한 결과, 법률은 1,632건, 시행령은 761건, 시행규칙은 1,570건으로 그 수가 증가하는 것을 확인할 수 있었다(〈표 8-6〉 참조).

표 8-6 기업활동 단계 및 조문별 규제분포

(단위: 건, %)

구분	법률	시행령	시행규칙	합계
기술개발	45	13	45	103
제품생산	383	228	278	889
판매 · 마케팅	1,204	520	1,247	2,971
합계	1,632	761	1,570	3,963

그림 8-2 기업활동 단계별 규제분포 현황

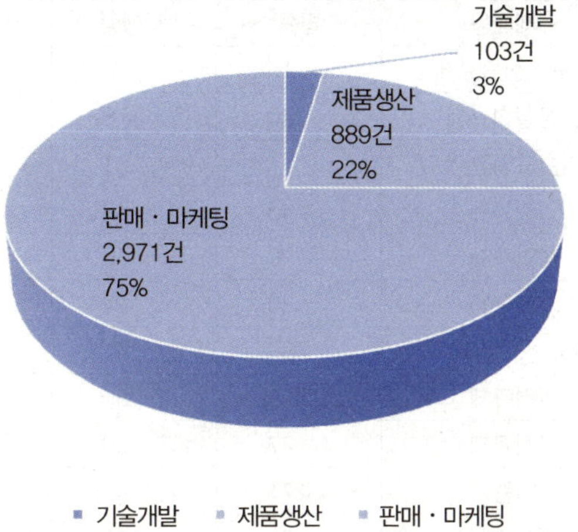

자료: Benevolo(1980: 22).

기업활동 단계별로 살펴보면(〈표 8-7〉 참조), '판매 및 마케팅' 단계(2,971건, 75%) 관련 규제가 가장 많았고, 다음으로 '제품생산' 단계(889건, 22%), 기술개발(103건, 3%) 단계 순으로 나타났다.[5] 규제내용별로 세분하면, '자격규제', '시험 · 분석', '제조 · 품목 허가' 등의 순으로 많았고, 이 밖에 '수입 · 수출 규제', '인증'과 관련된 규제들도 다수 존재하는 것으로 나타났으며, 기술개발에 해당하는 '연구소설립규제', '임상실험규제', '기술도입규제' 등은 여타 규제에 비해 적은 것으로 나타났다.

전반적으로 중소기업 관련 규제 법령들은 기업의 자격, 시험, 허가 등 사전(ex-ante) 규제 성격이 강한 것으로 판단되며, 이는 기업의 시장 진입 시 추가적인 비용과 소요시간을 발생시키는 애로요인으로 작용할 수 있을 것으로 판단된다.[6]

---

5) 이는 국가경쟁력강화위원회(2009)의 조사결과와 다소 다르게 나타났는데, 그 이유는 법령조사의 기준을 기술규제로 보는지 또는 중소기업을 대상으로 보는지의 차이에서 기인한 것으로 보인다. 또한 중복을 제거하지 않았음에도 불구하고, 동 조사결과 대비 규제 개수가 감소한 것은 그간 정부에서 규제 감축을 위해 추진해 온 일몰제 및 각종 정책적 노력이 반영된 결과로 해석될 수도 있다.

6) 국가경쟁력강화위원회(2009)의 조사결과와 차이가 있는 부분은 '제조 · 품목 허가'가 1,658건에서 676건, '창업규제'가 907건에서 49건, '인증'이 784건에서 372건으로 감소한 반면, '자격규제'가 269건에서 1,291건, '시험 · 분석'이 352건에서 826건으로 대폭 증가한 것이다. 또한 동 조사결과에 비해 제품생산 및 창업 등의 규제는 다수 감소하였으나, 판매 · 마케팅 부문의 규제는 내용만 바뀌

표 8-7 중소기업 규제 관련 법령 분석 결과

(단위: 건)

구분	규제내용	법률	시행령	시행규칙	합계
기술개발	연구소설립규제	15	4	20	39
	임상실험규제	29	8	25	62
	기술도입규제	1	1	0	2
제품생산	입지규제	43	47	14	104
	창업규제	26	16	7	49
	기술금융	30	24	6	60
	제조・품목허가	284	141	251	676
판매・마케팅	자격규제	506	255	530	1,291
	가격규제	27	39	18	84
	인증	171	47	154	372
	시험・분석	331	116	379	826
	공공구매제도	8	7	6	21
	수입・수출 규제	161	56	160	377
합계		1,632	761	1,570	3,963

2) 부처별 법령 분포

중소기업의 규제와 관련된 법률을 다수 주관하는 부처로는 산업통상자원부 19개, 과학기술정보통신부 15개, 환경부 14개, 국토교통부 13개 등으로, 이들 부처는 기업과 접촉이 많은 특징을 갖는다. 하지만 조문 수(법률 기준)로 살펴보면, 식품의약품안전처 245건, 산업통상자원부 241건, 환경부 및 농림축산식품부 각각 220건, 국토교통부 210건 등으로 나타났다. 식품의약품안전처는 다른 부처와 달리 '기술개발'부터 '제품생산', '판매・마케팅'에 이르기까지 모든 영역에서 규제 관련 조문 수가 많은 것이 특징이다. 농림축산식품부는 '기술개발'과 '제품생산' 부문에 비해 '판매・마케팅' 부문에서 규제 관련 조문 수가 급증하였다. 식품의약품안전처와 농림축산식품부는 부처 업무 특성을 반영되어 바이오 관련 산업과 연계된 규제가 많은 것으로 보이며, 이외 과학기술정보통

었을 뿐 규제가 가장 많은 영역으로 나타나 이에 대한 근본적인 해결 방안을 모색하는 것이 필요함을 시사한다. 즉, 기술개발 단계에서의 규제는 거의 없었으나 대부분의 기업들이 제품 판매 행위가 가능한 분야에 대해서만 연구개발에 집중하는 경향이 있기 때문에, 실제적으로 제품생산 단계의 법령이 기술개발에도 영향을 미칠 것으로 판단된다.

신부, 국토교통부, 산업통상자원부, 중소벤처기업부, 환경부 등 중소기업과 밀접한 부처들은 '제품생산', '판매 · 마케팅' 부문에서 다수의 규제 관련 조문을 확인할 수 있으나 '기술개발'과 관련된 조문은 매우 적은 것으로 나타났다. IoT 산업과 관련이 높을 것으로 예상되는 방송통신위원회도 '제품생산', '판매 · 마케팅' 부문에서 다수의 규제 관련 조문을 보유하였다.

표 8-8 중소기업 규제 관련 법령 분석 결과

(단위: 건)

부처	기술개발			제품생산			판매·마케팅			합계		
	법률	시행령	시행규칙	법률	시행령	시행규칙	법률	시행령	시행규칙	법률	시행령	시행규칙
고용노동부	0	0	1	2	3	3	33	25	48	35	28	52
공정거래위원회	0	0	0	0	0	0	0	1	0	0	1	0
과학기술정보통신부	3	2	0	36	33	16	95	63	27	134	98	43
국토교통부	0	0	0	59	51	48	151	91	157	210	142	205
금융위원회	0	0	0	0	1	0	0	0	0	0	1	0
기획재정부	0	0	0	0	1	0	0	0	0	0	1	0
농림축산식품부	10	1	17	15	5	17	195	36	233	220	42	267
문화체육관광부	0	0	0	22	19	13	35	16	28	57	35	41
방송통신위원회	0	0	0	23	25	8	36	37	8	59	62	16
법무부	0	0	0	0	0	0	9	2	2	9	2	2
법원행정처	0	0	0	0	0	0	5	3	0	5	3	0
보건복지부	7	0	3	28	9	13	79	18	60	114	27	76
산림청	0	0	0	4	3	3	21	10	18	25	13	21
산업통상자원부	0	1	0	51	28	50	190	108	208	241	137	258
소방청	0	0	0	8	2	3	23	4	16	31	6	19
식품의약품안전처	29	8	24	50	15	38	166	46	170	245	69	232
원자력안전위원회	0	0	0	1	2	5	5	2	4	6	4	9

중소벤처 기업부	1	1	0	58	34	18	27	15	17	86	50	35
특허청	0	0	0	0	0	0	1	1	0	1	1	0
해양수산부	2	0	6	33	15	24	137	37	130	172	52	160
행정안전부	0	0	0	0	0	1	20	13	14	20	13	15
환경부	0	0	0	46	15	36	174	59	213	220	74	249
합계	52	13	51	436	261	296	1,402	587	1,353	1,890	861	1,700

2 기술규제 환경에 대한 중소기업의 인식 조사결과

1) 설문조사 결과 분석

(1) 기업유형별 현행 규제부담 인식 차이분석

각종 기술규제로 인해 응답기업에게 소요되는 제반비용 부담에 대해 질문한 결과를 기업유형별로 구분하여 제시하면 〈표 8-9〉와 같다.

표 8-9 중소기업 유형별 현행 규제부담 인식 차이

		사례수	전혀 부담 없음	약간 부담	보통	상당한 부담	계	평균
			%	%	%	%	%	(점)
전체		300	19.00	5.00	72.00	4.00	100	2.61
기업 형태	개인사업체	18	27.78	5.56	61.11	5.56	100	2.44
	법인회사	282	18.44	4.96	72.70	3.90	100	2.62
상장 여부	상장기업	16	12.50	0.00	87.50	0.00	100	2.75
	비상장기업	284	19.37	5.28	71.13	4.23	100	2.60
보유 인증	이노비즈	281	18.15	5.34	72.60	3.91	100	2.62
	메인비즈	29	10.34	6.90	79.31	3.45	100	2.76
	벤처기업	82	21.95	2.44	71.95	3.66	100	2.57
	강소기업	13	0.00	0.00	100	0.00	100	3.00
	일반중소기업	10	0.00	0.00	100	0.00	100	3.00
표준 산업 분류	제조업	193	20.21	5.70	70.98	3.11	100	2.57
	건설업	51	11.76	5.88	74.51	7.84	100	2.78
	도매 및 소매업	19	10.53	5.26	78.95	5.26	100	2.79
	정보통신업	18	33.33	0.00	66.67	0.00	100	2.33
	전문, 과학 및 기술 서비스업	19	21.05	0.00	73.68	5.26	100	2.63

성장 단계	창업기	5	20.00	20.00	60.00	0.00	100	2.40
	초기성장기	13	30.77	0.00	69.23	0.00	100	2.38
	고도성장기	73	6.85	4.11	84.93	4.11	100	2.86
	성숙기	200	23.00	5.50	67.50	4.00	100	2.53
	구조조정기	9	11.11	0.00	77.78	11.11	100	2.89

조사대상 300개 기업의 전체적인 현행 규제부담 인식 정도는 평균 2.61점으로서 보통수준이라고 응답한 비율이 72%로 가장 높았다. 개인사업체가 인식하는 규제부담은 평균 2.44점인데 비해 법인회사의 경우 2.62점으로 상대적으로 높았다. 상장기업의 경우 2.75점으로 비상장기업의 규제부담 정도인 2.60점보다 높았다. 보유인증 유형별로는 강소기업(3.00), 일반중소기업(3.00), 메인비즈(2.76), 이노비즈(2.62), 벤처기업(2.57) 순으로 규제부담이 높은 것으로 나타났다. 표준산업분류 유형별 기업의 규제부담은 도매 및 소매업(2.79), 건설업(2.78), 전문, 과학 및 기술 서비스업(2.63), 제조업(2.57), 정보통신업(2.33) 순이었다. 성장단계별로는 구조조정기(2.89), 고도성장기(2.86), 성숙기(2.53), 창업기(2.40), 초기성장기(2.38) 순으로 기업이 인식하는 규제부담이 높았다.

(2) 기업유형별 향후 규제부담 인식 차이분석

향후 3년 동안 예상되는 각종 기술규제 부담에 대해 응답기업에 질문한 결과를 기업유형별로 구분하여 제시하면 〈표 8-10〉과 같다.

향후 예상되는 규제부담에 대한 300개 기업들의 전반적인 인식 정도는 평균 3.01점으로서 대부분 규제부담 수준이 그대로(79.67)이거나 약간 증가(12.00)할 것이라고 예상하였다. 개인사업체가 예상하는 향후 규제부담은 평균 2.89점인데 비해 법인회사의 경우 3.02점으로 상대적으로 높았다. 상장기업의 경우 3.00점, 비상장기업은 3.01점의 규제부담 수준을 예상하였다. 보유인증 유형별로는 강소기업(3.08), 벤처기업(3.05), 이노비즈(3.02), 메인비즈(3.00), 일반중소기업(3.00) 순으로 추후 규제부담이 높아질 것으로 예상하는 것으로 나타났다. 표준산업분류 유형별 기업의 예상 규제부담은 제조업(3.06), 정보통신업(3.00), 전문, 과학 및 기술 서비스업(2.95), 도매 및 소매업(2.89), 건설업(2.88) 순이었다. 성장단계별로는 초기성장기(3.15), 고도성장기(3.07), 창업기(3.00), 구조조정기(3.00), 성숙기(2.98) 순으로 기업이 예상하는 규제부담이 높았다.

표 8-10 중소기업 유형별 향후 규제부담 인식 차이

		사례수	매우 감소할 것임	약간 감소할 것임	그대로일 것임	약간 증가할 것임	계	평균
			%	%	%	%	%	(점)
전체		300	2.67	5.67	79.67	12.00	100	3.01
기업형태	개인사업체	18	0.00	16.67	77.78	5.56	100	2.89
	법인회사	282	2.84	4.96	79.79	12.41	100	3.02
상장여부	상장기업	16	0.00	1.00	14.00	1.00	100	3.00
	비상장기업	284	2.82	5.63	79.23	12.32	100	3.01
보유인증	이노비즈	281	2.49	5.34	80.07	12.10	100	3.02
	메인비즈	29	0.00	6.90	86.21	6.90	100	3.00
	벤처기업	82	2.44	2.44	82.93	12.20	100	3.05
	강소기업	13	0.00	0.00	92.31	7.69	100	3.08
	일반중소기업	10	0.00	0.00	100	0.00	100	3.00
표준산업분류	제조업	193	1.55	3.63	81.87	12.95	100	3.06
	건설업	51	7.84	9.80	68.63	13.73	100	2.88
	도매 및 소매업	19	0.00	15.79	78.95	5.26	100	2.89
	정보통신업	18	0.00	11.11	77.78	11.11	100	3.00
	전문, 과학 및 기술 서비스업	19	5.26	0.00	89.47	5.26	100	2.95
성장단계	창업기	5	0.00	20.00	60.00	20.00	100	3.00
	초기성장기	13	0.00	0.00	84.62	15.38	100	3.15
	고도성장기	73	0.00	2.74	87.67	9.59	100	3.07
	성숙기	200	4.00	7.00	76.00	13.00	100	2.98
	구조조정기	9	0.00	0.00	100	0.00	100	3.00

(3) 기업유형별 기존 규제평가 인식 차이분석

기존의 기술개발 관련 규제 내용을 응답기업이 전반적으로 평가(매우 합리적일 경우 100점)한 결과를 기업유형별로 구분하여 제시하면 〈표 8-11〉과 같다.

300개 기업 전체의 기존 규제에 대한 평가점수는 평균 75.43점으로서 58%가 75~100점 사이, 34.67%가 50~75점 사이의 점수를 부여하였다. 개인사업체는 평균 75.94점, 법인회사의 경우 75.40점으로 기존 규제를 평가하였다. 상장기업의 경우 75.36점으로 비상장기업의 평가점수인 75.44점보다 낮았다. 보유인증 유형별 평가점수는 일반중소기

표 8-11 중소기업 유형별 기존 규제평가 인식 차이

		사례수	~25점 이하	25점 ~50점 이하	50점 ~75점 이하	75점 ~100점	계	평균
			%	%	%	%	%	(점)
전체		300	1.00	6.33	34.67	58.00	100	75.43
기업형태	개인사업체	18	0.00	16.67	11.11	72.22	100	75.94
	법인회사	282	1.06	5.67	36.17	57.09	100	75.40
상장여부	상장기업	16	0.00	3.00	3.00	10.00	100	75.36
	비상장기업	284	1.06	5.63	35.56	57.75	100	75.44
보유인증	이노비즈	281	1.07	6.76	33.45	58.72	100	75.45
	메인비즈	29	0.00	3.45	34.48	62.07	100	78.45
	벤처기업	82	2.44	1.22	26.83	69.51	100	78.02
	강소기업	13	7.69	0.00	0.00	92.31	100	81.08
	일반중소기업	10	0.00	0.00	20.00	80.00	100	84.80
표준산업분류	제조업	193	1.04	5.18	34.20	59.59	100	76.06
	건설업	51	1.96	7.84	43.14	47.06	100	72.84
	도매 및 소매업	19	0.00	10.53	15.79	73.68	100	78.58
	정보통신업	18	0.00	5.56	38.89	55.56	100	73.56
	전문, 과학 및 기술 서비스업	19	0.00	10.53	31.58	57.89	100	74.68
성장단계	창업기	5	0.00	20.00	20.00	60.00	100	74.00
	초기성장기	13	0.00	0.00	46.15	53.85	100	75.15
	고도성장기	73	1.37	5.48	36.99	56.16	100	75.11
	성숙기	200	0.50	5.50	34.00	60.00	100	76.25
	구조조정기	9	11.11	33.33	22.22	33.33	100	61.22

업(84.80), 강소기업(81.08), 메인비즈(78.45), 벤처기업(78.02), 이노비즈(75.45) 순으로 나타났다. 표준산업분류 유형별로는 도매 및 소매업(78.58), 제조업(76.06), 전문, 과학 및 기술 서비스업(74.68), 정보통신업(73.56), 건설업(72.84) 순으로 평가점수가 높았다. 성장단계별로는 성숙기(76.25), 초기성장기(75.15), 고도성장기(75.11), 창업기(74.00), 구조조정기(61.22) 순으로 기업의 기존 규제에 대한 평가점수가 높은 것으로 나타났다.

다음으로 이와 같은 규제평가 결과에 영향을 미치는 요인을 탐색하기 위하여, 기업 유형별 더미변수 및 기업특성 변수인 기업규모(매출액, 총인원수), 업력 등을 독립변수

로 하는 OLS회귀분석을 실시하였다. 〈표 8-12〉의 결과에서 알 수 있듯이, 종속변수인 기존 규제에 대한 평가결과(점수)에 통계적으로 유의미한 영향을 주는 요인으로는, 보유인증 유형 가운데 벤처기업, 강소기업, 일반중소 기업인 경우에 각각 그렇지 않은 기업에 비해 상대적으로 평가점수가 높아지는 것으로 나타났다. 표준산업분류 중에서는 도매 및 소매업이 건설업에 비해 높은 평가점수를 부여하였다. 성장단계별로 살펴보면, 구조조정기의 기업에 비해 창업기, 초기성장기, 고도성장기 및 성숙기에 있는 기업들이 기존 규제에 대해 상대적으로 높게 평가하는 것으로 나타났다.

표 8-12 중소기업 유형별 기존 규제평가 인식 차이

요인	변수	회귀계수	표준화 회귀계수 (Beta)	표준편차	t값	유의확률
기업형태	개인사업체 여부	–0.56	–0.01	3.84	–0.15	0.88
상장여부	상장기업 여부	–0.08	0.00	3.50	–0.02	0.98
보유인증	이노비즈 여부	1.60	0.03	3.42	0.47	0.64
	메인비즈 여부	3.55	0.08	2.64	1.34	0.18
	벤처기업 여부	4.01	0.13	1.86	2.15	0.03**
	강소기업 여부	6.19	0.09	3.79	1.63	0.10*
	일반중소 기업 여부	11.68	0.16	4.35	2.69	0.01***
표준산업분류	제조업	3.07	0.11	2.38	1.29	0.20
	도매 및 소매업	6.49	0.12	3.91	1.66	0.10*
	정보통신업	0.52	0.01	3.81	0.14	0.89
	전문, 과학 및 기술 서비스업	1.49	0.03	3.69	0.40	0.69
성장단계	창업기	14.86	0.14	7.54	1.97	0.05**
	초기성장기	13.08	0.20	5.82	2.25	0.03**
	고도성장기	12.81	0.41	4.74	2.70	0.01***
	성숙기	15.39	0.55	4.54	3.39	0.00***
기업특성	업력	–0.02	–0.01	0.12	–0.20	0.85
	총인원수(로그값)	–0.51	–0.05	1.07	–0.48	0.63
	매출액(로그값)	–0.25	–0.03	0.74	–0.34	0.73
	상수항	62.74	.	16.07	3.90	0.00

자료: * p<.1; **p<.05; *** p<.01; 표준산업분류의 base = 건설업, 성장단계의 base = 구조조정기.

2) FGI 결과 분석

(1) 기술개발 관련 규제

① 연구소설립 규제

기업의 연구개발활동을 효율적으로 지원·관리하기 위하여, 정부는 연구 인력 및 시설 등 대통령령으로 정하는 기준을 충족하는 기업부설 연구기관 또는 기업의 연구개발부서를 기업부설연구소 또는 연구개발전담부서로 인정할 수 있다.7) 관련 조항에는 인적요건, 자격요건, 물적요건 등으로 구분되어 기업부설연구소의 인정요건이 규정되고 있다. 정부는 그동안 기업부설연구소의 인정요건을 지속적으로 완화해 왔으나, 기업부설연구소 연구원의 자격요건, 연구공간 등에 대해 다음과 같은 이슈들이 제기되었다.

첫째로, 기업부설연구소의 연구원 자격요건과 관련된 이슈이다. 정부는 2015년 기초연구진흥 및 기술개발지원에 관한 법률 시행령 개정을 통해 창업 3년 이내 소기업의 대표도 기업부설연구소의 전담연구원 겸직을 허용한 바 있다. 대표이사의 연구원 겸직을 허용한 것은 일부 긍정적으로 판단되나, 기업부설연구소의 경우 기업규모에 따라 2명 이상의 연구전담요원을 채용하여야 한다. 연구원의 업무는 연구 활동에만 한정하도록 하는 규정이나 경상계열이나 문과계열의 직원은 연구원이 될 수 없도록 하는 규정 등에 대한 검토가 필요하다는 의견도 제시되었다.

둘째로, 기업부설연구소의 연구공간 개선과 관련된 이슈이다. 연구활동의 자율성, 개방성을 높일 수 있는 분리형 또는 가변형 연구공간의 필요성이 증가하고 있는 추세 속에서, 기업은 분리구역 사용을 원하나 허용대상이 아니어서 불가피하게 독립공간으로 사용해야 하는 불편함을 해소할 필요성이 제기되었다. 예를 들면, 연구공간과 관련하여 분리구역에 대한 제한 면적을 30제곱미터 외에도 허용하는 방안이 필요하다는 의견이다.

② 기술표준

기술표준 분야에서는 적기에 관련 규제를 제·개정하여 규제공백을 최소화해야 할 필요성이 있다. 특히 산업융합 분야에 속한 기업의 경우, 해당되는 코드 부재로 인해 사업 추진에 제약이 존재한다. 또한 한국표준산업분류8)의 제·개정에 장시간이 소요됨

---

7) 기초연구진흥 및 기술개발지원에 관한 법률 제14조의2(기업부설연구소 또는 연구개발전담부서의 인정 등), 동법 시행령 제16조2, 17조, 동법 시행규칙 제2조~제7조, 기업부설연구소와 연구개발전담부서 신고요청(미래부고시), 기업부설연구소/연구개발전담부서 신고에 관한 업무편람(2016. 10)을 참고하기 바란다.

8) 생산물 분류(CPC), 국민계정 경제활동별 분류(SNA 분류체계), 산업별 생산품목(광업 및 제조업통

에 따라 융합 신산업의 공공조달 및 해외수출 구조에서 고충이 발생하며, 유사 코드로 대체하여 사업을 추진하는 경우에도 진출 가능 시장이 제한적이게 된다. 이를 해결하기 위해 한국표준산업분류의 제・개정 소요기간을 단축하거나 잠정적으로 분류코드를 활용하는 방안이 필요하다.

이와 함께 신기술 제품, 설비와 관련하여 기술표준이 마련되어야 한다. 기술의 융복합화 등에 따라 다양한 설비 및 제품이 시장에 출시되고 있으나, 신기술 제품, 설비 관련 기술표준의 제정 및 조정이 지연되어 기업 활동에 애로가 발생하고 있다. 예를 들면, 자동차가 ICT 기술과 결합하여 커넥티드카(자율형 자동차) 형태로 변화하고 있으나 그 기반인 차량통신의 보안 인프라에 대한 기술표준 제정 작업은 미진한 실정이다. 드론 등 소형 민간 무인항공기의 경우, 다양한 영역에서 활용되고 있는 항공기의 제품 및 부품에 대한 기술표준 제정 작업을 촉진함으로써 해당 산업을 활성화할 수 있는 기반 마련이 필요하다. 이를 위해 전기통신연합, 국제 항공기구 등의 표준화 동향, 국내 기술표준 수요를 면밀히 분석하여 기술표준의 제정 대상, 범위, 내용 등을 신속하게 규정할 필요가 있다.

③ 개인정보보호

최근 연구현장에서 개인정보의 활용 관련 규제가 중요한 이슈로 대두되고 있다. 첫째, '특정 개인의 식별가능성(identifiability)을 없애는 행위'를 지칭하는 용어 정립이 필요하다. 관련 법령으로는 개인정보보호법(특정 개인을 알아볼 수 없는 형태), 생명윤리 및 안전에 관한 법률(익명화), 개인정보 비식별 조치 가이드라인(비식별 조치) 등이 있다. 하지만 '특정 개인의 식별가능성을 없애는 행위'를 지칭하는 용어가 일관되지 않아, 의료 빅데이터 처리자의 해석과 국내외에서 의사소통이 저해되고 보건의료 관련 법제 준수에 부정적 영향을 미칠 수 있다. 개별 정보처리자의 해석에 따라 개인정보 해당 여부가 결정될 경우에는 법적 안전성 및 법적용의 예측가능성이 저해되어 개인정보보호 관리 시스템을 유지하기가 곤란하기 때문이다.

둘째, 민간 기관과 정부・공공 기관 간 개인정보의 연계 및 활용성을 높이는 방안이 필요하다. 정부 주도의 연구개발사업에서는 암관리법, 희귀질환관리법 등에 따라 2개 이상의 국가기관 및 공공기관이 보유한 자료를 통합하여 분석할 필요가 있는 경우, 대

계조사), 무역분류(SKTC), 관세 및 통계통합품목분류(HS), 상품용도분류(BEC)를 동시에 고려하여 분류를 세분하고 명칭 및 포괄범위를 조정한다.

상자(정보 주체)의 동의 없이 식별이 가능한 부분을 포함한 자료를 제출 받아 자료를 통합하는 것이 가능하다. 반면, 민간 주도의 연구에서는 국가기관 및 공공기관 보유 자료의 연계 가능 여부가 생명윤리 및 안전에 관한 법률에 명시되어 있지 않은 실정이다. 이에 따라 민간기관이 주도하는 연구인 경우, 대상자(정보 주체)로부터 주민번호 처리에 대한 동의를 획득한 경우라도 정부·공공기관과의 데이터 연계가 불가능하여, 민간 소속 연구자의 정보 접근 불균형이 발생하게 된다.

셋째, 개인정보 비식별 조치 가이드라인의 규범적 실효성을 높일 수 있는 방안이 필요하다. 개인정보보호법 제18조(개인정보의 목적 외 이용·제공 제한)에서 명시하고 있는 목적 외 사용 허용 조건에는 사업화, 비즈니스 목적 사용에 대해 명시되어 있지 않다. 개인정보 비식별 조치 가이드라인에 따르면 비식별 조치 적정성 평가위원회 승인을 거치면 정보 주체의 동의 없이 제3자에게 제공하여 사업화에 활용할 수 있으나, 개인정보보호법 등에서는 해당 사항이 명시되어 있지 않아 규정들이 상충되고 있는 실정이다.

(2) 제품생산 관련 규제

① 입지

입지에 대한 규제는 공장의 설립 및 인허가, 토지이용, 건폐율 및 용적률, 산업단지 입주업종 제한 등이 주요 이슈이며, 구체적으로 창업보육센터 입주기업의 입지 및 시설 완화, 기존 공장 부지의 자연녹지지역 편입 시 공장허가 불허 완화 등이다.

첫째로, 기존 공장 부지의 자연녹지지역 편입 시 공장허가 불허에 대한 완화 이슈이다. A기업은 기존 공장의 부지가 자연녹지와 계획관리 지역으로 양분되면서, 공장 건물의 대부분이 자연녹지 지역으로 편입되어 공장등록증을 발급받지 못해, 정부의 입찰뿐만 아니라 각종 정책지원을 받지 못하였다. 자연녹지 지역에서의 공장허가 종목에 해당하지 않는다고는 하지만, 폐수 등 오염물질이 발생하지 않는 업종의 경우에는 규제 완화의 필요성이 제기될 수 있다.

둘째로, B기업은 도시 중심지역의 임대료 및 관리비 부담으로 인하여 외곽지역을 선택하여 기업부설연구소(S/W개발) 및 S/W 개발자 양성 교육시설 사옥을 마련하였으나, 녹지지역 건폐율 20% 제한으로 공간 활용이 자유롭지 못함을 호소하였다. ICT 중소벤처기업과 지식서비스 업종 등 환경과 공해, 폐수에 전혀 지장이 없는 업종에 한해, 녹지지역에 위치하거나 이전할 기업 중 기업부설연구소 및 고용부의 직업능력개발 훈련시설을 운영할 경우, 건폐율을 50% 이상 확장 가능하도록 법률과 조례 등을 완화해야 한다는 의견이 있었다.

② 창업 및 기술금융

창업과 기술금융 관련 규제이슈는 주로 자금지원, 신용평가, 기술신용보증, 정책자금 신용지원 등과 관련하여 권리를 제한하거나 의무를 부과하는 규제가 아닌, 보다 편리한 지원을 요청하는 내용이었다. C기업은 특허 담보 대출에 대한 현장 금융권의 홀대로 인해, 특허 기술가치 평가의 시너지 효과가 매우 낮다고 호소하였다. 또한 기술보증기금의 창업 자금과 신용보증기금의 제품개발 자금으로 특허를 확보하여 상품화를 완료한 후 양산자금 확보 시 매출실적을 요구하고 있어 시장출시에 어려움이 존재하였다.

③ 제조 · 품목 허가

제조 · 품목 허가는 각종 제조요건 및 사전 · 사후 허가 등에 관한 규제로서, 유전자 검사(DTC) 서비스 항목 규제 완화, 모바일 의료용 앱 등 바이오 분야에서 해결해야 할 규제이슈가 도출되었다.

첫째로 유전자 검사(DTC) 서비스 항목 관련 규제이슈이다. 이는 생명윤리 및 안전에 관한 법률 제50조(유전자검사의 제한 등) ③항 2호에 의거하여, 의료기관(병원) 외에 비의료기관(유전자검사 전문기업)에서 실시할 수 있는 유전자 검사 항목을 12가지 항목[9]으로 제한함으로써, 관련 전문기업(산업계)이 개인 의뢰 유전자 검사 시장에서 과도하게 규제되고 있다는 것이다. 이처럼 의료기관이 아닌 유전자검사기관이 직접 실시할 수 있는 유전자검사 항목이 제한되어 있으며, 해당 규정에 희귀질환 발병률 진단에 요구되는 항목은 누락되어 있는 실정이다. 따라서 질병 예방 목적의 유전자 검사(DTC) 허용 항목 지정을 기존 포지티브(positive) 방식에서 네거티브(negative) 방식으로 변환하여, 관련 산업 및 시장 활성화를 유도하는 것이 필요하다는 의견이 제시되었다.

둘째로, 모바일 의료용 앱 제조 관련 규제이슈이다. 폐선암 재발위험을 계산하기 위하여 알고리즘을 적용한 모바일 의료용 앱은 국내 시장 출시를 위해 '의료기기 허가'를 득해야 하도록 되어 있다. 그러나 모바일 의료용 앱이 '의료기기 허가'를 받기 위해서는 GMP 적합인증의 소프트웨어 개발사가 요구되며 임상시험이 추가로 진행되어야 하므로, 시간과 비용이 발생하게 된다. 폐선암 재발 위험 계산기는 의료진 대상의 참고 정보를 제공하는 스마트폰 어플리케이션임에도 불구하고, 의료기기 3등급으로 판명됨에

9) 보건복지부 공고 제2016-342호 「의료기관이 아닌 유전자검사기관이 직접 실시할 수 있는 유전자 검사 항목에 관한 규정」 고시.

따라 3~5년의 임상시험이 요구되어 제품 시장진출 및 활용이 불가능한 문제점이 있다. 따라서 모바일 의료용 앱의 특성에 따라, 의료기기에 적용되는 규정의 완화된 적용과 함께, 임상시험 결과가 아닌 환자데이터 등 대체 정보기반의 안전성 검토 허용이 필요하다.[10]

(3) 판매 및 마케팅 관련 규제

① 인증 · 시험 · 검사

인증 제도의 취지는 국내 기업 및 연구기관, 대학 등에서 개발한 신기술을 조기에 발굴하여 그 우수성을 인증해 줌으로써, 개발된 신기술의 상용화와 기술거래를 촉진하고 그 기술을 이용한 제품의 신뢰성을 제고시켜 구매력 창출을 통해 초기 시장 진출기반을 조성하는 데에 있다. 특별히 혈액보관 냉장고와 같은 의료기기 인증 관련 규제이슈가 도출되었다. 정부의 기술개발 우선구매 대상 중 성능인증(EPC), 신기술(NET), 정부조달우수제품은 의료기기를 심사대상에서 제외하지 않고 있으나, NEP(New Exellent Product: 신제품인증마크)인증만 유일하게 안정성을 담보할 수 없다는 이유로 의료기기를 심사대상에서 제외하고 있다.[11] 혈액보관 냉장고의 경우, 의료기관의 수요에 맞춰 의료기기 허가를 취득했으며, 수의계약을 위해 NEP을 취득했으나, 관련 규제로 인해 납품 시 두 가지 인 · 허가에 대해 인정받기 어려울 뿐만 아니라, 경쟁 타사의 고발대상이 되고 있다. 따라서 경미한 의료기기의 경우, NEP인증 후 의료기기법에 의해 의료기기로 허가받게 되면 NEP인증 표시를 하고 수의계약으로 판매 가능하도록 제도를 변경할 필요가 있다.

② 기술기준 · 규정

기술기준 · 규정과 관련된 규제이슈는 건축물, 설비 관련 기술기준에 대한 것이다. 예를 들면, 에너지 관련 건축물, 에너지 저장장치 등에 적용되는 각종 기술기준이 적용주체 및 대상에 따라 상이하여 이를 합리적으로 조정 · 개선할 필요가 있다. 건축물 관련 설비의 에너지 절감기준의 경우, 국토부의 건축물 에너지 절약 설계기준과 환경표지 인증의 소비효율 등급 기준이 적용되고 있으나 양 기준이 상이하여 기업 입장에서는

---

10) 구체적으로 모바일 의료용 앱 안전관리지침(식약처 지침), 의료기기 품목 및 품목별 등급에 관한 규정(식약처 고시), 의료기기 품목의 소분류 및 등급(식약처 공고) 등 모바일 의료용 앱 관련 규정들의 개정이 요구된다.

11) 산업기술혁신 촉진법 시행령 제19조(NEP인증의 기준 및 대상) 제2항에서 의료기기는 NEP인증 제외 대상으로 규정하고 있다.

이중 기준을 적용받는 애로가 있다. 또한 건축물 결로방지 기준의 경우 유럽연합, 미국, 일본 등 해외에 비해 국내 기술기준이 과도하여 규제 준수에 따른 업체 부담이 큰 실정이다. 따라서 건축물 또는 에너지 저장장치 관련 기준의 적용대상 및 방법 등을 검토하여 중복여부를 파악한 후 합리적 조정방안을 제시할 필요가 있다.

③ 공공구매

중소기업이 제품 및 서비스의 개발역량을 확보하는 것도 필요하지만, 이러한 제품 및 서비스가 거래될 수 있는 시장 환경을 조성하는 것이 무엇보다 중요하다. 중소기업이 R&D수행을 시장의 수요와 연계하여 불확실성을 최소화하는 방향으로 추진할 필요성이 있다는 것이다. 공공구매제도와 관련된 규제이슈로는 R&D제품의 공공구매 연계 관련 규제와 공공구매 시장진입 관련 규제가 있다.

첫째로, R&D제품의 공공구매 연계 관련 규제이슈이다. 이에 대응하기 위해서는 R&D수행에 있어 '구매담보'가 이루어지거나 이에 상응하는 구매연계 방안이 제공되어야 한다. 또한 공공구매과정에서 R&D를 연계하기 위해서는 R&D제품의 성능달성여부와 실제 수요기관의 현장 실증이 필요하다. 이때 R&D수행기관은 구매가 담보되지 않아 발생하는 투자의 회수불가 위험(Risk)을 해결해야 하나, 제도적으로 이를 보증하는 체계가 없는 실정이다. 마찬가지로 수요기관의 경우에도 R&D기업의 영세성, R&D제품의 성능 미충족 혹은 R&D실패의 위험을 완화시키는 제도적 체계가 미비한 상황이다. 우리나라의 공공구매 체계는 완성품 중심으로 형성되어 있으며, 연구개발과 연계한 형태의 공공구매체계는 일부 사업[12]의 형태로 존재하나 아직은 초기단계 수준이다. 고혁신(High tech. Intensity)형 제품의 창출유도를 위해서는 TRL7 이상의 완성품(PPI: Public Procurement for Innovation)을 공공조달과 연계하는 방식보다는 R&D단계(PCP: Pre-Commercial Procurement)부터 연계하는 방식이 필요하지만, 제도적 장치가 부재한 실정이다. 따라서 우수제품 지정제도와 같은 기존 공공시장의 판로와 연계성을 강화하는 형태로 연계할 필요성이 있다.

둘째로, 공공구매 시장진입과 관련된 규제이슈이다. R&D제품의 경우 생산기업이 영세하여 경영 안정성이 미흡하거나, 제품의 신뢰성(검증 여부)이 담보되지 않아 공공시장의 진입 시 불이익을 받는 경우가 발생한다. 일반물자를 수급하는 시장인 MAS(다수

12) 구매조건부신제품개발사업(중기부), 무인이동체기술개발지원사업(미래부/조달청), 우수제품지정제도 및 우수제품시장(조달청) 등이 대표적이다.

공급자계약) 시장의 경우 적격성 평가를 통해 공공시장에 진입할 수 있는 자격을 부여하고 있다. 적격성 평가는 경영상태, 납품실적, 기술성, 신인도 등을 평가하는데, 평가항목 중 납품실적(40점/100점), 경영상태(40점/100점) 등을 평가하고 있어 신규업체가 진입할 경우 불이익이 발생한다. 공공시장은 기술적 우수성보다 공급의 안정성, 성능의 검증여부가 월등히 중요한 시장의 특성을 내포하고 있다. 하지만 기술혁신제품은 기존의 기술과는 차별화된 새로운 기술에 기반한 제품의 성격을 띠고 있어, 기술혁신 제품을 생산하는 기업의 특성상 기술성은 우수하나 무실적이거나 납품이력이 미비된 경우가 많다. 또한 신기술에 기반한 벤처기업 수준의 영세 소기업 규모의 기업 특성을 가진 경우가 많아, 경영상태를 평가하는 기존 평가 방식에 따르면 불이익이 발생한다. 이를 해결하기 위해서는 기존 적격성 평가요소 중 기술혁신 제품의 경우 납품실적, 경영상태 등의 평가요소를 완화시켜주는 방안이나 별도의 기술혁신제품 공급시장을 마련하여 기존 시장과는 다르게 해당제품의 특성에 부합하는 평가기준을 재설정할 필요가 있다.

제4절

결론 및 정책적 시사점

1 연구결과의 요약

중소기업의 성장 잠재력 확보를 위한 정부의 규제 정책 추진을 위해서는 기술규제의 객관적 실태와 이에 대한 피규제자의 주관적 인식을 다각도로 분석하는 것이 필요하다. 이에 본 연구는 중소기업 기술규제 법령 현황을 파악하고 중소기업이 기술혁신 활동과정에서 부딪히는 규제환경에 대한 인식을 설문조사를 통해 실증분석하였다. 이와 함께 중소기업 기술규제개혁에 관하여 현장의 이해관계자들이 인식하는 규제정책 이슈를 도출하기 위하여 8개 공공기관(협단체 포함), 8개 중소기업 등을 대상으로 심층인터뷰를 수행하였다.

우선, 중소기업 규제 관련 법령 분석결과, 중소기업 규제 관련 법령은 134개 법령, 총 3,963개 조문으로 조사되었다. 단계별로는 기술개발 103개, 제품생산 889개, 판매 ·

마케팅 2,971개였으며, 유형별로는 자격규제가 1,291개, 시험·분석 826개, 제조품목허가 676개 순이었다.

다음으로, 중소기업이 기술혁신과정에서 경험하고 있는 규제현황 및 애로에 대한 실태조사(300개 업체 회수, 응답률 20.4%)를 실시한 결과, 현행 규제부담 인식 정도는 평균 2.61점으로서 보통수준이라고 응답한 비율이 72%로 가장 높았고, 향후 예상되는 규제부담에 대한 전반적인 인식 정도는 평균 3.01점으로서 대부분 규제부담 수준이 그대로이거나(79.67) 약간 증가할 것(12.00)이라고 예상하였다. 기존 규제에 대한 평가점수는 평균 75.43점으로서 이와 같은 평가결과에 영향을 미치는 요인을 OLS회귀분석을 통해 식별한 결과, 보유인증 유형 가운데 벤처기업, 강소기업, 일반중소 기업인 경우에 각각 그렇지 않은 기업에 비해 상대적으로 평가점수가 높아지는 것으로 나타났고, 표준산업분류 중에서는 도매 및 소매업이 건설업에 비해 높은 평가점수를 부여하였으며, 성장단계별로는 구조조정기의 기업에 비해 창업기, 초기성장기, 고도성장기 및 성숙기에 있는 기업이 기존 규제에 대해 상대적으로 높게 평가하는 것으로 나타났다.

한편, 심층인터뷰 결과, 첫째, 기술개발 관련 규제로서 연구소설립 규제, 기술표준, 개인정보보호 규제, 둘째, 제품생산 관련 규제로서 입지, 창업 및 기술금융, 제조·품목허가 규제, 셋째, 판매 및 마케팅 관련 규제로서 인증·시험·검사, 기술기준·규정, 공공구매 등 기술규제 관련 정책이슈들이 도출되었다.

2 정책적 시사점

본 연구에서 수행한 실증분석 결과의 정책적 시사점은 다음과 같다. 먼저, 인식분석 결과는 중소기업의 유형에 따라 규제부담이 달라질 수 있으므로 규제차등화[13] 제도 도

13) 규제차등화 제도는 당초 영국에서 창업 활성화를 위해 근로자 10인 미만 소기업과 창업기업에 한해 2011년 4월부터 2014년 3월까지 정부가 신규 제정한 규제를 한시적(3년)으로 유예하는 제도에서 출발한 것이다(심우현 외, 『중소기업 규제 차등화』, 경제·인문사회연구회, 2018). 2015년 5월부터는 소기업 및 영세기업 평가(small and micro business assessment)를 통해 규제 적용 유예대상을 10인에서 50인으로 확대하여 신설 및 강화 규제가 소기업과 영세기업의 상대적 규제부담을 완화하였으며, 이는 2014년 종료된 소기업 모라토리엄(micro-business moratorium)을 보다 강화하여 제도화 한 것이다. 이때 소기업 및 영세기업은 신규 규제적용에서 면제하는 것을 디폴트 옵션(Default option)으로 하며, 면제가 어려운 경우 적절한 분석에 의해 이를 입증할 수 있어야 한다.

입 등을 통해 규제형평성을 제고함으로써 개별 기업의 실정에 맞는 규제적용이 필요함을 시사한다. 이는 규제를 획일적으로 적용할 경우, 규제 준수 비용이 대기업에 비해 높은 소상공인, 중소기업에 과도한 규제 부담이 발생할 수 있기 때문이다. 하지만 기존 법령[14]에 규정된 규제차등화 원칙이 단순히 선언적 조항 수준이 아닌 실제적 효과를 낼 수 있도록 피규제자의 개별·구체적 상황을 포섭할 수 있는 제도 마련이 요청된다.[15]

다음으로, FGI를 통해 도출한 규제이슈들을 종합해 보면 다음과 같이 요약될 수 있다. 첫째, 자동차가 ICT 기술과 결합한 커넥티드카, 드론 등 소형 민간 무인항공기 등 신기술 및 신산업 특징에 대응할 수 있는 방향으로 규제가 개선되어야 한다. 또한 한국표준산업분류체계의 제·개정 기간을 단축하거나 신기술제품 및 설비와 관련한 기술표준의 제정 및 조정이 지연되는 경우가 발생되지 않도록 노력할 필요가 있다.

둘째, 공공부문의 데이터 연계를 활성화할 수 있는 방향으로의 규제개혁이 필요하다. 최근 신산업은 지금까지 다루지 않았던 정형 또는 비정형의 데이터를 수집하고 분석하여 데이터의 집합화를 통해 기존에는 없던 새로운 비즈니스 모델을 창출한다. 빅데이터 연구를 위해서는 빅데이터 공유체계 구축과 함께 빅데이터에 대한 개인정보 권리자인 국민과 빅데이터를 활용할 산업계 간 양자 모두의 이득이 충족될 수 있도록 정부 차원의 공론화 노력이 필요하다.

셋째, 신기술 인증에 대한 체계적 지원 체계가 요청된다. 기업들은 인증 취득과 관련해서 다수 인증취득에 따른 규제중복의 문제를 제기하고 있다. 예컨대, 3D프린터의 경우 사용 용도에 따라 다양한 인증기관의 동시 인증을 받아야 하는 불편함을 해소하고, 혈액보관 냉장고와 같은 경미한 의료기기는 NEP인증이 모든 과정에서 효력을 발휘하

---

14) 현행 행정규제기본법(2020.2.4. 개정)은 제8조의2(소상공인 등에 대한 규제 형평) ①항에서 "중앙행정기관의 장은 규제를 신설하거나 강화하려는 경우 「소상공인기본법」 제2조에 따른 소상공인 및 「중소기업기본법」 제2조 제2항에 따른 소기업에 대하여 해당 규제를 적용하는 것이 적절하지 아니하거나 과도한 부담을 줄 우려가 있다고 판단되면 규제의 전부 또는 일부의 적용을 면제하거나 일정기간 유예하는 등의 방안을 검토하여야 한다"라고 원칙적 내용만 규정하고 있다. 또한 국무총리 훈령 「국민경감 부담을 위한 행정규제 업무처리 지침」(2016.7.19. 발령)에서 정부가 규제를 신설하거나 강화할 때 소상공인의 경우 3년간 규제적용의 면제를 규정하고, 50인 미만의 소기업의 경우 규제부담 경감방안을 마련해야 한다는 원칙을 규정하고 있다.

15) 예컨대 법률에는 일반·추상적으로 원칙을 규정하지만, 시행령, 시행규칙 및 지침 등 수준에서는 보다 유연하게 차등화된 세부 규제를 반영토록 입법기술적으로 규제차등화를 적용해 볼 수 있을 것이다.

게 하는 방안도 필요하다.

넷째, R&D제도와 공공구매 제도를 긴밀하게 연계할 필요가 있다. 공공구매 과정에서 R&D를 연계하기 위해서는 R&D제품의 성능달성 여부와 실제 수요기관의 현장 실증이 필요하다. 이때 R&D수행기관은 구매가 담보되지 않아 발생하는 투자 회수불가 위험(Risk)의 해결이 필요하나 제도적으로 이를 보증하는 체계가 없는 실정이다. 마찬가지로 수요기관의 경우 R&D기업의 영세성, R&D제품의 성능 미충족 혹은 R&D실패 위험을 완화시키는 제도가 불비한 상황이다. 따라서 기술혁신형 제품의 공공구매시장 진입지원을 위한 제도 마련과 병행하여 공급제품에 대한 품질인증 방안도 요구된다.

3 연구의 한계 및 향후 연구방향

본 연구는 국내 134개 법령의 총 3,963개 조문을 분석하고, 300개의 기업을 대상으로 설문조사를 실시하였으며, 이러한 분석결과를 FGI를 통해 보완함으로써, 우리나라의 기술규제에 대한 기존 연구가 부족한 상황에서 경험적 연구방법을 활용하여 보다 심층적인 이해와 정책대안 수립을 위한 근거자료를 제공하고 있다. 그럼에도 불구하고 본 연구는 횡단면적 단년도 자료 분석에만 그치고 있어 기술규제의 시계열적 변화에 대한 동태적 분석은 시도하지 못하였기에, 이러한 분석의 한계를 고려한 후속연구가 이어질 필요가 있을 것이다.

① 현행 규제부담: 현재 각종 기술규제로 인해 귀사에 소요되고 있는 제반비용(규제 소요비용*)은 귀사에게 어느 정도 부담이 되고 있습니까?

* 규제 소요비용 = 규제 준수비용(규제로 인해 발생하는 행정부담 비용) + 손실비용(규제가 없었다면 얻을 수 있는 기대 수익)

전혀 부담 없음	약간 부담	보통	상당한 부담	매우 큰 부담
①	②	③	④	⑤

② 향후 예상되는 규제부담: 귀하는 향후 3년 동안 각종 기술규제에 따른 부담이 대체적으로 어떻게 될 것이라고 생각하십니까?

매우 감소할 것임	약간 감소할 것임	그대로일 것임	약간 증가할 것임	매우 증가할 것임
①	②	③	④	⑤

③ 기존 규제에 대한 평가: 규제애로 경험, 규제개선 노력, 분야별 규제수준, 전반적인 규제환경 등을 종합해 기존의 기술개발 관련 규제 내용을 전반적으로 평가한다면 100점 만점(매우 합리적이면 100점)에 몇 점을 주시겠습니까?

제9장

기술규제와 중소기업 성과의 관계 분석

| 제1절 |

서 론

기술혁신은 중소기업의 경쟁력의 원천이며 지속적인 성장을 위한 핵심요인이다. 이와 같은 기술혁신의 중요성에도 불구하고, 중소기업들은 다양한 자원제약으로 인해 기술혁신을 비롯한 기업활동을 원활하게 추진하지 못하고 있는 것이 현실이다. 중소기업의 기술혁신 및 기업활동에 영향을 미치는 제약요인은 여러 가지가 있지만, 대표적인 제약 요인으로 규제를 들 수 있다.[1] 이와 같은 규제가 기업 활동에 주는 부담은 중소기업의 규모 특성 상 규제 대응 역량이 대기업에 비해 부족하기 때문에 상대적으로 더 큰 영향을 받을 수 있다.

기술혁신 관련 규제의 경우 중소기업의 혁신적 기술 도입 및 신제품 출시에 결정적 영향을 미치기 때문에 주목해야 할 필요성이 논의되어 왔다(이광호, 2016; 중소기업연구원, 2015; 한국공학한림원, 2015). 예컨대 고기술 산업의 경우 저기술 산업에 비해 규제가 경쟁을 저해하는 정도가 더 높은 것으로 나타났으며(한국개발연구원, 2005), 국가간 무역에서도 규제의 초점이 가격에서 기술로 변화함에 따라 기업의 글로벌 진출을 위해서도 대응해야 할 필요성이 증대되고 있다(이광호 외, 2009).

따라서 중소기업의 활동에 중요하게 작용하고 있는 기술혁신 관련 규제의 혁신이 요구되며, 이를 위해서는 실제 중소기업이 경험하고 있는 규제의 기술혁신 저해정도를 경험적 자료를 통해 파악하는 것이 선행될 필요가 있다. 이에 본 연구는 중소기업이 인식하는 규제부담과 기술혁신 및 기업성과의 관계를 실증적으로 분석함을 목적으로 한다. 특별히 규제가 기업의 성과에 미치는 영향은 개별 기업의 기술혁신 수준에 따라 달라질 수 있음에 본 연구는 주목하고 있다.

구체적으로 본 연구는 다음과 같이 구성된다. 먼저 제2절에서는 기술규제와 기업의 기술혁신 및 성과의 관계에 대한 선행연구를 검토한 다음 본 연구의 가설을 설정하고, 이어 제3절에서는 가설검증을 위한 연구설계에 관하여 논의한 후 제4절에서 분석결과와 그 해석을 제시한다. 마지막 제5절에서는 연구결과를 요약하고 정책적 시사점을 제

1) 구체적으로 우리나라의 전체 규제는 2013년 규제개혁위원회의 등록규제를 기준으로 14,177건에 이르고 있는데, 이 가운데 중소기업 관련 규제는 58.5%에 달하는 8,291건으로 과반 이상의 비중을 차지하고 있다(조용현 · 김승일, 2013).

시하고 있다.

제2절

선행연구 검토 및 연구가설 설정

1 기술규제의 개념

정부규제의 효과와 관련한 기존 연구들은 주로 경제적·사회적·행정적 규제 측면에 주목해왔으나, 실제 기업의 혁신활동에 직접적 영향을 주고 시장 진입을 결정짓는 기술규제에 대한 연구의 필요성이 높아지고 있다(이광호, 2016). 특히 저기술 산업에 비해 고기술 산업에서 규제가 경쟁을 저해하는 정도가 더 높은 것으로 나타났으며(한국개발연구원, 2005), 기술혁신과 관련한 직·간접적 규제들을 개선하는 것이 기업의 성장 잠재력을 확충하는 데 중요하게 작용할 수 있는 것으로 조사되고 있다. 이에 따라 최근에는 기술혁신 과정에 관련된 규제에 초점을 두어 기술 규제로 명명하고 관련 개념을 구체화 및 유형화하는 연구 흐름이 나타나고 있다(이광호, 2016).

이에 〈표 9-1〉에 정리된 바와 같이 기술규제에 관한 선행연구들의 다양한 개념 정의를 바탕으로, 본 연구는 광의의 의미로서 기술규제를 '혁신 활동을 저해하거나 촉진하는 기술 관련 규제'로 정의한다(이광호, 2016). 구체적으로 본 연구에서 정의하는 기술규제란 기업의 기술혁신 과정에서 영향을 미치는 각종 규제를 의미한다. 다시 말해, 새로운 기술개발, 제품 및 서비스 생산, 판매 및 마케팅, 신사업 개척 등 기업의 기술혁신 활동 전주기 속에서 기술혁신을 촉진·조장하거나 혹은 저해·억제하는 규범적 제도로서, 정부가 직·간접적으로 기술 관련 의무를 부과하거나 권리를 제한하고 요건을 부여하는 것은 물론 해당 기술 관련 기존 제도가 없어 기업의 혁신활동에 어려움을 겪는 것까지 포함하는 개념으로 기술규제를 정의한다.

표 9-1 기술규제의 개념

연구자	개념 정의
국가경쟁력강화위원회(2009)	기술개발→제품생산→판매・마케팅 등 기업 활동 전반에서 경영혁신활동을 저해하는 기술 관련 제도
국가과학기술심의회(2013)	과학 기술혁신 활동을 촉진하거나 장애요인으로 작용할 수 있는 과학기술 분야의 법령 등
이광호(2016)	혁신 주체의 혁신 활동 수행에 있어 이를 저해하거나 혹은 촉진하는 기술 관련 규제
국가기술표준원[2]	정부가 국민안전, 환경보호, 보건, 소비자 보호 등의 행정목적을 실현하기 위하여 어떤 제품, 서비스, 시스템 등에 특정요건을 법령 등(고시, 공고, 훈령 포함)에 규정하여 법적 구속력을 갖는 것으로서 직・간접적으로 국민의 권리를 제한하거나 의무를 부과하는 기술기준(기술규정)이나 적합성평가(시험・검사・인증 등) 등

2 규제의 효과에 관한 실증연구

규제가 기술혁신 및 성과에 어떠한 효과를 미치는지에 관한 실증연구는 크게 규제가 기술혁신에 기여한다는 긍정적 관점의 연구와 규제가 기술혁신의 저해 요인이 된다는 부정적 관점의 연구로 구분된다. 하지만 정부 규제가 기술혁신 및 성과에 미치는 효과에 대해서는 아직까지 일치된 견해가 나타나지 않고 있으며, 규제의 범위와 시간의 경과 등 복합적인 요인들을 고려한 연구 결과도 다양하게 나타나고 있다(Blind, 2012).

1) 규제의 부정적 효과

규제가 기술혁신에 미치는 부정적 효과와 관련하여 해외 연구자들의 다양한 연구가 존재한다. Dean et al.(2000)에서는 환경 규제에 초점을 두어 규제와 중소기업 설립의 관계를 검증하였는데, 규제가 대기업 설립에 유의미한 영향을 미치지 않은 반면 중소규모 기업 설립에 부정적 효과를 미치는 것으로 나타나 주로 중소기업이 규제에 따라 타격을 입고 시장에서의 단가 경쟁에서 뒤처지는 것으로 나타났다.

그리고 Bassanini and Ernst(2002)에서는 OECD 국가들의 제품 시장 규제의 강도가 연구개발 지출 강도에 부정적인 효과를 미친다는 점을 분석하였으며, Prieger(2000)에

2) 국가기술표준원 홈페이지(https://standard.go.kr/) 참조하기 바란다.

서는 미국 전자통신 산업을 중심으로 규제가 서비스 혁신에 부정적 영향을 미친다는 점을 확인하였다.

규제의 부정적 효과를 분석한 국내 연구로서, 안승구 외(2015)에서는 다변량 분석을 통해 규제와 연구개발 활동의 관계를 검증하였다. 연구개발 활동의 투입으로서, 사내 연구개발비, 사외지출 연구개발비, 연구개발비 총액, 연구개발 전담인력 수가 규제지표 증가율과 통계적으로 부정적 관계임이 드러났으며 석사급 이상 인력 수는 유의한 영향을 미치지 못하는 것으로 나타났다. 또한 규제가 연구개발 활동의 산출에 미치는 영향을 살펴본 결과, 국내 특허출원 건수 및 신제품 도입과 부정적 관계이며, 기존 대비 신제품 출시 여부에는 유의미한 영향을 미치지 않는 것으로 나타났다. 정승일 외(2007)에서는 규제 환경 수준이 기업들의 R&D 활동에 미치는 영향을 살펴보았는데, 정부 개입 수준이 클수록 위축되는 것으로 나타났으며, 반면 규제 환경 개선의지가 높은 경우 R&D 활동에 긍정적인 영향을 미치는 것으로 분석되었다. 김권식 외(2016)에서는 서열로짓분석과 이항로짓분석을 활용하여 제조업 분야 기업들을 대상으로 규제 정도가 기술혁신에 미치는 영향을 분석하였다. 분석결과, 규제 수준이 높을수록 기술혁신이 저하되는 것으로 나타났으며 특히 규제유량(전년도대비 규제증가분)의 경우 규제저량(규제총량)보다 영향력이 큰 것으로 나타났다.

한편, 규제가 기술혁신 이외의 성과에 미치는 효과에 대해서도 연구가 진행되어 왔다. Nguyen and Wongsurawat(2011)는 주관적 경영 성과를 성과 지표로 활용하여 정부 정책 및 규제 (재무, 인프라, 토지, 환경, 보호)와의 관계를 분석하였다. 이동렬 외(2015)에서는 규제지수를 경제규제지수와 사회규제지수로 세분하여 노동 생산성과의 장기적 관계를 패널 시계열 분석을 통해 살펴보았다. 연구 결과, 글로벌 금융위기 이전 기간인 1985~2007년 데이터 분석 결과 경제규제지수가 높을수록 노동생산성을 유의하게 낮추었으나, 사회규제지수와 노동생산성의 관계는 통계적으로 유의하지 않은 것으로 드러났다. 또한 전체 기간인 1985~2012년에 대한 분석 결과 장기 균형 관계가 유의하지 않은 것으로 나타났다. 박정수・최성호(2011)에서는 23개 산업별 패널자료를 토대로 진입 규제가 민간 R&D와 산업생산성에 미치는 영향을 분석하였다. 분석결과, 진입 규제가 민간 R&D에 유의한 영향을 미치지 않았는데, 진입 규제가 완화되었을 때 기업의 혁신 활동이 증가하거나 진입 규제가 도입되거나 유지되었을 때 민간 혁신을 저해한다는 증거가 명확하지 않은 것으로 나타났다. 그러나 노동생산성에 대해서는 부정적 영향을 미치며, 특히 시장 집중도가 낮은 산업과 자본장비율이 낮은 산업에 진입 규제가 도입되는 경우 노동생산성의 저하가 현저한 것으로 나타났다.

2) 규제의 긍정적 효과

규제의 긍정적 효과와 관련해서는 주로 환경 규제 분야에 초점을 두어 연구가 축적되어 왔다. 전통적으로 규제의 강화는 기업으로 하여금 규제 대응을 위한 활동에 집중하게 하여 비용을 유발하고 성과 창출을 저해한다고 논의되어 왔으나, 기존의 부정적 견해를 반박하는 포터 가설(Porter Hypothesis)이 제기되면서 이를 검증하는 관련 연구들이 본격적으로 확대되었다. 환경 규제의 강화가 생산성에 긍정적인 영향을 미친다고 제안하는 포터 가설에 따르면, 기업은 규제 순응 과정에서 오염을 줄이기 위해 기술을 개발하면서 퍼스트무버로 기능하게 되어 경제 성장에 기여할 수 있다(Porter and van den Linde, 1995a; Porter and van den Linde, 1995b). 또한 적절하게 마련된 규제는 기업에 자원배분의 비효율성과 잠재적 기술 개선 가능성에 대해 알리는 역할을 함으로써 기업의 인식을 제고할 수 있다(Porter and van den Linde, 1995a).

구체적으로 포터 가설에 대한 실증 연구는 크게 규제가 기업의 혁신을 촉진할 수 있음을 제시하는 연구(weak form)와 규제가 기업의 생산성을 증대시킨다는 연구(strong form)로 구분된다. 전자의 연구는 규제가 생산 비효율성의 축소에 기여한다는 입장으로 다소 소극적이며, 후자는 규제가 생산성의 개선에 기여할 수 있음을 주장한다. 전자와 관련한 연구 사례로, Jaffe and Palmer(1997)에서는 환경순응비용이 R&D 지출에 대해 유의적으로 긍정적인 영향을 미치는 것으로 나타났으나, 특허와 같은 산업의 발명 성과에 있어서는 유의한 영향을 미치지 못하는 것으로 나타났다. 또한 Bhatnagar and Cohen(1997)에서는 미국 제조업 기업을 대상으로 환경 규제가 혁신과 산업 수익성에 미치는 효과를 종합적으로 살펴보았는데, 환경 혁신에 유의적으로 긍정적인 효과를 미치는 반면, 산업 수익성에는 유의미한 효과를 미치지 못하는 것으로 나타났다.

한편, 국내에서도 포터 가설을 검증하기 위한 노력이 이뤄져 왔는데, 김종호·하봉찬(2012)은 1991~2009년 산업별 자료를 대상으로 동태적 효과 측면에서 실증 분석한 결과, 단기적으로는 규제의 생산성 개선 효과가 유의하지 않은 반면, 장기적으로는 생산성이 유의하게 증가하는 것으로 나타났다. 특히 환경 규제의 영향을 많이 받는 산업일 경우 생산성 개선 효과가 더욱 큰 것으로 나타났다. 또한 이영범·지현정(2011)은 포터 가설의 타당성을 분석하기 위해 환경 규제가 기술혁신에 미치는 영향, 기술혁신이 생산성에 미치는 영향을 순차적으로 검토하였다. 이를 통해 환경 규제 강화에 따라 증가한 R&D 지출액이 생산성에 긍정적인 영향을 미친다는 점을 검증하였다. 한편, 조주현(2003)은 기업유인 R&D 투자와 오염방지시설 자본 비용의 관계를 검증하며 규제 강화가 기술혁신에 긍정적 영향을 미침을 확인하였으나, 특허 성과에 대해서는 통계적으로 유의하지 않음을 분석하였다.

3) 규제의 복합적 효과

규제의 특성에 따라 기술혁신에 미치는 효과가 다르거나 혹은 동일한 규제라도 규제의 효과가 복합적 특성을 갖는 경우에 대해서도 분석이 수행되었다. 예를 들면, 기업들 간 경쟁 강도를 좌우하는 규제인 경우 시장 환경과 혁신에 대한 효과가 달라질 수 있다. 특허 보호는 혁신을 촉진할 수 있지만, 시장 전체적으로 고려할 때 규제 완화를 통해 특허 발명의 빠른 확산을 촉진함으로써 혁신을 견인할 수 있는 것이다(Besen and Rashind, 1991). 구체적인 연구 사례로서, Aghion et al.(2005)에서는 경쟁 강도와 특허(혁신 지표)의 역 U자형 관계를 확인하였다. 즉, 경쟁이 격화되면 혁신보다는 모방 활동에 대한 인센티브가 증가하는데, 만약 시장의 경쟁 환경에서 독과점에 대한 규제로 인해 기업 간 시장 경쟁이 촉진되면 경쟁우위를 획득하기 위한 기업의 연구개발 투자 인센티브가 높아지게 되나, 복수의 공급업체가 존재하며 비효율적인 비용 구조를 갖게 될 경우 기업은 가격 경쟁으로 시장 점유율을 확대하기 위해 다른 이윤을 줄여 기업의 연구개발 투자 강도가 낮아진다는 것이다.

한편, Blind(2012)는 규제를 경제적 규제, 사회적 규제, 제도적 규제로 구분하여 기술혁신에 미치는 영향을 분석하였다. 경제적 규제에 경쟁 규제, 가격 규제, 제품 서비스 규제를 포함하고 사회적 규제에 환경 규제, 제도적 규제로 지적재산권 규제, 법제 전반을 초점을 두었으며 특허 강도를 기술혁신의 측정치로 활용하여 회귀 분석을 실시하였다. 경쟁 규제는 유의하지 않은 것으로 나타났으며 가격 규제, 지적재산권 규제, 법제 전반은 혁신을 촉진하는 것으로 나타났다. 그리고 환경 규제, 제품 규제는 혁신에 부정적 영향을 미치는 것으로 나타났는데, 이와 같은 경우 장단기적인 효과 등에 따라 복합적 효과가 나타날 수 있음을 지적하였다.

3 연구가설 설정

앞 절에서 살펴본 바와 같이 규제의 효과에 관한 기존 실증연구들은 초기에는 대체적으로 규제가 기업 성과를 방해하는 요인이 될 수 있다는 부정적 관점의 연구가 이뤄졌으나, 점차 환경 규제 분야를 중심으로 규제가 기술혁신에 기여한다는 긍정적 관점의 연구로 확대되는 경향을 보이고 있다(안승구 외, 2017). 최근에는 연구자들이 다양한 규제 범위를 제시하면서 보다 복합적인 효과에 주목하는 실증연구가 축적되어 왔다. 이러한 기존 연구동향을 종합해 보면, 규제의 효과는 단순히 긍정적 혹은 부정적이라고 예단할 수 없고, 규제와 혁신 생태계는 복합적인 상호 영향을 주고받으며 변화하는 가운데 규제가 경제 · 사회에 미치는 연쇄적인 효과의 메커니즘을 규명해 볼 필요가 있음을 알 수 있다.

이와 같이 규제가 미치는 효과의 연쇄적 인과고리(causal chain)에 초점을 두고 수행된 대표적인 연구로는 Dixon et al.(2006) 및 Pelkmans and Renda(2014)가 있다. 우선, Dixon et al.(2006)는 규제 환경이 경제 · 사회에 영향을 미치며 그에 따라 새로운 규제 수요가 대두되고, 이로 인해 규제 환경이 변화해 나간다는 관점을 토대로 규제의 효과 분석을 시도하였다. 이에 따르면 규제는 공공의 수요에 의해 형성되며 노동자, 소비자, 개인, 기관 등 이해관계자들에 영향을 미친다. 규제 환경은 이러한 구성원들에 의해 조성되며, 기업들은 목적을 달성하기 위해 새로운 규제 환경에 대응해 나가고 경제적, 사회적, 환경적 규제의 결과를 가져오게 된다. 이렇게 순환적인 사슬이 형성되면서 규제 결과가 새로운 공공 관심사가 되고 규제 환경에 변화를 야기한다.

이러한 관점에서 한걸음 더 나아가 Pelkmans and Renda(2014)는 규제와 혁신 간 상호작용을 설명하는 모델을 [그림 9-1]과 같이 제시하고 있다. 이를 구체적으로 살펴보면, 규제와 혁신의 상호작용 관계는 정책 목적을 정의하는 것에서부터 시작된다. 이를 달성하기 위해 규제 체계를 활용하게 되는데, 경제 전반에 대한 일반 규제, 혁신을 촉진하기 위한 특정 조치, 부문별 규제 등이 EU 규범(acquis)을 결정하는 데 기반이 된다. 이는 혁신 생태계의 공급과 수요 양면에 영향을 미칠 수 있게 되며, 동시에 경쟁, 생산성, 기술, 투자 수준과 같이 혁신에 영향을 미칠 수 있는 일반적인 요인들에 대해서도 영향을 미치게 된다.[3] 이와 같은 혁신 생태계의 변화는 다시 정책성과에 영향을 미치

3) Pelkmans and Renda(2014)에 따르면, 혁신 과정은 R&D 단계와 상업화 단계로 구분된다. R&D 단

그림 9-1 Pelkmans and Renda(2014)의 규제 혁신 작용 과정

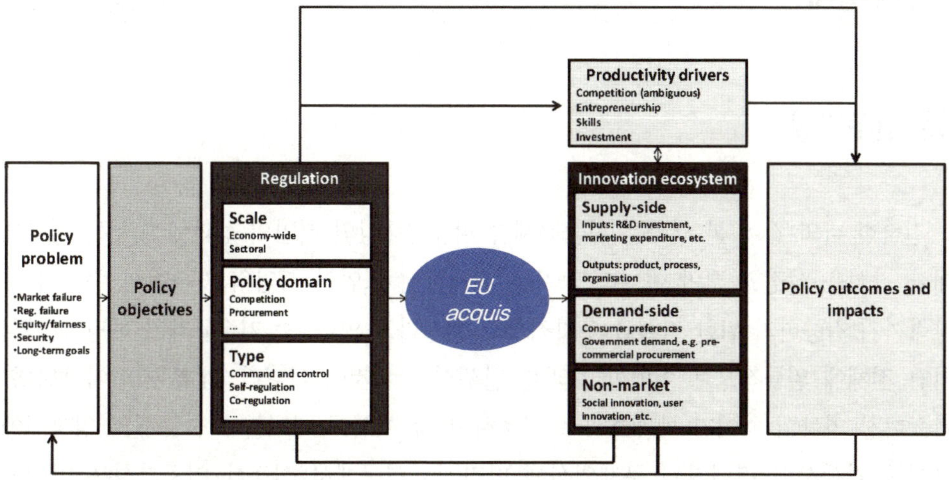

게 되며, 이는 또 다른 정책적 개입을 필요로 하게 된다. 따라서 규제의 영향은 일방적이지 않고, 규제에 따른 혁신 생태계의 변화는 다시 정책적인 성과에 영향을 미치게 되며, 이로 인해 또 다른 정책 조정을 필요로 하게 된다.

이상과 같이 규제가 경제・사회에 미치는 연쇄적인 효과의 메커니즘을 탐색하기 위하여 본 연구는 기술규제와 기업 성과 간의 영향 관계에 대한 연구문제에서 한걸음 더 나아가, 기술규제와 기업 성과 간의 매개요인으로서 기업의 기술혁신 수준의 영향에 주목하고자 한다.

계에서는 경쟁 규제, 인프라구조 정책, 교육 정책이 창업, 생산성에 영향을 미치며, 공급과 수요 측면에서 특허나 기술이전 관련 법률, 세금 공제에 대한 혁신 특정 규제 또한 영향을 미칠 수 있다. 또한 상업화 단계에서는 경쟁 규제, 소비자 보호 규제, 무역 규제, 불공정 관련 규제들이 영향을 미칠 수 있으며 기술 이전, 신제품 출시를 위한 행정 절차 등과 같은 특정 규제 또한 혁신에 영향을 미칠 수 있다.

| 제3절 |

연구설계

1 연구가설

전술한 바와 같이 본 연구는 기술규제가 피규제대상인 기업의 성과에 미치는 영향에 대한 가설을 설정할 뿐만 아니라 양자를 매개하는 요인인 기업의 기술혁신 수준의 영향력까지 검증하기 위한 가설을 추가적으로 설정하고 있다. 즉 기술규제가 해당 분야의 기업 전체에 일률적으로 어떠한 효과를 발생시키는 것이 아니라, 개별 기업이 보유한 기술혁신 역량의 차이가 매개효과로 작용하여 각 기업에 미치는 기술규제의 영향력에 차이를 발생시킬 것이라는 문제의식에 따라 본 연구에서 설정한 연구가설은 아래와 같다.

1단계 가설: [H1] 기술규제의 부담이 커질수록 중소기업 기술혁신에 부정적(−) 영향이 발생할 것이다.

2단계 가설: [H2] 기술규제의 부담이 커질수록 중소기업의 객관적 · 주관적 성과에 부정적(−) 영향이 발생할 것이다.

3단계 가설: [H3] 기술혁신이 많이 이루어질수록 중소기업의 객관적 · 주관적 성과에 긍정적(+) 영향이 발생할 것이다.

2 분석모형 및 변수

본 연구는 기술규제와 중소기업의 성과의 관계를 매개하는 기술혁신의 효과를 검증하기 위해 [그림 9-2]와 같은 분석모형을 설정하였다. 동 분석모형에 제시된 규제와 기술혁신 및 성과의 관계에 대한 잠정적인 가설을 보다 구체적으로 설명하면 다음과 같다. 즉, 기술규제의 수준은 중소기업의 기술혁신에 영향을 미치고, 나아가 기업의 성과에 영향을 줄 수 있다고 가정한다. 이와 같은 일련의 과정에서 나타나는 기업의 기술혁신 요인은 연구개발(R&D)활동 및 제품 · 공정 혁신 차원으로 구분하고, 기업성과 요인의 경우는 객관적 성과 및 주관적 성과 측면으로 구분할 수 있다. 이와 함께 기업규모,

그림 9-2 규제와 기술혁신 및 성과의 관계 분석모형

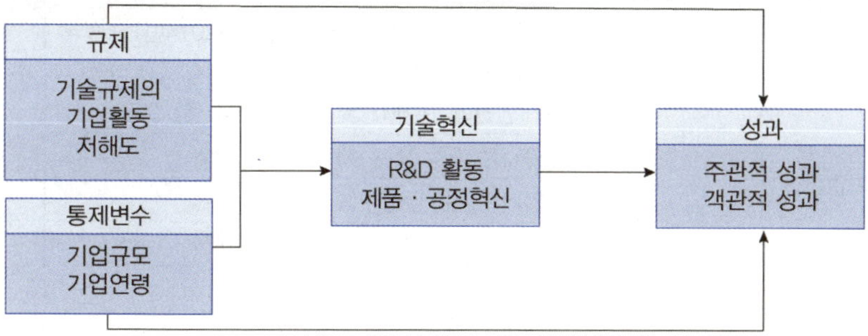

기업연령 등 기타 영향요인들은 통제변수로 분석모형에 포함시켰다.

[그림 9-2]의 분석모형에 포함된 각각의 요인들을 측정하기 위한 변수 및 조작적 정의는 〈표 9-2〉와 같다. 구체적으로 종속변수인 기술혁신은 복합적인 현상을 측정하는 다차원적인 개념임을 고려하여, 투입(input) 측면의 기술혁신 활동을 측정하는 연구개발투자액과 산출(output) 측면의 기술혁신 성과를 측정하는 제품·공정혁신 성과로 구분하였다. 연구개발 투자 규모는 해당기업의 R&D활동에 소요된 비용 금액(원 단위, 로그변환)으로 측정하고, 제품·공정혁신 수준은 제품 및 공정혁신 정도에 관한 4문항(과학기술정책연구원, 2014)으로 6점 척도를 활용하여 측정하였다. 기업성과 중 객관적 성과는 해당 기업의 연간 매출액 증가율을 대리변수(proxy variable)로 활용하여 측정하였고, 주관적 성과의 경우 기업 종사자들이 소속 기업에 대해 주관적으로 인식하는 성과 관련 6문항(과학기술정책연구원, 2014)으로 6점 척도를 활용하여 측정하였다.

독립변수인 기술규제의 부담 수준은 기술규제가 기업활동을 얼마나 빈번하게 저해하는지의 정도(6점 척도)로 측정하였다. 한편, 기타 통제변수의 경우, 기업의 특성인 기업규모는 종업원 수(명 단위, 로그변환)로, 기업연령은 창업연도부터 2017년까지의 존속기간(년 단위)으로 측정하여 분석모형에 포함시켰다. 이상의 각 변수에 대한 설문항은 기술혁신 성과와 영향요인 간 관계가 나타나는 시차를 고려하여 최근 3년(2014~2016년) 범위를 대상으로 조사되었다.

표 9-2 변수의 조작적 정의 및 측정

구분	요인	변수 및 조작적 정의		단위
종속변수	기업성과	객관적 성과	매출액 증가율 = (2016년 매출액-2014년 매출액) ÷ 2014년 매출액×100	%
		주관적 성과	원가(인건비, 원재료 및 에너지비용 등) 절감	6점 척도
			신규시장 개척 또는 시장점유율 확대	
			산업기술표준 달성	
			근로자의 작업환경 또는 안전성 개선	
			수질, 대기 등 환경오염 개선	
			국내외 규제대응	
매개변수	기술혁신	연구개발 투자	해당기업의 R&D활동에 소요된 비용 금액	백만원 (로그변환)
		제품・공정혁신	제품의 품질개선	6점 척도
			제품의 다양화	
			진부해진 기존 제품/공정 대체	
			제품 생산능력(캐파) 증대 또는 생산유연성 개선	
독립변수	기술규제	기술규제저해도	기술규제가 기업활동을 얼마나 빈번하게 저해하는지의 정도에 대한 인식	6점 척도
	기업특성	기업규모	총 종업원(상시근로자) 수	명 (로그변환)
		업력	기업연령 = 2017 − 창업연도 + 1	년

자료: 각 변수는 2014~2016년 간 평균값으로 측정됨.

특별히 분석모형의 종속변수 가운데 제품・공정혁신 및 주관적 성과 변수의 경우, 과학기술정책연구원이 정기적으로 수행해 온 한국기업혁신조사(STEPI)에서 활용하는 설문 문항들(과학기술정책연구원, 2014)을 활용한 것으로서, 각각의 측정도구들의 타당성 및 신뢰성 검증을 위해 요인분석(factor analysis) 및 신뢰성 분석(reliability analysis)을 실시하였다. 먼저, 개별 변수의 타당성을 검증하기 위하여 각각의 하위변수들을 대상으로 요인분석을 실시하였다. 구체적으로 주성분분석(Principal Component Analysis) 및 Varimax 직각회전법을 수행한 결과, 〈표 9-3〉과 같이 동일한 요인으로 묶인 각 하위요소들이 모두 0.5 이상의 높은 요인적재량을 가져 타당성 확보가 가능한 것으로 나타났다.[4] 다음으로 세 변수들의 측정도구인 설문의 신뢰성 분석을 위하여 신뢰도 계수

4) 각 변수와 요인간의 상관관계정도를 나타내는 요인적재량(Factor Loading)은 보통 0.4 이상이며, 0.5 이상이면 높은 유의성을 가진 것으로 본다(백조연・홍형득, 2009: 57).

표 9-3 변수별 측정도구의 타당도 및 신뢰도 분석결과

요인	변수	하위변수	요인분석			신뢰도 (cronbach's α)
			요인적재량	고유값	분산 설명(%)	
종속변수	주관적 성과	원가 절감	.953	5.104	85.063	.965
		신규시장 개척 또는 시장점유율 확대/유지	.923			
		산업기술표준 달성	.905			
		근로자의 작업환경 또는 안전성 개선	.931			
		환경오염 개선	.929			
		국내외 규제대응	.892			
매개변수	제품 · 공정혁신	제품의 품질개선	.964	3.613	90.317	.964
		제품의 다양화	.950			
		진부해진 기존 제품/공정 대체	.955			
		제품 생산능력(생산유연성) 개선	.933			

로 Cronbach's alpha를 사용하였다.[5] 신뢰성 분석결과는 〈표 9-3〉과 같이 모든 항목이 0.6 이상으로 내적 일관성이 높아 하나의 척도로 사용 가능한 것으로 나타났다.

2 자료 및 분석방법

본 연구에서 활용한 중소기업 대상 설문조사 자료는 다음과 같은 과정을 거쳐 수집되었다. 조사대상은 대한상공회의소에서 보유하고 있는 "2017년 전국기업체총람"의 총 290,000개 기업 DB리스트에서 이노비즈기업 17,205개 중 3,000개를 비례 할당 표본추출 방법을 활용하여 추출한 다음 1,470개 기업을 조사업체를 통해 접촉하였으며, 이 중 조사에 응답한 기업은 300개(응답률 약 20.4%)이다.[6] 설문조사는 2017년 9월 15일부터

5) 신뢰도 계수는 검사의 내적 일관성을 나타내는 값으로 변수들간의 평균상관관계에 근거해 검사항목의 동질적인 요소로 구성되어 있는 지를 확인하는 것으로, 일반적으로 그 값이 0.60 이상으로 신뢰성 검증이 된 변수군들은 사후 하나의 척도로 사용해도 신뢰성에 문제가 없는 것으로 본다(백조연 · 홍형득, 2009: 56).

10월 13일까지 e-mail과 웹구축을 통해 이루어졌으며, 설문자료를 명확히 파악하고자 할 경우에는 전화와 면담을 통한 조사를 병행하였다. 회수된 총 300개 표본 중에서 종업원 수와 매출액에 대해 무응답한 3개 및 답변의 신빙성이 의심되는 11개[7]를 배제한 후, 최종적으로 총 286개의 데이터를 확보하여 실증분석에 활용하였다.

본 연구의 분석모형을 검증하기 위하여 사용한 분석 방법은 Baron & Kenny(1986)가 제시한 절차에 따른 매개효과[8] 검증을 위한 3단계 회귀분석(3-step mediated regression analysis)으로서, 이를 구체적으로 설명하면 다음과 같다.

그림 9-3 3단계 매개회귀분석 모형

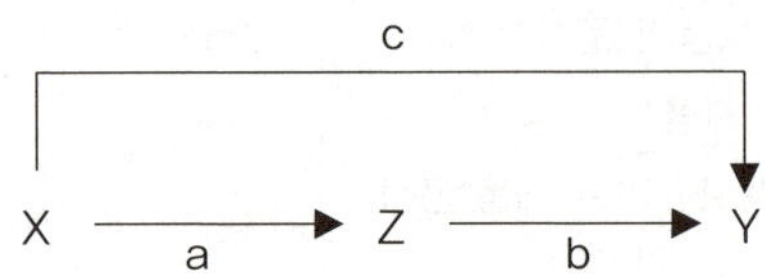

위 [그림 9-3]에서 X는 독립변수고 Y는 종속변수, Z는 매개변수(the mediator)이다. 여기서 3단계를 회귀분석 추정 방정식으로 표시하면,

1단계: Z=상수항+b_1*X+e(경로 a에 대한 회귀분석 실시)

2단계: Y=상수항+b_2*X+e(경로 c에 대한 회귀분석 실시)

3단계: Y=상수항+b_3*X+b_4*Z+e(독립변수 X와 매개변수 Z를 독립변수로 포함시킨 회귀분석, 즉 매개변수 Z를 통제변수로 하고 독립변수 X와 종속변수 Y간의 회귀분석 실시)

Baron와 Kenny(1986)에 의하면, 매개효과는 완전매개와 부분매개로 구분되고, 각 매

6) 설문조사 대상기업의 업종은 서비스업을 제외하고 주로 제조업을 대상으로 조사되었다. 구체적으로 표준분류코드 대항목 중 제조업(10~34), 건설업(41~42), 도매 및 소매업(45~47), 정보통신업(58~63), 전문, 과학 및 기술 서비스업(70~73)에 속하는 중소기업을 대상으로 설문조사를 수행하였다.

7) 제외된 표본은 구체적으로 종업원 수를 300명 이상으로 응답한 3개, 매출액 중 특이값(outlier) 3개, 매출액 증가율이 1000% 이상인 5개이다.

8) 매개효과는 두 변수나 요인 사이의 관계에서 포함되는 변수 혹은 요인의 효과를 말하며, 독립요인과 종속요인 간의 관련성만으로 인과모형을 설명할 수 없는 경우, 인과모형의 중간에 매개요인을 투입시킬 수 있다.

개효과가 성립되기 위해서는 다음 네 가지 조건들이 충족되어야 한다: ① 1단계에서 독립변수는 매개변수에 유의적인 영향을 미쳐야 하고, ② 2단계에서 독립변수는 종속변수에 유의적인 영향을 미쳐야 하며, ③ 3단계에서 매개변수는 종속변수에 유의적인 영향을 미쳐야 한다. ④ 매개변수를 포함한 회귀방정식(3단계)에서 종속변수에 대한 독립변수의 영향력은 조건 ②의 경우보다 감소하거나 전혀 없어야 한다. 여기서 영향력이 감소한 경우는 부분 매개효과가 존재함을 의미하며, 영향이 전혀 없는 경우는 완전매개효과가 존재함을 의미한다. 이상과 같은 3단계 매개회귀분석을 적용한 본 연구의 추정 방정식은 아래와 같다.

1단계: Z(기술혁신) $= \beta_0 + \beta_1 \cdot$ (규제) $+ \beta_2 \cdot$ (기업규모) $+ \beta_3 \cdot$ (업력) $+ \varepsilon$

2단계: Y(기업성과) $= \beta_0 + \beta_1 \cdot$ (규제) $+ \beta_2 \cdot$ (기업규모) $+ \beta_3 \cdot$ (업력) $+ \varepsilon$

3단계: Y(기업성과) $= \beta_0 + \beta_1 \cdot$ (규제) $+ \beta_2 \cdot$ (기술혁신) $+ \beta_3 \cdot$ (기업규모) $+ \beta_4 \cdot$ (업력) $+ \varepsilon$

$H_0 : \beta_i = 0 \quad H_1 : \beta_i \neq 0$ (단, $i = 1 \sim 4$)

제4절 분석결과 및 해석

1 기술통계 분석결과

〈표 9-4〉에는 주요 변수의 기초통계량이 제시되어 있다. 먼저, 조사 대상 기업의 특성을 살펴보면, 평균 약 36명의 상시근로자를 보유하고 있으며 평균 업력은 약 17년이었다. 조사 대상 기업의 기술혁신 관련 변수들을 살펴보면, 전체 중소기업의 R&D투자액은 평균 8억 3백만 원이었으며, 최대값이 1천억 원인 반면 전혀 투자를 하지 않은 기업도 존재하였다. 제품 · 공정혁신의 경우 제품의 품질개선(0.66)이 가장 높은 평균값을 가졌으며, 그 다음으로는 진부해진 기존 제품/공정 대체(0.58), 제품의 다양화(0.56), 제품 생산능력(유연성) 개선(0.50) 순이었다.

기업성과 중 객관적 성과인 매출액 증가율의 경우 전체 기업은 2014~2016년 사이에 평균적으로 18.85%의 매출액 신장을 가져왔으며, 최대 약 447%의 비약적 성장을 이룬

기업도 있는 반면에 -100%로 매출액이 감소한 경우도 존재하였다. 주관적 성과 중에서는 신규시장 개척 또는 시장점유율 확대·유지가 평균 0.52점으로 가장 높게 나타난 반면, 수질, 대기 등 환경오염 개선은 0.47점으로 가장 낮았다. 기술규제의 부담 정도를 살펴보면, 전반적인 규제의 기술활동 저해도는 평균 2.41점이었으며, 기업활동 단계별로는 기술개발(2.55), 제품생산(2.48), 상품판매·마케팅(2.46) 순으로 기술활동 저해도가 높았다.

표 9-4 주요 변수의 기초통계량

변수명 \ 기초통계량		평균	표준편차	최소값	최대값
객관적 성과	매출액 증가율	18.85	64.72	-100	447.37
주관적 성과	원가 절감	0.51	1.16	0	5
	신규시장 개척 또는 시장점유율 확대/유지	0.52	1.15	0	5
	산업기술표준 달성	0.50	1.16	0	5
	근로자의 작업환경 또는 안전성 개선	0.48	1.13	0	5
	수질, 대기 등 환경오염 개선	0.47	1.10	0	5
	국내외 규제대응	0.48	1.12	0	5
연구개발 투자	R&D투자액	803	5950	0	100000
제품·공정 혁신	제품의 품질개선	0.66	1.40	0	5
	제품의 다양화	0.56	1.20	0	5
	진부해진 기존 제품/공정 대체	0.58	1.31	0	6
	제품 생산능력(유연성) 개선	0.50	1.17	0	5
기술규제 부담	전반적 규제저해도	2.41	1.00	1	5
기업규모	총 종업원 수	35.77	45.22	1	300
업력	기업연령	17.18	7.12	5	57

※ N = 286, R&D투자액은 백만원, 매출액 증가율은 %, 기업규모는 명, 업력은 년 단위임. 별도 단위 표시 없는 항목은 6점 척도임.

2 상관관계 분석결과

〈표 9-5〉에는 주요 변수 간 상관관계 분석결과(Pearson 상관 계수)가 제시되어 있

표 9-5 주요 변수 간 상관관계(Pearson 상관계수) 분석결과

구분	①	②	③	④	⑤	⑥	⑦
① 객관적 성과	1						
② 주관적 성과	−0.09	1					
③ R&D투자액(로그)	−0.11*	−0.07	1				
④ 제품·공정혁신	0.98***	0.27***	0.26***	1			
⑤ 규제전반 저해도	0.03	−0.14**	−0.07	−0.13**	1		
⑥ 종업원수(로그)	0.02	0.28***	0.58***	0.28***	0.05	1	
⑦ 기업연령	−0.15**	0.18***	0.15***	0.16***	0.01	0.32***	1

※ *p<.05; **p<.01; ***p<.001

다. 우선, 객관적 성과의 경우 R&D투자액 및 규제 관련 변수들과는 통계적으로 유의미한 상관관계가 존재하지 않았으며, 제품·공정혁신은 객관적 성과와 통계적으로 유의미한 음의 상관관계를 갖는 것으로 나타났다. 주관적 성과의 경우 규제 전반적인 저해도와 통계적으로 유의미한 음의 상관관계를 갖는 반면, R&D투자액 및 제품·공정혁신과는 통계적으로 유의미한 양의 상관관계를 갖는 것으로 나타났다. 한편, 규제전반의 저해도와 제품·공정혁신 및 주관적 성과 간에는 통계적으로 유의미한 음의 상관관계가 나타났다.

3 회귀분석 결과

기술규제와 중소기업의 기술혁신 및 성과 간 관계에 대한 본 연구의 가설을 검증하기 위하여 3단계 매개회귀분석을 수행하였다. 우선, 3단계 분석을 위한 변수들은 독립변수인 규제저해도, 매개변수인 기술혁신(R&D투자액 및 제품·공정 혁신 수준), 종속변수인 기업성과(객관적 및 주관적 성과)로 구분해 볼 수 있다. 이와 같은 3개 변수들을 대상으로 1단계에서는 독립변수가 매개변수에 미치는 유의미한 영향을 검증하고, 2단계에서는 독립변수가 종속변수에 미치는 유의미한 영향을 검증한 다음, 3단계에서 독립변수와 매개변수가 동시에 종속변수에 유의미한 영향을 미치는지를 검증하였다.[9]

9) 특별히 각 회귀모형 내의 독립변수들 간 다중공선성 문제를 진단하기 위하여 분산팽창인자(VIF)를 확인한 결과, 모든 VIF값이 10 미만으로서 다중공선성 문제가 없어 회귀모형은 적합한 것으로 판단된다. 또한 F값과 유의확률에서 모든 회귀모형들은 통계적으로 유의미한 설명이 가능한 것

이상의 단계별 분석결과를 바탕으로 독립변수가 종속변수에 미치는 영향을 표준화 회귀계수 β값으로 비교하여, 2단계의 β의 절대값이 3단계의 β의 절대값보다 클 경우에 부분매개효과가 존재하는 것을 확인하였다. 또한 2단계에서 유의미한 종속변수에 대한 독립변수의 영향력이 3단계에서 사라지고, 매개변수만이 3단계에서 영향을 미칠 경우 완전매개효과가 존재하는 것으로 해석하였다.

분석결과를 구체적으로 살펴보면 다음과 같다. 〈표 9-6〉에는 종속변수를 기업의 주관적 성과로 두고, 독립변수를 기술규제 전반의 기업활동에 대한 저해 경험 정도로, 매개변수를 R&D투자액으로 설정한 회귀모형의 3단계 매개회귀분석결과가 제시되어 있다. 우선, 1단계 분석결과 규제 전반의 저해도는 R&D투자액에 5% 유의수준에서 통계적으로 유의미한 부의 영향을 주는 것으로 나타났다. 다음으로 2단계에서도 규제 전반의 저해도는 기업의 주관적 성과에 1% 유의수준에서 통계적으로 유의미한 부정적 효과를 미치는 것으로 나타났다. 나아가 3단계에서는 R&D투자액이 주관적 성과에 5% 유의수준에서 통계적으로 유의미한 긍정적인 효과를 주고 있음에 비하여, 규제 전반의 저해

표 9-6 3단계 매개회귀분석 결과: 규제 전반 저해도 → R&D투자액 → 주관적 성과

검증단계	독립변수	종속변수	표준화 회귀계수(β)	t값	p값	R^2 ($Adj-R^2$)
1단계	기업규모	R&D투자액	0.59	11.58	0.00***	0.34 (0.33)
	기업연령		-0.03	-0.63	0.53	
	규제 전반의 저해도		-0.10	-2.06	0.04**	
2단계	기업규모	주관적 성과	0.25	4.28	0.00***	0.11 (0.10)
	기업연령		0.10	1.64	0.10†	
	규제 전반의 저해도		-0.15	-2.68	0.01***	
3단계 (독립변수)	기업규모	주관적 성과	0.17	2.35	0.02**	0.12 (0.11)
	기업연령		0.10	1.73	0.09*	
	규제 전반의 저해도		-0.14	-2.42	0.02**	
3단계 (매개변수)	R&D투자액		0.15	2.10	0.04**	

※ N = 286, †$p<.15$; *$p<.10$; **$p<.05$; ***$p<.01$

으로 나타났다.

도는 기업의 주관적 성과에 5% 유의수준에서 통계적으로 유의미한 부의 영향을 주는 것으로 나타났다. 여기서 2단계 및 3단계의 규제 전반 저해도의 표준화 회귀계수(β)를 비교하면, 2단계 β의 절대값이 3단계의 β절대값보다 큰 것으로 나타났다. 이와 같은 3단계 분석결과를 통해 R&D투자액 변수의 부분매개효과가 존재함을 확인할 수 있다.

다음으로 〈표 9-7〉에는 종속변수를 기업의 객관적 성과로 두고, 독립변수를 기술규제 전반의 기업활동에 대한 저해경험 정도로, 매개변수를 R&D투자액으로 설정한 회귀모형의 3단계 매개회귀분석 결과가 제시되어 있다. 이를 구체적으로 살펴보면, 1단계 분석결과 규제 전반의 저해도는 R&D투자액에 5% 유의수준에서 통계적으로 유의미한 부의 영향을 주는 것으로 나타났다. 2단계에서 규제 전반의 저해도는 기업의 객관적 성과에 통계적으로 유의미한 영향을 미치지 않았다. 3단계에서도 규제 전반의 저해도와 객관적 성과 간에는 통계적으로 유의미한 관계를 확인할 수 없었으나, R&D투자액의 경우 객관적 성과에 10% 유의수준에서 통계적으로 유의미한 부정적인 효과를 주는 것으로 나타났다. 따라서 규제 전반의 저해도와 기업의 객관적 성과 사이에서는 통계적으로 유의미한 R&D투자액의 매개효과가 존재한다고 볼 수 없는 것으로 나타났다.

표 9-7 3단계 매개회귀분석 결과: 규제 전반 저해도 → R&D투자액 → 객관적 성과

검증단계	독립변수	종속변수	표준화 회귀계수(β)	t값	p값	R^2 ($Adj-R^2$)
1단계	기업규모	R&D투자액	0.59	11.58	0.00***	0.34 (0.33)
	기업연령		-0.03	-0.63	0.53	
	규제 전반의 저해도		-0.10	-2.06	0.04**	
2단계	기업규모	객관적 성과	0.08	1.21	0.23	0.03 (0.02)
	기업연령		-0.17	-2.82	0.01***	
	규제 전반의 저해도		0.03	0.46	0.64	
3단계 (독립변수)	기업규모	객관적 성과	0.15	2.03	0.04**	0.04 (0.03)
	기업연령		-0.18	-2.89	0.00***	
	규제 전반의 저해도		0.01	0.24	0.81	
3단계 (매개변수)	R&D투자액		-0.13	-1.80	0.07*	

※ N = 286, †p<.15 ; *p<.10; **p<.05; ***p<.01

앞에서 살펴본 주관적 성과를 종속변수로 한 분석결과와 달리, 이처럼 객관적 성과에 미치는 규제 전반의 저해도의 영향이 통계적으로 유의하지 않은 이유로는 기업의 매출액 증가(객관적 성과)에는 경제 전반적인 상황, 해당 시장의 특수성 등 기업의 외부적 환경은 물론 기업의 경영 역량, 마케팅 전략 등 내부적 요인 등이 다양하게 영향을 미칠 수 있기 때문으로 해석해 볼 수 있다.

특별히 3단계에서 R&D투자액이 많은 기업이 객관적 성과가 낮아지는 결과는 단순히 R&D투자액 증대만으로 해당 기간(2014~2016년) 동안 매출액 증가가 이루어지지는 않음을 의미한다. 이러한 결과는 여러 가지 가능한 해석의 여지를 제공하고 있다. 예컨대 특정 기업이 R&D투자를 많이 한 이유가 신제품 개발 중에 있거나 시제품 테스트 단계에 있는 경우라면, 아직 본격적으로 제품 판매를 통한 매출액 증대를 실현하지 못하고 있을 가능성이 존재하며, 이 경우 해당기업이 '죽음의 계곡(Death Valley)'을 넘는 단계라고 볼 수도 있다. 또는 중소기업이 보유한 제한된 자원과 역량을 R&D에 투자하는 비율이 높아질수록 마케팅, 유통경로 관리 등 매출 신장에 직접적으로 기여하는 활동에 상대적으로 덜 투자하게 되는 트레이드 오프(trade-off) 관계가 존재할 개연성이 있다. 다른 한편으로는 기업의 R&D투자는 매출액의 단기적 증대보다는 오히려 중장기적인 기업성장에 영향을 미칠 수 있는, 다시 말해, 투자의 시차효과가 존재하기 때문으로 해석해 볼 수도 있다. 이와 같은 시차효과는 중장기적으로 나타날 수 있으나, 본 연구의 데이터의 시간적 범위 내에서는 확인이 제한된다.

다음으로 매개변수를 제품·공정혁신 수준으로 변경한 후, 독립변수를 기술규제 전반의 기업활동에 대한 저해 경험 정도로, 그리고 종속변수를 주관적 성과로 두고 3단계 매개회귀분석을 수행한 결과는 〈표 9-8〉에 정리되어 있다. 이를 구체적으로 살펴보면, 1단계 분석결과 규제 전반의 저해도는 제품·공정혁신에 5% 유의수준에서 통계적으로 유의미한 부의 영향을 주는 것으로 나타났다. 2단계에서도 규제 전반의 저해도는 기업의 주관적 성과에 1% 유의수준에서 통계적으로 유의미한 부정적 효과를 미치는 것으로 나타났다. 하지만 3단계에서는 제품·공정혁신이 기업성과에 1% 유의수준에서 통계적으로 유의미한 긍정적인 영향을 미치는 데에 비하여, 규제 전반의 저해도와 주관적 성과 간에는 통계적으로 유의미한 관계가 존재하지 않는 것으로 나타났다. 이와 같은 3단계 분석결과를 통하여 제품·공정혁신이 규제 전반의 저해도를 전적으로 매개하는 완전매개효과가 존재하는 것으로 해석해 볼 수 있다. 다시 말해, 일반적으로는 기업의 외부적인 규제환경이 기업활동을 저해함으로써 기술혁신 및 기업성과에 부정적인 효과를

표 9-8	3단계 매개회귀분석 결과: 규제 전반 저해도 → 제품·공정 혁신 → 주관적 성과

검증단계	독립변수	종속변수	표준화 회귀계수(β)	t값	p값	R^2 (Adj-R^2)
1단계	기업규모	제품·공정혁신	0.27	4.47	0.00***	0.11 (0.10)
	기업연령		0.08	1.37	0.17	
	규제 전반의 저해도		-0.14	-2.57	0.01**	
2단계	기업규모	주관적 성과	0.25	4.28	0.00***	0.11 (0.10)
	기업연령		0.10	1.64	0.10†	
	규제 전반의 저해도		-0.15	-2.68	0.01***	
3단계 (독립변수)	기업규모	주관적 성과	-0.00	-0.27	0.78	0.95 (0.95)
	기업연령		0.02	1.32	0.19	
	규제 전반의 저해도		-0.01	-0.77	0.45	
3단계 (매개변수)	제품·공정혁신		0.97	70.76	0.00***	

※ N=286, †p<.15 ; *p<.10; **p<.05; ***p<.01

줄 수 있음에도 불구하고, 제품·공정혁신 수준이 높은 기업의 경우에는 규제의 부정적 효과를 상쇄할 수 있으며 나아가 주관적 성과를 높이는 중요한 요인일 수 있음을 시사한다.

여기서 제품·공정혁신을 매개변수로 두고 분석한 경우 완전매개효과가 존재하는데 비해, 앞의 〈표 9-6〉에서 매개변수가 R&D투자액일 경우에 부분매개효과가 나타나는 이유는 다음과 같이 해석해 볼 수 있다. 즉, 기술혁신의 대리변수로서 투입 측면의 기술혁신 활동을 측정한 R&D투자액의 경우 기업의 주관적 성과에 영향을 주는 여러 요인 중의 일부로 볼 수 있는데 비해, 기술혁신의 산출 측면의 대리변수인 제품·공정혁신 수준은 기업의 주관적 성과와 보다 직접적인 연관관계를 갖는 것으로 인식되는 것으로 해석이 가능하다.

한편, 〈표 9-9〉에는 종속변수를 기업의 객관적 성과로 두고, 독립변수를 기술규제 전반의 기업활동에 대한 저해경험 정도로, 매개변수를 제품·공정혁신으로 설정한 회귀모형의 3단계 매개회귀분석 결과가 제시되어 있다. 이를 구체적으로 살펴보면, 1단계에서는 규제 전반의 저해도가 R&D투자액에 5% 유의수준에서 통계적으로 유의미한 부

표 9-9 3단계 매개회귀분석 결과: 규제 전반 저해도 → 제품 · 공정 혁신 → 객관적 성과

검증단계	독립변수	종속변수	표준화 회귀계수(β)	t값	p값	R^2 ($Adj-R^2$)
1단계	기업규모	제품 · 공정혁신	0.27	4.47	0.00***	0.11 (0.10)
	기업연령		0.08	1.37	0.17	
	규제 전반의 저해도		-0.14	-2.57	0.01**	
2단계	기업규모	객관적 성과	0.08	1.21	0.23	0.03 (0.02)
	기업연령		-0.17	-2.82	0.01***	
	규제 전반의 저해도		0.03	0.46	0.64	
3단계 (독립변수)	기업규모	객관적 성과	0.10	1.62	0.11†	0.04 (0.02)
	기업연령		-0.17	-2.68	0.01***	
	규제 전반의 저해도		0.01	0.20	0.84	
3단계 (매개변수)	제품 · 공정혁신		-0.11	-1.71	0.09*	

※ N = 286, †p<.15 ; *p<.10; **p<.05; ***p<.01

의 효과를 미치는 것으로 나타났으나, 2단계에서는 규제 전반의 저해도가 기업의 객관적 성과에 통계적으로 유의미한 영향을 미치지 않았다. 3단계에서도 규제 전반의 저해도와 객관적 성과 간에는 통계적으로 유의미한 관계를 확인할 수 없었으나, 제품 · 공정혁신 수준의 경우 객관적 성과에 10% 유의수준에서 통계적으로 유의미한 부의 효과를 주는 것으로 나타났다. 따라서 규제 전반의 저해도와 기업의 객관적 성과 사이에서는 통계적으로 유의미한 제품 · 공정혁신의 매개효과가 존재한다고 볼 수 없는 것으로 나타났다.

앞에서 살펴본 주관적 성과를 종속변수로 한 분석결과와 달리, 이처럼 객관적 성과에 미치는 규제 전반의 저해도의 영향이 통계적으로 유의하지 않은 이유로는 기업의 매출액 증가(객관적 성과)에는 다양한 영향요인들(경제 전반적인 상황, 해당 시장의 특수성 등 기업의 외부적 환경, 기업의 경영 역량, 마케팅 전략 등 내부적 요인 등)이 존재할 수 있기 때문으로 해석해 볼 수 있다. 특별히 3단계에서 제품 · 공정혁신 수준이 높은 기업이 객관적 성과가 낮아지는 결과는 매출액 증가가 단순히 제품 · 공정혁신만으로 이루어지는 것은 아님을 의미한다. 이는 기업의 기술혁신이 객관적 성과의 개선을

가져올 수 있도록 하는 여러 요인들에 대한 심층적 탐구가 필요함을 시사하고 있다.

이상의 3단계 매개회귀분석을 도출된 본 연구의 가설 검증 결과는 아래 〈표 9-10〉과 같이 정리될 수 있다.

표 9-10 3단계 매개회귀분석을 통한 가설검증 결과

단계	가설[H]	검증 결과	매개변수	종속변수
1단계	[H1] 기술규제의 부담이 커질수록 중소기업 기술혁신에 부정적(-) 영향이 발생할 것이다.	채택	R&D투자액	객관적 성과
		채택	R&D투자액	주관적 성과
		채택	제품·공정혁신	객관적 성과
		채택	제품·공정혁신	주관적 성과
2단계	[H2] 기술규제의 부담이 커질수록 중소기업의 객관적·주관적 성과에 부정적(-) 영향이 발생할 것이다.	기각	R&D투자액	객관적 성과
		채택	R&D투자액	주관적 성과
		기각	제품·공정혁신	객관적 성과
		채택	제품·공정혁신	주관적 성과
3단계	[H3] 기술혁신이 많이 이루어질수록 중소기업의 객관적·주관적 성과에 긍정적(+) 영향이 발생할 것이다.	채택	R&D투자액	객관적 성과
		채택	R&D투자액	주관적 성과
		채택	제품·공정혁신	객관적 성과
		채택	제품·공정혁신	주관적 성과

제5절

결론 및 정책적 시사점

본 연구는 중소기업이 인식하는 정부의 기술규제의 부담이 기업의 기술혁신에 미치는 효과를 실증적으로 분석하고 나아가 기업의 객관적 및 주관적 성과에 주는 영향을 탐색하였다. 우리나라 중소기업을 대상으로 설문조사를 진행하여 회수된 총 300개 표본 중 최종적으로 총 286개의 데이터를 확보하여 3단계 매개회귀분석을 시행하였다. 본 연구의 실증분석을 통해 규제와 중소기업의 기술혁신 및 성과 간 관계를 파악하였고, 나아가 규제 유형을 세분하여 기업활동 단계별 각각의 규제들이 기술혁신에 미치는 영향을 확인하였으며, 더불어 기업의 객관적 및 주관적 성과에 대한 차별적인 효과가 발생하는지를 검토하였다. 분석 결과, 중소기업이 전반적으로 인식하는 규제의 기술혁신

저해 수준은 기업의 R&D투자나 제품·공정혁신에 부정적인 효과를 미치는 것은 물론 기업의 객관적 및 주관적 성과에도 영향을 주는 것으로 나타났다.

본 연구에서 분석한 설문조사 자료는 횡단면(cross-sectional) 자료로서 추정방정식에 시차의 문제를 명시적으로 고려하는 데 한계가 있다. 따라서 본 연구의 분석결과를 해석함에 있어서 이러한 측면을 감안할 필요가 있다.[10] 기술혁신 및 기업성과 산출에 시간이 소요된다는 측면을 고려하려면 향후 시계열 자료 혹은 패널데이터를 활용한 연구가 추가로 수행될 필요가 있을 것이다.

이러한 본 연구의 결과가 중소기업의 기술규제개혁에 주는 정책적 시사점은 다음과 같다. 우선, 기술혁신을 저해하는 규제를 개선하려는 정부의 지속적인 노력이 요청된다. 본 연구의 실증분석 결과는 기술규제로 인해 기업의 R&D투자 감소 혹은 제품·공정혁신 저해가 발생할 수 있음을 보여준다. 따라서 기업활동을 저해하는 규제를 식별하고 그 부정적 영향을 최소화할 수 있는 정책이 요구된다. 이와 같은 규제개선을 통해 기업의 기술혁신이 이루어질 경우 해당 기업이 보유한 기술혁신 수준에 따라, 기업의 외부적 환경요인으로서 규제가 기업의 주관적 성과에 미치는 부정적 효과는 완화되거나 상쇄될 수도 있다.

다음으로, 기술규제가 기업의 성과에 영향을 미치는 다양한 경로를 파악하고, 기업의 성과 향상에 긍정적인 효과를 주는 규제정책을 추진할 필요가 있다. 이는 규제가 직접적으로 기업성과에 미치는 경로만 존재하는 것이 아니라, 기업의 기술혁신 수준을 매개하여 성과에 영향을 줄 수도 있으며, 또한 기업의 객관적 성과와 주관적 성과에 미치는 규제의 영향은 상반될 수도 있기 때문이다. 특히 기업의 객관적 성과의 경우 복합적인 영향요인이 작용하기 때문에, 단순히 기술규제의 개선만으로 향상시킬 수 있는 것이 아니므로, 중소기업의 상황적 조건과 자원의 제약을 고려한 지원정책이 병행될 필요가 있다.

10) 이처럼 독립변수의 종속변수에 대한 시차 효과를 고려하기 어려운 단년도 조사자료의 한계 보완을 위해 본 연구는 최근 3년이라는 기간을 대상으로 성과를 질문하는 방식으로 설문문항을 구성하였다. 이는우리나라의 과학기술분야의 대표적 조사인 "한국기업혁신조사(STEPI)"의 설문방식이기도 하다.

제10장

기업 혁신활동 단계별 기술규제와 중소기업 성과의 관계 분석

제1절

서 론

최근 4차 산업혁명에 접어든 세계 경제는 지능정보기술이 관련 산업에 활용되면서 경제 · 사회 전반에 걸쳐 초연결 · 초지능 · 초융합이 나타나는 대변혁기에 진입해 있다. 모든 사물이 연결되고, 데이터가 자원이 되며, 인공지능(AI)이 모든 플랫폼에 융합되면서 산업간 경계가 허물어진 새로운 연결사회로 진입한다는 것이다. 이러한 현상은 개인의 삶을 변화시킬 뿐만 아니라, 기업 및 공공서비스 영역에도 대규모 변혁이 예측된다. 이에 4차 산업혁명이 과학기술분야 뿐만 아니라 산업 분야 전반에 미치는 영향을 인지하고, 산업 간 시너지를 극대화할 수 있는 국가 전체 차원의 전략 수립이 요구되고 있는 실정이다. 이는 기술 및 산업 융복합화 추세에 따라 서로 다른 신기술 간에 융합하거나 기존 기술과 결합하여 새로운 제품과 서비스가 만들어지며, 이를 통해 신산업분야가 창출 · 활성화될 수 있는 제도적 기반 구축이 요청됨을 의미한다.

특별히 우리나라에서 경제성장과 고용창출에 중추적인 역할[1)]을 담당하고 있는 중소기업의 활동에 문제가 발생하지 않도록, 관련 규제공백을 최소화하고 기존 규제를 혁신함으로써 4차 산업혁명에 대응할 수 있는 법과 제도 및 관련 규제를 전면적으로 개선할 필요성이 있다. 그간 기술혁신이 기업 성장의 기반이라는 전제 하에 중소기업에 대한 정책 자금은 약 4조 원, 신용보증은 약 80조 원 규모에 달하고 있으며, 중소기업 R&D 직접 보조금과 세액공제 대상 기업 수도 지속적으로 확대되어 왔다. 하지만 여전히 대부분의 중소기업들의 경우 기술혁신 관련 법령이 미비하거나 있더라도 적기에 제 · 개정을 하지 못해 기업이 수익 창출하는데 어려움을 겪고 있으며, 기술개발 단계에서 경험한 규제부담으로 인하여 신사업 진출 지연이나 기존시장 확대 등 사업기회의 상실로 이어지고 있는 실정이다.

기술혁신 관련 규제에 대한 중소기업의 대응은 경쟁력 강화 측면에서 매우 긴요하다. 이에 따라 기술혁신 활동 관련 규제를 중소기업들이 어떻게 인식하고 반응하고 있

1) 중소기업은 규모 특성상 산업 구조의 다양화에 기여함으로써 중산층을 형성하고 이를 통해 국가의 경제적 · 사회적 · 정치적 안정에 기여할 수 있다(김병연, 2013). 특히 IMF외환위기 극복과정에서 구조조정 등으로 대기업을 통한 고용이 감소한 반면, 중소기업은 전체 사업체 수의 99.9%를 차지하며 고용의 87.9%를 차지하는 등 신규 고용을 창출함으로써 고용창출자로서 역할이 부각되고 있다(중소기업중앙회, 2016).

는지 파악해야 할 필요성이 제기되고 있다(이광호 외, 2009). 중소기업은 고용 및 경제 성장 등 국가 발전에 중추적인 역할을 담당하며 산업 구조의 다양화에 기여함으로써 국가의 경제적·사회적·정치적 안정에 기여하는 것으로 알려져 있다(김병연, 2013). 우리나라의 경우, 중소기업이 전체 사업체 수의 99.9%, 고용의 87.9%를 차지하고 있으며, 그 비중은 계속해서 증가하고 있는 추세이다(중소기업중앙회, 2016). 이러한 중소기업의 경제적 중요성을 고려하여 정부는 2015년 기준 자금 약 4조원, 신용보증 약 80조원 규모에 이르는 지원을 추진하는 등 꾸준한 노력을 기울여 왔다. 그러나 정부의 다양한 정책적 지원에도 불구하고 실제 현장에서 느끼는 경영 환경은 더욱 어려워지고 있으며, 국내 기업들이 체감하는 만족도는 높지 않은 것으로 나타났다.[2] 이러한 점에 비추어 볼 때, 중소기업 현장의 관점을 반영한 규제의 질적 개선과 효과적인 규제 정책 추진을 위한 지속적인 점검이 요구된다. 따라서 본 연구는 기술혁신 관련 규제가 중소기업의 기술혁신과 성과에 어떠한 효과를 미치는지 실증적으로 탐구하여 정책적 시사점을 도출하고자 한다.

본 연구는 다음과 같이 구성된다. 우선 제2절에서는 규제의 개념 및 유형에 대한 이론적 논의를 살펴보고 제3절에서 연구설계에 대해 서술한 후 제4절에서 도출된 분석결과에 대한 해석을 바탕으로 제5절에서는 연구결과를 요약하고 정책적 시사점을 제시한다.

제2절 이론적 논의

1 규제의 개념 및 유형

규제의 개념은 연구자의 관점 및 연구 목적 등에 따라 다양하게 정의되어 왔다

2) 한국표준협회(2015)에서 기업을 대상으로 수행한 기술규제 개선과제 발굴 수요조사에 따르면, 총 84건의 개선 수요 과제 중 규제 과다와 관련한 애로가 전체의 51%(43건)를 차지하였으며, 규제공백과 관련한 애로가 전체의 33%(28건)를 차지하고 있어 규제 완화의 노력과 더불어 기업에게 적합한 관련 규제를 제정하기 위한 노력도 필요한 것으로 나타났다.

(Selznick, 1985; Regulation Taskforce, 2006; Small Business Research Centre, 2008; Department for Business, Innovation and Skills, 2015). 예컨대 많이 인용되고 있는 OECD의 정의에 따르면, 규제란 "정부가 기업과 국민들에게 제시하는 일련의 요구들에 관한 다양한 수단들의 총체"이다(OECD, 1997). 이는 구체적으로 정부의 각 단계에서 제시하는 법률, 공식·비공식적 요구와 각종 세부적인 규칙들로서, 규제 당국이 규제 권한을 위임한 정부의 하부 조직이나 비정부기관이 제시하는 규칙들까지도 포함하는 포괄적인 의미를 내포하고 있다. 이와 같은 규제의 유형화에 관한 선행연구들은 규제를 정의하는 관점과 연구 목적의 차이에 따라 〈표 10-1〉과 같이 다양하게 전개되어 왔다.

표 10-1 규제유형에 관한 선행연구

연구자	유형	규제대상
Blind(2012)	• 경제적 규제 – 가격, 시장 진입, 자연적 독점 및 공기업 규제 • 사회적 규제 – 환경 보호, 노동 보호, 제품 및 소비자 안전성 • 제도적 규제 – 지적재산권 보호 등	OECD 국가/기업
Crain and Crain(2014)	• 경제규제(Economic Regulations) • 환경규제(Environmental Regulations) • 조세규제(Tax Compliance) • 직업·안전·보건규제(Occupational Safety and Health and Homeland Security Regulations)	미국/제조업
Dixon et al.(2006)	• 기업법 및 증권법(Corporate and Securities Law) • 환경보호(Environmental Protection) • 고용 법 및 규제(Employment Law and Regulation) • 건강보험 규제(Health Insurance Regulation)	미국/소기업, 창업기업
Department of the Taoiseach(2007)	• 소득세 및 법인세(Income Tax and Corporation Tax) • 부가가치세(VAT) • 관습 규제(Custom Regulation) • 건강 및 안전 규제(Health & Safety Regulation) • 기타 고용법(Other Employment Law) • 환경법규(Environmental Legislation) • 기업법(Company Law) • 각종 통계 보고[Return of Statistical Data to Central Statistics Office(CSO)] • 기타(Other)	아일랜드/기업

Koske et al.(2015)	• 공적 통제(State Control) – 공공소유 / 공공개입 • 창업 장벽(Barrier to Entrepreneurship) – 규제절차 복잡성/창업에 대한 행정적 부담/공적 보호정책 • 무역 · 투자 장벽(Barrier to Trade and Investment) – 창업에 대한 행정적 부담/공적 보호정책	국제/ 제품시장
Pelkmans and Renda(2014)	• 정보기반규제(Regulation through Information) • 자발적 규제(Self–regulation) • 공동규제(Co–regulation) • 표준화(Standardisation) • 시장기반규제(Market–based Instruments) • 규범적 규제(Presciriptive Regulatory Actions)	유럽/ 경제 주체
Stewart(2010)	• 경제적 규제(Economic Regulation) • 사회적 규제(Social Regulation)	미국/산업
Regulation Taskforce(2006)	• 사회 · 환경 규제 – 건강/노동시장/소비자/환경 및 건축 관련 규제 • 경제 · 재정 규제 – 재정 및 기업 거버넌스/조세/연금/무역 관련 규제	호주/기업
산업연구원(2008)	• 경제적 규제 – 시장 진입 및 퇴출 제한, 재정 · 신용정책을 통한 규제, 무역 규제 등 • 사회적 규제 – 보건 및 안전, 환경, 노동 규제 등 • 행정적 규제	한국/ 중소기업
이종한(2013)	• 규제성격유형 – 경제적 규제/사회적 규제/행정적 규제 • 규제사무유형 – 사전승인/투입기준/산출기준/정보규제	한국/산업
조용현 · 김승일(2013)	• 환경 · 경제 · 고용 • 국토 · 해양 · 농수산 · 기타 • 경제적 · 사회적 · 행정적 규제 • 창업 · 경영활동 · M&A 사업전환 · 사업 · 폐업 · 회사정리	한국/ 중소기업

특별히 국내 선행연구들은 주로 규제개혁위원회의 등록규제 방식을 따라 경제적 규제, 사회적 규제, 행정적 규제 등으로 구분하여 유형별 규제의 영향을 분석하였다(산업연구원, 2008; 이종한, 2013). 기존에 논의되어 온 규제 유형화는 규제 전반에 걸쳐 규제 내용의 특성에 따라 유형화를 시도함으로써 규제 연구의 기초인 유형론의 토대를 마련하였다는 점에서 의의를 지닌다. 하지만 본 연구에서는 중소기업이 대기업에 비해 상대적으로 규제 대응 역량이 부족하다는 점에 착안하여, 규제가 중소기업의 기술혁신

은 물론 궁극적으로 중소기업의 성과에까지 영향을 미칠 수 있다는 점을 규명하고자 한다. 따라서 기업의 기술혁신 단계별로 규제를 유형화함으로써 이러한 기술혁신 측면의 규제의 영향을 탐색하고자 하였다. 이에 본 연구는 우리나라 기술규제를 분류한 이광호 외(2009)의 연구개발 단계별 규제 유형화를 적용하여, 각 단계에서 기술혁신 활동에 영향을 미칠 수 있는 규제에 초점을 두어 기업의 기술혁신 및 성과에 어떠한 영향을 미치는지 세부적으로 살펴보고자 한다.

2 기술규제의 개념 및 유형

기술규제는 정부규제의 하위 요소로서 기술로 인해 사회의 문제점이 발생할 경우 정부가 민간의 행위를 제약하는 것으로 이해할 수 있다(정장훈 외, 2015). 기술규제의 정의에 대해서는 학술적, 실무적 활용 목적에 따라 다양하게 논의되고 있다. 국가경쟁력강화위원회(2009)에서는 기술규제의 개념을 '기술개발 → 제품생산 → 판매 · 마케팅 등 기업 활동 전반에서 경영혁신활동을 저해하는 기술 관련 제도'로 정의하였다. 이는 각종 법규적 규제와 준법규적 규제를 포괄하는 것이며, 기술 법령과 같은 명목적 규제보다도 하위 규정이나 재량권 같은 준법규적인 실질적 규제로 기업의 애로가 많다는 측면을 반영하고 있다. 또한 국가과학기술심의회(2013)에서는 기술규제를 '과학기술혁신활동을 촉진하거나 장애요인으로 작용할 수 있는 과학기술 분야의 법령(법률, 대통령령, 총리령, 부령과 그 위임을 받은 고시 등)'으로 정의하고 있으며, 이광호(2016)에서도 마찬가지로 기술규제를 기술규제의 혁신 촉진 기능을 포함하여 '혁신 주체의 혁신 활동 수행에 있어 이를 저해하거나 혹은 촉진하는 기술 관련 규제'로 정의하고 있다. 한편, 국가기술표준원(http://www.kats.go.kr)에서는 기술규제를 '정부가 국민안전, 환경보호, 보건, 소비자 보호 등의 행정목적을 실현하기 위하여 어떤 제품, 서비스, 시스템 등에 특정요건을 법령 등(고시, 공고, 훈령 포함)에 규정하여 법적 구속력을 갖는 것으로서 직 · 간접적으로 국민의 권리를 제한하거나 의무를 부과하는 기술기준(기술규정)이나 적합성평가(시험 · 검사 · 인증 등) 등'으로 정의하였다.

구체적으로 기술규제는 [그림 10-1]과 같이 크게 기업 혁신활동의 3단계에 따라 유형별로 구분될 수 있다(이광호 외, 2009). 첫 번째는 기술개발 단계로서 기술혁신이 일어나는 최초의 국면에서 영향을 미치는 연구소설립, 임상실험, 기술도입, 기술표준, 정보

그림 10-1 기술규제의 유형

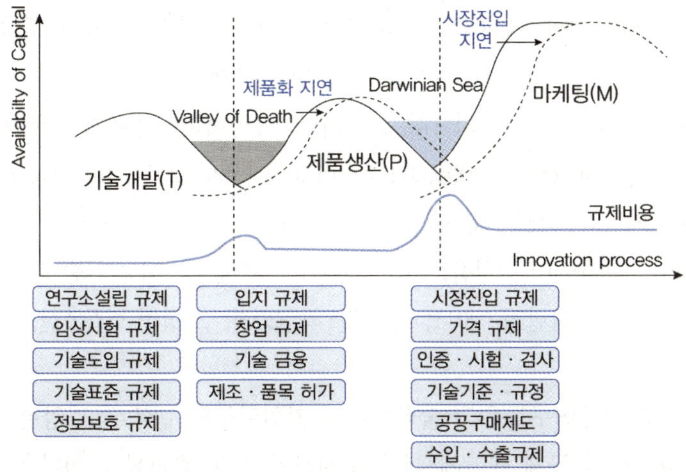

자료: 국가경쟁력강화위원회, 2009, 「불편 없는 기업활동을 위한 기술규제 개선방안」, 수정 · 보완.

보호와 관련한 규제가 포함된다. 두 번째는 제품생산 단계로서 입지, 창업, 기술금융, 제조 · 품목 허가 등과 관련한 규제가 포함되며, 기업이 제품생산 단계의 규제와 저촉되는 경우 제품화가 지연될 수 있다는 점이 특징적이다. 세 번째는 판매 및 마케팅 관련 규제로서 자격, 가격, 인증, 시험 및 분석, 공공구매, 수입 및 수출 관련 규제가 포함되며 이와 같은 규제를 통과하지 못하면 시장 진입이 지연되며 국가 간 무역 활동에도 상당한 영향을 미칠 수 있다.

제3절

연구설계

1 연구가설

그간 정부의 중소기업 규제정책과 관련한 선행연구들을 살펴보면, 기업이 겪고 있는 현장의 실태를 조사하여 규제개선 방향을 제안하거나(이광호 외, 2009; 조병선 · 조봉현, 2009; 홍운선 외, 2015), 일부 분야에 대한 사례분석을 통해 규제효과를 분석하는 연구들(Kemp, 1998; Božić & Rajh, 2016; 강현규, 2010; 이광호, 2016; 김유환, 2016)이 주를 이루고 있다. 한편, 규제와 기업의 혁신 및 성과에 대한 실증연구들의 경우, 2차 자료를 활용하여 분석하는 경우가 대부분이거나, 특정 산업 분야에만 국한된 실증분석을 시도해 왔다(Aghion et al., 2005; Bassanini and Ernst, 2002; Bhatnagar and Cohen, 1997; Jaffe and Palmer, 1997; Nguyen and Wongsurawat, 2011; 김권식 외, 2016; 김종호 · 하봉찬, 2012; 류숙원 · 김상윤, 2010; 박정수 · 최성호, 2011; 안승구 외, 2017; 이동렬 외, 2015; 이영범 · 지현정, 2011; 정승일 외, 2007; 조병선 · 조봉현, 2009; 조주현, 2003).

하지만 기존의 실증연구들은 기술혁신이나 기업활동에 관련된 다양한 세분화된 규제의 특성을 고려하여 규제 대상에 대한 구체적인 정책 효과를 분석한 연구는 미흡하며, 특히 우리나라 기술규제를 중심으로 중소기업의 기술혁신 및 성과와의 관계를 경험적으로 분석한 연구는 아직까지 부족한 실정이다. 이러한 기존 연구들의 한계를 보완하여 본 연구에서는 실제 중소기업 산업 현장에서 수집한 서베이조사 자료를 대상으로 다양한 유형의 기술규제들의 개별효과들을 실증 분석함으로써, 중소기업 기술규제 정책의 효과성에 대한 이론적 · 실무적 시사점을 제시하는 데 기여하고자 한다. 이에 본 연구에서는 기술규제와 중소기업의 기술혁신 및 성과의 관계를 실증적으로 분석하기 위해 다음과 같은 연구가설을 설정한다.

1) 기술규제가 기술혁신에 미치는 영향

기술혁신은 기업이 새로운 제품생산을 통하여 새로운 가치를 창출하기 위하여 기업 내외적인 연구개발(R&D) 투자를 통해서 이루어지며, 구체적으로는 새로운 공정의 도입, 새로운 제품의 개발, 새로운 자원의 획득, 새로운 시장의 개척 등의 형태로 나타난다. 앞서 선행 연구결과에서 살펴 본 바와 같이 기술규제는 기업의 경쟁력 제고를 위한 기술혁신에 영향을 미치는 중요한 정책수단으로 인식되고 있다는 것을 알 수 있다. 즉, 특정 기업이 속한 산업의 특성 혹은 혁신생태계(박규호 외, 2018)의 일부로서 당해 산업에 대한 기술규제의 정도는 기업이 통제하기 어렵지만 기술혁신 활동에 영향을 미치는 외생변수로서 역할을 할 수 있다. 이와 관련하여, 제조업 분야 기업들을 대상으로 규제정책이 기술혁신에 미치는 영향을 분석한 결과를 살펴보면, 규제를 부정적인 것으로 인식하여 규제 수준이 높을수록 기술혁신을 저하시키는 결과를 나타내는 연구결과가 도출되었으며(Bassanini and Ernst, 2002; 류숙원 · 김상윤, 2010; 김권식 외, 2016; 안승구 외, 2017), 예컨대 미국 전자통신 산업에서 규제가 서비스 혁신에 부정적 영향을 미친다는 것이 확인되었다(Prieger, 2000). 반면, 환경순응비용이 R&D 지출을 촉진시키며(Jaffe and Palmer, 1997), 환경규제가 환경혁신에 긍정적인 영향을 미친다는 연구결과도 있다(Bhatnagar and Cohen, 1997; 조주현, 2003; 이영범 · 지현정, 2011). 따라서 본 연구에서는 기술규제가 기업의 기술혁신에 어떻게 영향을 미치고 있는가에 초점을 두고 다음과 같은 가설을 설정하였다.

[H1] 기술규제는 중소기업의 기술혁신에 영향을 미칠 것이다.

2) 기술규제가 기업성과에 미치는 영향

규제가 기술혁신 이외의 기업성과에 미치는 영향에 대해서도 연구가 진행되고 있으나, 기업 수준의 연구보다는 대부분 산업 수준의 연구가 진행되어 왔다. 예컨대 규제와 노동생산성과의 관계를 살펴보면, 경제규제 지수가 높을수록 노동생산성을 유의하게 낮추며(이동렬 외, 2015), 진입규제가 노동생산성에 대해서는 부정적 영향을 미친다(박정수 · 최성호, 2011)는 연구결과가 존재한다. 이에 비해 환경규제와 관련해서는 환경규제의 영향을 많이 받는 산업일 경우 생산성의 개선 효과가 크다(김종호 · 하봉찬, 2012).

개별 기업 수준에서는 기술규제가 기업성과에 직 · 간접적인 영향을 미칠 수 있다. 즉, 정부규제가 직접적으로 기업성과를 향상시키거나 저해할 개연성은 물론 기업의 기술혁신 활동을 매개로 성과에 영향을 줄 가능성도 존재한다. 예를 들면, 정부의 기술규제가 기업의 기술혁신 활동에 긍정적 혹은 부정적 효과를 미침으로써, 결국 기업의 성과에까지 영향을 미치는 경우를 상정해볼 수 있다. 따라서 기술규제가 기업성과에 미치는 영향에 관한 다음과 같은 가설을 설정해 볼 수 있다.

[H2] 기술규제는 중소기업의 성과에 영향을 미칠 것이다.

3) 기술규제와 기업성과 간 기술혁신의 매개효과

기술혁신은 공정, 시장, 재료 및 조직 등 생산 수단의 새로운 결합을 통하여 신제품이나 서비스를 생산하고 마케팅, 판매하는 과정으로 볼 수 있다(Schumpeter, 1961). 기술혁신은 시대에 따라 불규칙하게 발생하는데, 한번 일어나면 군집을 형성해서 경제 활동에 크게 영향을 미친다. 기업의 기술혁신 활동은 주로 R&D 투자의 형태로 이루어지며, 이러한 R&D 투자는 기업성과에 영향을 줄 것이라고 예상할 수 있다(유태욱 · 양동우, 2009; 김정호 · 김민서, 2015).

이와 같은 기술혁신이 기술규제와 기업성과 간 관계를 매개하는 역할을 하는지를 본 연구에서 검증하고자 한다. 즉, 특정 산업분야에 일률적으로 적용되는 기술규제 하에서도 개별기업이 보유한 제품 및 공정 혁신이 해당 기업의 매출이나 운영방식 등 기업의 객관적 및 주관적 성과에 영향을 미칠 수 있는지를 탐색해 볼 필요가 있다. 따라서 본 연구에서는 기술혁신이 기술규제와 개별 기업의 성과 간 관계에 어떠한 영향을 미치고 있는가에 초점을 두고 다음과 같은 가설을 설정하였다.

[H3] 기술혁신은 기술규제와 중소기업의 성과 간 관계를 매개할 것이다.

4) 기술규제 유형에 따른 차별적 효과

다양한 산업별, 유형별 규제들의 효과에 대한 선행연구들은 크게 규제의 긍정적 효과(Bhatnagar and Cohen, 1997; Jaffe and Palmer, 1997; 조주현, 2003; 이영범 · 지현정, 2011; 김종호 · 하봉찬, 2012), 규제의 부정적 효과(Dean et al., 2000; Prieger, 2000; Bassanini and Ernst, 2002; 정승일 외, 2007; 조병선 · 조봉현, 2009; 안승구 외, 2015; 이동렬 외, 2015; 김권식 외, 2016) 그리고 규제의 양면적 효과(Besen and Rashind, 1991; Aghion et al., 2005; Blind, 2012)로 구분해 볼 수 있다(안승구 외, 2018). 이와 같은 기존의 실증연구에 의하면 기술규제 유형에 따라 기업의 기술혁신 및 성과에 미치는 효과가 달라질 수 있음을 유추해 볼 수 있다.

[H4] 기술규제 유형에 따라 중소기업의 기술혁신 및 성과에 미치는 영향이 달라질 것이다.

2 분석방법 및 모형

본 연구의 가설을 검증하기 위하여 사용한 분석 방법은 Baron & Kenny[3](1986)의 매개효과 검증을 위한 3단계 매개회귀분석(3-step mediated regression analysis)으로서, 아래와 같은 3단계 분석모형을 설정하였다.

1단계: Z(기술혁신) = $\beta_0 + \beta_1$ · (규제) + β_2 · (기업규모) + β_3 · (기업연령) + ε

2단계: Y(기업성과) = $\beta_0 + \beta_1$ · (규제) + β_2 · (기업규모) + β_3 · (기업연령) + ε

3단계: Y(기업성과) = $\beta_0 + \beta_1$ · (규제) + β_2 · (기술혁신) + β_3 · (기업규모) + β_4 · (기업연령) + ε

위 모형에 따르면 기술규제의 수준은 중소기업의 기술혁신에 영향을 미치고(1단계), 나아가 기업의 성과에 영향을 줄 수 있으며(2단계), 기술혁신은 기술규제와 기업성과의 관계를 매개할 수 있다(3단계).

3 변수 및 자료

분석모형에 포함된 변수 및 조작적 정의는 〈표 10-2〉와 같다.

종속변수인 기업성과의 경우, 객관적 성과로서 성장실적은 해당 기업의 연간 매출액 증가율(%)로, 그리고 주관적 성과로서 경영능력은 관련 6문항(6점 척도)을 활용하여 측정하였다. 매개변수로서 중소기업의 기술혁신의 대리변수(proxy variable)로는, 연구개발투자의 경우 해당기업의 R&D활동에 소요된 비용 금액(원 단위, 로그변환)으로, 그리고 제품 및 공정혁신의 경우 관련 4문항(6점 척도)을 활용하여 측정하였다.

3) Baron와 Kenny(1986)에 의하면, 매개효과가 성립되기 위해서는 다음 네 가지 조건들이 충족되어야 한다. 1단계에서 독립변수는 매개변수에 유의적인 영향을 미쳐야 하고, 2단계에서 독립변수는 종속변수에 유의적인 영향을 미쳐야 하며, 3단계에서 매개변수는 종속변수에 유의적인 영향을 미쳐야 한다. 그리고 매개변수를 포함한 회귀방정식(3단계)에서 종속변수에 대한 독립변수의 영향력은 2단계에서의 경우에 비해 전혀 없거나 감소해야 한다. 여기서 영향이 전혀 없는 경우는 완전매개효과, 영향력이 감소한 경우는 부분매개효과가 존재하는 것으로 해석된다.

표 10-2 변수의 조작적 정의 및 측정

구분	요인	변수 및 조작적 정의		단위
종속 변수	기업성과	객관적 성장실적	매출액 증가율 = (2016년 매출액 − 2014년 매출액) ÷ 2014년 매출액×100	%
		주관적 경영능력	원가(인건비, 원재료 및 에너지비용 등) 절감	6점 척도
			신규시장 개척 또는 시장점유율 확대	
			산업기술표준 달성	
			근로자의 작업환경 또는 안전성 개선	
			수질, 대기 등 환경오염 개선	
			국내외 규제대응	
매개 변수	기술혁신	연구개발 투자	해당기업의 R&D활동에 소요된 비용 금액	백만원 (로그변환)
		제품・공정혁신	제품의 품질개선	6점 척도
			제품의 다양화	
			진부해진 기존 제품/공정 대체	
			제품 생산능력(캐파) 증대 또는 생산유연성 개선	
설명 변수	기술규제	기술규제저해도	기술규제의 기업활동 저해경험 정도: 기술개발, 제품생산, 상품판매・마케팅 규제 유형(3가지 및 15가지)별 규제 저해경험 수준에 대한 인식	6점 척도
통제 변수	기업특성	기업규모	총 종업원(상시근로자) 수	명 (로그변환)
		기업연령	기업연령 = 2017 − 설립연도 + 1	년

자료: 각 변수는 2014~2016년 간 평균값으로 측정됨.

독립변수인 기술규제는 〈표 10-3〉과 같이 먼저 정부의 기술규제에 부합하는 규제유형을 선별한 다음, 국가경쟁력위원회(2009)의 연구에서 제시한 기업의 기술혁신 과정을 기술개발, 제품생산, 판매・마케팅 등 3단계로 구분하고, 이를 다시 각 단계별로 세부적인 총 15개의 규제유형을 도출하였다. 구체적으로 기술개발 단계의 규제로는 연구소설립, 임상시험, 기술도입, 기술표준, 정보보호 등 5개의 규제로 유형화하였다. 제품생산 단계의 규제로는 입지, 창업, 기술금융, 제조・품목 허가 등 4개의 규제로 구분하였다. 판매・마케팅 단계의 규제로는 시장진입, 가격, 인증・시험・검사, 기술기준・규정, 공공구매제도, 수입・수출 등 6개 규제로 나누었다. 이러한 개별규제들로 인해 얼마나 빈번히 기업활동에 저해가 되었는지를 설문항에서 해당 기업이 인식하는 정도를 측정하였다.

표 10-3 기술규제의 유형

기업활동 단계	규제 내용	예시
기술개발	연구소설립 규제	연구소설립 요건, 연구인력 선발 및 자격요건 등에 관한 규제
	임상실험 규제	인체, 동식물 실험 등에 관한 규제
	기술도입 규제	국내외로부터의 기술 구매・교환 등에 관한 규제
	기술표준 규제	기술개발 관련 표준, 규격 설정 등 호환성 ・ 통일성 확보를 위한 규제
	정보보호 규제	국가기밀정보 보안, 개인정보보호 등에 관한 규제
제품생산	입지 규제	생산시설 설립, 공단입주 등에 관한 규제
	창업 규제	창업 자격요건, 창업 허가 등에 관한 규제
	기술 금융	기술개발 자금 조달, 보험 등에 관한 규제
	제조・품목 허가	각종 제조요건 및 사전・사후 허가 등에 관한 규제
상품판매・마케팅	시장진입규제	제품・서비스 판매 및 시장활동 자격 요건 등에 관한 규제
	가격규제	가격 통제 관련 규제
	인증・시험・검사	제품・서비스 또는 공정(프로세스) 등에 대하여 규정된 요구사항이 충족되었다는 것을 제3자에 의한 증명발행을 통해 보증하거나, 시험(Testing), 검사(Inspection)를 실시하고 적합성 여부를 확인하는 것
	기술기준・규정	상품의 특성・공정・생산・유통・폐기 및 서비스의 제공・절차 등에 관한 기준 및 규정(용어, 기호, 포장, 표시, 라벨링 등)으로 그 준수가 법령・조례・규칙에 따라 강제되는 것
	공공구매제도	정부 공공구매제도 참여 자격 요건 등
	수입・수출 규제	수입・수출과 관련한 사전・사후 허가 등

자료: 국가경쟁력강화위원회(2009)를 추가 보완 정리.

통제변수로는 기업규모로서 총종업원 수(명 단위, 로그변환)를, 기업연령은 설립연도부터 2017년까지의 업력(년 단위)을 분석모형에 포함시켰다. 특별히 기술혁신 및 기업성과와 영향요인들 간 관계에서 나타나는 시간적 지연(time lag)[4]을 고려하여 각 변수에 대한 자료는 최근 3년(2014~2016년) 기간을 대상으로 조사되었다. 이상 주요 변수들의 기술통계량과 측정도구의 타당도 및 신뢰도, 그리고 변수들 간 상관관계 분석결과는 〈부록〉에 제시되어 있다.

본 연구에서 활용한 중소기업 대상 설문조사 자료는 2017년 9월 15일부터 10월 13일

4) R&D 활동이 직접적인 제품이나 생산공정에 응용되어 가시적인 기업 성과로 시현되기 위해서는 추가적인 시간이 소요될 수 있으며, R&D의 속성상 그 파급효과는 단기간이 아닌 장기간에 걸쳐 나타날 수 있기 때문에, R&D의 효과를 추정하는 연구들에서는 적절한 시간 창(time window)을 설정하여 분석한다(김기완, 2008: 32-33).

까지 e-mail과 웹구축을 통해 이루어졌으며, 설문자료를 명확히 파악하고자 할 경우에는 전화와 면담을 통한 조사를 병행하였다. 조사대상은 대한상공회의소에서 보유하고 있는 "2017년 전국기업체총람"의 총 290,000개 기업 DB리스트에서 이노비즈기업 17,205개 중 3,000개를 비례 할당 표본추출 방법을 활용하여 추출한 후 1,470개 기업을 조사업체를 통해 접촉하였으며, 이 중 조사에 응답한 기업은 300개(응답률 약 20.4%)이다. 회수된 총 300개 표본 중에서 종업원 수와 매출액에 대해 무응답한 3개 및 답변의 신빙성이 의심되는 11개[5]를 제외하고 최종적으로 총 286개의 데이터를 확보하여 실증분석에 활용하였다.

제4절

분석결과 및 해석

1 기업 혁신활동 단계별 규제의 효과

기술활동 단계에 따른 3가지 유형(기술개발, 제품생산, 판매 · 마케팅)별 규제의 영향에 대한 분석결과를 살펴보면 다음과 같다. 우선, 〈표 10-4〉에 제시된 기술개발 규제의 영향의 경우 R&D투자액에는 통계적으로 유의미한 부의 효과를 미치지만, 제품 · 공정혁신에는 유의미하지 않은 것으로 나타났다. 또한 기술혁신(R&D투자액 및 제품 · 공정혁신)은 주관적 성과에는 통계적으로 유의미한 긍정적인 효과를 미치는데 비하여, 객관적 성과에는 부정적인 효과를 주는 것으로 나타났다.

표 10-4 3단계 매개회귀분석 결과: 기술개발 규제의 영향

단계	독립변수	→	종속변수	β값	t값	R^2(Adj-R^2)
1	기술개발 규제	→	R&D투자액	-0.10	-1.97**	0.34(0.33)
2	기술개발 규제	→	주관적 성과	-0.06	-1.10	0.09(0.08)

5) 제외된 표본은 구체적으로 종업원 수를 300명 이상으로 응답한 3개, 매출액 중 이상치(outlier) 3개, 매출액 증가율이 1,000% 이상인 5개이다.

3	기술개발 규제	→	주관적 성과	−0.05	−0.83	0.11(0.09)
	R&D투자액	→	주관적 성과	0.16	2.28**	
1	기술개발 규제	→	R&D투자액	−0.10	−1.97**	0.34(0.33)
2	기술개발 규제	→	객관적 성과	0.06	0.96	0.03(0.02)
3	기술개발 규제	→	객관적 성과	0.04	0.75	0.04(0.03)
	R&D투자액	→	객관적 성과	−0.13	−1.75*	
1	기술개발 규제	→	제품・공정혁신	−0.08	−1.32	0.09(0.08)
2	기술개발 규제	→	주관적 성과	−0.06	−1.10	0.09(0.08)
3	기술개발 규제	→	주관적 성과	0.01	0.83	0.95(0.95)
	제품・공정혁신	→	주관적 성과	0.98	71.56***	
1	기술개발 규제	→	제품・공정혁신	−0.08	−1.32	0.09(0.08)
2	기술개발 규제	→	객관적 성과	0.06	0.96	0.03(0.02)
3	기술개발 규제	→	객관적 성과	0.05	0.82	0.04(0.03)
	제품・공정혁신	→	객관적 성과	−0.10	−1.69*	

※ N=286, †p<.15 ; *p<.10; **p<.05; ***p<.01, 통제변수=기업규모, 기업연령.

다음으로 〈표 10-5〉에 정리된 제품생산 규제의 영향은 R&D투자액과 제품・공정혁신에 공히 통계적으로 유의미한 부의 효과를 미쳤다. 그리고 기술혁신(R&D투자액 및 제품・공정혁신)은 주관적 성과에는 통계적으로 유의미한 긍정적인 효과를 미치는데 비해 객관적 성과에는 부정적인 효과를 주는 것으로 나타났다.

표 10-5 3단계 매개회귀분석 결과: 제품생산 규제의 영향

단계	독립변수	→	종속변수	β값	t값	R^2(Adj-R^2)
1	제품생산 규제	→	R&D투자액	−0.10	−2.01**	0.34(0.33)
2	제품생산 규제	→	주관적 성과	−0.08	−1.37	0.09(0.08)
3	제품생산 규제	→	주관적 성과	−0.06	−1.11	0.11(0.10)
	R&D투자액	→	주관적 성과	0.16	2.25**	
1	제품생산 규제	→	R&D투자액	−0.10	−2.01**	0.34(0.33)
2	제품생산 규제	→	객관적 성과	0.08	1.41	0.03(0.02)
3	제품생산 규제	→	객관적 성과	0.07	1.21	0.04(0.03)
	R&D투자액	→	객관적 성과	−0.12	−1.69*	
1	제품생산 규제	→	제품・공정혁신	−0.09	−1.53†	0.09(0.08)
2	제품생산 규제	→	주관적 성과	−0.08	−1.37	0.09(0.08)

단계	독립변수	→	종속변수	β값	t값	R^2(Adj-R^2)
3	제품생산 규제	→	주관적 성과	0.01	0.51	0.95(0.95)
	제품・공정혁신	→	주관적 성과	0.97	71.41***	
1	제품생산 규제	→	제품・공정혁신	−0.09	−1.53†	0.09(0.08)
2	제품생산 규제	→	객관적 성과	0.08	1.41	0.03(0.02)
3	제품생산 규제	→	객관적 성과	0.07	1.26	0.04(0.03)
	제품・공정혁신	→	객관적 성과	−0.10	−1.64†	

※ N = 286, †p<.15 ; *p<.10; **p<.05; ***p<.01, 통제변수 = 기업규모, 기업연령.

한편, 〈표 10-6〉에 제시된 상품판매・마케팅 규제의 영향의 경우 R&D투자액에는 통계적으로 유의미한 부의 효과를 미치지만, 제품・공정혁신에는 유의미하지 않은 것으로 나타났다. 또한 기술혁신(R&D투자액 및 제품・공정혁신)은 주관적 성과에는 통계적으로 유의미한 긍정적인 효과를 미치는데 비해 객관적 성과에는 부정적인 효과를 주는 것으로 나타났다.

표 10-6 3단계 매개회귀분석 결과: 상품판매・마케팅 규제의 영향

단계	독립변수	→	종속변수	β값	t값	R^2(Adj-R^2)
1	판매・마케팅 규제	→	R&D투자액	−0.13	−2.61***	0.35(0.34)
2	판매・마케팅 규제	→	주관적 성과	−0.07	−1.15	0.09(0.08)
3	판매・마케팅 규제	→	주관적 성과	−0.05	−0.80	0.11(0.09)
	R&D투자액	→	주관적 성과	0.16	2.24**	
1	판매・마케팅 규제	→	R&D투자액	−0.13	−2.61***	0.35(0.34)
2	판매・마케팅 규제	→	객관적 성과	0.07	1.26	0.03(0.02)
3	판매・마케팅 규제	→	객관적 성과	0.06	0.99	0.04(0.03)
	R&D투자액	→	객관적 성과	−0.12	−1.67†	
1	판매・마케팅 규제	→	제품・공정혁신	−0.08	−1.37	0.09(0.08)
2	판매・마케팅 규제	→	주관적 성과	−0.07	−1.15	0.09(0.08)
3	판매・마케팅 규제	→	주관적 성과	0.01	0.81	0.95(0.95)
	제품・공정혁신	→	주관적 성과	0.98	71.54***	
1	판매・마케팅 규제	→	제품・공정혁신	−0.08	−1.37	0.09(0.08)
2	판매・마케팅 규제	→	객관적 성과	0.07	1.26	0.03(0.02)
3	판매・마케팅 규제	→	객관적 성과	0.07	1.12	0.04(0.03)
	제품・공정혁신	→	객관적 성과	−0.10	−1.67*	

※ N = 286, †p<.15 ; *p<.10; **p<.05; ***p<.01, 통제변수 = 기업규모, 기업연령.

2 기술규제의 세부유형별 효과

기술규제의 15개 세부 유형별로 기업활동의 저해 정도를 알아보기 위해 각각의 규제들을 독립변수로 하여 3단계 매개회귀분석을 수행하였다. 먼저, 개별규제 → R&D투자액 → 주관적 성과의 관계 분석결과가 제시된 〈표 10-7〉을 보면, 기술금융 규제의 경우 1, 2, 3단계 모두에서 통계적으로 유의미한 음의 효과를 주는 것으로 나타났다. 하지만 다른 규제들은 2, 3단계에서 통계적으로 유의미한 영향을 미치지 않았다. R&D투자액에 통계적으로 유의미한 부정적 영향을 미치는 규제는 기술금융 외에도 연구소설립, 임상실험, 기술표준, 정보보호, 입지, 창업, 제조·품목 허가, 가격, 인증·시험·검사, 기술기준·규정, 공공구매제도, 수입·수출 등인 것으로 나타났다. 또한 R&D투자액은 주관적 성과에 통계적으로 유의미한 양의 효과를 주는 것으로 나타났다.

표 10-7 3단계 매개회귀분석 결과: 개별규제 → R&D투자액 → 주관적 성과

유형 \ 단계		1단계 규제→R&D투자액	2단계 규제→주관적 성과	3단계(독립변수) 규제→주관적 성과	3단계(매개변수) R&D투자액→ 주관적 성과
기술 개발	연구소 설립 규제	−1.05 (−1.99)**	−0.07 (−0.46)	−0.03 (−0.19)	0.04 (2.35)**
	임상실험 규제	−1.16* (−1.85)	−0.19 (−1.10)	−0.15 (−0.85)	0.04** (2.29)
	기술도입 규제	0.09 (0.15)	−0.17 (−1.10)	−0.18 (−1.13)	0.04** (2.41)
	기술표준 규제	−1.05* (−1.86)	−0.18 (−1.19)	−0.14 (−0.94)	0.04** (2.28)
	정보보호 규제	−1.22** (−2.36)	−0.10 (−0.67)	−0.05 (−0.35)	0.04** (2.32)
제품 생산	입지 규제	−0.83† (−1.56)	−0.09 (−0.61)	−0.06 (−0.40)	0.04** (2.35)
	창업 규제	−0.92* (−1.66)	−0.22 (−1.41)	−0.18 (−1.19)	0.04** (2.27)
	기술 금융	−1.02* (−1.82)	−0.29* (−1.91)	−0.26* (−1.67)	0.04** (2.21)
	제조·품목 허가	−0.86* (−1.65)	−0.10 (−0.70)	−0.07 (−0.47)	0.04** (2.34)

상품 판매 · 마케팅	시장진입 규제	−0.59 (−1.15)	−0.10 (−0.70)	−0.08 (−0.54)	0.04** (2.35)
	가격규제	−0.84† (−1.57)	−0.15 (−1.02)	−0.12 (−0.81)	0.04** (2.31)
	인증 · 시험 · 검사	−1.09** (−2.02)	−0.10 (−0.65)	−0.06 (−0.37)	0.04** (2.33)
	기술기준 · 규정	−1.68*** (−3.20)	−0.19 (−1.28)	−0.13 (−0.85)	0.04** (2.19)
	공공구매 제도	−1.27** (−2.26)	−0.07 (−0.44)	−0.02 (−0.13)	0.04** (2.35)
	수입 · 수출 규제	−1.38** (−2.44)	−0.23 (−1.49)	−0.18 (−1.17)	0.04** (2.20)

※ N = 286, †p<.15 ; *p<.10; **p<.05; ***p<.01, 통제변수 = 기업규모, 기업연령, 괄호안은 t값.

개별규제 → R&D투자액 → 객관적 성과의 관계 분석결과가 제시된 〈표 10-8〉을 보면, R&D투자액에 통계적으로 유의미한 부정적 영향을 미치는 규제는 연구소설립, 임상실험, 기술표준, 정보보호, 입지, 창업, 기술금융, 제조 · 품목 허가, 가격, 인증 · 시험 · 검사, 기술기준 · 규정, 공공구매제도, 수입 · 수출 등인 것으로 나타났다. 또한 R&D투자액은 객관적 성과에 통계적으로 유의미한 부의 효과를 주는 것으로 나타났다. 여기서 연구소설립 규제와 가격규제가 기업활동을 더 빈번히 저해함을 경험한 기업의 경우, 그렇지 않은 기업보다 객관적 성과가 더 높은 것으로 나타나 이에 대한 보다 면밀한 검토가 필요하다.

표 10-8 3단계 매개회귀분석 결과: 개별규제 → R&D투자액 → 객관적 성과

유형	단계	1단계 규제→R&D투자액	2단계 규제→객관적 성과	3단계(독립변수) 규제→객관적 성과	3단계(매개변수) R&D투자액→ 객관적 성과
기술 개발	연구소 설립 규제	−1.05** (−1.99)	8.61* (1.95)	7.76* (1.75)	−0.81† (−1.63)
	임상실험 규제	−1.16* (−1.85)	5.29 (1.01)	4.29 (0.82)	−0.86* (−1.75)
	기술도입 규제	0.09 (0.15)	3.10 (0.64)	3.18 (0.66)	−0.91* (−1.85)
	기술표준 규제	−1.05* (−1.86)	0.49 (0.10)	−0.47 (−0.10)	−0.91* (−1.84)
	정보보호 규제	−1.22** (−2.36)	0.79 (0.18)	−0.33 (−0.07)	−0.91* (−1.84)

제품 생산	입지 규제	−0.83† (−1.56)	4.66 (1.05)	3.94 (0.89)	−0.87* (−1.76)
	창업 규제	−0.92* (−1.66)	4.34 (0.93)	3.53 (0.76)	−0.87* (−1.76)
	기술 금융	−1.02* (−1.82)	6.25 (1.34)	5.39 (1.15)	−0.85* (−1.71)
	제조 · 품목 허가	−0.86* (−1.65)	6.00 (1.37)	5.26 (1.20)	−0.85* (−1.72)
상품 판매 · 마케팅	시장진입 규제	−0.59 (−1.15)	1.95 (0.46)	1.42 (0.33)	−0.90* (−1.82)
	가격규제	−0.84† (−1.57)	7.02† (1.59)	6.31† (1.43)	−0.84* (−1.71)
	인증 · 시험 · 검사	−1.09** (−2.02)	6.09 (1.36)	5.17 (1.15)	−0.84* (−1.70)
	기술기준 · 규정	−1.68*** (−3.20)	4.21 (0.95)	2.78 (0.62)	−0.85* (−1.70)
	공공구매 제도	−1.27** (−2.26)	6.58 (1.40)	5.52 (1.17)	−0.83* (−1.68)
	수입 · 수출 규제	−1.38** (−2.44)	1.53 (0.32)	0.28 (0.06)	−0.90* (−1.82)

※ N = 286, †p<.15 ; *p<.10; **p<.05; ***p<.01, 통제변수 = 기업규모, 기업연령, 괄호안은 t값.

개별규제 → 제품 · 공정혁신 → 주관적 성과의 관계 분석결과가 제시된 〈표 10-9〉를 보면, 기술도입, 창업 및 기술금융 규제는 제품 · 공정혁신에 통계적으로 유의미한 음의 효과를 주는 것으로 나타났다. 또한 제품 · 공정혁신은 주관적 성과에 통계적으로 유의미한 양의 효과를 주는 것으로 나타났다. 특별히 기술금융 규제의 경우 2단계에서 주관적 성과에 통계적으로 유의미한 음의 영향을 미쳤으나, 3단계에서는 통계적 유의미성이 사라졌으며 완전매개변수인 제품 · 공정혁신이 주관적 성과에 긍정적인 영향을 미치는 것으로 나타났다. 기술도입 규제와 가격규제의 경우에는 3단계에서 제품 · 공정혁신과 함께 주관적 성과에 통계적으로 유의미한 정의 효과를 미치는 것으로 나타나 이에 대한 보다 면밀한 검토가 필요하다.

표 10-9 3단계 매개회귀분석 결과: 개별규제 → 제품 · 공정혁신 → 주관적 성과

유형 \ 단계		1단계 규제→제품 · 공정 혁신	2단계 규제→주관적 성과	3단계(독립변수) 규제→주관적 성과	3단계(매개변수) 제품 · 공정혁신→ 주관적 성과
기술 개발	연구소설립 규제	−0.05 (−0.59)	−0.07 (−0.46)	0.02 (0.49)	1.74*** (71.63)
	임상실험 규제	−0.11 (−1.12)	−0.19 (−1.10)	−0.00 (−0.01)	1.74*** (71.47)
	기술도입 규제	−0.14† (−1.59)	−0.17 (−1.10)	0.07** (1.98)	1.75*** (71.99)
	기술표준 규제	−0.12 (−1.44)	−0.18 (−1.19)	0.03 (0.91)	1.74*** (71.55)
	정보보호 규제	−0.06 (−0.70)	−0.10 (−0.67)	0.00 (0.05)	1.74*** (71.57)
제품 생산	입지 규제	−0.04 (−0.51)	−0.09 (−0.61)	−0.02 (−0.52)	1.74*** (71.61)
	창업 규제	−0.14* (−1.67)	−0.22 (−1.41)	0.03 (0.92)	1.74*** (71.48)
	기술 금융	−0.17** (−2.03)	−0.29* (−1.91)	0.01 (0.30)	1.74*** (71.16)
	제조 · 품목 허가	−0.08 (−0.95)	−0.10 (−0.70)	0.03 (1.01)	1.74*** (71.70)
상품 판매 · 마케팅	시장진입 규제	−0.06 (−0.82)	−0.10 (−0.70)	0.01 (0.46)	1.74*** (71.59)
	가격규제	−0.12 (−1.48)	−0.15 (−1.02)	0.06* (1.84)	1.75*** (71.94)
	인증 · 시험 · 검사	−0.08 (−1.01)	−0.10 (−0.65)	0.05 (1.46)	1.74*** (71.86)
	기술기준 · 규정	−0.11 (−1.40)	−0.19 (−1.28)	0.01 (0.36)	1.74*** (71.43)
	공공구매 제도	−0.04 (−0.51)	−0.07 (−0.44)	0.01 (0.25)	1.74*** (71.61)
	수입 · 수출 규제	−0.12 (−1.41)	−0.23 (−1.49)	−0.02 (−0.53)	1.74*** (71.37)

※ N = 286, †p<.15 ; *p<.10; **p<.05; ***p<.01, 통제변수 = 기업규모, 기업연령. 괄호안은 t값.

개별규제 → 제품 · 공정혁신 → 객관적 성과의 관계 분석결과가 제시된 〈표 10-10〉을 보면, 기술도입, 창업 및 기술금융 규제는 제품 · 공정혁신에 통계적으로 유의미한

표 10-10	3단계 매개회귀분석 결과: 개별규제 → 제품 · 공정혁신 → 객관적 성과				
유형	단계	1단계 규제→제품 · 공정 혁신	2단계 규제→객관적 성과	3단계(독립변수) 규제→객관적 성과	3단계(매개변수) 제품·공정혁신→객관적 성과
기술 개발	연구소설립 규제	−0.05 (−0.59)	8.61* (1.95)	8.35* (1.90)	−5.47* (−1.70)
	임상실험 규제	−0.11 (−1.12)	5.29 (1.01)	4.70 (0.90)	−5.49* (−1.70)
	기술도입 규제	−0.14† (−1.59)	3.10 (0.64)	2.32 (0.48)	−5.53* (−1.71)
	기술표준 규제	−0.12 (−1.44)	0.49 (0.10)	−0.21 (−0.05)	−5.69* (−1.76)
	정보보호 규제	−0.06 (−0.70)	0.79 (0.18)	0.47 (0.11)	−5.67* (−1.76)
제품 생산	입지 규제	−0.04 (−0.51)	4.66 (1.05)	4.43 (1.00)	−5.58* (−1.73)
	창업 규제	−0.14* (−1.67)	4.34 (0.93)	3.56 (0.77)	−5.44* (−1.68)
	기술 금융	−0.17** (−2.03)	6.25 (1.34)	5.34 (1.14)	−5.24† (−1.62)
	제조 · 품목 허가	−0.08 (−0.95)	6.00 (1.37)	5.58 (1.28)	−5.45* (−1.69)
상품 판매 · 마케팅	시장진입규제	−0.06 (−0.82)	1.95 (0.46)	1.58 (0.37)	−5.62* (−1.74)
	가격규제	−0.12 (−1.48)	7.02† (1.59)	6.38† (1.44)	−5.27† (−1.63)
	인증 · 시험 · 검사	−0.08 (−1.01)	6.09 (1.36)	5.63 (1.26)	−5.44* (−1.69)
	기술기준 · 규정	−0.11 (−1.40)	4.21 (0.95)	3.59 (0.81)	−5.46* (−1.69)
	공공구매제도	−0.04 (−0.51)	6.58 (1.40)	6.34 (1.35)	−5.55* (−1.73)
	수입 · 수출 규제	−0.12 (−1.41)	1.53 (0.32)	0.84 (0.18)	−5.63* (−1.74)

※ N = 286, †$p<.15$; *$p<.10$; **$p<.05$; ***$p<.01$, 통제변수 = 기업규모, 기업연령, 괄호안은 t값.

음의 효과를 주는 것으로 나타났다. 또한 제품 · 공정혁신은 객관적 성과에 통계적으로 유의미한 음의 효과를 주는 것으로 나타났다. 여기서 연구소설립 규제와 가격규제의 경우 2단계와 3단계에서 객관적 성과에 통계적으로 유의미한 양의 영향을 미치는 것으로 나타나 이에 대한 보다 면밀한 검토가 필요하다.

전술한 분석결과를 종합해 보면, 연구소설립 규제와 가격규제로 인해 기업활동에 부담을 빈번히 경험할수록 그렇지 않은 경우보다 객관적 성과가 더 높은 것으로 나타나고 있다. 그리고 기술도입과 가격규제가 비재무적 성과에 긍정적 효과를 미치는 것으로 나타났다. 즉, 기업성과에 규제가 미치는 영향에 대한 인식 결과가 일부 규제 유형의 경우에는 기존 연구결과나 일반적 통념과 다른 것으로 나타나고 있어 해석에 주의를 요한다. 즉, 연구소설립이나 기술도입을 규제로 부담을 느낀다는 것은 기업이 연구소와 기술 관련 투자를 증가시켜야 할 필요가 있다는 것이고, 이는 기업이 성장하고 있는 중이라는 간접적인 증거로 해석해 볼 수 있다. 가격규제의 경우도 시장경쟁에서 우위를 점한 경쟁력 있는 기업이 정부의 가격관련 규제를 부담으로 느낄 수도 있다는 점 등을 생각해 볼 수도 있다. 이처럼 규제의 세부적인 성격과 특성에 따라 미치는 영향이 달라지고 있다는 것은 흥미로운 점이다. 이러한 부분에 대해서 다양한 방법론과 접근을 활용한 추가적인 후속연구가 필요할 것으로 보인다.

제5절

결론 및 정책적 시사점

1 연구의 요약

본 연구는 규제와 중소기업의 기술혁신 및 성과의 관계를 실증적으로 분석하기 위하여 정부의 기술규제를 기업의 혁신활동 단계별로 「기술개발」, 「제품생산」 및 「상품판매 · 마케팅」의 3단계로 구분하고, 보다 세부적으로 총 15개 규제로 유형화하여 기업의 기술혁신 및 기업의 성과에 미치는 영향을 실증적으로 분석하였다. 이를 위해 우리나라 중소기업을 대상으로 설문조사를 진행하여 회수된 총 300개 표본 중 최종적으로 총 286개의 데이터를 확보하여 3단계 매개회귀분석을 시행한 결과, 중소기업의 기술혁신 및 성과는 기업의 혁신활동 단계, 즉 「기술개발」, 「제품생산」 및 「상품판매 · 마케팅」

단계별로 유형화한 기술규제들에 의해 영향을 받는 것으로 확인되었다. 「기술개발」 규제의 영향의 경우 R&D투자액에는 통계적으로 유의미한 부의 효과를 미치지만, 제품·공정혁신에는 유의미하지 않은 것으로 나타났다. 또한 기술혁신(R&D투자액 및 제품·공정혁신)은 주관적 성과에는 통계적으로 유의미한 긍정적인 효과를 미치는데 비해 객관적 성과에는 부정적인 효과를 주는 것으로 나타났다. 다음으로 「제품생산」 규제의 영향은 R&D투자액과 제품·공정혁신에 공히 통계적으로 유의미한 부의 효과를 미쳤다. 그리고 기술혁신(R&D투자액 및 제품·공정혁신)은 주관적 성과에는 통계적으로 유의미한 긍정적인 효과를 미치는데 비해 객관적 성과에는 부정적인 효과를 주는 것으로 나타났다. 한편, 「상품판매·마케팅」 규제의 영향의 경우 R&D투자액에는 통계적으로 유의미한 부의 효과를 미치지만, 제품·공정혁신에는 유의미하지 않은 것으로 나타났다. 또한 기술혁신(R&D투자액 및 제품·공정혁신)은 주관적 성과에는 통계적으로 유의미한 긍정적인 효과를 미치는데 비해 객관적 성과에는 부정적인 효과를 주는 것으로 나타났다.

기술규제의 기술활동 단계에 따른 세부 유형 총 15개 규제들 각각을 대상으로 기업활동 저해경험 정도를 각각 독립변수로 하여 3단계 매개회귀분석을 수행한 결과는 다음과 같다. 먼저, 개별규제 → R&D투자액 → 주관적 성과의 관계를 분석한 결과, 기술금융 규제의 경우 1, 2, 3단계 모두에서 통계적으로 유의미한 음의 효과를 주는 것으로 나타났다. 하지만 다른 규제들은 2, 3단계에서 통계적으로 유의미한 영향을 미치지 않았다. R&D투자액에 통계적으로 유의미한 부정적 영향을 미치는 규제는 기술금융 외에도 연구소설립, 임상실험, 기술표준, 정보보호, 입지, 창업, 제조·품목 허가, 가격, 인증·시험·검사, 기술기준·규정, 공공구매제도, 수입·수출 등인 것으로 나타났다. 또한 R&D투자액은 주관적 성과에 통계적으로 유의미한 양의 효과를 주는 것으로 나타났다. 여기서 연구소설립 규제와 가격규제가 기업활동을 더 빈번히 저해함을 경험한 기업의 경우, 그렇지 않은 기업보다 객관적 성과가 더 높은 것으로 나타났다. 다음으로, 개별규제 → R&D투자액 → 객관적 성과의 관계를 분석한 결과, R&D투자액에 통계적으로 유의미한 부정적 영향을 미치는 규제는 연구소설립, 임상실험, 기술표준, 정보보호, 입지, 창업, 기술금융, 제조·품목 허가, 가격, 인증·시험·검사, 기술기준·규정, 공공구매제도, 수입·수출 등인 것으로 나타났다. 또한 R&D투자액은 객관적 성과에 통계적으로 유의미한 부의 효과를 주는 것으로 나타났다. 한편, 개별규제 → 제품·공정혁신 → 주관적 성과의 관계를 분석한 결과, 기술도입, 창업 및 기술금융 규제는 제품·

공정혁신에 통계적으로 유의미한 음의 효과를 주는 것으로 나타났다. 또한 제품 · 공정혁신은 주관적 성과에 통계적으로 유의미한 양의 효과를 주는 것으로 나타났다. 특별히 기술금융 규제의 경우 2단계에서 주관적 성과에 통계적으로 유의미한 음의 영향을 미쳤으나, 3단계에서는 통계적 유의미성이 사라졌으며 완전매개변수인 제품 · 공정혁신이 주관적 성과에 긍정적인 영향을 미치는 것으로 나타났다. 기술도입 규제와 가격규제의 경우에는 3단계에서 제품 · 공정혁신과 함께 주관적 성과에 통계적으로 유의미한 정의 효과를 미치는 것으로 나타났다. 마지막으로, 개별규제 → 제품 · 공정혁신 → 객관적 성과의 관계를 분석한 결과, 기술도입, 창업 및 기술금융 규제는 제품 · 공정혁신에 통계적으로 유의미한 음의 효과를 주는 것으로 나타났다. 또한 제품 · 공정혁신은 객관적 성과에 통계적으로 유의미한 음의 효과를 주는 것으로 나타났다. 특별히 연구소설립 규제와 가격규제의 경우 2단계와 3단계에서 객관적 성과에 통계적으로 유의미한 양의 영향을 미치는 것으로 나타났다.

2 정책적 시사점

본 연구결과가 시사하는 바로서 기술활동 단계별 기술규제 유형에 따라 기업의 기술혁신 및 성과에 미치는 효과가 달라질 수 있으므로, 향후 기술개발, 제품생산 및 상품판매 · 마케팅 관련 개별 규제들의 특성에 맞는 '맞춤형' 규제개선 전략이 필요함을 알 수 있다. 특별히 중소기업의 R&D투자에 부정적 영향을 미치는 규제인 것으로 나타난 연구소설립, 임상실험, 기술표준, 정보보호, 입지, 창업, 기술금융, 제조 · 품목 허가, 가격, 인증 · 시험 · 검사, 기술기준 · 규정, 공공구매제도, 수입 · 수출 규제들에 대한 보다 심층적 탐구를 통해 개별 규제에 적합한 차별화된 개선방안을 마련할 필요가 있다.

기술혁신 단계별 규제정책의 효과성을 제고하기 위한 구체적인 방안으로는 첫째, 기술개발 단계에서부터 규제부담을 감소시키는 방안 마련이 필요하다. 〈부록 1〉에 제시된 기업활동 단계별 규제의 부담수준을 비교해 보면, 기업활동의 초기인 기술개발 단계에서 규제가 기업활동에 미치는 부담 정도가 높은 것으로 나타나 이에 대한 규제정책의 방향 전환이 요구된다. 구체적으로 기술개발 단계에서는 연구소 설립과 관련된 규제의 기술혁신저해 정도가 높은 것으로 중소기업이 인식하고 있었다. 그 이유는 창업과 동시에 연구소 설립과 연구 환경 조성과 관련된 경험들이 많이 작용했기 때문으로 파악된다. 연구소는 기업부설연구소와 연구개발전담부서의 형태로 구분되고, 인적 및 물적 인정요건이 차이가 있으며, 지원 혜택도 약간씩 다르다. 기업부설연구소의 인정 여부에 따라 연구·인력개발비에 대한 세액공제, 산업기술 연구개발 물품 관세감면 등 세제지원을 비롯하여 전문연구요원제도와 같은 인력지원, 국가연구개발사업 참여지원 등 다양한 혜택을 제공하기 때문에 기업에게는 민감한 사항이다. 따라서 기업부설연구소의 연구원 자격요건과 기업부설연구소의 연구공간 개선과 관련된 이슈 등에 관한 세부적인 개선사항 도출이 요구된다. 한편, 최근의 기술 및 산업 융복합화 추세에서 관련 법령이 있더라도 적기에 제정 또는 개정을 하지 못해 기업활동에 장애가 되는 것을 막기 위해 기술표준 규제를 개선해야 한다. 이를 위해 한국표준산업분류체계의 제·개정 기간을 단축하고, 신기술 제품과 설비와 관련한 기술표준을 신속하게 제정할 필요가 있다. 이와 함께 공공부문의 데이터 연계를 활성화할 수 있는 방향으로의 규제개혁이 요구된다. 빅데이터 연구의 활성화를 위해서는 이들 데이터에 대한 공유는 물론 데이터의 주체가 되는 모든 이들의 노력이 요청된다. 이를 통해 빅데이터에 대한 개인정보 권리자인 국민과 그 데이터를 활용할 산업계 간 양쪽 모두의 이득이 공감될 수 있도록 정부 차원에서 공론화해 나가야 한다.

둘째, 제품생산 단계에서는 개선되어야 할 규제로는 기술금융 및 창업과 관련하여 중소기업이 보유한 특허의 평가체계가 개선되어야 한다. 부동산과 같은 전통적인 담보가 부족한 중소기업 및 창업기업이 특허권을 담보로 자금을 융자 받고자 할 경우 매출실적을 요구하는 사례가 발생한다는 것이다. 특허는 불확실성이 높지만 여전히 재산권으로서 가치를 가지고 있기 때문에 매출실적이 없어 신용담보를 얻지 못하는 기업들이 발생하지 않도록 특허 담보 관련 평가체계 등을 개선할 필요가 있다. 이와 함께 제조·품목허가 규제 관련 가이드라인 설정이 필요하다.[6)]

셋째, 판매 및 마케팅 단계에서는 신기술 인증에 대한 체계적 지원체계가 필요하다. '인증'은 제품이나 서비스 등이 표준 및 기준에 적합한지 여부를 평가·증명하는 제도로, 현재의 인증절차는 개별 법령상에 의거해 이에 규정된 최소한의 표준화된 요건을 해당 기업의 제품 혹은 기술력이 얼마나 충족시키고 있는지를 중심으로 심사가 이루어지는 구조이다. 그러나 현장 상황을 반영하지 못한 인증 및 규격이 그대로 통용됨으로

---

6) 예컨대 미국의 FDA는 2013년 9월 '의료용 모바일 앱 가이드라인' 발표를 통해 FDA 승인 또는 허가가 필요한 의료용 앱과 그렇지 않은 앱을 구분하는 기준을 제시하고 있는 사례를 참조하여, 우리나라도 의료용 모바일 앱을 구분하는 기준을 구체화할 필요가 있다.

써 새로운 기술이 개발되어도 기술의 우수성을 인증으로 입증하기 어려운 것이 현실이다. 따라서 기존 산업에 없던 새로운 첨단기능이나 신기술 신제품의 경우에는 새로운 기능에 대한 인증이나 표준을 정할 수 있도록 인증이나 표준수립에 소요되는 비용이나 기관에 대한 지원이 필요할 것이다.[7)]

7) 예를 들면, 혈액보관 냉장고와 같은 경미한 의료기기는 NEP(New Excellent Product, 신제품) 인증이 모든 과정에서 효력을 발휘하게 하는 방안 등이 있다.

[부록 1] 주요 변수의 기초통계량

변수명 \ 기초통계량			평균	표준편차	최소값	최대값
객관적 성과	매출액 증가율		18.85	64.72	−100	447.37
주관적 성과	원가 절감		0.51	1.16	0	5
	신규시장 개척 또는 시장점유율 확대/유지		0.52	1.15	0	5
	산업기술표준 달성		0.50	1.16	0	5
	근로자의 작업환경 또는 안전성 개선		0.48	1.13	0	5
	수질, 대기 등 환경오염 개선		0.47	1.10	0	5
	국내외 규제대응		0.48	1.12	0	5
연구개발투자	R&D투자액		803	5950	0	100000
제품·공정혁신	제품의 품질개선		0.66	1.40	0	5
	제품의 다양화		0.56	1.20	0	5
	진부해진 기존 제품/공정 대체		0.58	1.31	0	6
	제품 생산능력(유연성) 개선		0.50	1.17	0	5
기술규제	기술개발	연구소설립	2.72	0.86	1	5
		임상실험	2.63	0.73	1	5
		기술도입	2.56	0.80	1	5
		기술표준	2.44	0.81	1	5
		정보보호	2.38	0.88	1	5
	제품생산	입지	2.41	0.86	1	5
		창업	2.44	0.82	1	5
		기술금융	2.52	0.81	1	5
		제조·품목 허가	2.53	0.87	1	5
	상품판매·마케팅	시장진입	2.45	0.89	1	5
		가격	2.45	0.86	1	5
		인증·시험·검사	2.46	0.84	1	5
		기술기준·규정	2.48	0.86	1	5
		공공구매제도	2.45	0.81	1	5
		수입·수출	2.44	0.80	1	5
기업규모	총 종업원 수		35.77	45.22	1	300
기업연령	기업연령		17.18	7.12	5	57

※ N = 286, R&D투자액은 백만원, 매출액 증가율은 %, 기업규모는 명, 업력은 년 단위임. 별도 단위 표시 없는 항목은 6점 척도임. *p<.05; **p<.01; ***p<.001

[부록 2] 변수별 측정도구의 타당도 및 신뢰도 분석결과

요인	변수	하위변수	요인분석			신뢰도 (cronbach's α)
			요인적 재량	고유값	분산 설명 (%)	
종속 변수	주관적 성과	원가 절감	.953	5.104	85.063	.965
		신규시장 개척 또는 시장점유율 확대/유지	.923			
		산업기술표준 달성	.905			
		근로자의 작업환경 또는 안전성 개선	.931			
		환경오염 개선	.929			
		국내외 규제대응	.892			
매개 변수	제품・공정혁신	제품의 품질개선	.964	3.613	90.317	.964
		제품의 다양화	.950			
		진부해진 기존 제품/공정 대체	.955			
		제품 생산능력(생산유연성) 개선	.933			
설명 변수	기술개발 규제	연구소설립 규제	.834	3.293	65.855	.869
		임상실험 규제	.808			
		기술도입 규제	.773			
		기술표준 규제	.817			
		정보보호 규제	.824			
	제품생산 규제	입지 규제	.807	2.802	70.061	.857
		창업 규제	.832			
		기술 금융	.850			
		제조・품목 허가	.858			
	상품판매・마케팅 규제	시장진입규제	.790	3.913	65.217	.893
		가격규제	.805			
		인증・시험・검사	.790			
		기술기준・규정	.812			
		공공구매제도	.812			
		수입・수출 규제	.836			

[부록 3] 주요 변수 간 상관관계 (Pearson 상관계수)

구분	①	②	③	④	⑤	⑥	⑦	⑧	⑨
① 객관적 성과	1								
② 주관적 성과	-0.09	1							
③ R&D투자액(로그)	-0.07	0.27***	1						
④ 제품·공정혁신	-0.11*	0.98***	0.26***	1					
⑤ 기술개발 규제	0.07	-0.05	-0.06	-0.06	1				
⑥ 제품생산 규제	0.09	-0.06	-0.06	-0.07	0.86***	1			
⑦ 상품판매·마케팅 규제	0.08	-0.06	-0.11*	-0.07	0.87***	0.83***	1		
⑧ 종업원수(로그)	0.02	0.28***	0.58***	0.28***	0.05	0.06	0.03	1	
⑨기업연령	-0.15*	0.18***	0.15***	0.16***	-0.05	-0.01	-0.03	0.32***	1.

※ *p<.05; **p<.01; ***p<.001

제11장

연구개발협력 수행체계와 성과의 관계 분석

제1절

서 론

우리나라 역대 정부는 경제성장의 핵심요소로 간주되는 과학기술 분야의 진흥을 뒷받침하기 위한 연구개발(R&D) 투자를 지속적으로 확대해 왔다. 그러나 기초 및 원천기술개발 연구 등에 장기적으로 대규모 재원이 투입된 것에 비하여 R&D 성과는 크지 않다는 문제의식과 함께, 재정건전성 문제가 중요한 이슈로 부각되고 R&D 예산증가율 역시 점차 둔화되는 추세에 접어들면서, 더 이상의 전폭적인 R&D 투자 확대는 어려운 실정이다. 이에 정부 R&D 투자의 내실화 및 효율화에 대한 이슈가 지속적으로 논의되고 있는 상황 속에서, 한정된 재정자원을 절감해야 하는 연구개발사업 관리의 필요성이 그 어느 때보다 절실히 요구되고 있다. 이를 위해서는 연구개발사업의 성과를 증진시키는 데에 영향력을 미치는 요인들을 식별하여, 그러한 요인들을 중심으로 사업관리 체계를 개선·정비하고 나아가 실효성 있는 R&D 정책을 수립하는 것이 필요하다.

그런데 R&D 투자의 효과성을 높이는 요인은 비단 투입으로서의 인력과 물적 자본을 증가시키는 데에만 국한되지 않을 것이다. 경제학의 신성장이론(Lucas, 1988; Stokey, 1991; Aghion and Howitt, 1992)은 연구개발 수행체계를 투입(input) 대비 산출(output)이라는 일련의 전환(transformation)이 일어나는 생산함수로 전제하고, 연구개발 성과의 상이한 결과를 인적자본(human capital)의 규모수확체증(increasing return to scale)에 따른 기술적 효율성의 차이로 설명한다(김권식.이광훈, 2014: 4-5에서 재인용). 그러나 이러한 설명은 연구개발 투자가 성과로 연결되는 생산함수의 효율성 차이를 가져오는 요인으로서, 전환 과정에 대한 설명을 일종의 '블랙박스'로 남겨 놓는다는 한계를 지니므로, '블랙박스' 자체의 특성 차이로 인한 연구개발 성과의 차이에 대한 분석이 요청된다.

특별히 본 연구는 연구개발협력 사업의 수행체계 혹은 구조의 유형, 다시 말해, R&D를 수행하는 개별 조직들의 집합체 또는 체계로서 가변적인 상호관계의 네트워크 구조가 R&D 성과에 영향을 미칠 수 있는지에 분석의 초점을 두고 있다. 연구개발협력은 과학기술 인적자본[1)](S&T human capital)의 확보에 중요한 요인으로 작용할 수 있기 때문

1) 여기서 과학기술 인적자본이란 연구자들이 보유하는 전문적인 네트워크 연결망, 전문기술과 자원의 총합(the sum of researchers' professional network ties and their technical skills and

이다(Bozeman and Corley, 2004). 따라서 본 연구는 연구개발협력에서 협업이 일어나는 구조적 특성을 유형화하여 그러한 유형별로 사업성과에 미치는 영향을 분석함으로써, 연구사업이 구조화되는 유형의 특성이 연구개발 성과에 미칠 수 있는 인과성을 탐색하고자 한다.

본 연구는 다음과 같이 구성된다. 먼저 2장에서는 본 연구의 이론적 배경으로서 연구개발협력의 개념 및 유형을 살펴보고 연구개발협력 수행체계와 성과의 관계에 대한 선행연구를 검토한 다음, O'Toole & Montjoy(1984)의 이론에 근거하여 본 연구의 가설을 설정하고 있다. 이어 3장에서 가설검증을 위한 연구설계에 관하여 논의한 후 4장에서는 분석결과와 그 해석을 제시한다. 마지막으로 결론에서는 연구결과를 요약하고 그 시사점을 제시하고 있다.

제2절 이론적 배경 및 선행연구

1 연구개발협력의 개념 및 유형

연구개발협력(R&D collaboration)이란 최소한 두 개 이상의 연구개발주체들이 기술지식 창출, 획득, 교류 및 활용을 위해 체결한 단순한 시장 거래 이상의 특수관계로서, 참여기관들 간 일종의 전략적 제휴로서 공동 연구개발과 기술이전 등 기업 간 또는 조직 간의 협력관계를 맺는 것을 의미한다(Chesbrough, 2003; Hagedoorn & Schakenrad, 1994; 김현민 외, 2013: 701에서 재인용). 연구개발협력의 주요 특징으로는 두 개 이상의 조직이 협업을 수행하고, 협업을 통해 다양한 형태의 효과를 지향하며, 그 효과는 대부분 참여 조직의 단점을 효율적으로 보완하는 방향 또는 시간적 측면에서 효율성을 제고할 수 있는 방향으로 추진한다는 점 등을 들 수 있다(정도범 외, 2012: 120).

연구개발협력 유형은 다양한 기준에 의해 분류될 수 있다. 선행연구들에서 제시한 연구개발협력 유형화의 기준을 종합하면, 협력대상, 협력형태, R&D대상 기술수준,

resources)을 말한다(Bozeman and Corley, 2004).

R&D인력 역량, 협력건수, 협력기간, 기업가정신, 협력 강도, R&D 투자비, 협력 수준 등을 들 수 있다(Hagedoorn, 1993; Dowling & McGee, 1994; Shan, Walker & Kogut, 1994; Cooke, 1998; Ahuja, 2000; Freel, 2000; 양동우 · 김다진, 2010: 308에서 재인용).

2 연구개발협력 수행체계와 성과의 관계

연구개발협력 활동을 통하여 협력주체들 간 상호보완적 자원들을 공유.결합할 수 있으며, 협력기관의 주요 정보에 대한 접근가능성을 제고하고, 규모의 경제 및 시간의 경제 효과를 촉진함으로써, 기술혁신 및 연구개발 성과에 긍정적인 영향을 미칠 수 있다(Das & Teng, 2000; Narula & Duysters, 2004: Hillman et al., 2009; Kay, 1988; Nieto & Santamaria, 2007; 양동우 · 김다진, 2010: 307에서 재인용). 연구개발협력을 복수의 연구수행주체들 간의 조직화된 연구로 파악할 때, 그 속성상 복수의 연구주체들의 협력적 네트워크 혹은 관계의 총체를 지칭하기 때문에, 개별 행위자간의 관계 유형에 따라 그 특성이나 성과 등에 차이가 나타날 수 있다. 따라서 연구개발 수행체계 및 조직화의 양태, 즉 연구협력주체들 간 구조와 관계의 차이가 연구개발 성과에 미치는 영향에 관한 기존 연구들을 살펴볼 필요가 있다.

Argyers & Silverman(2004)은 71개 기업의 중앙집중식 조직구조(centralized organization of research) 및 분산식 조직구조(decenteralized organization of research)와 혁신성과와의 관계를 분석함으로써, 중앙집중식 구조에 의한 더 집약된 R&D 행위는 더 분산된 R&D 행위의 결과보다 더 많은 혁신을 일으킬 수 있음을 발견하였다.

Lee and Bozeman(2005)은 미국의 대학 연구소 소속 연구자 443명 대상의 설문조사 자료를 활용하여 연구협력과 연구생산성(publishing productivity)의 관계를 Two-Stage Least Squares(2SLS) 방법으로 분석하였다. 분석결과, 협력연구자의 수와 출판된 SCI 논문수에는 유의미한 양의 관계가 있었으나, 종속변수를 SCI 논문수를 공저자 수로 나눈 비율로 놓았을 때에는 협력연구자 수와 통계적으로 유의미한 관계가 존재하지 않는 것으로 나타났다.

Huang et al.(2010)는 167개 기업(제조공장)의 구조가 대량 맞춤 생산(Mass Customization)의 개발을 가능하게 만들었던 역할을 분석하였다. 즉, 유기적 구조인 평면식(faltness), 분산식 구조, 멀티기능화 구조가 대량맞춤생산을 이끌어낼 수 있는 역할을 하였는지를 실증적으로 분석한 결과, 유기적 구조는 대량 맞춤 생산 능력에 영향을 줄 수 있음을 발견하였다.

오준병 · 조윤애(2004)는 연구과제의 기술적 · 절차적 특성, 공동연구 주체의 능력 및 파트너 관계, 그리고 공동연구의 조직형태 등이 공동연구개발의 성과에 어떤 영향을 미치는지를 분석하였다. 구체적으로 2001~2003년에 수행된 국가 연구개발 사업 중 공동연구 개발 과제 601개에 대한 설문조사를 통하여 다음과 같은 결론을 제시하였다. 첫째, 연구의 대상이 된 과제들(2~3년 이내에 개발 가능하고 상업화가 가능한 과제들)은 공동연구의 조직형태가 보다 중앙집권적일 때 성과달성도가 높은 것으로 나타나, 기존의 분권과 자율을 일률적으로 강조하기보다는 공동연구의 기술적 특성 및 목표에 따라 공동연구개발정책에서 차별화된 조직화 전략의 수립이 필요함을 제시하였다. 둘째, 주관연구기관이 파트너를 선정하는 상향식 과제선정 절차가 정보의 비대칭 문제와 무임승차 문제를 해소하는 것으로 나타났다. 셋째, 공공기관이 연구 주관기관이거나 공공연구기관 간의 연구개발인 경우 의사소통이 원활하지 못하는 등 과제수행에 소극적으로 참여하는 경향이 있었다.

홍사균 외(2006)는 기초연구분야의 연구성과를 극대화할 수 있는 방안을 모색하기 위하여 연구개발사업 추진구조와 연구성과간 상관관계를 분석하였다. 2001~2005년 기간 중 수행된 2,093개 기초연구개발사업 연구과제의 연구책임자를 대상으로 한 분석 결과, 연구개발사업의 추진과 관련된 요소들은 상호작용 하고 있으며 연구자와 연구과제의 특성, 연구사업의 추진구조, 인센티브시스템, 사회 경제적 배경 등이 연구 성과에 영향을 미치는 것으로 나타났다. 또한 연구책임자에 대한 설문조사를 한 결과, 연구성과에 영향을 주는 요인으로 연구책임자의 자질이 매우 중요한 것으로 조사되었다.

최태진(2007)은 국가연구개발사업의 전략적인 관리모형을 도출하기 위하여 기초연구 및 원천기술개발 관리체계 유형별 성과분석을 수행하였다. 먼저 개념적 분석틀로서 연구개발 시스템모형을 도입하고 연구자원의 투입, 변환과정으로서 관리체계, 연구성과의 산출로 구분하였다. 여기서 연구관리체계를 투입관리, 수행관리, 산출관리의 세 가지로 구분하고, 이를 어떠한 연구목표를 설정할 것인가, 어떻게 연구자원을 배분할 것인가, 어떻게 연구조직 구조를 설계할 것인가, 어떻게 연구를 통제하고 모니터링할 것인가에 관한 사항으로 정의하였다. 과학기술부가 주관하는 국가연구개발사업인 기초과학연구사업과 특정연구개발사업을 대상으로 분석한 결과, 연구자원 및 연구관리 차원의 다양한 요인들이 기초 및 원천기술 연구개발성과에 영향을 미치는 것으로 나타났다.

장금영(2010)은 사업을 수행하는 주관기관의 유형(대기업, 중소기업, 벤처기업, 연구소, 대학) 및 산・학・연간 협력개발유형에 따른 R&D 성과의 차이를 분석하였다. 분석결과, 주관기관의 유형에 따라 논문성과에 차이가 있었고, 산・학・연의 단독개발보다 산・학・연간의 협력개발 논문성과가 높았다.

양동우・김다진(2010)은 기업의 개방형 혁신(open innovation)의 대용변수인 R&D협력대상 및 정도가 기업성과에 미치는 영향을 실증 분석한 결과, 첫째, 성과차이분석 결과 기업과 기업간 R&D협력이 기업과 연구기관과의 R&D협력에 비해 기술적 성과 및 경제적 성과가 높은 것으로 나타났으며, 둘째, 다중회귀분석 결과 기술적 성과에는 R&D협력경험정도, R&D 상호작용 정도가 유의적인 정(+)의 영향을 주는 것으로 나타났고, 셋째, 경제적 성과에는 R&D 협력경험 정도만이 유의적인 정(+)의 영향을 주는 것으로 나타났다. 이처럼 콘텐츠기업에 있어 외부 R&D협력이 기술 및 경제적 성과에 유의적인 영향을 미치는 것으로 나타난 것은 기업의 성과제고를 위해 외부 R&D네트워크를 구축하는 것이 필요함을 시사한다.

이옥선 외(2011)는 지질자원분야를 대상으로 대학과 출연(연), 두 연구개발주체 간의 연구개발 협력시스템이 성과에 미치는 영향을 분석하였다. 그 결과, 공동 연구개발프로그램 수행, 연구자 교류, 연구개발인프라 활용, 기술사업화 및 기관 교류활동으로 구성된 학.연 연구개발 협력시스템을 통한 협력활동은 연구개발성과에 긍정적인 영향을 미치며, 특히 혁신환경정도를 구분하여 학・연 연구개발 협력시스템이 성과에 미치는 영향을 살펴보면, 높은 혁신환경에서 협력시스템이 성과에 미치는 영향이 더 큼을 확인할 수 있었다.

정도범 외(2012)는 지식기반관점(KBV)에서 산학연 연구개발(R&D) 협력에 따른 기업 성과를 분석하였다. 구체적으로 2006년부터 2009년까지 국가연구개발사업을 수행한 250개 중소기업을 대상으로 연구개발(R&D) 협력 비율 및 유형과 기업 성과와의 관계를 검증하였다. 여기서 기업 성과는 특허 출원 건수로 측정한 기술적 성과와 총자산수익률(ROA)로 측정한 경제적 성과로 구분하였다. 분석 결과, 연구개발(R&D) 협력 비율과 기술적 성과는 역U자형(inverted U-shape) 관계가 있는 것으로 나타났다. 그리고 연구개발(R&D) 협력 유형 중에서 산산 협력 연구는 기술적 성과에 부정적인 영향을 미치는 반면, 산학연 협력 연구는 기술적 성과에 긍정적인 영향을 미치는 것으로 나타났다. 하지만 경제적 성과의 경우에는 연구개발(R&D) 협력 비율 및 유형과 큰 관련이 없는 것으로 나타났다.

김현민 외(2013)는 정부 R&D과제의 개방형 혁신을 위한 협력요소들과 일·이차적 연구개발 성과들 간의 관계, 그리고 이들 관계에 대한 연구원 수와 연구개발단계의 조절효과에 대한 실증분석 결과를 제시하였다. 총 4년(2006~2009년) 간의 연구기간 동안 정부 R&D사업 예산으로 수행된 92,128개 세부과제들을 대상으로 실시한 회귀분석 결과는 과제협력요소인 협력기관 수 및 지역인프라와 연구개발성과들 간의 관계가 일.이차적 성과유형에 따라 차이가 있고, 또한 이들 관계가 연구원 수 및 연구개발단계에 따라 상이한 방향으로 조절될 수 있음을 보여주고 있다. 이는 정부 R&D과제를 기획하는 정책입안자와 수행하는 연구자들에게 정부 R&D과제의 일반적 특성과 협력요소들 간의 관계에 대한 구체적 정보를 제공하여 개방형 혁신 관점에서 강조되고 있는 협력연구의 실효성 강화방안을 제시하고 있다.

임의주 외(2013)는 대학 산학협력단을 대상으로 기술사업화관련 직무의 인력구성이 산학협력 성과와 어떠한 관계가 있는지에 대한 검증을 시도하였다. 이를 위하여 산학협력 성과와 산학협력단에서 기술사업화와 창업보육 직무 담당 인력을 구분하여 상관관계를 회귀분석하고 산학협력단 총 인력규모를 평균미만 및 평균이상으로 구분하여 집단 간 비교를 추진하였다. 그 결과, 기술사업화 전담 인력수가 대학의 산학협력 성과에 양의 영향을 미치는 것으로 확인되었고, 집단 간 산학협력 성과에 미치는 영향을 살펴본 결과 인력규모가 평균 이상인 집단에서 기술 사업화 전담인력수가 대학의 산학협력 성과에 상대적으로 더 크게 영향을 주는 것으로 확인되었다.

차윤경(2013)는 바이오.의료기술개발사업 코디네이터 제도의 사례를 통해 국가연구개발사업의 협력 거버넌스가 사업 성과에 미치는 영향을 분석하였다. 연구 결과, 협력 거버넌스(collaborative governance)의 수준은 과제수행만족도에 긍정적인 영향을 미치고, 과제수행만족도 역시 전략적 성과에 긍정적 영향을 미침을 알 수 있었다.

배진희 외(2014)는 2013년에 실시한 산업부 성과활용현황조사 자료를 이용하여 협력연구가 단독연구에 비해 성과가 높게 나타나는지, 협력연구는 주관기관 유형 및 협력파트너에 따라 성과가 달라지는지를 논문, 특허, 기술이전, 사업화, 신규고용을 대상으로 이항 로지스틱 회귀분석을 이용하여 실증분석하였다. 분석결과 협력연구는 단독연구에 비해 성과가 높게 나타났고, 민간기업이 주관하는 연구과제에서는 비영리기관과 협력할 때 논문, 특허, 신규고용 성과가 증가하였으며, 민간기업간 협력연구에서는 논문, 기술이전 등의 성과창출은 감소하는 것으로 나타난 반면, 비영리기관이 주관하는 연구과제에서 민간기업과 협력할 경우에는 특허, 기술이전 등 지식 공유·확산 차원의 성과가 증가하는 것으로 분석되었다.

이상에서 살펴 본 연구개발 수행체계 및 조직화의 차이가 연구개발 성과에 미치는 영향에 관한 여러 선행연구들을 통하여, 연구개발협력이 구체적으로 어떠한 형태로 수행되는지에 따라 사업성과가 달라질 수 있음을 추론할 수 있다. 연구개발협력이 여러 연구개발 주체들 간 상호작용을 통하여 혁신적인 연구성과가 창출되는 연구수행체계임을 고려할 때, 과학기술 연구개발 정책의 수립 및 집행에 있어 R&D 사업 집행조직간의 체계 및 네트워크의 구조적 특성 및 연구수행 행위자간 관계의 속성에 대한 심층적인 분석과 처방이 요구된다. 다시 말해, 연구개발협력이 수행되는 구조적·행태적 메커니즘은 국가연구개발시스템의 투입-산출 전환과정이라는 블랙박스 속에 설명되어야 할 핵심요인의 하나라고 할 수 있다. 따라서 본 연구는 연구개발을 수행하는 개별 조직들의 집합체 또는 체계로서 가변적인 상호관계의 네트워크 구조와 연구개발성과의 관계에 분석의 초점을 두고 있다. 이는 조직론적 관점에서 집단연구 수행체계의 고유한 구조적·행태적 특성이 연구개발 성과의 차이를 가져올 수 있음을 시사한다.

표 11-1 연구개발 수행체계가 성과에 미치는 영향에 관한 주요 선행연구

연구자	연구주제	변수	
		독립	종속
Argyers & Silverman (2004)	71개 기업의 중앙집중식 조직구조(centralized organization of research) 및 분산식 조직구조(decenteralized organization of research)와 혁신유형과의 관계를 연구	[독립] 중앙집중식 구조, 분산식 구조 [통제] 다양성, 기업규모, 기업의 연간 매출액(기업자산으로 대체), R&D 지출금액, 기존 특허 수, 산업의 고정효과(2-digit SCI Code로 대체) 천연자원(Natural resources/펄프, 제지/석유, 금속), 화학 제약, 산업생산품(비행기, 자동차, 기계, 전기전자), 소비자 생산품(식품, 개인용품), 기술군 효과: 특허가 속한 기술그룹 제약/화학 특허, 전자/컴퓨터 특허, 기계/기타 특허	혁신효과의 다양성(특허의 수, 특허가 인용한 기술그룹별 인용횟수, 특허의 기술그룹별 인용횟수)
Lee and Bozeman (2005)	미국의 대학 연구소 소속 연구자 443명 대상의 설문조사 자료를 활용하여 연구협력과 연구생산성(publishing productivity)의 관계를 Two-Stage	[독립] 협력연구자 수 [통제] 연구경력 연수, 연구비 규모, 기초/응용연구 여부, 연구자 개인 특성(성별, 결혼여부,배우자 직업, 자녀, 외국국적 여부), 직무만족, 차별 여부, 협력의 동기 등	연구생산성(SCI 논문수, SCI 논문수를 공저자 수로 나눈 비율)

	Least Squares(2SLS) 방법으로 분석		
Huang et. al. (2010)	167개 기업(제조공장)의 구조가 대량 맞춤 생산(Mass Customization)의 개발을 가능하게 만든 요인 분석	[독립] 유기적 구조(서베이 자료) [통제] 기업규모	MC 역량 (서베이 자료)
오준병 · 조윤애 (2004)	정부지원 공동연구개발사업의 성공요인 분석	연구과제의 기술적 절차적 특성, 공동연구 주체의 능력 및 파트너 관계, 공동연구의 조직형태	공동연구개발의 성과(서베이 자료)
홍사균 외 (2006)	연구개발사업의 추진구조와 연구 성과간의 상관관계 분석	연구개발사업 추진구조(연구비 규모, 연구기간, 과제제안 방식, 공동연구 실시 여부, 연구책임자의 경력, 기술수명주기의 위치)	연구개발사업의 성과 (논문 수 및 질, 특허 수 및 질, 석박사 학위 졸업생 수, 전문가 네트워크 구축기여도)
최태진 (2007)	기초연구 및 원천기술개발 관리체계 유형별 성과 분석	연구자원: 연구비 규모, 연구기간, 연구팀 규모, 연구책임자 연령 연구관리: 투입관리(연구개발목표, 연구비 재원, 연구과제도출), 수행관리(연구수행방법, 연구수행체계, 공동연구형태), 산출관리(통제방법, 통제주체)	질적 성과지표로서 논문성과와 특허성과
장금영 (2010)	사업을 수행하는 주관기관의 유형(대기업, 중소기업, 벤처기업, 연구소, 대학)에 따른 R&D 성과의 차이 분석	주관기관의 유형 산학연 협력개발 여부 과제 참여기관의 수 과제 총금액 크기 과제 총금액에서 차지하는 민간 총투자금	논문건수 특허건수
양동우 · 김다진 (2010)	기업의 R&D협력 대상 및 정도가 기업성과에 미치는 영향	R&D협력의 대상 R&D협력경험 R&D협력기관간의 상호작용 정도 R&D협력정도	기술적 성과: 지식재산권발생건수, 신기술개발건수, 기술상용화 경제적 성과: 매출액
이옥선 외 (2011)	학 · 연 연구개발 협력시스템이 성과에 미치는 영향	[독립] 학 · 연 연구개발 협력시스템(공동 연구개발프로그램 수행, 연구자 교류, 연구개발인프라 활용, 기술사업화 및 기관 교류) [매개]혁신환경	연구개발 성과 (서베이 자료)
정도범 외 (2012)	산학연 연구개발 협력이 기업 성과에 미치는 영향 분석	[독립] 연구개발 협력 비율, 연구개발 협력 유형(산산, 산학, 산연, 산기타, 산학연)	기술적 성과: 특허출원건수

		[통제] 기업 규모, 기업 연령, 특허 등록 건수, 전체 연구 건수, 전체 연구비, 산업 및 년도 더미	경제적 성과: 총자산수익률(ROA)
임의주 외 (2013)	대학 산학협력단의 기술사업화 관련 직무별 인력구성이 산학협력 성과에 미치는 영향	[독립] 기술사업화 인력비율, 창업보육 인력비율 [통제] 학생정원수, 전임교원수	기술이전건수 기술이전수입료 창업자수 창업기업매출액
김현민 외 (2013)	정부R&D과제 협력요소들과 연구개발 성과의 관계 분석	[독립] 연구원수, 연구개발단계 [통제] 연구개발수행연구, 연구개발수행주체, 과제사업유형, 적용분야, 6T관련기술, 국가기술지도, 세부과제성격, 연구비규모, 협력기관수, 지역인프라	논문 특허 기술료
차윤경 (2013)	국가연구개발사업(바이오・의료기술개발사업)의 협력거버넌스 수준이 사업성과에 미치는 영향 분석	[독립] 협력거버넌스 수준(협력적 파트너십 구조 확립, 민주적 의사소통채널 구축, 제도적 기반 내실화, 이해관계자 참여수준 확대) [매개] 과제수행만족도 [통제] 과제연구비규모, 연구경력	특허출원 수(정량적) 연구책임자의 성과창출에 대한 주관적 인식(정성적)
배진희 외 (2014)	협력유형 및 협력파트너에 따라 산업기술혁신사업의 성과가 달라지는지 실증분석	[독립] 협력형태(협력파트너에 따른 협력유형: 동일 유형간 협력, 다른 유형간 협력, 단독연구), 주관기관 유형별 협력형태(민간기업 및 비영리기관의 동일 유형간 협력, 다른 유형간 협력, 단독연구) [통제] 정부출연금	논문, 특허, 기술이전, 사업화, 추가투자, 신규고용의 존재여부

3 O'Toole & Montjoy의 조직간 집행론: 상호의존 유형과 성과

조직론의 관점에 의하면 복수의 조직들 간에 협동하여 과업을 수행하는 데 있어서, 개별조직들 간 상호작용 패턴이나 관계유형 나아가 이를 규율하는 구조적 배열 양태 등이 영향을 미칠 수 있다. O'Toole & Montjoy(1984)는 Thompson(1967)의 상호의존 논의를 토대로 조직간 상호작용 패턴을 「공동적 상호의존」, 「순차적 상호의존」, 「호혜적 상호의존」이라는 세 가지 유형으로 구분하였다([그림 11-1] 참조).

그림 11-1 조직간 상호의존의 유형

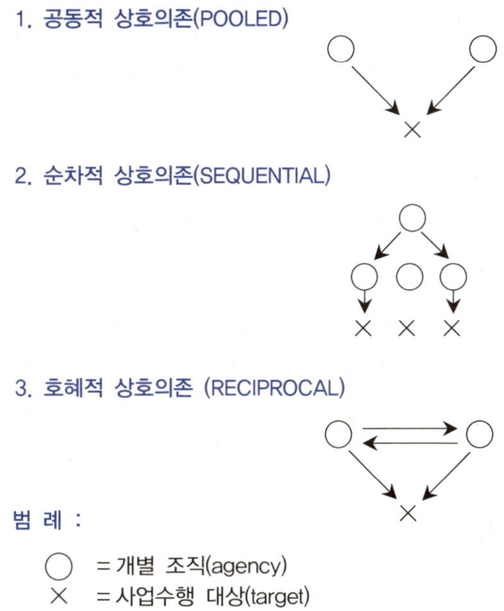

자료: O'Toole & Montjoy(1984: 493) 재구성.

첫째, 「공동적 상호의존」(pooled interdependence)이란 개별조직이 각각 과업달성을 위한 노력을 하도록 요구되지만 조직간 상호작용은 거의 없는 형태이다. 즉 단위작업들 간에는 서로 관련성이 없으며 각 참여 기관들은 공통의 목표달성에 독립적으로 기여하게 된다(O'Toole & Montjoy, 1984: 493).

둘째, 「순차적 상호의존」(sequential interdependence)은 연결된 일련의 유관 조직들이 연합된 계통을 형성하고 배열되어, 한 조직단위의 활동이 다른 조직단위에 재차 투입되며 업무의 실행에 있어 상호 연계되어 있는 경우를 말한다(O'Toole & Montjoy, 1984). 따라서 각각의 조직들은 업무수행을 위해 서로 필요한 자원을 교환하고 상호 영향을 주고받으므로 상호의존성의 정도는 「공동적 상호의존」 유형보다 높게 된다. 즉 「순차적 상호의존」은 한 조직의 결과물이 다른 조직의 투입물이 되는 경우로서, 이런 유형하에서는 한 지점에서의 지연이나 중단이 연쇄적으로 하위 단위에 영향을 미칠 수 있다.

셋째, 「호혜적 상호의존」(reciprocal interdependence)이란 하나의 과업을 수행하기 위하여 여러 조직들의 활동이 동시에 상호 관련되어, 조직간 상호 협상(bargaining)과 상호조정(mutual adjustment)이 일어나는 경우이다(O'Toole & Montjoy, 1984). 이와 같이 상호의존성의 수준이 높은 경우, 조직 상호간에 제약과 연계망에 묶여 상호조정 과정에 적응해야하기 때문에 협력을 위한 조율의 부담이 크고 불확실성 또한 높으므로, 조직의 성과 제고를 위해서는 정교하게 조정된 형태의 조직설계가 요구된다(Thompson, 1967).

요컨대 O'Toole & Montjoy(1984)에 따르면 조직간 집행(inter-organizational implementation)의 경우 조정에 대한 제약과 상호협력 유인의 결여로 인한 위험이 상존하며, 연구개발협력 수행 시 사업 참여조직간 상호의존의 구조적 유형별로 상이한 조직적 행태를 보일 수 있다. 따라서 조직간 상호관계의 조정 양태에 따라 연구개발 성과 역시 차이가 날 수 있으므로, 연구개발협력의 유형별 특성을 고려한 수행체계의 설계 및 관리가 필요하다는 점을 시사하고 있다.

4 연구가설의 설정

앞에서 살펴본 조직간 관계(inter-organizational relations) 유형에 따른 구조적 · 행태적 차이에 관한 O'Toole & Montjoy(1984)의 이론적 논의를 바탕으로, 본 연구는 연구개발협력 수행체계와 성과의 관계에 관한 가설을 설정한다.[2] 즉 O'Toole & Montjoy (1984)의 조직간 집행 유형론을 기초로 본 논문은 시스템 관점을 적용하여, 연구개발에 투입(input)되는 연구자원을 연구개발성과로 산출(output)하는 변환(conversion) 활동에 중요한 영향을 미치는 연구개발 수행체계를 다음과 같이 유형화한다.

구체적으로 연구개발의 과정(process) 및 성과물(output)이라는 두 가지 차원에서 다음과 같은 분류기준을 생각해 볼 수 있다. 우선, 연구개발 과정(process)의 측면에서 볼 때 직렬 형태를 갖는 '순차적' 상호의존형을 생각해 볼 수 있다. 순차적 상호의존형이란

2) 김권식 · 이광훈(2013)은 O'Toole & Montjoy(1984)의 조직간 집행론의 관점에서 다부처 R&D 추진체계가 어떻게 형성되어 있는지 혹은 어떠한 방식으로 설계되어 수행 주체간 조정이 이루어지고 있는지에 따라서 집행조직들의 행태가 달라질 수 있으며, 이로 인해 R&D 성과는 차이가 날 수 있다고 전제하고, 다부처 R&D 사업 수행체계 내의 상이한 제도적 배열(institutional arrangements)로 인한 연구개발 수행조직의 고유한 구조적 · 행태적 특성 차이가 R&D 투자의 성과에 차이를 발생시키는지를 우리나라 다부처 R&D사업을 대상으로 사례연구를 수행하였다. 연구결과, 호혜적 상호의존형 집행체계가 다부처 연구개발사업의 효과적인 정책조정 기제로 활용될 수 있음을 보였다.

연구개발에 참여하는 연구자들간에 순차적 · 선형적으로 연결되어 전 단계의 연구자의 과제가 완성되어야만, 다음 단계의 과제수행이 이루어질 수 있는 직렬적 형태를 의미한다. 즉 연구개발사업의 최종 목표가 하나의 완비된 제품을 개발하는 것으로서, 하위 세부과제 간에는 밀접한 연관관계가 존재하기 때문에 개발할 기술을 체계적으로 계획하여 순서에 의해 세부요소기술을 모두 확보하여야 최종 목표를 달성할 수 있는 연구개발사업을 지칭한다(박영일, 1996; 최태진, 2007).

이에 비해 연구개발 과정 상에서 사업에 참여하는 세부과제수행 주체들간에 개별적인 연구수행이 가능한 형태가 있을 수 있다. 이러한 유형의 집단연구들은 다시 연구개발 성과물(output)의 특성에 따라 가분적과 불가분적 산출물인 두 가지 경우로 구별될 수 있다. 첫째, 연구개발성과가 가분적이라 함은 세부과제들이 수행된 결과, 각각 하나의 연구개발성과를 산출해 낼 수 있는 경우로서 '공동적' 상호의존형이라 명명할 수 있다. 즉 공동적 상호의존형이란 하위 세부과제 간의 연계성이 적어 개별과제 중심으로 연구를 수행하며, 연구개발 목표도 최종제품보다는 단위 요소기술개발을 추구하는 연구개발사업을 말한다(박영일, 1996; 최태진, 2007). 둘째, 연구개발성과가 불가분적이라 함은 모든 세부과제들이 성공적으로 수행되어야만 연구개발 성과물이 최종적으로 산출되는 특성을 지니며 이를 '호혜적' 상호의존형에 해당하는 것으로 볼 수 있다. 이는 소그룹내의 세부과제 간에는 연관관계가 존재하나 소그룹 간에는 연관관계가 적은 연구

그림 11-2 연구개발협력 수행체계의 유형화

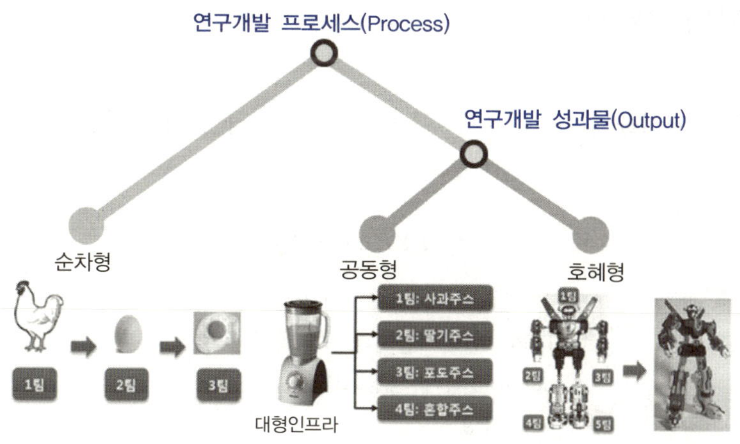

개발사업을 의미한다(최태진, 2007). 이상의 유형들을 종합하면 [그림 11-2]와 같이 세 가지 유형이 제시될 수 있다.

O'Toole & Montjoy(1984)에 의하면, 지시나 명령의 구체성(mandate specificity)은 집행이 이루어지는 동안 사라지기 때문에, 집행이 진행될수록 지침의 구체성과 감독(monitoring)은 모호해지고 약화된다. 이에 따라 집행조직간 상호의존이 공동적인 경우 성공적인 정책집행이 이루어질 가능성은 관련 조직의 수와 정(正)의 관계를 갖는 반면, 순차적(단순선형적) 상호의존, 호혜적 상호의존의 경우에는 관련 조직의 수가 많아질수록 의사결정점과 거부점이 많아져서 집행의 지연과 거부가 나타날 가능성이 높아진다는 것이다. 이와 같은 O'Toole & Montjoy(1984)의 논의를 바탕으로 본 연구는 다음과 같은 연구가설을 설정한다.

연구가설: 연구개발협력 수행체계가 공동적 상호의존형일 경우는 단순선형적 혹은 호혜적 상호의존형의 경우보다 연구개발 성과가 높을 것이다.

제3절

연구설계

1 분석모형 및 변수

본 연구의 가설을 검증하기 위한 분석모형은 다음과 같이 나타낼 수 있다.

$$Y = \beta_1 + \beta_2(TYPE) + \beta_3(Control) + \varepsilon$$

Y: 연구개발성과,
TYPE: 연구개발협력 수행체계 유형,
Control: 기타 영향요인,
ε: 오차항

표 11-2 변수 정의 및 조작화

	구분	변수 설명	조작적 정의
종속 변수	연구개발협력 성과	논문 총수	해당사업이 산출한 논문 총 개수
		SCI 논문수	해당사업이 산출한 SCI 논문수
		비SCI 논문수	해당사업이 산출한 비SCI 논문수
		특허 총수	해당사업이 산출한 특허 총 개수
		특허 등록수	해당사업이 산출한 특허 등록수
		특허 출원수	해당사업이 산출한 특허 출원수
설명 변수	연구개발협력 수행체계 유형	수행체계 유형별 더미변수	0(base) = 공동형, 1 = 순차형, 2 = 호혜형
통제 변수	인적 자원(노동요소: L)	종인력수	총 참여인력수
		연구인력 수	연구인력(박사+석사) 수
	물적 자원(자본요소: K)	총예산액	총 지원예산액(로그값)
		사업비 비율	인건비를 제외한 사업비를 총예산액으로 나눈 값
	시간요인	연구수행 기간	수행기간을 일(day) 단위로 계산

국가연구개발사업 등의 성과평가 및 성과관리에 관한 법률 제2조 제8호에서는 연구개발성과를 "연구개발을 통하여 창출되는 특허 · 논문 등 과학기술적 성과와 그밖에 유 · 무형의 경제 · 사회 · 문화적 성과"로 정의하고 있다. 이에 본 연구의 분석대상 사업이 기초 · 원천연구 분야임을 고려하여, 종속변수인 연구개발협력 성과를 학술적 성과와 기술적 성과로 구분하고 이를 각각 해당 집단연구사업 수행기관이 직접적으로 산출(output)한 논문 및 특허의 양으로 측정한다. 즉, 논문 성과는 SCI(Science Citation Index)급 저널에 게재된 논문수와 비SCI급 저널에 게재된 논문수와 함께 이를 합산한 논문 총 개수로 각각 측정하며, 특허 성과는 출원된 특허의 개수와 등록된 특허 개수, 그리고 이를 합산한 특허 총 개수로 각각 측정한다(황석원 외, 2009: 167-168).

본 연구의 설명변수인 연구개발협력 수행체계의 유형은 앞에서 정의한 세 가지, 즉 공동형, 순차형, 호혜형 상호의존형으로 각각 구분하였다. 특별히 유형 분류의 객관성 · 정확성을 기하기 위하여, 해당 사업에 참여한 연구책임자급 인력에게 자신이 속한 집단연구가 세 가지 중 어떠한 유형에 속하는지와 그 근거에 대한 설문조사를 실시하였다. 구체적인 설문항과 대표적인 응답 내용은 〈부록〉에 제시되어 있다.

한편, 연구개발 성과에 미치는 기타 영향요인을 통제하기 위하여 다음의 변수들을 모형에 포함시켰다. 먼저, 일반적인 투입 요소인 노동(Labor)과 자본(Capital) 측면의 변수를 선정한다. 구체적으로 노동 요소로는 사업의 총참여인원 수와 이와 같은 인적 자원의 질적 측면인 연구인력의 수를, 그리고 자본 요소로는 물적·재정적 자원의 양적 측면인 총예산액 및 질적 측면인 총예산 대비 사업비 비율을 각각 모형에 포함시켜 분석을 수행한다. 한편, 연구개발의 투입과 산출 간에는 일반적으로 시차가 존재하며 연구개발사업 수행기간이 상대적으로 긴 경우 다양한 시행착오(learning by doing)를 통해 연구개발협력 성과에 영향을 미칠 수 있다(황석원 외, 2009: 205-206). 이와 같은 가정 하에 집단연구가 수행된 기간을 일 단위로 측정하여 통제변수로 활용하였다.

2 자료 및 분석방법

본 연구에서 사용한 분석자료는 우리나라 국가연구개발사업 중 과학기술부의 지원을 받아 추진되어 온 기초연구 분야의 집단연구사업이다. 집단연구란 연구개발협력의 한 형태로서 "특정한 연구의 목적을 달성하기 위하여 공동연구원 3인 이상이 참여하는 2개 이상의 세부 협동과제로 구성된 연구"로 정의할 수 있다(안승구, 2015: 628에서 수정). 이와 같은 집단연구에 속하는 국가연구개발사업들에 대한 정보는 한국연구재단 및 국가과학기술지식정보서비스(National Science & Technology Information Service: NTIS)의 데이터베이스에 축적되어 있는 관련 자료를 수집하였다. 그 결과 가용한 집단연구 관련 자료는 총 99개 사업으로서, 구체적으로 기초연구 분야의 이공학분야 우수연구센터(SRC, ERC) 59개 사업, 기초의과학연구센터(MRC) 32개 사업, 융합분야 유형Ⅰ 지원사업(NCRC, 국가핵심연구센터) 6개 사업, 융합분야 유형Ⅱ 지원사업(GCRC, 글로벌핵심연구센터) 2개 사업을 분석대상으로 하였다. 분석기간은 개별 사업들이 최초 시작된 시점부터 2013년 12월 31일까지로 하였으며, 동 기간 중 이미 완료된 사업과 진행 중인 사업 모두를 분석에 포함시켰다.[3] 분석자료의 기술통계량은 아래 〈표 11-3〉에 제시되어 있다.

---

3) 분석대상인 99개 사업 중 2005년에 14개 사업이 최초로 시작된 이래 2012년에는 5개 사업이 새로 시작되었다.

표 11-3 주요 변수의 기술통계량

변수명	평균	표준편차	최소값	최대값
논문 총수	171.35	167.99	10	969
SCI 논문수	146.36	144.72	9	766
비SCI 논문수	24.99	52.14	0	415
특허 총수	44.71	60.76	0	349
특허 등록수	14.58	21.58	0	127
특허 출원수	30.13	40.29	0	222
순차형	.16	.37	0	1
공동형	.59	.50	0	1
호혜형	.25	.44	0	1
총인원수	83.41	31.95	33	202
연구인력수	22.30	9.78	8	62
총예산액	6034.83	2809.20	2300	17239.86
사업비 비율	.67	.07	.49	.82
연구수행기간	1769.08	788.57	486	3135

주: 총예산액은 백만원, 연구수행기간은 일 단위임.

그림 11-3 종속변수의 분포도(histogram)

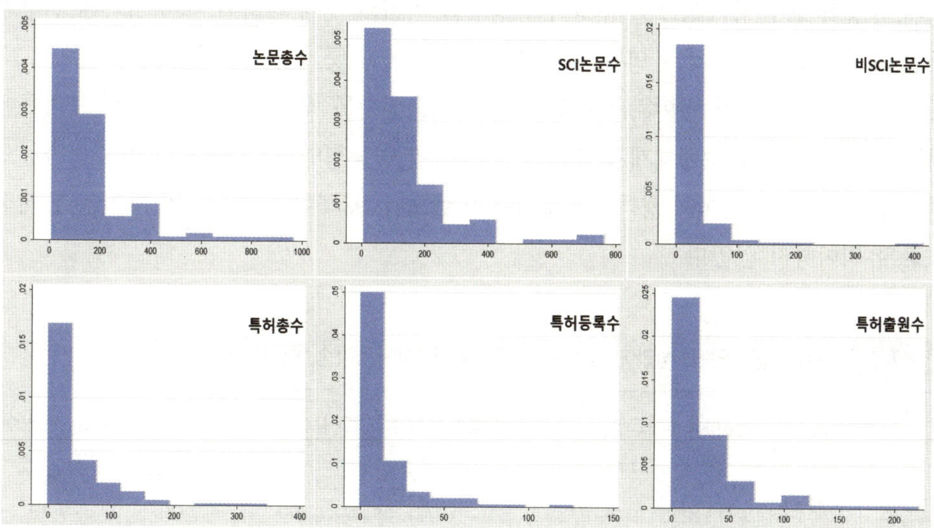

분석방법은 종속변수가 논문과 특허로 측정된 연구성과이므로 단순선형회귀분석(Ordinary Least Square)보다는 count data 모형이 적합한 것으로 판단되어 포아송(poisson) 회귀분석을 사용하였다. 실제 히스토그램(histogram)으로 각 종속변수의 분포를 확인한 결과([그림 11-3] 참조), 정규분포라기보다는 포아송분포에 가까운 것으로 나타나고 있다.

제4절

분석결과 및 해석

아래 〈표 11-4〉에 제시된 포아송 회귀분석 결과에 의하면, 연구개발협력 수행체계 유형이 논문성과 및 특허성과 각각에 미치는 영향은 다소 차이가 있는 것으로 나타났다. 구체적인 분석결과를 살펴보면, 우선 논문성과의 경우, 연구개발협력 수행체계가 순차형이거나 호혜형일 경우에는, 공동형일 경우보다 논문총수, SCI 논문수 및 비SCI 논문수가 적었으며 이는 1% 유의수준에서 통계적으로 유의미한 것으로 나타났다.

이와 같이 논문성과를 종속변수로 한 모형들의 분석결과에서는 연구개발협력 수행체계 유형이 모두 통계적으로 유의미한 영향을 미치는 것에 비하여, 특허성과에 연구개발협력 수행체계가 미치는 영향은 순차형의 경우에만 통계적으로 유의미한 것으로 나타났다. 다시 말해, 특허총수, 특허등록수, 특허출원수를 각각 종속변수로 한 모형들에서는, 연구개발협력 수행체계가 순차형인 경우에 공동형인 경우보다 특허수가 적었으며 이는 1% 유의수준에서 통계적으로 유의미했으나, 호혜형과 공동형의 차이는 통계적으로 유의미하지 않았다.

표 11-4 R&D 집단연구 성과에 미치는 요인 분석결과-포아송 회귀분석

변수명			논문 총수	SCI 논문수	비SCI 논문수	특허 총수	특허 등록수	특허 출원수
설명변수	수행체계	순차형	−0.27*** (−11.45)	−0.12*** (−4.99)	−1.44*** (−16.72)	−0.57*** (−10.74)	−0.50*** (−7.90)	−0.71*** (−7.42)
		호혜형	−0.26*** (−12.67)	−0.16*** (−7.28)	−0.91*** (−15.22)	0.04 (1.08)	0.07 (1.52)	−0.02 (−0.29)

통제변수	노동요소	총 인원수	0.01*** (3.26)	0.00*** (10.17)	0.02*** (18.67)	0.02*** (25.91)	0.02*** (20.36)	0.02*** (16.10)
		연구 인력수	0.01*** (2.20)	0.02*** (16.33)	−0.01*** (−5.84)	−0.01*** (−7.89)	−0.01*** (−5.61)	−0.02*** (−5.73)
	자본요소	총 예산액	0.66*** (20.23)	0.67*** (19.12)	0.85*** (6.73)	36.28* (12.40)	0.87*** (10.41)	0.82*** (6.76)
		사업비 비율	2.81*** (20.07)	3.18*** (20.71)	1.10*** (3.25)	1.33*** (5.12)	1.28*** (4.01)	1.46*** (3.23)
	연구수행 기간		0.00*** (25.08)	0.00*** (22.50)	0.00*** (11.29)	0.00*** (8.06)	0.00*** (6.82)	0.00*** (4.31)
	_cons		−3.93*** (−16.45)	−4.45*** (−17.29)	−4.34*** (−6.64)	−6.26*** (−12.22)	−6.78*** (−10.90)	−7.13*** (−7.90)
	Pseudo R-squared		0.7006	0.6647	0.4114	0.5274	0.5197	0.4298

legend: *p<.1; **p<.05; ***p<.01, 괄호안은 z값, N=99.

한편, 분석모형에 통제변수로 포함된 집단연구사업의 성과에 영향을 미치는 기타 영향요인들은 모두 종속변수에 통계적으로 유의미한 영향을 미치는 것으로 나타났다. 구체적으로 노동요소인 총인원수, 자본요소인 총예산액과 사업비비율 그리고 연구수행기간은 각각 논문성과와 특허성과에 통계적으로 유의미한 긍정적인 효과를 주는 것으로서 나타났다. 다만, 노동요소 중 연구인력수의 경우는 비SCI 논문수 및 특허 성과 모두에 음의 방향으로 유의미한 영향을 미쳤다.

이상과 같은 포아송 회귀분석 결과, 본 연구의 가설과 같이 공동형이 다른 유형(논문성과의 경우 순차형 및 호혜형, 특허성과의 경우 순차형)에 비해 성과가 높은 것으로 나타나는 이유는 다음과 같이 생각해 볼 수 있다. 먼저, 순차형은 일련의 절차와 공정을 거쳐 최종결과물이 나오는 형태로서 각각의 단계는 독립적인 의미를 갖지 못하고 최종결과물이 존재하기 위한 사전 단계로서의 의미를 가지므로, 개별 단계의 연구수행성과가 독자적으로 평가되기 어렵고 단지 최종결과물에 대한 평가와 관련하여 통합적으로 평가가 이루어지게 된다. 따라서 순차형과 같이 일련의 절차 속에서 참여자가 배타적으로 하나의 단계를 담당하게 되고 최종결과물을 중심으로 모든 참여자가 종합적으로 기여할 수밖에 없는 상황에서는 하나의 연구사업에 최종결과물이 하나이므로 논문이 많이 생산되는 것 자체가 어려운 상황일 가능성이 높다.

다음으로 호혜형의 경우에는 연구개발 성과물은 연구개발협력에 참여하는 여러 주체들이 각자 보유한 지식들이 독자적으로 의미를 가지기보다는, 개별 과제들의 조합을 통해서 하나의 최종 산출물이 나온다. 따라서 학술논문 게재와 같이 최종적으로 게재되는 데에 일련의 지적인 분석과 검토작업이 필요하고 고도의 완성도를 요구하는 연구성과물이 생성되기에는 개별 단계 참여자들간의 유기적인 협력이 상대적으로 어려울 수 있어 논문의 산출에는 상대적으로 적합하지 못한 상황이라 할 수 있다.

반면에 공동형은 일단 개별 참여자들이 맡은 각각의 단계로부터 최종결과물 혹은 적어도 중간 결과물이 산출된다는 특성이 있다. 즉 전체 연구과정의 개별 단계로부터 일정한 결과물을 산출한다는 의미에서 독자적인 의미를 가진다는 것이다. 이처럼 각각의 단계에서 산출된 결과물들에 의해 성과가 산출될 수 있기에 공동형은 다른 유형들에 비해 논문성과가 더 높은 것으로 해석해 볼 수 있다.

한편, 논문성과는 연구개발협력 수행체계의 세 가지 형태에 따라서 각각 차이가 날 수 있는데 비해, 특허성과는 순차형일 경우에만 공동형보다 통계적으로 유의미하게 적은 것으로 나타났다. 이와 같이 논문성과와 특허성과의 영향요인들이 차이를 보이는 이유는 논문 게재라는 학술적 연구활동과 특허 창출이라는 기술적 개발활동 간의 차별적 특성에 기인한 것으로 해석될 수 있을 것이다. 다시 말해, 논문은 데이터수집 혹은 관찰 및 데이터 분석, 그리고 결과의 해석 등과 같은 여러 단계를 거쳐서 산출되는 일련의 지적이고 논리적인 성과물로서 중간과정에 참여하는 주체들 간의 상호작용의 양상과 정도에 따라 논문게재 성과가 차이가 날 수 있으며, 이러한 연유로 연구개발협력 수행체계의 유형 차이가 논문성과에 영향을 미치는 것으로 해석할 수 있다. 반면에 특허는 지적재산권의 일종으로서 그 내용이 다양한 구성요소로 이루어질 수도 있고 단순할 수도 있으며, 특히 기술적 유용성과 효용가치 및 창의성이 인정될 경우에 특허로 성립하게 되는 것이므로 논문과 같이 인위적이고 의도적인 사전 계획에 따라 일련의 작업 절차를 거쳐서 산출될 수도 있고 그렇지 않을 수도 있다. 즉 특허의 산출은 오히려 약간의 우연성이 개입할 수도 있는 창발적(emergent) 특성을 가지고 있다는 점에서, 체계적인 일련의 연구절차를 기초로 완성되는 논문과 구별된다. 요컨대 논문은 의도적이고 인위적인 지적 논의가 탄탄하게 이루어져 완성도를 높여야 학술지에 게재가 될 수 있는 데에 비해, 특허는 발견적 맥락에서 우연히 생길 수도 있는 창발적 작업이다. 이러한 논문과 특허가 갖는 특성의 차이로 인하여 연구개발협력 수행체계가 미치는 영향 역시 차이가 날 수 있을 것이다.[4] 따라서 이와 같이 논문성과와 특허성과의 영향요인의 차이를 고려하여 각 성과의 향상을 위한 연구개발 전략을 차별화할 필요성이 있다

(최호영 외, 2011: 808).

제5절

결론 및 정책적 시사점

R&D 사업 집행조직 체계가 갖는 네트워크의 구조적 특성과 연구수행 주체간 관계의 속성에 대한 심층적인 분석과 처방은 과학기술 연구개발 정책의 수립 및 집행에 있어서 매우 중요한 고려사항이다. 연구개발협력(R&D Collaboration)은 본질적으로 여러 연구개발주체들간의 상호작용을 통하여 연구성과가 창출되는 연구수행체계로서의 특성을 갖는다. 이러한 연구개발협력이 수행되는 구조적.행태적 메커니즘은 국가연구개발시스템의 투입-산출 전환과정이라는 블랙박스 속에 설명되어야 할 핵심요인의 하나이다(김권식 · 이광훈, 2014: 5).

본 연구는 연구개발을 수행하는 개별 조직들의 집합체 또는 체계로서 가변적인 상호관계의 네트워크 구조와 연구개발성과의 관계에 분석의 초점을 두고 있다. 이러한 전제하에 본 연구는 연구개발 수행체계 및 조직화의 양태, 즉 연구협력주체들간 관계의 구조적 차이가 연구개발 성과에 미치는 영향을 검증하기 위하여, O'Toole & Montjoy (1984)의 유형론을 기초로 연구개발 수행체계를 순차적, 공동적, 호혜적 상호의존형으로 구분하고, 과학기술부가 추진한 기초연구분야의 총 99개 집단연구사업을 대상으로 실증분석을 수행하였다. 분석 결과, 연구개발협력 수행체계가 순차형이거나 호혜형일 경우보다 공동형일 경우에 논문 편수가 더 많은 것으로 나타났으며, 특허 건수의 경우에는 공동형이 순차형 수행체계보다 높은 것으로 나타났다.[5] 이와 같은 분석결과는 연

4) 또 하나의 가능한 해석으로는 본 연구의 분석대상이 기초분야 연구개발사업이므로 특허보다는 논문을 주로 산출하게 됨으로 인해, 특허성과와 논문성과의 영향요인이 각각 달라질 개연성이다. 기초연구(basic research)가 일차적으로 새로운 자연법칙이나 사실을 발견하는 것을 목적으로 행해지는 실험적 또는 이론적 활동이자 순수한 학문적인 연구라면, 응용연구(applied research)는 발견된 법칙이나 사실을 실제적인 용도에 이용할 수 있는 방법을 추구할 목적으로 수행되므로(OECD, 2002), 기초연구의 연구성과는 주로 학술논문으로 나타나는데 비해, 응용연구의 연구성과는 주로 특허로 나타나게 되기 때문이다. 다만, 이러한 해석들이 타당한지는 추후 보강된 데이터와 더욱 정교한 연구설계를 바탕으로 분석할 필요가 있으며, 이와 함께 사례연구나 면접, 설문조사 등 다양한 심층 연구를 통해 추가 검증이 요청된다.

구개발협력 수행체계의 고유한 구조적 · 행태적 특성이 연구개발 성과의 차이를 가져올 수 있음을 시사한다. 즉, 연구개발 협력사업은 불가피하게 연구 주체간의 상호협력을 핵심적 요소로 하고 있기 때문에 연구개발협력을 통해 더 높은 성과를 거두기 위해서는 이러한 구조적 특성을 최대한 고려하여 협업에서 오는 시너지 효과를 극대화할 수 있는 방향으로 해당 사업의 얼개를 구축할 필요가 있다. 특별히 본 연구의 결론으로 제시된 바와 같이 공동형 연구개발사업의 구조가 갖는 성과 측면의 장점을 고려하여 향후 국가연구개발 사업관리 체계 관련 규제를 보다 효율적으로 개선 · 정비함으로써 연구개발 성과를 더욱 제고할 수 있을 것이다.

5) 호혜형의 경우에는 특허건수에 미치는 영향의 방향이 일관되지도 않고 통계적으로 유의미하지도 않은 것으로 나타났다.

[부록] 사업별 연구개발협력 수행체계 유형 관련 설문항 및 응답결과 예시

사업(연구)단의 구조적 유형에 관한 설문항

■ 아래는 사업단의 유형에 관한 그림과 이에 대한 설명입니다.

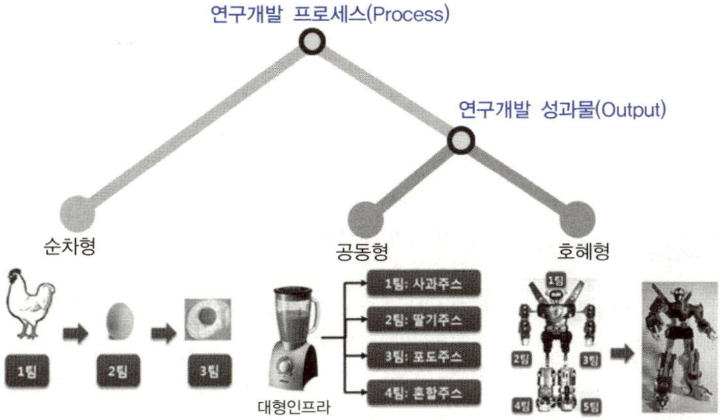

• 위 그림에 나타난 3가지 사업단의 유형을 구체적으로 설명하면 다음과 같다. 먼저, 연구개발 프로세스(process)의 측면에서 직렬형(순차형)과 병렬형으로 구분될 수 있다. 직렬형(순차형)이란 연구개발에 참여하는 연구자들간에 순차적·선형적으로 연결되어 전 단계의 연구자의 과제가 완성되어야지만, 다음 단계의 과제수행이 이루어질 수 있는 형태를 의미한다. 이에 비해 병렬형이란 사업에 참여하는 세부과제수행 주체들간에 개별적인 연구수행이 가능한 형태를 지칭한다. 여기서 병렬형의 경우, 연구개발 성과물(output)의 특성에 따라 가분적과 불가분적 두 가지로 구별될 수 있다. 첫째, 연구개발성과가 가분적이라 함은 세부과제들이 수행된 결과, 각각 하나의 연구개발성과를 산출해 낼 수 있는 경우로서 공동형이라 명명할 수 있다. 둘째, 연구개발성과가 불가분적이라 함은 모든 세부과제들이 성공적으로 수행되어야만 연구개발 성과물이 최종적으로 산출되는 호혜형이다.

문1. 귀하께서 참여하고 있는 사업(연구)단은 위에서 설명한 세부과제들 간 관계를 고려할 때, 아래 3가지 유형 중 어느 유형에 해당한다고 생각하십니까?

① 순차형 ② 공동형 ③ 호혜형

문2. 귀하의 사업(연구)단을 위에서 선택한 유형으로 판단하신 이유를 아래 공란에 기입해 주시기 바랍니다.

사업별 연구개발협력 수행체계 유형분류 및 근거 응답결과 예시

유형	과제명	유형식별 사유
순차형	세포기능제어 연구센터	세부과제가 하나의 최종 산출물을 도출하는 과정에서 유기적으로 연계되어 있음.
	당뇨질환 연구센터	연구 특성상 각 단계가 완성되어야만 다음 단계로 진행할 수 있음.
	유전자 제어 의과학 연구센터	치료물질 발굴과 도출이기 때문에 순차형이 가장 옳은 설명임.
	방제과학 글로벌 연구센터	본 센터는 유효 한약재 및 한방방제의 도출 → 기전 및 효능연구(세포 및 동물) → 독성평가로 이루어지므로 순차형으로 판단하였으며, 센터연구과제 기획 때부터 이러한 순차형 연구방법이 각 연구자들의 전문성을 최대화하고, 또한 전체과제의 결과도출효율을 극대화하는 것으로 판단됨.
공동형	노인성혈관질환연구센터	과제마다의 연결성과 독립성이 있고, 세부과제별로 새로운 결과물이 나올 수 있음.
	차세대 염료감응 태양전지 기술 센터	태양전지 효율향상이라는 목표 아래, 여러 가지 원료를 바탕으로 다양한 결과물이 도출됨.
	편미분방정식 및 함수해석학연구센터	형식적으로는 세부과제별로 작용소연구(예시의 주스)라는 큰 목표를 두고 각각 다른 소재 즉, 작용소이론적 방법, 조화해석적 방법, 편미분방정식적 방법 등의 소재(예시의 사과, 딸기 등)를 다루고 있기 때문임.
	한국중성미자 연구센터	2종류의 총괄과제와 각 총괄과제의 세부과제가 중성미자 연구라는 동일한 연구 분야와 최종 목표의 측면에서 구성된 과제들이지만 각 과제들은 세부적인 연구 목표를 가지고 각각의 연구 성과를 산출할 수 있기 때문임.
호혜형	기능성 소자 융합 플랫폼 센터	각 과제의 목표는 다르지만 전체 과제를 하나로 모아 Platform을 구축하는 것이 목적이기 때문에 호혜형으로 판단됨.
	미토콘드리아 허브 제어 연구 센터	각각의 연구파트에서 유기적으로 상호보완적, 조합적인 연구를 진행 중이기 때문임.
	내인성 리간드 신호전달 조절 항암제 연구 센터	약을 개발하고 있기 때문에, 각 연구팀들의 결과를 모아야지만 최종결과물이 도출됨.
	개인용 플러그 앤 플레이 디지털 전기자동차	IT 분야 사업이기 때문에 각 과정, component들이 합쳐져야만 결과물이 도출될 수 있는 연구이기 때문임.

제12장

규제자유특구 제도의 개선방안

제1절

서 론

세계경제는 4차 산업혁명에 따른 융·복합 기술의 등장으로 산업간 경계가 모호해지고 새로운 기술·서비스가 빠르게 창출되고 있다. 반면, 우리나라의 경우 신기술분야 관련 법제의 미비, 칸막이 규제, 포지티브 규제시스템 등으로 융복합 신제품·서비스의 사업화 및 시장출시에 애로가 많아서 정부의 제도개선 노력이 절실히 요구되는 상황이다. 이에 신기술 사업화를 위해 규제샌드박스 제도가 2019년 1월 시행되었으나 규제샌드박스 시행의 성과를 보다 일반적인 규제개선으로 연결시킴으로써 성과를 확산하기 위한 전략은 아직 미흡한 상황이다.

규제샌드박스 제도의 목적은 특정 기업 또는 특정 지역 내에서 일시적으로 기존의 규제법령의 효력을 정지 또는 완화시킴으로써 신기술의 실증이나 사업화를 가능하게 해주고 안전성이 검증되면 기존 법령과 제도를 개선하여 전국화하는 것이다. 따라서 규제샌드박스가 제 역할을 다하기 위해서는 일시적으로 특정 기술의 사업화를 허용해 주는 데에서 그칠 것이 아니라 규제샌드박스를 통해 확인·입증된 안정성을 근거로 이를 시장에 출시하거나 사업화할 수 있도록 뒷받침하는 법령 제·개정이 수반되어야 한다. 이를 위해서는 법령 제·개정의 필요성을 적시에 청취하여 적절한 제도개선을 추진하는 정부의 보다 적극적인 역할이 요구된다. 이것이 전제가 될 때에 비로소 규제샌드박스의 제도적 목적이 제대로 달성될 수 있다.

특별히 규제자유특구 및 지역특화발전특구에 관한 규제특례법(약칭: "지역특구법") 제75조제3항 및 제4항에 따라 중소벤처기업부장관이 지정·고시하는 규제자유특구는 일정 구역을 단위로 하여 지역과 기업이 직면한 신사업 관련 덩어리 규제를 패키지로 완화해 주는 규제샌드박스 및 규제특례 제도로서, 이를 통해 지역으로의 투자와 양질의 일자리를 창출하여 지역의 혁신성장과 균형발전을 도모하고 있다(규제자유특구 홈페이지, http://rfz.go.kr/).

중소벤처기업부(이하 "중기부"라고 한다)의 규제자유특구를 비롯한 타부처 규제샌드박스 신청기업의 대부분이 중소벤처기업인 만큼, 중소벤처기업의 활성화를 위한 규제자유특구 제도의 개선 방안 마련이 요구된다.

이러한 맥락에서 본 연구는 규제자유특구 사업의 법적 쟁점을 논의하고 제도적 발전방안을 제시함을 목적으로 수행되었다. 이하에서는 먼저 규제자유특구의 이론적 배경과 선행연구를 검토하고 동 사업의 주요 내용과 현황을 개관한 다음, 관련 법적 쟁점을 검토한 후 향후 입법 과제를 도출한다.

제2절

이론적 배경 및 선행연구 검토

1 신기술 · 신산업과 규제 공백

새로운 기술변화에 대응하기 위한 행정의 구체화기능, 즉 헌법과 법률원칙을 현실에 맞게 규범 내용을 행정법령을 통해 구체적으로 채우는 역할이 점점 중요해지고 있다. 이는 신기술 · 신산업 출현에 따른 규제 공백의 문제와 상통한다. 이로 인해 전통적인 법률유보의 관점에서 기존 규제와 신기술 도입의 현실이 충돌함과 동시에 기술규제로서의 법적 근거나 기준으로서 행정청이 규정하는 행정법령의 역할은 지속적으로 증가하고 있는 것이 현실이다[1](최승필 외, 2017). 신기술 사업화에 따른 제반 활동을 규율하고 제약하는 규제 체계는 1차적으로 법률에 근거를 두며 이의 위임을 받아 시행령, 시행규칙, 고시 등 행정법령에서 구체화되고 있다.[2] 이처럼 신기술산업의 발전을 위해서는 기술혁신의 속도에 맞추어 지속적으로 행정법령이 갱신되고 보완되는 제도혁신이 수반되어야 한다는 점에서 규제샌드박스의 또 다른 역할인 정부의 규범형성기능이 강조된다.[3]

1) 규제자유특구의 지정을 통하여 규제 특례를 부여하는 것이 상위법령이나 특례법상의 규정이 아닌, 행정청의 행정행위라는 점에서 삼권분립 원리와 입법권을 침해하는 것으로 볼 여지가 있으므로, 규제 샌드박스 제도의 장기적 운영을 위해서는 개별법상의 규제를 면제 · 완화할 수 있는 법적 정당성을 확보하는 등 논란의 여지를 줄일 수 있는 방안 필요하다(김정욱 · 유성희, 2019)

2) 예컨대, 자율주행자동차의 경우, 자동차관리법 제27조 제1항 단서에서는 "자율주행자동차를 시험 · 연구 목적으로 운행하려는 자는 허가대상, 고장감지 및 경고장치, 기능해제장치, 운행구역, 운전자 준수 사항 등과 관련하여 국토교통부령으로 정하는 안전운행요건을 갖추어 국토교통부장관의 임시운행허가를 받아야 한다"라고 규정하고 있으며, 시행규칙 제26조의2 제3항에서는 안전운행요건의 확인에 필요한 사항은 자율주행자동차의 안전운행요건 및 시험운행에 관한 규정(국토부장관 고시)로 정하도록 하고 있다.

특별히 규제방식에는 네거티브 방식과 포지티브 방식이 있다(김유환, 2008; 전경련, 2015). 네거티브 규제방식은 원칙적으로 모두 허용하고 예외적으로 금지하는 방식으로서, 금지 대상을 규제 근거 법령에 제한적으로 열거하는 방식이다. 예를 들면, 수도법 제7조에서는 상수원 보호구역의 오염물 투기행위, 가축 분뇨를 버리는 행위 등 금지되는 행위를 열거하고 있다. 반면에 포지티브 규제방식은 근거법령에 열거된 허가 사항 이외에는 허용하지 않는 방식으로서, 근거법령에 허용되는 사항만을 제한적으로 열거하는 방식이다. 이에 대한 예로는, 전자화폐가 갖추어야 할 요건(전자금융거래법 제2조 15호)으로서 2개 이상 광역지방자치단체 및 500개 이상 가맹점 이용 등의 일정한 요건을 열거하고 이러한 요건을 갖춘 경우에만 전자화폐로 인정하는 경우를 들 수 있다.

신기술 사업화 과정에서 규제공백이 문제되는 것은 주로 포지티브 규제방식과 관련된 영역이다. 네거티브 규제방식은 금지되는 것 외에는 모두 허용하는 형태를 취하므로 신기술 · 신산업 등 새로운 분야의 수용이 용이하다. 반면에 포지티브 규제방식은 허용되는 대상을 일일이 열거해야 하므로 기술변화에 따른 신제품 · 서비스의 등장 속도를 따라잡는 제도 개선을 적시에 하지 않으면 도리어 기존 제도가 기술혁신의 발목을 잡는 상황이 발생할 수 있다. 신기술 산업의 경우 수소에너지, 자율주행자동차, 드론, 신소재 · 신약 등 분야의 특성이 대체로 지금까지 존재하지 않았던 제품이나 서비스를 대상으로 하고 있어, 예상치 못한 사회적 위험을 필연적으로 수반하는 경우가 빈번하다. 이렇게 사회적 위험을 수반하는 영역은 원칙 금지, 예외 허용이라는 포지티브 방식으로 규제하는 데에 한계가 존재한다. 왜냐하면 기존에 존재하지 않던 제품 · 서비스의 등장으로 어떠한 경우에 위험이 발생할 개연성이 있는지를 사전적으로 예측하여 특정하는 것이 매우 어렵기 때문이다. 이처럼 포지티브 규제영역에서는 사회적 위험을 적절히 통제할 수 있는 규제체계가 존재하지 않거나 기존 규제법령이 부적합한 경우가 많아 사업자의 신기술 사업화 과정에서 불확실성이 존재한다.[4] 신기술 · 신산업 분야의 특성은 지금까지 존재하지 않았던 제품과 서비스의 등장에 있다. 이러한 분야에서 가장 유의해

---

3) 여러 분야별 기술들에 대해 일반화된 공통 원칙의 개발이 어려워 개별 기술의 특성에 따라 세분화 및 정교화되어 있으므로, 이를 고려하여 개별 분야에 따른 별도 샌드박스가 필요하다(이재훈, 2020).

4) 2019년 상반기 진행된 1차 특구심의 과정에서 특별히 울산 수소산업 특구계획과 충북 스마트안전제어 특구계획의 심의과정에서 많은 논의의 대상이 되었다(김권식, 2019). 즉 수소 용기 및 충전설비나 무선 안전제어설비에 관한 안전기준 등 관련 규정이 부재하다는 이유로 관련 규제가 없으니 규제로 인한 장애가 없는 것이 아닌가라는 문제제기가 있었다.

야 할 부분은 새로운 사회적 위험의 발생이다. 수소라는 물질이 폭발성이 강하다는 점, 무선 설비의 신뢰성에 따라 안전제어가 작동하지 않을 경우 발생하는 사고의 위험성 등을 고려하면 기존 규제가 문제되는 것이 아니라 관련 규제(안전기준)가 부재하는 규제공백이 문제가 되는 것이다. 따라서 이러한 사회적 위험에 대한 포지티브 방식(원칙 금지, 예외 허용)의 규제체계에서는 신기술의 등장에 따른 사회적 위험을 적절히 통제할 수 있는 제도개선이 지체 없이 수반되어야만 기술개발과 사업화가 원활히 이루어질 수 있다.

2 규제자유특구의 제도적 특성

기술혁신은 규제와 관련하여 두 가지의 중대한 도전을 야기한다(이수일 외, 2018: 385). 첫째는 기존 규제체계와 혁신간의 상충으로 인한 갈등 유발이고, 둘째는 기존에 공백으로 존재하던 영역에 새로운 기술이 출현함에 따른 새로운 규제체계의 필요성이다. 기존 규제체계와의 갈등은 새로운 아이디어와 기술이 현실 경제 속에 실현되는 것을 방해하여 좌절시킬 수도 있다. 그러면 그 사회의 발전은 그만큼 지체될 것이다. 한편, 새로운 규제설계의 필요성이 발생하였을 때에 그 사회의 정치체계나 정부가 이에 효과적으로 대응하지 못할 경우 사회적 위험성을 통제할 수 있는 규제체계의 부재로 인한 불확실성이 역시 신기술의 출현을 저지하는 장애요인이 될 수 있다.

이러한 기술혁신과 규제시스템간의 긴장과 갈등은 4차 산업혁명으로 일컬어지는 많은 분야에서 공통적으로 나타나고 있다. 드론, 무인선박, 자율주행차, 신의료기술 및 서비스, 수소・신재생에너지 등 차세대 에너지원, 각종 신소재의 개발 등 이러한 제반 분야에서 나타나고 있다. 운전자의 정의, 장비의 안전기준 등이 아직 존재하지 않아 신기술 사업화에 있어서 불확실성이 존재하고 있으며, 의료서비스의 경우에도 기존의 의료법, 개인정보보호법 등과 관련하여 첨예한 갈등이 존재하고 있다. 이러한 기술과 제도간의 마찰을 지혜롭게 해결하지 못하면 4차 산업혁명의 흐름을 따라잡을 수 없다는 점에서 더더욱 규제체계 개선의 시급한 필요성을 인정할 수밖에 없다.

규제자유특구제도 도입의 계기가 된 "지역특화발전특구에 대한 규제특례법 전부개정법률안(대안)"의 제안이유에서도 밝히고 있는 바와 같이 기존의 지역특화발전특구제도의 규제특례는 법에 열거된 경우에 한정하여 적용되며, 지역특화사업에 신기술을 접목할 수가 없는 등 유연성이 부족하여 제도적 한계점을 노정하였다. 이에 따라 최근의 기술혁신이 초래할 4차 산업혁명에 효과적으로 대응하기 위하여 규제제약 없이 신기술 서비스 · 제품을 실증하고 사업화할 수 있는 기업환경을 조성하기 위하여 보다 과감한 규제특례제도로서 규제자유특구제도 및 규제샌드박스를 도입하게 된 것이다.

특히 2019년 도입된 규제자유특구제도에서 주목할 만한 것이 4차 산업혁명에 대응하여 신기술 · 신산업의 육성을 위한 새로운 시도로서 도입되는 규제샌드박스 제도이다(김권식, 2019). 규제샌드박스란 아이들이 안전하게 놀 수 있는 모래 놀이터(sandbox)에서 유래한 말로서, 기존 규제에도 불구하고 신기술 · 서비스의 사업화를 위한 시도가 가능할 수 있도록 일정조건(시간 · 장소 · 규모) 하에서 규제를 면제 · 유예시켜 주는 혁신의 실험장을 말한다.

규제샌드박스는 예측불가능하고 빠르게 변화하는 기술혁신에 대해 법령과 제도가 일일이 선제적으로 대응하는 것이 사실상 불가능하다는 현실에서 출발한다. 즉, 법 · 제도와 현실(기술진보) 간의 갈등 · 상충 및 제도적 공백이라는 제약을 일시적으로 면제하고 기술 사업화를 진행할 수 있는 법적 근거를 제공함으로써 신기술 · 신산업의 성장에 기여할 수 있다.

또한 우리나라가 상대적으로 경쟁력을 가지고 있는 분야에서 신기술 및 신서비스의 시장출시 지연, 관련 산업 활성화 저해 및 그로 인한 일자리 창출 저해 문제가 해결될 필요가 있다. 이를 위해 일시적으로 규제의 적용을 유예 · 면제하여 우선적으로 제품 · 서비스의 안전성을 검증하기 위한 실증사업(제한적 시험 · 기술적 검증)을 할 수 있도록 허용해주는 '실증을 위한 규제특례(실증특례)'가 요구된다. 이와 함께 실증특례를 통해 안전성이 검증된 경우에 허가등에 관한 근거 법령이 없거나 불확실하더라도 시장출시를 허가해주는 '임시허가' 제도의 도입이 요구된다.

규제샌드박스 제도는 헌법과 행정법 등 공법체계의 근간을 이루는 "법률유보" 원칙 적용의 예외로서 새로운 기술변화에 대응하기 위한 성격을 갖는다(김권식, 2021: 3). 법률유보 원칙은 국민의 자유와 권리를 제한하기 위해서는 국민의 대표기관인 입법부가 제정한 법률에 그 근거를 두어야 한다는 원칙으로서, 우리나라 규제법령체계의 기본을 이루고 있는 법원칙이다. 하지만 급속히 변화하는 시장환경과 급격한 기술진보의 추세를 따라잡기 위해서는 정태적인 법률유보원칙을 고수만 해서는 안 된다는 현실적 필요에 의해 도입된 규제샌드박스 제도는 법률유보 원칙의 일시적 유예나 정지 또는 완화된 적용을 내용으로 한다. 전술한 기존 규제체계와 신기술산업 간의 충돌 현상이 바로 이것과 관련된다.

한편, 규제샌드박스는 일시적·잠정적(provisional) 조치로서의 성격을 갖는다(김권식, 2021: 3). 즉, 영구적(permanent) 조치가 아니라는 의미이다. 신기술의 사업화에 있어서 필수적인 시험·검증(실증)을 하기 위해서 현행 법령상 제약을 일시적으로 유예·완화·면제하는 것이지 기존 규제체계를 전면적으로 무력화하는 것은 결코 아니다. 따라서 규제샌드박스 적용에 따라 일시적으로 규제공백이 발생할 가능성이 매우 높다. 이 때문에 규제샌드박스 제도의 운영과정에서는 사회적 위험과 소비자 보호를 위한 안전성 확보 조치가 반드시 수반될 것이 요구된다. 이는 신기술 산업 육성을 위한 제도적 배려에 수반되는 최소한의 책무라 할 수 있다.

3 규제자유특구의 개념 및 사업 추진현황

규제자유특구의 규제샌드박스는 법령에 근거가 없거나 법령에 적합하지 않은 경우에도 일정 조건하에서 관련 법령이 정비될 때까지 신제품이나 서비스의 실증[5] 및 사업화를 허용하는 제도이다. 즉, 규제자유특구란 규제특례와 지역단위 규제샌드박스 및 지자체·정부의 재정투자계획을 내용으로 하는 특구계획에 따라 지역산업 육성을 위해 지정한 구역을 의미하며, 구체적으로 규제샌드박스와 메뉴판식 규제특례로 구성된다(김권식·이광훈, 2022a; 2022b). 규제샌드박스 제도의 효과적인 운영을 위해서는 보완장치 및 지원제도가 필요하다. 이에 규제자유특구 제도는 신기술·서비스가 국민생명·안전·환경 등을 저해할 경우 실증사업이나 시장출시 등을 제한할 수 있도록 법제화할 뿐만 아니라 책임보험 가입·소비자 피해 보상 등의 보완책을 마련·운영하고 있으며, 지자체의 특구계획 수립에 맞춰 필요한 예산·세제 등 지원책도 시행하고 있다.

규제자유특구의 규제샌드박스는 법령에 근거가 없거나 법령에 적합하지 않은 경우에도 일정 조건하에서 관련 법령이 정비될 때까지 신제품이나 서비스의 실증 및 사업화를 허용하는 제도로서, 「규제 신속확인」,[6] 「실증을 위한 특례」,[7] 「임시허가」[8]의 세

---

5) 통제된 환경하에서 기술개발을 위해 실시하는 "실험"의 경우 R&D의 일환으로 이루어지는 반면, "실증"은 R&D가 완료된 상황에서 시제품을 실제 환경에서 검증함으로써 제품·서비스의 안전성을 입증하는 과정을 말한다. 예를 들어, 기업 내 무인자동차 실험시설에서 주행 실험을 하는 것은 "실험"이고, 세종시 BRT도로와 같은 실제 도로에서 무인승합차를 운행하는 것은 "실증"이다.

6) "규제 신속 확인(지역특구법 제85조)"은 특구 내의 기업들에게 규제여부가 불명확한 경우 시·도

가지로서 소위, 「규제특례 3종 세트」라 불린다. 이와 함께 메뉴판식 규제특례란 식당의 주문 메뉴판처럼 미리 준비된 지역특구법에 열거된 조문들(201개[9] 특례)로서, 기업들은 추진하고자 하는 사업과 관련하여 법에 열거되어 있는 특례들을 시·도지사에게 요청하면 관계부처 협의를 통해 유예 또는 면제 받을 수 있다.

비수도권 지역(14개 시·도)의 혁신성장과 지역균형발전을 촉진하기 위해 규제 제약 없이 실증, 사업화를 추진할 수 있는 규제자유특구 제도가 2019년 도입되었다. 이는 기존 지역특구 제도('04년 도입)는 지역의 특화(향토) 사업을 중심으로 운영하여 신사업 육성에 한계가 있는 점을 보완하고 4차 산업혁명에 대응, 신기술 사업화를 활성화해 혁신성장을 견인하고 동시에 지역균형발전을 이루기 위해 비수도권 지자체를 대상으로 이루어지는 사업이다.

타 부처 규제샌드박스가 지역이 아닌 개별 기업 단위인 데 비해 중기부 소관의 규제자유특구는 세계 최초로, 신산업 전 분야에 걸쳐 지역 단위의 인프라 등을 활용하는 한국형 규제샌드박스를 지정·운영하고 있다.[10] 즉, 개별기업이 신청하는 타부처들[11]의

지사에게 신사업과 관련한 허가등의 필요 여부를 확인요청할 기회를 부여하는 것이다. 신속확인 요청이 있게 되면 30일 이내에 중앙행정기관의 회신을 받을 수 있으며, 미회신시 관련 규제가 없는 것으로 간주한다.

7) "실증을 위한 특례(실증특례)"(지역특구법 제86조 내지 제89조)는 신제품이나 서비스의 시험·검증(실증)을 하고자 하는데 소관 법령이 없거나 기존 법령을 적용하는 것이 맞지 않을 경우에 일정기간 규제를 적용받지 않고 실증사업을 추진할 수 있게 허용하는 것이다. 기업들이 시·도지사에게 실증특례를 요청하면 관계부처의 검토 및 특구위원회 의결을 거쳐 특례 지정(2년 이내, 1회 연장 가능)한다.

8) "임시허가(지역특구법 제90조 내지 제91조)"는 신제품이나 서비스의 안전성이 검증되었음에도 허가기준이 없거나 기준이 불합리하여 시장출시를 할 수 없는 경우에 임시로 판매허가를 받아서 출시할 수 있도록 하는 것이다. 임시허가가 필요한 기업들은 시·도지사에게 요청하면, 관계부처 검토 및 특구위원회 의결을 거쳐 임시허가(최대 2년, 1회 연장가능, 법령 정비시까지 기간 연장)를 받을 수 있다.

9) 기존 지역특화발전특구에 적용되었던 규제특례 123개(지역특구법 제2장 제2절) 외에 78개(지역특구법 제3장 제3절)가 추가로 신규 도입되었다.

10) 지역특구법 개정안 발의('18.3.15) → 산중위 상정('18.4.9) → 국회 통과로 법 개정('18.9.20) → 공포('18.10.16) → 시행('19.4.17) 및 시행령 등 하위법령 정비('19.4) → '규제자유특구기획단' 설치('19.5).

11) 2019년 규제혁신 5법 입법에 따라 규제샌드박스를 전면 시행하게 되어, ① 정보통신융합법 일부개정('19.1.17. 시행)으로 과기부의 ICT융합 규제샌드박스, ② 산업융합촉진법 일부개정('19.1.17. 시행)으로 산업부의 산업융합 규제샌드박스, ③ 금융혁신법 제정('19.4.1. 시행)으로 금융위의 금융혁신 규제샌드박스, ④ 지역특구법 전부개정('19.4.17. 시행)으로 규제자유특구에 의한 지역혁신 규제샌드박스 등 총 4개 부처에서 4개의 규제샌드박스 제도가 시행되었으며, 이를 총괄적으로 뒷받침하기 위하여 행정규제기본법('19.7.17. 시행) 개정을 통해 포괄적 네거티브 규제원칙 등 신기

표 12-1	타부처 규제샌드박스와 지역특구법의 비교	
구분	타부처 규제샌드박스	지역특구법(규제자유특구)
공통점	• 규제 샌드박스 적용	
차이점	• 기술 중심 개별규제 완화	• 산업 육성을 위한 핵심규제 완화
	–	• 메뉴판식 규제특례 적용(201개)
	–	• 재정 · 세제 지원
	• 기업 신청	• 시 · 도지사 신청
	• 전국대상	• 비수도권 대상
	• 위원회 위원장: 소관부처 장관	• 위원회 위원장: 국무총리

자료: 김권식(2020: 16).

규제샌드박스와는 달리 중기부의 규제자유특구는 지자체가 신청하고, 재정 · 세제가 지원되는 지역단위 규제샌드박스로서 과거 추진했던 규제프리존의 규제샌드박스를 강화하고 대상산업을 대폭 확대하였다.

이는 지역균형 뉴딜의 거점으로서 비수도권을 중심으로 한국판 뉴딜 정책과 탄소중립 정책을 실현하는 선도기지 역할을 하는 것을 목적으로 한다. 이와 동시에 혁신성장을 위해 규제 제약 없이 실증 · 사업화를 가능토록 하여 지역 내 기술개발 성과를 사업화하는 신산업 테스트베드 역할을 담당함으로써 지역 전통산업이 신산업으로 구조 전환하도록 유도하고 있다. 또한 이에서 한걸음 더 나아가 상생형 지역발전 모델을 실현하기 위해 신산업 분야를 중심으로, 대 · 중소기업, 공공기관 간의 상생협력 생태계 구축을 시도하고 있다.

규제자유특구 제도에서 주목할 부분이 4차 산업혁명에 대응하여 신기술 · 신산업의 육성을 위한 새로운 시도로써 도입되는 규제샌드박스 제도이다(김권식, 2021a). 규제샌드박스란 아이들이 안전하게 뛰어놀 수 있는 모래 놀이터(sandbox)에서 유래한 말로서, 기존 규제에도 불구하고 신기술 · 신산업 시도가 가능할 수 있도록 일정 조건(시간 · 장소 · 규모)하에서 규제를 면제 · 유예시켜 주는 혁신의 실험장을 의미한다. 규제샌드박스는 예측불가능하고 빠르게 변화하는 기술혁신에 대해 법령과 제도가 일일이 선제적으로 대응하는 것이 사실상 불가능하다는 현실에서 출발하고 있다. 즉, 법 · 제도와 현

술 사업화를 지원하기 위한 법 개정을 완료하였다. 2020년도에는 스마트도시법 개정('20.2.27. 시행)과 연구개발특구법 개정('20.12.10. 시행)을 통해 국토부의 스마트도시 규제샌드박스와 과기부의 연구개발특구 규제샌드박스가 추가로 도입되었다.

실(기술진보) 간의 갈등·상충과 제도적 공백의 제약을 일시적으로 면제하고 기술 사업화를 진행할 수 있는 법적 근거를 제공함으로써 신기술·신산업의 성장에 기여하는 것을 목적으로 한다.

규제자유특구의 지정·운영 절차는 다음과 같다. 지역특구법에 따라 규제자유특구위원회(위원장 국무총리), 규제특례등 심의위원회(위원장 중소벤처기업부 장관), 규제자유특구 기획단(중소벤처 기업부)을 운영하고 있다. 또한, 이를 통해 규제개혁 관계부처들과 함께 규제자유특구 지정·운영을 추진하고 있다. 시·도에서는 규제자유특구 관련 전담조직을 확대하고 특구 참여 사업자(기업), 지역 대학, 기업지원기관, 관련 연구소들 간에 개방형 협력 체계를 구축함으로써 신기술·신제품에 대한 실증특례, 임시허가, 제품의 시장출시를 촉진하는 역할을 수행하고 있다.

규제자유특구로 지정되기 위해서는 14개 비수도권 광역단체장이 신청할 수 있으며, 수도권 소재 기업도 주소 이전 또는 연구소·사업소 이전 시 다른 지역의 규제자유특구에 참여하는 것이 가능하다. 민간기업 등은 특구사업계획을 관할 시·도지사에게 제안할 수 있고, 시·도지사는 특별한 사유가 없는 한 수용할 의무가 있다. 중소벤처기업부 장관은 규제자유특구의 지정 신청을 받으면 관계부처와 협의하여 특구위원회가 심의·의결하고, 90일 이내에 심의위원회 및 특구위원회의 심의·의결을 거쳐 특구계획 승인과 특구 지정을 결정하게 된다. 관계기관 요청에 따른 자료 보완에 걸린 시간은 해당 기간에 산입하지 않지만 이 경우에도 90일 이내에 회신해야 하며 불가능한 경우 30일 이내로 한 차례 연장할 수 있다.

특구로 지정된 구역 내에서 특구사업에 참여하는 기업(특구사업자)에게는 특구계획에 정해진 내용에 따라 (메뉴판식) 규제특례 및 규제샌드박스가 적용되고 동시에 실증사업 및 사업화에 재정이 지원된다. 그리고 관할 시·도지사는 특구 운영에 필요한 사항을 특구계획에 부합하는 범위에서 조례로 정할 수 있다. 특구계획 또는 특구의 지정을 변경하려는 시·도지사는 규제자유특구법 시행규칙 제6조제1항에 정한 신청서 및 첨부서류를 장관에게 제출하여 변경을 신청해야 한다. 중소벤처기업부 장관은 특구계획 등의 변경과 관련하여 경미한 사항은 특구 시·도지사와 협의 후 관할 시·도지사에게 통보함으로써 이를 변경할 수 있다.

그림 12-1 특구 지정 심의·의결 절차

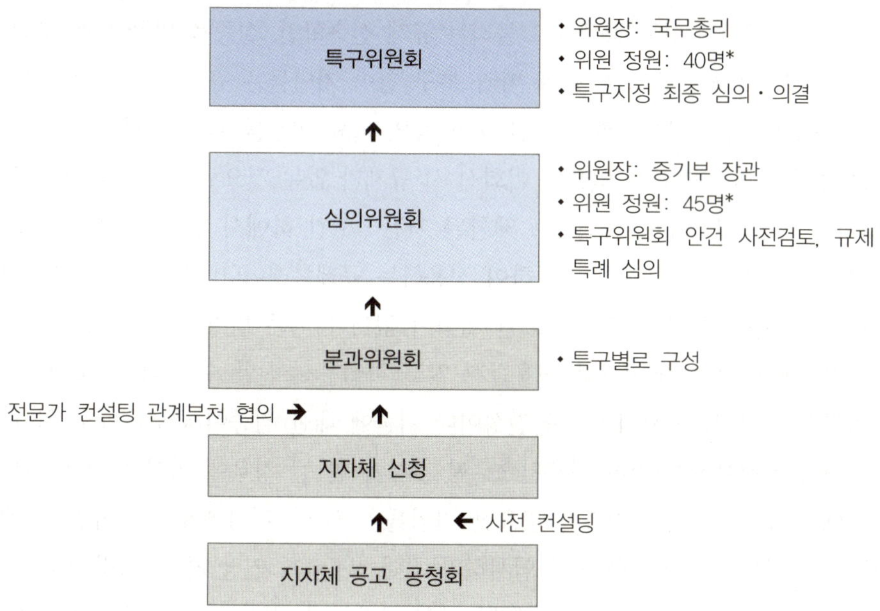

* 지역특구법 개정으로 특구위원회 및 심의위원회 정원 확대

자료: Benevolo(1980: 22).

그림 12-2 규제혁신 3종 세트

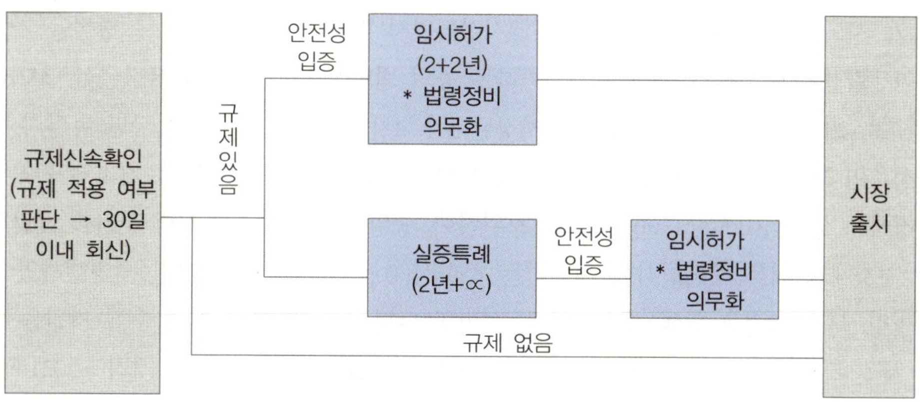

자료: 중소벤처기업부 보도자료(2021.7.21).

규제자유특구에서는 각종 규제로 인해 신기술 검증이나 사업화가 가로막히는 일이 없도록 획기적인 규제완화 조치가 적용된다. 첫째, 법령 미비 등 규제 공백이 문제되는 경우에는 "규제혁신 3종 세트"라고 불리는 규제 신속확인, 실증을 위한 특례 부여(실증특례), 임시허가가 적용된다. 이에 따라 특구 참여 기업들은 규제 여부가 불확실한 경우 시·도지사에게 신사업과 관련된 허가 등의 필요 여부를 확인 요청하면 30일 이내에 그 결과를 회신받을 수 있으며 미회신 시 규제가 없는 것으로 간주한다. 실증특례란 사업자가 기존 규제에도 불구하고 제한된 기간·조건 하에서 신제품·서비스에 대한 실증을 할 수 있도록 규제를 완화하여 적용하는 규제특례이다. 즉, 신제품이나 서비스의 시험·검증을 하고자 하는데 소관 법령이 없거나 기존 법령을 적용하는 것이 맞지 않을 경우에 일정 기간 규제를 적용받지 않고 사업을 추진할 수 있다. 아울러 특구 참여 기업들은 신제품·서비스의 안전성이나 기술에 대한 검증이 끝났음에도 허가 기준이 없거나 부적합한 기준이 적용됨으로써 출시가 안 될 경우에 임시로 판매허가를 받아 판매할 수 있다. 임시허가가 필요한 기업들은 시·도지사에게 요청하면, 관계부처 검토 및 특구위원회 의결을 거쳐 임시허가(최대 2년, 1회 연장 가능, 법령 정비 시까지 기간 연장)를 받을 수 있다. 둘째, "메뉴판식 규제특례"이다. 기존 규제는 메뉴판식 규제특례(201개)를 열거하고 지자체에서 필요한 규제특례를 자율적으로 선택·확정하여 적용하게 된다. 식당의 메뉴판처럼 미리 준비된 기존 법령의 규제가 유예 또는 면제되어 적용되는데 지역특구법에 메뉴판식 규제특례를 열거하고 지역이 자율적으로 선택·확정하여 적용하게 된다(신상철, 2019).

2019년 규제자유특구가 시작된 이후 6차례(2021년 11월 기준)에 걸쳐 비수도권 전역(14개 시·도)에 29개 규제자유특구가 지정되면서 각 지역은 상대적으로 강점을 가진 지역전략산업을 신산업 중심으로 재편하는 등의 변화가 나타나고 있다(김권식, 2021b: 71-72). 2020년 7월, 11월 총 2차례 지정된 3차, 4차 규제자유특구는 한국판 뉴딜의 두 핵심축인 그린 뉴딜, 디지털 뉴딜 분야에서 선정되었고, 4차 지정부터는 지자체가 직접 신청하는 상향식(Bottom-up) 방식을 보완하여, 중앙정부에서 먼저 전략 분야를 제안하면 지자체가 이를 구체화하여 신청하는 하향식(Top-down) 특구 지정을 병행하였다. 특별히, 특구 지정을 위해 지자체 순회 설명회 14회, 지자체 특구 계획 수립 지원을 위한 사전 컨설팅 및 분야별 전문가 회의 280회, 분과위원회 112회 등이 개최(~2021.6월 기준)되어, 처음 수립하는 지자체의 특구계획 수립을 밀착·지원하였다. 4차 특구까지의 집계 결과는 총 424개 특구사업자가 참여 중으로 특구당 평균 18개 사업자이고, 중소기업 70%, 대·중견기업 9%, 비영리기관 21%로 구성되며, 지원실증 R&D, 사업화, 인프라 등 관련 예산 투입액은 2019년 328억 원 → 2020년 1,167억 원 → 2021년 1,701억 원으로 증가 추세를 보였다. 특별히 기 지정 특구에 대해서는 책임보험, 특례조건, 안전대책 점검, 실증착수 전 특구별 안전 매뉴얼 검토, 실증계획의 차질 없는 이행 점검 및 관계부처 협의 등 특구별 현장점검[12] 및 철저한 사후관리를 지속적으로 추진하였다. 한편, 2021년 7월 기준으로는 총 6차례, 29개 특구가 전국 규모로 지정되어 미래교통(8개), 에너지·자원(10개), 바이오헬스(6개), ICT(5개) 분야에 144개 규제특례를 허용한 바 있다.[13]

표 12-2 규제자유특구 지정현황(2021.11. 현재 총 29개)

1차 지정(2019.7): 7개 특구	2차 지정(2019.11): 7개 특구
① e-모빌리티(전남)	① 바이오메디컬(대전)
② 배터리 재사용·재활용(경북)	② LNG 및 초소형 전기특장차(전북)
③ 첨단의료기기 및 폐인체지방 활용(대구)	③ 수소 모빌리티(울산)
④ 자율주행차·로봇(세종)	④ 무인특장차(광주)
⑤ 비대면의료(강원)	⑤ 무인선박(경남)
⑥ 블록체인(부산)	⑥ 전기차 충전서비스(제주)
⑦ 스마트안전제어(충북)	⑦ 차세대 전력 송배전(전남)

3차 지정(2020.7): 7개 특구
① LPG선박(부산)
② 게놈서비스산업(울산)
③ 산업용헴프(경북)
④ 수소연료전지 확산(충남)
⑤ 액화수소(강원)
⑥ 탄소복합소재 활용(전북)
⑦ 이동식 협동로봇(대구)

4차 지정(2020.11): 3개 특구
① 태양광 ESS발전(광주)
② CO2자원화(울산)
③ 5G 활용 스마트공장(경남)
5차 지정(2021.7): 4개 특구
① 정밀의료 산업(강원)
② 스마트 그린물류(경북)
③ 그린수소 산업(충북)
④ 탄소저감 건설소재(충남)
6차 지정(2021.11): 1개 특구
① 암모니아 친환경에너지(부산)

---

12) 중기부, 관계부처 지방중기청, 기술전문가, 특구 중소기업 옴부즈만, 지자체로 구성된 현장점검반을 운영하였다(~'20.10월 기준 총 98회 점검 실시).

13) 중기부 보도자료(2021.11.4.), 「'부산 암모니아 친환경에너지 특구' 지정, 탄소중립 뒷받침 한다」. 2021년 11월 제7차 특구위원회에서 부산 암모니아 친환경에너지특구를 신규 지정하여 3개 실증사업에 대해 5개의 규제 특례를 부여하였다.

표 12-3 규제자유특구 운영 성과(2021.11월 현재)

구분	성과 세부 내용
일자리 창출	• 특구 지정 이후 1,813명 일자리 창출[14]
인력집중	• 지역 대학 내에 블록체인, 자율주행 등 첨단기술 관련 전문대학원 설립, 대학 연구센터 지원 등 전문인력 양성 • 전문기업 · 스타트업 추가 이전으로 전문인력 유입
투자 유치	• 투자 유치 및 특구 내 공장설립 등 총 20,728억 원
VC 투자	• 총 1,749억 원
기업 유치	• 총 424개 특구사업자 참여, 172개 기업 유치
기반 조성	• 부산, 대구, 경북 등 19개 공장 설립

이상과 같이 중기부는 '19년 4월 규제자유특구 제도 도입 이후 6차례 29개 특구를 지정했으며, 특구 내 사업자들이 신제품 · 서비스에 대한 시험 · 검증(실증)을 할 수 있도록 실증특례(유효기간 2년)를 부여하였다. 그리고 '19년에 지정된 1 · 2차 규제자유특구('21.8월, 12월 만료)의 실증특례 만료 시점이 도래함에 따라 2021년 7월 1일 특구위원회를 개최해 1차 특구사업들에 대한 사업 중단이 없도록 개정 전 지역특구법에 따라 임시허가 전환(5건), 실증특례 연장(17건) 등 임시조치를 취하였다(중기부, 2021).[15] 제도 시행 이후 특구 운영에 따른 주요 성과는 〈표 12-3〉과 같이 요약될 수 있다(김권식, 2021b: 72-73).

3 선행연구 검토

규제자유특구 관련 선행 연구들의 경향을 살펴보면, 규제자유특구 제도의 도입을 통해 기존의 지역특구 제도를 보완할 수 있는 가능성 및 기대효과와 함께, 사업 시행 초기에 발생한 운영 상 미비점과 한계의 개선방안에 관한 논의가 주종을 이루고 있다. 먼저, 규제자유특구 제도 도입의 기대효과에 대한 연구들이다. 최호성 · 김정대(2019)는 전국에 획일적으로 적용되는 규제만을 완화하는 지역특화발전특구(지역특구) 제도의 한계를 고찰하고, 규제자유특구 제도가 신기술 기반의 실증 테스트 베드로 육성할 방향과 지역의 혁신성장 거점으로 성장할 방안을 제시하였다. 양 제도를 비교해 보면, 지역

14) 중기부 보도자료(2021.1.20), 규제자유특구 지정 이후 1,255명 일자리 창출(검색일: 2021.11.19).
15) 중기부 보도자료(2021.7.20), 규제자유특구 사업중단 없이 이어진다(검색일: 2021.11.11).

특화발전특구는 지역 성장자원을 활용한 지역경제 활성화가 목적인 반면 규제자유특구는 신기술을 활용한 신제품·신서비스로 지역혁신성장 및 국가균형발전을 도모한다. 지역특화발전특구는 메뉴판식 규제특례만 적용받지만 규제자유특구에서는 메뉴판식 규제특례와 더불어 포괄적인 네거티브 방식의 '규제혁신 3종 세트'를 적용한다. 지역특화발전특구위원회의 위원장은 중소벤처기업부장관이지만 규제자유특구위원회의 위원장은 국무총리로 관계부처가 관계부처 간 업무조정 및 범부처 간 협업체계가 가능하다. 하지만 지역특화발전특구는 규제완화와 재정지원 분리운영, 민간역량의 활용부족, 규제특례의 실효성 부족 등으로 신기술을 활용한 사업에 적용하기에는 한계가 있으므로, 신기술·신서비스 기반의 지역혁신사업과 전략산업을 육성하기 위해 혁신적인 규제특례를 부여하는 한국형 규제샌드박스인 규제자유특구를 대안으로 제시하였다. 특히 광범위한 영역에 걸친 상호 이해자 간의 갈등을 해소하기 위한 다양한 정책과 인센티브(세제, 재정 등)를 혁신적인 규제특례와 더불어 각종 패키지를 지원한다면 지역의 혁신성장과 국가균형발전을 촉진과 더불어 지역의 맞춤형 특화발전으로 지역 신규 일자리창출과 민간투자를 이끌어낼 것이라고 주장하였다.

강민수 외(2019)는 「규제자유특구 및 지역특화발전특구에 관한 규제특례법」에 관한 의원별 발의안과 통과법안의 차이점을 비교분석하고, 쟁점 항목이 어떻게 최종 법안에 반영되었는지 확인하여 규제자유특구의 올바른 운용을 위한 방안을 도출하였다. 구체적으로 국가균형발전을 고려하여 수도권을 제외한 광역시도 단위의 특구 지정이 필요하며, 수도권을 제외한 광역시도 단위의 특구를 지정함으로써 수도권 쏠림현상을 방어해야 하고, 메뉴판식 규제활용을 도입하여 지역단위 혁신성장사업 육성 및 국가균형발전을 도모해야 한다. 또한, 4차 산업혁명과 관련된 신기술·신사업의 육성과 국민의 생명·안전·환경 등의 공익적 가치보호를 균형적으로 추구하고, 현재의 규제체계가 반영할 수 없는 구조적 문제를 해결하여 중소기업의 혁신성장에 기여해야 한다.

한편, 규제자유특구 사업 운영 상 문제점의 개선방안에 관하여 여러 논의들이 있어왔다. 김정욱·유성희(2019)는 4차 산업시대에 따른 경제성장을 위해 도입된 규제자유특구가 실제로는 규제샌드박스의 시행기간이 짧고 충분한 시행 경험이 없는 상태에서 도입되면서 제도적 미비점 및 운영상 발견된 법적 쟁점이 존재함을 지적하였다. 예를 들면, 특구의 지정 기간이 만료된 때 참여 사업에 부여된 규제 특례의 효력이 어떻게 변화할지에 대한 명확한 규정이 부재하므로, 특구 지정과는 별개로 참여 사업에 대한 연속성을 담보할 수 있는 규정이 별도로 마련될 필요가 있다. 또한, 지역특구법상 사업자의 배상책임을 제고하기 위하여 사업자가 책임보험에 가입하도록 규정되어 있으나, 신산업분야는 기존에 보험개발이 되어 있지 않은 분야이고, 신산업분야에서의 손해배상 수준이 어느 정도일지 가늠키 어려운 상황으로 법에 규정되어 있는 보험가액이 적정한 수준인지 판단키 어려우므로, 신산업분야에서 발생하는 피해에 대한 보장 수준이 충분한지에 대해서는 다소 논란의 여지가 있다. 한편, 특구사업으로 인하여 이용자에게 인적, 물적 손해를 입힌 경우 고의나 과실이 없도록 증명하는 책임을 사업자에게 부과하고 있으나, 현행법상 이를 판단할 수 있는 규정이 미비하다. 이에 사업자가 이를 입증하여 책임에서 벗어날 경우 이용자의 권리 구제가 불가능해지며, 손해배상책임에서 사업자가 벗어난다면 피해의 크기가 매우 클 경우 그 피해가 책임소지의 명확성과 비교하여 서로 비례하지 않아 보완될 여지가 존재한다.

김민호 · 강재원(2020)은 새로운 정보통신기술을 사업화하는 과정에서 규제로 인해 발생하는 문제점과 그 해결책을 부산 블록체인 규제자유특구 사례를 통해 분석하였다. 우선, 블록체인의 불변성이라는 내재적 특성이 국민의 개인정보 파기 권리를 보장하는 기존 개인정보보호 법제와 상충하는 제도적 갈등상황을 상정하고, 블록체인기술 사업화에 걸림돌이 되는 규제 쟁점인 비식별화의 딜레마와 규제불명확성을 고찰하였다. 더불어 이 같은 제도적 갈등상황에 대한 해결 방안으로 제시된 규제자유특구 신청 및 제도개선 협의 과정에서 논의된 개인정보 파기 의무에 대한 규제 특례부여 가능성을 검토하고, 비례원칙을 기반으로 중앙부처, 지자체, 그리고 기업이 협의를 거쳐 제도적 절충점으로 오프체인 파기방식의 규제 대안을 도출하는 과정을 분석하였다. 이를 통해 부산 블록체인 규제자유특구 지정의 일련 과정을 신기술 사업화를 촉진하는 효과적인 제도개선의 접근방식을 제시하였다.

이재훈(2020)에 의하면, 규제 신속확인 제도의 운영에서, 관련 부처에 문의한 결과에 대해 관련 답변이 없는 경우 이를 관련 허가 등이 필요하지 않은 것으로 간주하고 있으나 이에 대한 사법적인 판단 및 논의가 부재함을 지적하였다. 또한, 부처가 이 과정에서의 법령 해석을 뒤집을 수 있는가, 혹은 행정처분에 불복할 수 있는가에 대한 규정도 부재하며, 규제자유특구법 법조문상 '신기술', '혁신사업 또는 전략사업등', '규제자유특구사업자' 등의 용어의 범위가 광범위하고, 인근지역에 대한 범위도 불특정하여 이에 대한 개선이 필요하다. 더불어 현행 규정상 단일 사업 또는 개인이 규제자유특구계획을 제안하거나 이를 특구로 지정하는 것이 가능하나, 이는 다수 참여자를 전제로 한 규제자유특구 지정의 목적에 반할 우려가 있어 관련 규정의 정비가 필요하다. 더불어, 규제자유특구법상 특구사업자의 범위가 제한되지 않아 지자체간 공동 계획 수립이 가능하나 기 지정된 특구와 유사한 사업의 육성을 목적으로 이를 신청하려는 경우에 대한 규정이 존재하지 않으며, 규제자유특구 지정을 심의하기 위한 고려사항에 대하여, 별도의 위임조항 없이 시행령으로만 규정하고 있다. 규제자유특구 지정 등의 변경에 관련해서는, '특구계획의 목적을 변경하지 않는 범위'는 위원회의 심의 및 의결 없이 변경할 수 있도록 하고 있으나 이에 대한 판단 기준이 부재하며, 변경이 이루어진 이후, 즉 축소 혹은 탈퇴가 이루어지는 경우 이러한 변경의 효과에 대해 규정하고 있지 않다. 그리고 현행법상 규제자유특구 운영에 대한 평가 이후에만 규제자유특구 지정해제가 가능하며, 규제자유특구의 사후관리에 대한 규정이 존재하나, 그 기준이나 방법, 절차 등에 관한 중소벤처기업부장관 고시가 부재하다. 규제샌드박스 신청과 관련해서는, 이에 대한 결정이 잘못되었을 경우에 대한 고려가 제도화되어 있지 않아 이의신청제도 등이 마련되어 있지 않다.

박문수(2020)에 의하면, 규제법률상 양적 성과 목표를 계획함에 따라 성과주의로 인해 수요자 불편이 제기되고 있으며, 규제샌드박스 및 규제자유특구 관련하여 기간이 다소 경직화되어 있고, 실질적으로 규제자유특구의 성과에서 지자체의 역할이 매우 중요한 요인인데 비해 지자체의 역할이 미비하다. 특히 규제거버넌스의 다원화에 대한 우려로서, 지나치게 많은 상위기관과 규제거버넌스의 다양화는 행정의 복잡화를 유발한다. 예컨대, 규제샌드박스와 규제자유특구의 프로그램이 이원화됨에 따라 사후관리 부처 또한 이원화되어, 현재 국무총리실과 중소벤처기업부가 사후관리를 다하고 있는 실정이나 중소벤처기업부의 경우 상대적 영향력이 부족하여 타 부처의 핵심 규제 관련해서 사후관리가 진행되기 어려운 체계를 지니고 있다. 이와 함께 미확인 복합 규제와 같이 규제가 새롭게 발굴되는 경우 상설위원회가 존재하지 않아 사회경제적 부담이 많고 이 과정에서 사업을 포기하거나 정체되는 상황이 빈번하게 발생되고 있다. 그리고 각 기업 및 기관이 한 가지 사안에 대해서만 규제개선을 신청하고 심의하는 방식으로 사업이 진행되고 있으나, 이렇게 1 : 1 진행 방식을 고수하면 복합규제에 대해 중복행정비용이 발생하는 문제가 생길 수 있다.

이영범(2021)은 규제자유특구 제도 개선을 위한 세 가지 방향성을 첫째, 제도적 차별성 확보 둘째, 제도운영의 성과 극대화 셋째, 제도의 지속가능성 제고로 제시하였다. 우선, 규제자유특구 차별성 확보를 위한 해결과제로는 시·도지사의 신청에 의한 상향식(Bottom-up)의 혁신사업 개발 및 특구지정 신청제도 운영의 한계, 특구지정기간에 따라 특구에 시간적 제약이 존재하며 사업자 변동에 따른 공간적 특성 역시 변동한다는 점, 특례사업자의 실증활동에 지원이 한정되어 있는 점, 사업자와 중기부 사이의 관계가 간접적이며 비효율적이라는 점을 들었다. 둘째, 규제자유특구 성과 극대화를 위한 해결과제로는 이해관계자의 입장에 따라 제도운영의 우선순위가 달라 불확실성이 우려되며, 혁신사업의 성과는 본격적인 사업화 추진 과정에서 기대할 수 있으나 실제로는 실증특례 중심으로 운영되어 이를 위한 사후관리 제도가 부재하여 제도운영의 파급효과가 제한되고, 참여가 가능한 사업자가 한정됨에도 민간부문의 사업자를 끌어들이기에는 심의절차 등이 복잡하다는 점을 들었다. 셋째, 규제자유특구 지속가능성 제고를 위한 해결과제로는 개별 제도간의 협력관계가 아닌 경쟁적 관계가 형성되었고, 규제자유특구 지정 시 규제자유특구를 구성하는 요소로 혁신사업과 특구사업자, 특구 위치 등이 동시에 확정되며, 이에 대한 부분적 변경에 대해서도 전체 특구지정 변경의 절차를 거쳐야 하는 상황이며, 각 특구에 따라 그 내용 및 수준의 편차로 인해 규제특례의 내

표 12-4 규제자유특구에 대한 주요 선행연구

연구 초점	연구자(연도)	주요 내용
규제자유특구 제도 도입의 기대효과	최호성 · 김정대 (2019)	규제자유특구 제도가 신기술 기반의 실증 테스트 베드로 육성할 방향과 지역의 혁신성장 거점으로 성장할 방안을 제시
	강민수 외 (2019)	「규제자유특구 및 지역특화발전특구에 관한 규제특례법」에 관한 의원별 발의안과 통과법안의 쟁점 항목이 어떻게 최종 법안에 반영되었는지 확인하여 규제자유특구의 올바른 운용을 위한 방안을 도출
규제자유특구 사업 운영 상 문제점의 개선방안	김정욱 · 유성희 (2019)	규제자유특구가 실제로는 규제샌드박스의 시행기간이 짧고 충분한 시행 경험이 없는 상태에서 도입되면서 제도적 미비점 및 운영상 발견된 법적 쟁점이 존재함을 지적
	김민호 · 강재원 (2020)	새로운 정보통신기술을 사업화하는 과정에서 규제로 인해 발생하는 문제점과 그 해결책을 부산 블록체인 규제자유특구 사례를 통해 분석
	이재훈(2020)	현행법상 규제자유특구 운영(규제 신속확인, 규제샌드박스 신청 등)의 다양한 문제점들을 지적
	박문수(2020)	성과주의로 인해 수요자 불편이 제기되고 있으며, 규제샌드박스 및 규제자유특구 관련하여 기간이 경직화되어 있고, 지자체의 역할이 미비하며, 지나치게 많은 상위기관과 규제거버넌스의 다양화가 행정의 복잡화를 유발
	이영범(2021)	규제자유특구 제도 개선을 위한 세 가지 방향성을 첫째, 제도적 차별성 확보 둘째, 제도운영의 성과 극대화 셋째, 제도의 지속가능성 제고로 제시

용 역시 차이가 있음에도 일률적인 관리 및 평가가 이루어지고 있고, 특구 종료 이후 해당 특구의 기반시설 등을 활용할 수 있음에도 제도적 고려가 이루어지지 않는다는 점을 들었다.

새로운 기술변화에 대응하기 위한 행정의 구체화기능, 즉 헌법과 법률원칙 규범 내용을 현실에 맞게 행정법령을 통해 구체적으로 채워나가는 정부의 역할이 요구되는 시점에서, 사회적 위험에 대한 네거티브 방식(원칙 허용, 예외 금지)의 제도개선이 지체없이 수반되어야만, 기술개발과 사업화가 원활히 이루어질 수 있다. 이에 기술혁명시대에 조응하는 법제 개선방안에 대한 지속적인 연구가 축적될 필요가 있다는 점에서 선행 연구들은 사업 시행 과정에서 참조할만한 시사점을 제시하고 있다. 하지만 이에서 더 나아가 정부 사업의 기반이 되는 법적인 측면, 즉 현행 규제자유특구법의 해석론적 쟁점과 향후 입법론적 개선사항에 대한 구체적이고 개별적인 논의가 보다 심도있게 이루어질 필요성이 제기된다.

제3절

규제자유특구 관련 쟁점과 정부의 새로운 책무[16)]

1 기술혁명시대 정부의 신속한 제도형성 책무

새로운 기술변화에 대응하기 위한 행정의 구체화기능, 즉 헌법과 법률원칙 규범 내용을 현실에 맞게 행정법령을 통해 구체적으로 채워나가는 역할이 점점 중요해지고 있다. 전통적인 법률유보의 관점에서 기존 규제와 신기술 도입의 현실이 충돌하는 한편으로 기술규제로서의 법적 근거나 기준으로서 행정청이 규정하는 행정법령의 역할은 지속적으로 증가하고 있는 것이 현실이다(최승필 외, 2017).

예컨대, 자율주행 자동차의 경우, 자동차관리법 제27조 제1항 단서에서는 "자율주행자 동차를 시험·연구 목적으로 운행하려는 자는 허가대상, 고장감지 및 경고장치, 기능해제장치, 운행구역, 운전자 준수사항 등과 관련하여 국토교통부령으로 정하는 안전

16) 서울대학교 행정대학원(2022), 정부경쟁력 연구 10년의 성과, 「진인진」, pp.327-334.

운행 요건을 갖추어 국토교통부 장관의 임시운행허가를 받아야 한다."라고 규정하고 있으며, 시행규칙 제26조의2 제3항에서는 안전운행 요건의 확인에 필요한 사항은 자율주행 자동차의 안전운행 요건 및 시험운행에 관한 규정(국토부 고시)로 정하도록 하고 있다.

규제방식에는 네거티브 방식과 포지티브 방식이 있다(김유환, 2008; 전경련, 2015). 네거티브 규제방식은 원칙적으로 모두 허용하고 예외적으로 금지하는 방식으로서, 금지 대상을 규제 근거 법령에 제한적으로 열거하는 방식이다. 예를 들면, 수도법 제7조에서는 상수원 보호 구역의 오염물 투기행위, 가축 분뇨를 버리는 행위 등 금지되는 행위를 열거하고 있다. 반면에 포지티브 규제방식은 근거 법령에 열거된 허가사항 이외에는 허용하지 않는 방식으로서, 근거 법령에 허용되는 사항만을 제한적으로 열거하는 방식이다. 이에 대한 예로는, 전자화폐가 갖추어야 할 요건(전자금융거래법 제2조 제15호)으로서 2개 이상 광역지방자치 단체 및 500개 이상 가맹점 이용 등의 일정한 요건을 열거하고 이러한 요건을 갖춘 경우에만 전자화폐로 인정하는 경우를 들 수 있다.

신기술 사업화 과정에서 규제공백이 문제되는 것은 주로 포지티브 규제방식과 관련된 영역이다. 네거티브 규제방식은 금지되는 것 외에는 모두 허용하는 형태를 취하므로 신기 술 · 신산업 등 새로운 분야의 수용이 용이하다. Negative 방식은 원칙 허용을 통해 국민의 일반적 행동의 자유를 보장함으로써 신기술 개발을 통한 경제활성화에 유리한 반면에 법령 상 근거가 없거나 모호한 상황에서도 이를 단순히 원칙허용 예외금지라는 Negative 방식에 따라 규제가 없어 자유롭게 허용되는 것으로 단정하기 곤란한 경우가 발생할 수 있다. 즉, 예기치 못한 위험을 야기할 수 있는 행위가 원칙적으로 허용되는 결과가 되어 위험 발생 시 책임을 물을 수 없고 위험의 사전 통제가 불가능해질 수도 있는 것이다. 이때 신기술 사업화로 인해 공익적 가치의 훼손이나 사회적 위해가 발생할 것이 합리적으로 예견되는 경우에는 사전에 근거법령의 허용 대상 목록에 규정되어 있어야 허용되는 Positive 방식이 적용된다. Positive 방식에 따른 위험 통제가 필요한 상황에서는 위험이 현실적으로 발생한 경우에 대처하기 위하여 사전에 법령상 허용되는 행위에 대한 규정상 목록이 존재해야 한다. 관련 기준 등이 법령에 규정되어 있지 않은 상황에서 기술개발 및 사업화를 진행할 경우에는 사고 등 발생의 경우에 법령상 허용 근거 없는 행위로서 책임을 져야 하는 상황이 발생할 수 있다. 또한 사회적 위해 발생을 우려한 행정청의 사후 규제 및 처벌 등의 가능성도 상존하기 때문에 기업 입장에서는 법령상 근거나 기준이 없이 사업을 영위하기가 어려운 것이 현실이다.

이처럼 Positive 방식에 따른 위험 통제가 필요한 상황에서는 위험이 현실적으로 발생한 경우에 대처하기 위하여 사전에 법령상 근거가 있어야 한다. 하지만 포지티브 규제방식은 허용되는 대상을 일일이 열거해야 하므로 기술변화에 따른 신제품・서비스의 등장 속도를 따라잡는 제도개선을 적시에 하지 않으면 도리어 기존 제도가 기술혁신의 발목을 잡는 상황이 발생할 수 있다.

신기술 산업의 경우 수소에너지, 자율주행 자동차, 드론, 신소재・신약 등 분야의 특성이 대체로 지금까지 존재하지 않았던 제품이나 서비스를 대상으로 하고 있어 예상치 못한 사회적 위험을 필연적으로 수반하는 경우가 빈번하다. 이렇게 사회적 위험을 수반하는 영역은 원칙 허용, 예외 금지라는 네거티브 방식으로 규제하는 데에 한계가 존재한다. 왜냐하면 기존에 존재하지 않던 제품・서비스의 등장으로 어떠한 경우에 위험이 발생할 개연성이 있는 지를 사전적으로 예측하여 특정하는 것이 매우 어렵기 때문이다. 이처럼 포지티브 규제영역에서는 사회적 위험을 적절히 통제할 수 있는 규제체계가 존재하지 않거나 기존 규제법령이 부적합한 경우가 많아 사업자의 신기술 사업화 과정에서 불확실성이 존재한다.

지금까지 살펴본 바와 같이 기술혁명의 시대에는 포지티브 규제상황과 법적 근거 규정의 미비 혹은 공백으로 인해 새로운 규제 애로가 발생할 수 있다. 동시에 신기술・신산업 분야에서는 지금까지 존재하지 않았던 제품과 서비스의 등장으로 인해 발생하는 새로운 사회적 위험에 대한 대응이 필요하다. 신기술・신산업 분야의 특성은 지금까지 존재하지 않았던 제품과 서비스의 등장에 있다. 이러한 분야에서 가장 유의해야 할 부분은 새로운 사회적 위험의 발생이다. 수소라는 물질이 폭발성이 상하다는 점, 무선 설비의 신뢰성에 따라 안전제어가 작동하지 않을 경우 발생하는 사고의 위험성 등을 고려하면 기존 규제가 문제되는 것이 아니라 관련 규제(안전기준)가 부재하는 규제공백이 문제가 되는 것이다. 따라서 이러한 사회적 위험에 대한 포지티브 방식(원칙 금지, 예외 허용)의 규제체계에서는 신기술의 등장에 따른 사회적 위험을 적절히 통제할 수 있는 제도개선이 지체 없이 수반되어야만 기술개발과 사업화가 원활히 이루어질 수 있다.

특별히 2019년 제1차 규제자유특구 지정과정에서 이루어진 울산 수소산업 및 충북 스마트안전제어 특구 심의 과정은 포지티브 규제상황 및 법적 근거 규정 부재의 문제와 관련하여 매우 중요한 정책적 시사점을 제시하고 있다(김권식, 2019). 즉, 수소 용기 및 충전설비나 무선 안전제어설비에 관한 안전기준 등 관련 규정이 부재하다는 이유로 관련 규제가 없으니 규제로 인한 장애가 없는 것이 아닌가라는 문제제기가 있었다.

울산과 충북의 특구사업은 수소충전시설과 가스설비의 무선제어장치에 대한 실증특례를 주된 내용으로 하여 제안되었다.[17] 즉 수소설비 및 시설을 설치함에 있어서 관련 안전규정이나 법적 기준이 없고, 가스시설의 무선설비를 설치함에 있어서도 관련 안전기준이 부재하기 때문에 실증특례를 통해서 안전성을 검증함과 동시에 안전기준 등 법적 근거를 마련하자는 것이다.

그런데 이러한 규제샌드박스(실증특례) 신청에 대하여 수소 용기·충전설비나 무선 안전 제어설비에 관한 안전기준 등 관련 규정 부재 시 관련 규제가 없으니 규제로 인한 장애도 없다는 문제제기가 있었다. 규제공백은 규제의 부재 상태이므로 규제장애 역시 존재하지 않는 다는 것이다.[18] 전술한 바와 같이 수소의 폭발성, 무선 가스 안전 설비의 신뢰성으로 인한 사고의 위험성 등을 고려하면 기존 규제를 적용받음으로 발생하는 규제 장애가 문제가 아니라 관련 규제(안전기준)가 없거나 미비하여 발생하는 규제공백이 규제 장애를 야기하게 되는 것이다. 따라서 이 경우에는 조속히 근거규정이나 기준 등을 제정하기 위한 입법조치를 진행하는 조건으로 실증특례·임시허가를 허용함으로써 규제 장애를 해소할 수 있다. 즉 안전성 확보 조치를 마련한 상황에서 실증사업을 진행하면서 동시에 실증사업을 통해 축적되는 데이터를 바탕으로 소관부처나 전문기관 등과 협의하면서 관련 분야의 안전기준 등 법적 근거를 마련해 나가는 것이다. 이렇게 하는 것이 “법령에 기준·규격·요건 등이 없거나 적절하지 않을 것”을 실증특례·임시허가의 요건으로 규정한 특구법 제86조, 제90조의 제도적 취지에도 부합하는 것이다.

규제자유특구제도 지정을 위한 규제샌드박스 심의과정에서 이처럼 정부가 제도개선을 통해 지속적으로 기술혁신을 뒷받침해야 할 필요성이 새롭게 부각되었다. 특별히 사회적 위험에 대한 포지티브 방식(원칙 금지, 예외 허용)의 규제 체계에서는 신기술의 등장에 따른 사회적 위험을 적절히 통제할 수 있는 제도개선이 지체 없이 수반되어야만 기술개발과 사업화가 원활히 이루어질 수 있는 것이다. 이는 지속적인 제도개선이

---

17) 충북 스마트안전제어 규제자유특구(1차 지정)는 한국가스공사를 중심으로 지역내 화학·기계·부품기업을 연계하여 가스기기 무선 제어·차단 등 스마트 안전제어 기술을 도입하는 것을 내용으로 하고 있다. 그리고 울산 수소그린모빌리티 특구(1차 심의, 2차 지정)는 수소연료전지를 장착한 무인운반차, 지게차 및 이동식 수소충전소 구축과 대용량 수소튜브 트레일러의 실도로 주행 실증을 내용으로 하고 있다.

18) 이러한 견해는 규제자유특구 지정 심사과정에서 주로 관련 규제법령 소관부처의 담당자들로부터 많이 제기되었다. 이는 관련 규제가 공공안전분야의 포지티브 규제체계의 형식을 취할 수밖에 없다는 점을 깊이 고려하지 않은 상황에서 제시된 의견으로서, 규제자유특구 지정과정이 진행되고 포지티브 규제체계 하의 규제공백이 일으키는 규제장애 상태에 대한 이해가 높아지면서 차차 해소되어 갔다.

기술혁명시대에 정부의 새로운 책무임을 의미한다.

2 기술혁명시대 정부의 지속적 협의·조정 책무

규제자유특구 제도가 우리에게 던지는 두 번째 문제의식은 바로 기존 규제와 신기술 사업화의 이해관계가 상호 충돌할 경우 이를 조화할 수 있는 방안은 무엇인가에 관한 것이다. 신기술 사업화 과정에 강력한 제약을 가하는 기존 규제 가운데에 대표적인 것이 바로 개인정보 보호 관련 법령이다. 이는 신기술 사업화로 인한 경제적 가치 창출과 개인정보침해 위험의 방지라는 헌법적 기본권 보호라는 상반된 두 가지 가치 간의 충돌의 문제로 치환될 수 있다. 특별히 개인의료정보 활용이나 원격진료에 있어서는 특구 사업자와 관계부처 및 관련 단체 간의 이견이 매우 큰 상태이다.

개인정보보호와 관련해서는 사생활보호라는 헌법적 권리로 인정되어 있다는 점이 관련 법령을 개정하는 데에 큰 장애요소로 작용하고 있다. 물론 헌법적 권리로서 사생활보호라는 법익은 존중되어야 하고 또한 신기술 서비스가 개발되고 사업화되는 과정에서 실제로 개인정보 침해·남용의 위험성이 커지는 것도 사실이다. 그러나 동시에 빅데이터를 활용하여 신기술을 개발하고 사업화함으로써 부가가치를 창출할 수 있는 기회 역시 저버릴 수는 없다. 헌법적 권리라고 이를 무조건 절대시할 것이 아니라 이의 적절한 활용이 가져오는 경제적 이익 역시 사회 전체 측면에서 고려할 필요가 있다. 개인징보 침해의 위해를 최대한 줄여 가면서 기술혁신과 경제성장의 기회를 살리기 위해서는 전체 사회의 관점에서 비교형량하여 신기술·신산업 활성화를 위한 제도 개선을 추진할 필요가 있다.

이와 관련하여 2019년 제1차 특구지정시 강원 디지털헬스케어 특구나 부산 블록체인 특구 규제샌드박스 심의 과정에서 개인정보보호 이슈가 핵심 쟁점으로 부각되었다. 특별히 부산 블록체인 특구 사례는 블록체인 기술의 특성과 관련하여 신기술 사업화와 개인정보 보호 간의 가치 갈등이 문제가 되었다.[19]

---

19) 2019년 상반기 1차 규제특구로 지정된 부산 블록체인 특구는 다음과 같은 4가지 주요 내용으로 신청이 되었다(부산광역시, 2019). ① 원산지 위변조 방지, 물류비용을 절감하는 미래형 물류체계 구축 ② 관광객의 거래정보를 통해 소비패턴을 분석하여 관광상품 개발 ③ 공공안전은 시민이 제보하는 영상과 위치정보를 통해 영상데이터를 수집·분석하여 데이터 거래플랫폼 구축 ④ 디지털 바우처 발행으로 금융거래 투명성을 높여 '블록체인 생태계' 구축

우리나라의 현행 규제샌드박스 제도 하에서 블록체인에 대한 규제특례로는 금융위원회 규제샌드박스의 '개인투자자간 주식대차플랫폼 서비스', '디지털 부동산 수익증권 유통 플랫폼', '비상장기업주주명부 및 거래활성화플랫폼', '디지털 신원증명 플랫폼 my-ID', '분산 ID 정보지갑 기반의 차세대 로보어드바이저 서비스'가 있다. 그리고 산자부 규제샌드박스의 '전기차 충전용 과금형 콘세트(전기사업법)'가 있다. 그리고 중소벤처기업부 규제샌드박스인 부산 블록체인 규제자유특구 등이 있다(김민호 · 강재원, 2020).

심의 과정에서 소관 부처인 행정안전부와 금융위원회는 개인정보보호라는 대전제를 지킬 수 없다면 규제특례 부여는 곤란하다는 입장을 표명하였다. 블록체인의 기록 불변성이라는 특성을 감안할 때 비록 신기술 사업화도 중요한 문제이지만, 개인정보보호 또한 '포기할 수 없는 가치'라는 입장을 견지하였다.

이에 대하여 부산광역시는 비례원칙을 기초로 블록체인의 혁신성을 살리고 제도적 불확실성을 해소하기 위해서 규제특례가 필요함을 강조하였다. 동시에 부산시는 개인정보보호 규제와 블록체인 사업화의 이해관계를 절충할 수 있는 대안으로서 오프체인[20](off-chain) 방식의 정보 파기를 제시하였다. 지자체와 소관부처 간의 지속적인 협의과정에서 행안부와 금융위 담당자 역시 제도적 절충의 필요성을 제기하면서 이를 모색하기 위한 돌파구로서 "비례원칙" 내지 "이익형량의 원칙" 등을 제시하여 문제 해결의 물꼬를 터주는 중요한 역할을 담당한 바 있다.[21] 이러한 법 원칙들은 개인정보보호를 위해 신기술 산업 육성을 포기해야 하는 사회적 댓가가 불균형적으로 클 경우에 양자 간의 조화가 필요함을 주장할 수 있는 논거로서 매우 중요한 역할을 하고 있음을 알 수 있다. 결국, 이러한 지속적 토론과 협의의 과정에서 행안부, 금융위 등 소관부처에서

---

20) 블록체인 상에서 개인정보는 별도의 서버에 보관하고(off-chain), 블록체인 상(on-chain)에는 개인정보와 연결할 수 있는 맵핑(mapping) 정보만을 암호화하여 기록하며, 개인정보 삭제요 구가 있을 경우 별도 서버에 저장된 개인정보를 삭제한다(Off-Chain 방식의 정보 파기). 이때 삭제되지 않고 블록에 남아있는 맵핑 값을 어떻게 취급할 것인지에 대한 법적 이슈가 남게 된다. 이때 개인 식별 가능성으로 개인정보 여부를 판단하는 행안부의 기본입장에 따르면 오프체인 파기방식으로 별도의 서버에 저장되어 있는 원본 개인정보를 삭제한 뒤, 블록에 남게 되는 맵핑 값은 개인정보 식별가능성이 없어 「개인정보보호법」 제21조 · 시행령 제16조 전자적파일 원본으로 복원 불가능한 형태에 해당한다고 볼 수 있게 되는 것이다.

21) "비례원칙"은 개인정보보호 등 법이 보호하는 이익과 법을 준수하기 위해 감수해야 하는 불이익 간에 적정한 비례관계가 있어야 한다는 원칙이고 "이익형량의 원칙" 역시 특정 이익과 이의 보호를 위해 희생해야 하는 다른 이익을 상호 비교하여 판단해야 된다는 원칙이다.

오프체인 방식의 개인정보 파기를 「개인정보보호법」상 파기로 인정하는 전향적 태도를 취함에 따라 부산 블록체인 규제자유특구 지정에 따른 규제샌드박스(실증특례)가 부여될 수 있었다.

개인정보보호와 같이 기존의 규제가 보호하고자 하는 가치들과 기술혁신으로 창출되는 경제적 기회 간에 첨예한 충돌과 대립은 신기술의 사업화 과정에서 불가피하게 끊임없이 발생할 수밖에 없다. 이런 견지에서 2019년의 부산 블록체인 특구 사례는 기술혁명에 대응하는 규제개선 과정의 새로운 패러다임으로서 협의와 토론의 필요성을 강력히 제기하고 있다.

요컨대 부산 블록체인 규제자유특구 사례는 규제샌드박스 심의과정에서 지속적으로 중 소벤처기업부와 소관부처, 지자체간의 협의와 토론을 통해 상충하는 가치 간의 조화를 위한 노력을 경주함으로써 Off-Chain 파기방식이라는 제도적 절충점을 도출한 모범사례라고 할 수 있다.

정책변동을 설명하기 위해 Kingdon(1984)이 제안한 다중흐름모형(Multiple Stream Framework, MSF)에 따르면 부산 블록체인 규제자유특구 지정과정은 정책문제의 흐름과 정책 대안의 흐름, 정치의 흐름이 상호 결합하여 정책의 창이 열린 경우로 볼 수 있다. 우선 첫째로 블록체인 규제샌드박스(실증특례)의 허용을 두고 신기술 사업화 과정에서 기술 실증의 필요성과 개인정보보호를 취지로 한 기존 제도 간의 갈등·상충이 발생하였다(정책문제의 흐름). 그리고 이 과정에서 중소벤처기업부의 규제자유특구 제도를 통한 적극적 활동과 관계부처의 협조, 4차 산업혁명에 부응하는 정부의 국정운영 방향성에 의해 부여된 정책적 당위성 등이 정책문제의 해결에 중요한 추동력을 제공하였다고 할 수 있다(정치의 흐름). 그리고 정부 (소관부처)와 지자체 간의 협의의 과정이 지속되면서 서로 상충된 입장을 절충하기 위한 대안의 탐색이 모색되었고(대안의 흐름) 결국 문제의 흐름과 대안의 흐름이 만나 제도적 절충점인 오프체인 파기라는 대안을 도출하게 됨으로써 신기술 사업화를 위한 규제개선이라는 「정책 문제」와 오프체인 허용 조건 하에 블록체인 실증특례 부여라는 「정책대안」 간의 강력한 결합이 이루어지면서 「정책의 창」이 열린 경우로 볼 수 있다. 지금까지 살펴본 부산 블록체인 특구 지정과정을 다중흐름모형에 따라 분석한 내용을 정리하면 [그림 12-3]과 같다.

그림 12-3 다중흐름모형으로 본 부산 블록체인 특구 지정과정

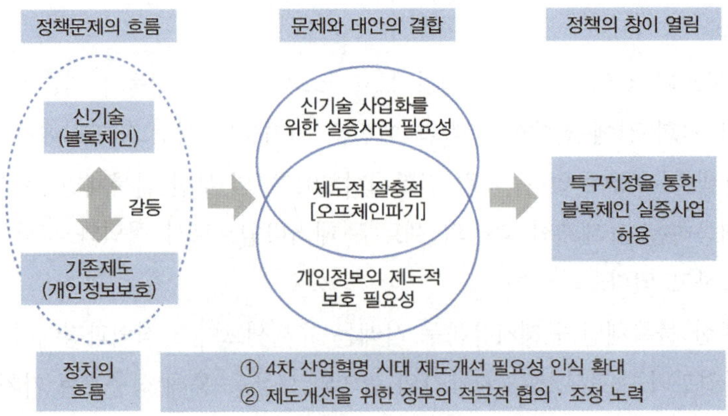

이상의 논의과 같이 규제자유특구 제도를 활용함으로써 정부는 기존의 법령과 제도가 제대로 뒷받침하지 못하는 제도상의 미비점을 보완해가는 동시에 혁신기업이 신기술 사업화를 제도적 장애를 피하여 신속하게 추진할 수 있도록 뒷받침할 수 있다. 아직 시행 초기에 불과하지만 미래 기술혁명에 대응하여 지속가능한 혁신성장을 뒷받침할 수 있는 중요한 정책수단으로서 규제자유특구의 도입 및 시행 경험을 통해서 우리는 급속한 기술진보의 시대에 정부가 감당해야 할 새로운 책무들을 생각해보게 된다. 첫째는 신속한 제도개선의 책무이다. 기술혁신의 속도를 따라잡지 못하는 기존의 포지티브 규제 상황에서의 법령상 근거 및 기준 미비로 인해 발생하는 규제 장애가 신기술 서비스의 사업화를 발목 잡는 일이 없도록 정부는 관련 법령을 신속하게 제 · 개정함으로써 기술혁신을 제도적으로 적극 뒷받침할 필요가 있다. 둘째는 지속적 협의조정의 책무이다. 기존 법령이나 규제에 의해 허용되지 않는 내용이라 할지라도 신기술 사업화를 통한 새로운 경제적 이익 창출의 기회와 상호 조화가 가능한 제도적 절충점을 찾아내기 위한 정부의 노력이 필요하다. 이를 위해서는 소관 부처와 기업, 지자체 등 관련 당사자간의 지속적인 토론과 협의과정에서 정부의 적극적인 협의 및 조정 역할이 요청된다.

제4절

결 론

기술혁신의 물결을 활용하여 사회발전과 경제성장에 선순환 되도록 하는 제도적 틀을 만드는 것이 국가 미래를 좌우한다는 데에 전 세계적인 공감대가 형성되고 있다. 세계경제는 4차 산업혁명에 따른 융・복합 활성화로 산업간 경계 파괴가 가속화되고 있으며, 새로운 기술・서비스가 빠르게 창출되는 기술진보의 트렌드는 그 변화의 속도가 상상을 초월하고 있다. 하지만 기존 법령과 제도가 이를 따라잡지 못하고 도리어 걸림돌과 장애요인이 되는 제도적 지체 현상이 빈번히 발생하고 있기에, 세계 각국은 기술혁명에 걸맞은 제도적 기반 구축에 많은 노력을 기울이고 있다. 반면, 우리나라의 경우 포지티브 규제시스템, 칸막이 규제, 법제 미비 등으로 인해 융복합 신제품・서비스의 시장 출시에 애로가 존재하는 상황이다. 저성장・양극화를 극복하기 위해 신제품・서비스의 출시를 막는 규제를 타파하는 개혁이 필요한 시점에서, 기존 지역특구에 규제샌드박스를 접목한 규제자유특구 사업은 비수도권 지역의 혁신성장을 통한 국토 균형발전과 4차 산업혁명에 발맞춘 기술혁신이라는 목표를 동시에 추구하고 있다. 이를 위해 동 사업은 법령과 규제를 개선・완화하여 신기술・신산업 육성을 뒷받침하는 규제자유특구를 지정・운영함으로써 규제제약 없이 실증・사업화를 가능케 하고 있다. 그러나 규제자유특구 사업은 기존 규제체계와 다른 접근방식과 내용으로 인하여 현행 법체계상 다양한 쟁점을 제기하고 있다.

전통적인 법률유보의 관점에서 기존 규제와 신기술 도입의 현실이 충돌하는 한편, 기술규제로서의 법적 근거나 기준으로서 행정청이 규정하는 행정법령의 역할이 지속적으로 증가하고 있는 상황에서 새로운 기술변화에 대응하기 위한 행정의 구체화기능, 즉 헌법과 법률원칙 규범 내용을 현실에 맞게 행정법령을 통해 구체적으로 채워나가는 역할이 점점 중요해지고 있다(최승필 외, 2017). 특별히 신기술의 등장에 따른 사회적 위험을 포지티브 방식(원칙 금지, 예외 허용)의 규제체계에서는 적절히 통제할 수 없는 한계 속에서, 기존의 제도개선이 지체 없이 수반되어야만 기술개발과 사업화가 원활히 이루어질 수 있기에 지속적인 법제 개선이 기술혁명시대에 정부의 새로운 책무이다.

제4차 산업혁명의 거센 물결에 대응하여 정부가 선제적으로 도입・추진중인 규제자유특구는 현재 최초의 규제샌드박스 제도 도입을 통한 지역경제 활성화의 비전을 제시하고 있다. 그런 의미에서 현재 시행되는 규제자유특구 사업은 대한민국 미래를 열어갈 새로운 이정표를 제시해주고 있는 동시에, 기술혁명의 속도를 따라잡고 국가경제 혁신을 이루기 위해서는 이러한 급격한 사회·경제적 변화를 제도개선을 통하여 적시에 뒷받침하는 것이 정부의 새로운 책무임을 환기시켜주고 있다. 규제자유특구는 규제샌드박스를 핵심으로 하는 지역특구로서 지역균형발전과 혁신성장의 가치를 조화시키기 위한 정책수단으로서 의의를 갖는다. 특별히 규제샌드박스 제도는 신기술 사업화와 기술혁명을 뒷받침하는 정부의 규제 및 법령 개선 역할의 중요성을 시사하고 있다. 즉, 실증특례와 임시허가 등 규제샌드박스를 통해 기존의 법령과 제도가 제대로 뒷받침하지 못하는 제도의 미비점을 보완하면서 신기술 사업화를 추진할 시간적 여유를 혁신기업에 부여할 수 있다. 이에 정부는 혁신기술의 진흥과 미래 성장동력을 활성화할 수 있는 제도개선을 지속적으로 추진해 나가야 할 당위성과 책무를 지며, 기술혁신의 속도를 따라잡지 못하는 포지티브 규제상황에서 법령상 기준 미비에 대한 근거 마련을 통해 기술혁신을 뒷받침할 필요가 있다.

신기술 사업화를 위해 규제샌드박스 제도가 2019년 1월 시행되었으나 규제샌드박스 시행의 성과를 보다 일반적인 규제개선으로 연결시킴으로 성과를 확산하기 위한 전략은 아직 미흡한 상황이다. 이와 같은 맥락에서 본 연구는 규제자유특구 사업 시행 초기에 제기되는 다양한 논의를 정리하여 제도적 문제점을 파악하고, 사업의 신청 및 심의 단계와 적용 및 사후관리 단계로 구분하여, 법적 해석상 쟁점사항과 입법적 개선방안을 제안하였다. 향후에는 기존 법령에 의해 허용되지 않는 내용이라도 신기술 사업화를 통한 혁신성장과 조화가 가능한 제도적 절충점을 찾기 위해, 정부와 지자체, 기업 간의 지속적인 토론과 협의 과정의 제도화를 통해 신기술과 기존 법적 보호대상 가치 간의 간극을 줄이기 위한 논리와 근거를 모색할 필요가 있다. 또한, 규제샌드박스를 통한 실증사업을 허용함과 동시에 관련 안전기준을 신속히 마련함으로써 사업화의 불확실성 제거를 위한 노력이 요구된다.

본 연구는 그동안 산발적으로 제기된 규제샌드박스와 관련된 이론적 논의와 법적 쟁점들을 집대성하고 법리적·정책적 검토를 통해 쟁점 및 대응방안을 종합적으로 정리하는 데에 주안점을 두었다. 따라서 세계 최초로 전 업종에 걸쳐 특구라는 지역적 기반을 토대로 규제개선을 위한 테스트베드를 시도하고 있는 우리나라의 규제자유특구제도와 관련된 제도적·법적 쟁점을 정리하고 대응방안을 모색함으로써 규제자유특구의 제도적 발전방향을 제시했다는 점에서 본 연구의 의의를 찾을 수 있다.

물론 아직 규제자유특구의 진정한 성과를 논의하기에는 다소 이른 시점이며, 사업 운영의 경험이 충분히 축적되지 못하여, 본 연구에서는 시행 과정에 대한 면밀한 검토와 성과에 대한 분석은 수행하지 못하였다는 한계가 있다. 따라서 추후 다양한 양적 지표와 질적 방법을 활용하여 규제자유특구의 성과를 다각도로 평가할 필요가 있을 것이다. 나아가 향후 보다 면밀한 검토와 성과분석에 기반하여 중장기적 제도개선 방향을 수립하고, 보다 일반적인 규제개선과 법령·제도 정비로 연결될 수 있도록 사업의 전주기적 관리체계를 구축할 필요가 있다. 이를 위해 규제샌드박스 관련 법적 쟁점의 세부적 검토와 함께 타부처 규제샌드박스와의 비교분석을 통해 규제샌드박스의 제도적 특성, 법리적 검토, 기술분야별 수요 분석 및 대응방안 매뉴얼화, 특례부여 절차 정비 및 법령·제도 정비체계 마련 등의 후속과제들을 마련할 필요가 있다. 또한 추후에는 이러한 제반 주제와 관련하여 보다 체계적이고 포괄적인 차원에서 중기부와 타부처의 규제샌드박스에 대한 심층적인 연구가 수행되어야 하며, 이를 통해 제도적 발전을 도모함으로써 4차 산업혁명과 뉴노멀 시대에 새로운 성장동력을 확충하고 중장기적인 국가경제발전의 기틀을 마련해야 할 것이다.

참고문헌

[국내 문헌]

감사원(2006). 『금융공기업 경영혁신 추진실태』.

강경표(2016). 스마트자동차 시험운행을 위한 도로관련 제도개선 연구. 한국교통연구원.

강민수 · 최호성 · 조한진(2019). 규제자유특구법 개정안의 비교 고찰: 김경수, 정성호, 추경호, 홍일표, 개정안을 중심으로, 한국융합학회논문지 제10권 제3호, pp.203-209.

강요셉(2014). 『기술사업화 촉진을 위한 기술금융의 역할과 변화방향, 한국과학기술기획평가원 ISSUE PAPER 2014.05.』.

강현규(2010). 『기술혁신을 유도하는 규제정책 방향』, 한국기술혁신학회 2010년 추계학술대회, 2010.11, pp.247-261.

고영미(2017). 핀테크 활성화를 위한 규제 샌드박스의 도입 방안 연구. 『법제연구』. 53. pp.213-267. 한국법제연구원.

고재경(2007). 환경규제 분권화가 지역 환경관리에 미치는 영향: 경기도 사례를 중심으로. 『한국사회와 행정연구』. 18-1. 145-175.

고철수(2018). 제주특별자치도 경제 · 산업 혁신 및 금융산업 육성방안 연구. 제주연구원.

과학기술부(2007). 『기술금융시장 선진화와 시장친화적인 기술가치평가제도 혁신정책방안』.

과학기술정책연구원(2014). 2014년 한국기업혁신조사(제조업) 설문지. 과학기술정책연구원

곽노성(2019). 신산업 창출을 위한 규제개혁 방향. KERI Brief. 19(06). 한국경제연구원.

구자현 외(2020). 금융규제 샌드박스 시행 성과와 향후 과제. KDI.

구현우(2009). 발전국가, 배태된 자율성, 그리고 제도론적 함의 : 이승만 정부, 박정희 정부, 전두환 정부의 산업화 정책을 중심으로, 한국사회와 행정연구 20(1), 2009.5, 145-178

국가경쟁력강화위원회(2009). 『불편없는 기업활동을 위한 기술규제 개선방안』, 국가경쟁력강화위원회.

국가경쟁력강화위원회(2009). 불편없는 기업활동을 위한 기술규제 개선방안.

국가과학기술위원회(2010). 국가연구개발 다부처 공동기획 심포지엄 자료(2010. 12.27)

______(2011). 다부처 공동기획 사업 선행기획 연구결과 및 향후 추진방향(2011.7.21)

국가과학기술심의회(2013). 창조경제 실현을 위한 과학기술 규제개선방안(안).

국가기술표준원 홈페이지(https://standard.go.kr/).

국무조정실(2014). 규제비용총량제 매뉴얼.

국민일보(2014). 창조금융 어디로 가나. 2014.02.14.

규제개혁위원회 규제정보포탈 등록규제 데이터베이스, http://www.better.go.kr/
규제자유특구 홈페이지, http://rfz.go.kr/
기술보증기금(2010a). 『2010년 기금존치 보고서』.
______(2010b). 『Vision 실현을 위한 중장기 경영전략』.
______(2011). 『기술평가 시장 현황 및 규모』.
기은경제연구소(2008). 『중소기업육성을 위한 기술금융 개선방안 및 정책과제-기은연구 2008 여름호』.
김광희 외(2008). 『기술금융 활성화 방안-기술금융상품을 중심으로』. 중소기업연구원.
김권식(2011). “개방융합형 R&D과제에 대응한 다부처 R&D지원체계 개선방안 연구”, STEPI 소액공모과제 최종결과보고서.
______(2013). 정책수단선택 영향요인에 관한 연구: 보건의료정책 입법과정을 중심으로. 서울대학교 행정대학원 박사학위 논문.
______(2019). 규제자유특구 및 규제샌드박스 운영 현황 및 향후 입법정책적 과제. 『국회입법조사처보』. 제42권. 국회입법조사처.
______(2020). 규제자유특구 및 규제샌드박스의 효과적인 적용 · 확산방안 연구, 중소벤처기업연구원.
______(2021a). 규제자유특구 및 규제샌드박스의 효과적인 적용 · 확산 방안 연구. 중소기업연구원 정책연구 20-16.
______(2021b). 우리나라 현행 규제샌드박스의 제도적 효율성 제고 방안. 『중소기업 포커스 제21-19호)』, 중소벤처기업연구원.
______(2021c). 중소기업 정책평가와 향후 과제: 규제정책 분야, 중소벤처기업연구원.
김권식 · 안승구 · 이광훈(2016). 규제가 기술혁신에 미치는 영향에 관한 실증분석: 우리나라 제조업 분야 기업을 대상으로. 규제연구, 25(1).
김권식 · 안승구 · 이종한 · 이광훈(2016). 규제가 기술혁신에 미치는 영향에 관한 실증분석: 우리나라 제조업 분야 기업을 대상으로, 규제연구 제25권 제1호, pp.91-111.
김권식 · 이광훈(2013). “다부처 연구개발 사업 추진체계의 조직론적 탐색: O'Toole & Montjoy의 조직간 집행이론의 관점에서.” 『사회과학연구』. 52(2): 1-39.
______(2014). “환경규제 수단의 선택에 미치는 영향요인 탐색: 지방분권화, 입법주체 및 규범형식을 중심으로”, 지방행정연구 제28권 제1호, pp.167-192.
______(2015). “규제의 정당성 관점에서 본 기술평가 제도의 개선방안”, 사회과학연구, 강원대사회과학연구원, 2015-02, 제27권, 제2호, 113-135.
______(2022a). “규제자유특구의 법제 개선방안 연구”, 과학기술법연구, 한남대학교 과학기술법연구원, 2022-02, 제28권, 제1호, 57-94.
______(2022b). “규제자유특구 사업의 법적 쟁점과 입법 과제”, 공공정책과 국정관리, 지방자치연구소, 2022-04, 제39권, 제1호.
김기완(2008). 정부 R&D 보조금의 기업성과에 대한 효과 분석, 한국개발연구원.
김난도(1997). “신제도경제학의 제도개념과 정책연구”, 『한국정책학회보』 제6권 제1호.

김동근 · 안승구(2010). 일본의 과학기술 연계시책 추진현황과 정책적 시사점, 한국과학기술기획평가원.

김동연(2014). 박근혜 정부의 규제개혁, 한국경제포럼 제7권 1호.

김두래(2010). 지방정책네트워크가 분권적 규제집행에 미치는 영향: 한국 지방정부 환경규제를 중심으로. 『한국행정학보』. 44-4. 183-202.

김민호 · 강재원(2020). 블록체인기술 사업화의 규제 쟁점에 관한 연구: 부산 블록체인 규제자유특구를 중심으로. 정보통신정책연구, 27(2), pp.63-86.

김병연(2013). 상법 특집; 현행 중소기업규제체계에 대한 소고. 일감법학, 25(단일호), 3-47.

김병우(2009). 금융규제와 R&D 투자-자기자본, 금리 및 업무영역 규제를 중심으로, 기술혁신학회지, 제12권 3호, pp.582-613.

김석준(2002). 국가능력과 경제통치술, 이화여자대학교출판부.

김성수(2008). 국가연구개발사업 조정체제의 발전과제: 관료와 민간 관계를중심으로, 과학기술정책의 주요쟁점, 한국학술정보.

김영평 · 최병선 · 신도철(2006). 『규제의 역설』, 삼성경제연구소.

김용우(2010). 『정부규제와 규제행정』.대영문화사.

김유환(2008). 『규제방식의 유형과 개선방안에 관한 연구』. 이화여자대학교 산학협력단, 규제개혁위원회.

______(2016). 과학기술규제의 특성과 규제거버넌스(Governance)의 재구성. 『행정법연구』. 47. pp.239-267.

김이경 외(2015). 과학기술 혁신 생태계 조성을 위한 규제 기반연구, 한국과학기술기획평가원.

김재훈(1996). 민선단체장 이후 환경규제행정의 변화. 『한국행정학보』. 30-3. 3121-3136.

______(1997). 집권과 분권의 조화: 환경규제를 중심으로. 『한국행정학보』. 31-1. 1039-1055.

김재훈 · 정준금(1996). 지방자치단체의 환경규제 결정요인 분석. 『한국행정학보』. 30-4. 4105-4120.

김정욱 · 유성희(2019). 규제자유특구의 법적 쟁점과 개선방향에 관한 연구. 법학연구, 19(4), 203-224.

김정호 · 김민서(2014). 중견기업의 기술혁신과 수출이 경영성과에 미치는 영향: 기업유형에 따른 차별적 효과. 경영학연구, 43(5).

김종석(1999). 규제개혁의 과제와 방향, 규제연구 제8권 2호.

김종호 · 오준병(2009). 『규제, 기업가정신과 경제성장 간의 관계분석』, 산업연구원 연구보고서 제542호, (2009.3)

김종호 · 하봉찬(2012). 환경규제의 강화가 생산성에 미치는 영향에 대한 연구. 산업경제연구, 25(2).

김주훈 외(2018). 개인정보 규제에 관한 해외사례연구. KDI.

김태은(2007). 정책 딜레마상황이 정부규제에 미치는 영향에 관한 연구: 수도권 입지규제의 변화를 중심으로. 『한국정책학회보』. 16-2. 119-152.

김태윤(2012). 경제적 규제와 사회적 규제의 비차별성에 대한 연구, 규제연구 제21권 1호.
김현경 · 조용혁(2014). 미국의 자율주행 자동차 임시운행허가에 관한 규제분석. 『법제분석 지원 Issue Paper』, pp.14-21.
김현광(2019). 4차산업혁명 시대의 금융규제개혁 동향 연구. 금융위원회.
김현민 · 유재욱 · 유종순(2013). "정부R&D과제 협력요소들과 연구개발 성과의 관계에 대한 연구: 연구원 수와 연구개발단계의 조절효과를 중심으로." 『대한경영학회』. 26(3): 695-718.
김흥수(2003). "기술가치평가 체제와 발전방향". 『기술경영경제학회』 11권 2호.
김흥주(2013). 지방자치단체의 환경규제 결정요인 분석『한국정책학회보』.
나카타니 이와오 · 오오타 히로코(1994). 『경제개혁의 비전』, 『히라이와 리포트를 넘어』, 동양경제신보사.
남수현(2009). 『기술금융의 현황과 발전방향』.
류숙원 · 김상윤(2010). 정책도구의 선택이 중소기업혁신에 미치는 영향에 관한 연구. 한국정책과학학회보, 14(2), 65-90.
민인식 · 최필선(2009). STATA 기초통계와 회귀분석, 한국STATA학회.
박구선 외(2011). '10년 과학기술기획 현황분석 및 정책대안 도출연구, 한국과학기술기획평가원.
박규호 · 장지상 · 정준호(2018). 한국 중소기업의 혁신생태계와 혁신에 관한 연구. 사회과학연구, 57(1). 강원대학교 사회과학연구원. 297-320.
박균성(2018). 제4차 산업혁명시대에서의 입법과제와 입법부의 대응방안: 입법방식과 입법시스템의 정비를 중심으로. 『경제규제와 법』. 11(2). pp.229-247.
박문수(2020). 혁신성장을 위한 규제개선 정책과제 연구 및 사례분석, 국회입법조사처.
박순철(2005). "기업금융 활성화를 위한 기술평가제도". 『조사연구』 한국산업은행.
박정수 · 최성호(2011). 한국 산업정책의 생산성효과: 연구개발 및 진입규제완화 정책을 중심으로. 한국경제의 분석, 17(2), 1-58.
박종복 · 조윤애(2010). 『우리나라 기술시장의 현황과 시사점』. e-KIET 산업경제정보.
박종복 · 조윤애 · 류태규(2009). "신성장동력 창출을 위한 기술시장 활성화방안". 『산업연구원 연구보고서』 제546호. 2009. 12.
박창균 · 임형준(2014). "기술집약형 중소기업에 대한 자금공급 활성화를 위한 기술평가정보 활용 방안". 『금융정보연구』 제3권 제2호.
박훤일(2017). 정보이동권의 국내 도입 방안- EU GDPR의 관련 규정을 중심으로. 『경희법학』, pp.214~215.
박영일(1996). 『국가 대형연구개발사업의 기획 및 수행 · 평가에 관한 연구: 선도기술개발사업을 중심으로』. 한국과학기술원 박사학위 논문.
배용수(2013). 『규제정책론』.대영문화사.
배진희 · 오명준 · 김헌(2014). "산업기술혁신사업의 성과창출에 미치는 영향에 관한 연구: 산학연협력형태를 중심으로." 『기술혁신학회지』. 17(3): 604-628.

백조연・홍형득(2009). 지방정부의 온라인 주민참여수준과 영향요인에 관한 연구: 공무원의 인식을 중심으로, 한국지방자치연구, 11(1): 47-68.
사공영호(1998). 가부장적 행정문화 속에서의 규제기관 및 관료의 포획현상 연구,『한국행정학보』. 32-2.113-129.
______(2001). 기초자치단체의 규제 자치권 수준: 평택시 규제 및 규제개혁 사례를 중심으로.『한국정책학회보』. 10-1. 31-54.
사이토 세이치로(1994).『디플레이션・임금삭감・가격인하의 경제학』, PHP 연구소.
산업연구원(2008). 중소기업 관점에서 본 규제영향분석제도의 실효성 검토.
서울경제신문(2014). 2014.11.03.KDI, 우리 경제의 선진화를 위한 정부역할의 재정립, KDI, 2007.
서울대학교 행정대학원(2022). 정부경쟁력 연구 10년의 성과.『진인진』.
성지은(2010). 정책조정과 통합을 위한 세계 주요국의 범부처 R&D 사업 분석, STEPI Working Paper 2010-05.
성지은・송위진・정병걸・장영배(2010). 미래지향형 과학기술혁신 거버넌스 설계 및 개선방안, 과학기술정책연구원.
송종국(2003).『기술혁신을 위한 금융시스템의 발전방안』. 과학기술정책연구원.
송종국 외(2009). 과학기술 기반의 국가발전 미래연구, 과학기술정책연구원.
시장경제연구원(2007).『기술평가보증의 중소기업 지원효과에 관한 연구』.
신상철(2019). 규제자유특구 세제지원 방안 연구, 중소기업연구원.
______(2005).『중소기업의기술가치평가기법개발현황과활용』. 중소기업연구원.
심영섭(2013). 창의와 융합 활성화를 위한 규제개혁 방향, 규제연구 제22권 특집호, pp. 3-35.
심우현 외(2018).『중소기업 규제 차등화』, 경제・인문사회연구회.
IBK경제연구소(2010). IBK 중소기업 CEO REPORT. IBK경제연구소.
안승구(2015).『정부R&D투자 효율화를 위한 중장기 이슈분석 및 정책기반 구축』. 한국과학기술기획평가원.
안승구 외(2008). 차세대 성장동력사업의 종합분석을 통한 부처공동연구개발사업의 전략적 추진방안 수립에 관한 연구. 한국과학기술기획평가원.
______(2015). 2016년도 정부 R&D예산의 전략적 편성지원 및 정책이슈 분석에 관한 연구, 한국과학기술기획평가원.
안승구・김권식・이광훈(2017). 산업별 규제와 기업의 연구개발활동의 관계 탐색: 대기업 및 중소기업에 대한 차별적 효과를 중심으로. 기술혁신학회지, 20(1).
______(2018). 기술규제와 중소기업 성과의 관계 탐색: 기술혁신의 매개효과를 중심으로. 규제연구, 27(1).
______(2018). "기업 혁신활동 단계별 기술규제가 중소기업 기술혁신 및 성과에 미치는 영향", 사회과학연구, 강원대학교 사회과학연구원, 2018-12, 제57권, 제2호, 159-195.
______(2021). "중소기업 기술규제 법령 현황 및 인식 분석", 과학기술법연구, 한남대학교

과학기술법연구원, 2021-02, 제27권, 제1호, 3-42.
양동우・김다진(2010). "기업의 R&D협력이 기업 성과에 미치는 영향: 콘텐츠산업 중심으로", 『한국콘텐츠학회논문지』. 10(4): 306-316.
여인국(2011). "기술시장 현황 및 기술거래기관 역할제고 방안" 『과학기술정책』 제21권 제3호.
오준병・조윤애(2004). 『공동연구개발의 성공요인 분석: 정부지원 공동연구개발사업을 중심으로』. 산업연구원.
원소연(2019). 규제 샌드박스 성과 국민체감도 조사. 한국행정연구원.
유재원・안문석・안광일・최성모・김정수(1995). 환경규제권의 분권화 효과. 『한국행정학보』. 29-1. 3-22.
유태욱・양동우(2009). 기술혁신 활동, 기술적 성과, 경제적 성과 간의 관계에 관한 실증연구: 기술혁신형 중소기업을 중심으로. 기업가정신과 벤처연구 (JSBI)(구 벤처경영연구), 12(4), 69-93.
이광호(2016). 기술규제, 사례와 정책적 시사점. 경제규제와 법, 9(2).
이광호(2018). 『기술규제에 대한 이해와 대응방안-신산업 분야를 중심으로, 지식재산연구 공동학술대회 발표자료』, 한국지식재산연구원, 2018.
이광호 외(2019). 『기술규제 개혁을 위한 의제설정 연구사업』, 과학기술정책연구원.
______(2009). 기업의 기술규제 실태조사 및 총괄현황 분석. 과학기술정책연구원.
이광호・김명순(2019). 『기술규제 이슈의 변화 특성과 대응방안』, 과학기술정책연구원.
이광훈・김권식(2016). "규제비용관리제를 적용한 미래창조과학부 소관 등록규제의 규제부담 실증분석", 규제연구, 한국규제학회, 한국경제연구원, 2016-12, 제25권, 제2호, 81-111.
이옥선・김지대・김성용・이재욱(2011). "학・연 연구개발 협력시스템이 성과에 미치는 영향에 관한 실증분석: 지질자원분야를 중심으로." 『한국산학기술학회논문지』. 12(6): 2489-2499.
임의주・김창완・조근태(2013). "대학 산학협력단의 기술사업화 인적구성과 산학협력 성과." 『기술혁신연구』. 21(2): 115-136.
이동렬 외(2015). 규제가 노동생산성에 미치는 영향: 한국의 산업패널 자료를 이용한 실증분석. BOK 경제연구, 제2015-9.
이동원 외(2008). 『한국의 경제규제비용 분석』, 삼성경제연구소, Issue Paper, (2008.3.18.)
이민형 외(2010). 거대과학 종합관리체계 구축 및 추진 전략, 과학기술정책연구원.
이삼열・김학진・김상윤・전계영(2008). "이전기술 등급평가 지표체계에 관한 연구: 정보통신기술을 중심으로" 『정책분석평가학회보』 제18권 제4호: 141-164.
이성우・김권식(2013). 우리나라 가스시장 경쟁도입 정책의 유효성 평가: 정책문제 정의의 메타오류의 관점에서. 『규제연구』. 22(2): 183-224.
이세준 외(2011). 국가 과학기술정책 및 R&D예산 조정체계 개선방안. 과학기술정책연구원.
이수일 외(2018). 『신산업 촉진을 위한 규제개혁과제와 사례연구』. 경제・인문사회연구회 협동연구총서 18-08-01.
이수정(2018). 스웨덴 e-헬스시장 현황. 대한무역투자진흥공사.
이영범(2021). 규제자유특구 중장기 계획 수립에 관한 연구, 한국산업기술진흥원.
이영범 · 지현정(2011). 환경규제, 기술혁신, 생산성과의 관계: Porter 가설을 중심으로. 한국행정학보, 45(1).
이용규 · 이성로(2002). 관료와 규제개혁: 공익이론의 적용가능성. 『행정논총』. 40-2. 111-133.
이원우(2016). 혁신과 규제: 상호갈등관계의 법적 구조와 갈등해소를 위한 법리와 법적 수단. 『경제규제와 법』. 9(2). pp.7-29.
이재훈(2019). 제도 · 규정 분석을 통한 국내 규제 샌드박스 법제 개선 연구. KISTEP.
______(2020). 규제자유특구 분석을 통한 제도 · 법제 개선 연구, 한국과학기술기획평가원.
이종한(2013). 『규제성과의 측정 및 활용에 관한 연구』, 한국행정연구원.
이종한 · 최무현(2004). 국민의 정부의 규제개혁 성격에 관한 실증 연구: 규제개혁 위원회 등록규제 데이터베이스 분석을 중심으로. 『한국정책학회보』, 13(2): 37-66.
이준명(2019). 영국사례를 통해 본 금융 규제 샌드 박스 도입의 기대효과. 한국무역협회.
Lee, Joonbok(2020). 지능정보화시대에서 규제 샌드박스 제도의 정립을 위한 고찰. 『정보법학』. 24(1). pp.47-76. 한국정보법학회.
이토 야스시, 우라시마 구니코(2013). 『포터 가설 · 그린 혁신-적절하게 디자인된 환경 인센티브 환경규제의 도입』, 과학기술 동향 3-4, 문부과학성 과학기술 · 학술정책연구소.
이현준(2019). 주요국 혁신의 엔진, 규제 샌드박스: 해외 규제 샌드박스 현황 및 시사점. 『이슈리포트』. 2019(10). 정보통신산업진흥원.
일본 문부과학성 과학기술 · 학술정책연구소(2015). 『규제가 기업의 연구개발활동에 미치는 영향』.
임도빈(2015). 한국정부 왜 16위인가?: 정부경쟁력 2015 보고서. 문우사.
장금영(2010). "연구개발투자의 성과에 영향을 미치는 요인에 관한 연구: 정부의 산업기술개발사업을 중심으로." 『기술혁신연구』. 18(1): 75-98.
전국경제인연합회(2015). 『네거티브 규제방식 추진동향과 활성화 방안』. 규제개혁시리즈 15-04.
전상경(1992). 시장실패와 비시장실패 및 공공정책: 환경오염을 중심으로.한국행정학보. 26(1): 81-101.
전영평(1996). 지방화시대의 환경의식과 규제방안. 『한국행정학보』. 30-1. 1159-1175.
정도범 · 고윤미 · 김경남(2012). "중소기업의 산학연 연구개발(R&D) 협력과 기업 성과 분석." 『기술혁신연구』. 20(1): 115-140.
정성철(1999). 규제개혁과 기술혁신, 과학기술정책, Vol. 9, No. 3, 통권 제120호, pp.38-47.
정승일 외(2007). 『정부규제가 기업의 기술혁신 행태에 미치는 영향』, 과학기술정책연구원.
정장훈 외(2015). 기술규제에 대한 거래비용 접근의 탐색 연구. 과학기술정책연구원.
정재일 · 신춘일 · 윤병혁(2009). "기술가치평가를 통한 기술금융 지원 방향" 한국기술혁신학회 2009년 춘계학술대회, 2009.5, 35-45.
정준금(1992). 환경보호를 위한 의회의 역할: 환경규제법안의 심의과정 분석을 중심으로. 『한국사회와 행정연구』. 3. 301-325.
정준호(2005). 의원입법에 의한 행정규제의 분석, 한국행정연구원.
조병선 · 조봉현(2009). 한국 중소기업 부문의 규제현황과 개혁방안. 중소기업연구, 31(4).
조용현 · 김승일(2013). 중소기업 규제 재검토 및 개선방안 마련. 중소기업연구원.
조주현(2003). 환경규제강화와 기술혁신-한국 제조업을 중심으로. 경제학연구, 51(4).
조현대 외(2011). 다부처 R&D 사업 기획 및 추진방안. 과학기술정책연구원.
중소기업연구원(2015). 기업현장 조사를 통한 기술규제 선진화 연구.
중소기업중앙회(2016). 2016 위상지표.
중소벤처기업부(2020). 규제자유특구 백서.
지광석 · 김태윤(2010). "규제의 정당성에 대한 모색: 시장실패의 치유 vs. 거래비용의 최소화 · 경감" 『한국행정학보』 제44권 제2호(2010 여름): 261-289.
차윤경(2013). 『국가연구개발사업의 협력 거버넌스가 사업 성과에 미치는 영향-바이오 · 의료기술개발사업 코디네이터 제도를 중심으로』. 고려대학교 석사학위논문.
최병선(1992). 『정부규제론』. 법문사.
______(1998). "규제완화의 정치: 사상, 이해관계, 제도의 역학," 진창수(편) 『규제완화의 정치: 비교연구』, 경기도 성남시: 세종연구소, 1998.
______(2006). "신제도경제학과 규제이론" 『한국정책학회 추계학술대회 발표논문집』.
______(2007). 『규제도 세금이다』, 최광 · 곽채원 외, 『세금경제학』. 서울: 자유기업원.
______(2009). 규제수단과 방식의 유형 재분류, 행정논총 제47권 2호.
최봉현 · 김홍석 · 유현선(2009). "지식서비스 수요활성화 정책방안" 산업연구원 정책자료 2009-116.
최성모 · 소영진(1993). 사회규제완화와 풍선효과: 규제완화조치에 대한 규제기관의 대응전략을 중심으로. 『한국행정학보』. 27-4. 1139-1158.
최승필 외(2017). 『제4차 산업혁명에 따른 규제체제 및 거버넌스 개편: 행정법 이론을 중심으로 한 접근』. 신성장분야 규제법제개선연구(1). 제3편. 한국법제연구원.
최영훈(1997). 행정규제와 기술혁신: 다양한 선택의 갈등, 한국행정학회 동계학술대회, pp. 475-486.
최유성(2011). 우리나라 행정규제의 특성분석을 위한 규제분류방식에 관한 연구, 한국행정연구원.
최유성 · 최무현(2012). 현행 규제등록제도하의 규제분류체계의 문제점과 개선방안에 관한 연구, 규제연구 제21권 1호.
최태진(2007). 『국가연구개발사업의 유형별 성과분석을 통한 전략적 연구관리체계 구축에 관한 연구』. 건국대학교 박사학위논문.
최해옥(2017). 규제샌드박스 정책 동향 및 시사점. 『동향과 이슈』 33호. pp.1-20. 과학기술정책연구원.

최호성(2018). 규제샌드박스형 지역혁신성장특구 도입 방안 연구. 중소벤처기업부.
최호성 · 김정대(2019). 규제자유특구와 지역특화발전특구에 대한 비교 연구, 디지털융복합 연구 제17권 제2호, pp.31-36.
최호영(2011). "과학기술계 정부출연연구기관의 연구개발성과 결정요인-한국과학기술연구원(KIST) 사례연구." 『기술혁신학회지』. 14(1): 791-812.
하병기 외(2000). 『규제개혁의 경제효과분석』. 서울: 을유문화사.
하연섭(2003). 『제도 분석: 이론과쟁점』. 서울: 다산출판사.
한국개발연구원(2005). 기업환경 개선을 위한 규제개혁 연구: 규제의 영향과 개혁정책 분석.
한국공학한림원(2015). 산업발전을 위한 기술규제 개선 및 정책제언.
한국과학기술기획평가원(2015). 2015년 과학기술 혁신역량 평가, 한국과학기술기획평가원.
한국금융연구원(2010). "기술금융의 수요예측과 적정 위험분담 방안" 기보용역보고서.
한국무역학회(2012). 『기술무역수지 개선을 위한 대책 방안 마련』.
한국은행(2006). 『우리나라의 금융제도』.
한국정부회계학회(2006). 『기술평가보증의 운용성과 및 발전방안』.
한국표준협회(2015). 우리나라 기술규제 대응활동 현황과 향후과제.
한국행정연구원(2014). 2014년 1/4분기 국내 · 외 규제 동향지, 한국행정연구원.
홍사균 · 황정태 · 유의선 · 백훈(2006). 『정부연구개발사업의 추진구조와 성과와의 상관관계 분석: 기초연구를 중심으로』. 과학기술정책연구원.
홍운선 외(2015). 기업 현장 조사를 통한 기술규제 선진화 연구, 중소기업연구원.
황석원 외(2009). 『국가연구개발사업 R&D 효율성 분석 및 제고방안』. 과학기술정책연구원.

[국외 문헌]

Aghion, P., Bloom, N., Blundell, R., Griffith, R., & Howitt, P.(2005). Competition and innovation: An inverted-U relationship. *The Quarterly Journal of Economics*, 120(2).
Aghion, Philippe, Howitt, Peter.(1992). A Model of Growth Through Creative Destruction. Econometrica, Vol. 60, No. 2. (Mar., 1992), pp.323-351.
Ahuja, G.(2000). "Collaboration Networks, Structural Holes and Innovation: A Logitudinal Study." *Administrative Science Quartely*, 45(3): 425-455.
Al-Ubaydli, O. & Patrick A. McLaughlin(2012). The Industry-specific Regulatory Constraint Database (IRCD): A Numerical Database on Industry-Specific Regulations for All U.S. Industries and Federal Regulations, 1997-2010. IRCD Working Paper. June.
Apgar, William. C. · Brown, H. James.(1987). Microeconomics and Public Policy, Scott, Foresman and Company.
Argyers and Silverman.(2004). "R&D, organizations structure, and the development of corporate technological knowledge." *Strategic Management Journal*, 25(8-9): 929-958.

Baron, R. M. & Kenny, D. A.(1986). The moderator-mediator variable distinction in social psychological research: conceptual, strategic, and statistical considerations, Journal of Personality and Social Psychology, 51(6), 1173-1182.

Bassanini, A., E. Ernst.(2002). Labour Market Institutions, Product Market Regulation, and Innovation: Cross Country Evidence, ECO/WKP(2002)2, OECD, Paris.

Besen, S. M., & Raskind, L. J.(1991). An introduction to the law and economics of intellectual property. *The Journal of Economic Perspectives*, 5(1), 3-27.

Bhatnagar, S., & Cohen, M. A.(1997). The impact of environmental regulation on innovation: A panel data study. Unpublished Working Paper. Research Triangle Institute.

Blind, K.(2012). The influence of regulations on innovation: A quantitative assessment for OECD countries. *Research Policy*, 41(2), 391-400.

Bozeman Barry and Elizabeth Corley.(2004). "Scientists' Collaboration Strategies: Implications for Scientific and Technical Human Capital." *Research Policy*, 33(4): 599-616.

Božić, L., & Rajh, E.(2016). The factors constraining innovation performance of SMEs in Croatia. Economic research-Ekonomska istraživanja, 29(1), 314-324.

Brunnermeier, SB, MA Cohen.(2003). "Determinants of Environmental Innovation in US Manufacturing Industries", 45(2), 278-293. *Journal of Environmental Economics and Management.*

Bussmann, W.(1996). "Democracy and Evaluation's Contribution to Negotiation, Empowerment and Information. Some Findings from Swiss Democratic Experience", Evaluation, Vol. 2(3), pp.307-319.

Carlin, W., D. Soskice.(2006). *Macroeconomics: Imperfections*, Institutions&Policies, Oxford University Press, Oxford.

Chesbrough, H.(2003). *Open Innovation: The New Imperative for Creating and Profiting from Technology*, Boston: Harvard Business School Press.

Coase.(1960). The Problem of Social Costs. Journal of Law and Economics, 3(1): 1-44.

Competition and Productivity Convergence』, ECONOMICS DEPARTMENT WORKING.

Cooke, P.(1998). "Introduction: Origins of Concept." H. Braczk, P. Cooke, and M. Heidenreich(eds.). *Regional Innovation Systems*, UCL Press.

Crafts, N.(2006). "Regulation and productivity performance", *Oxford Review of Economic Policy* 22(2), 186-202.

Crain, W. M., & Crain, N. V.(2014). The cost of federal regulation to the US economy, manufacturing and small business. National Association of Manufacturers.

Das, T. K. & B. S. Teng.(2000). "A resource-based theory of strategic alliances." *Journal of Management*, 26: 31-60.

Dean, T. J., Brown, R. L., & Stango, V.(2000). Environmental regulation as a barrier to the formation of small manufacturing establishments: A longitudinal examination. Journal of Environmental Economics and Management, 40(1), 56-75.

Department for Business, Innovation and Skills.(2015). Better regulation framework manual.

Department of the Taoiseach.(2007). Business Regulation Survey, Dublin: Department of the Taoiseach.

Dixon, L., Gates, S. M., Kapur, K., Seabury, S. A., & Talley, E.(2006). The impact of regulation and litigation on small business and entrepreneurship: An Overview. Kauffman-RAND Center for the Study of Small Business and Regulation, Working Paper.

Douglass North(1990). Institutions, Institutional Change and Economic Performance, Cambridge: Cambridge University Press.

Dowling, M. J. and J. E. McGee.(1994). "Business and Technology Strategies and New Venture Performance: A Study of the Telecommunication Equipment Industry." *Management Science*, 40: 1663-1677.

Dunleavy, P.(1985). Bureaucrats, Budgets and the Growth of the State: Reconstructing an Instrumental Model. British Journal of Political Science. 15: 299-328.

______(1991). Democracy, Bureaucracy & Public Choice. London: Harvester Wheatsheaf.

Freel, M. S.(2000). "External Linkages and Production Innovation in Small Manufacturing Firms." *Entrepreneurship and Regional Development*, 12: 245-266.

Gibbons, M., C. Limoges, H. Nowottny, S. Schwartzman, P. Scott and M. Trow(1994). The New Production of Knowledge. The Dynamics of Science and Research in Contemporary Societies, Sage: London.

Hagedoorn, J.(1993). "Understanding the Rationale of Strategic Technology Partering: Interorganizational Modes Cooperation and Sectoral Differences." *Strategic Management Journal*, 14: 371-385.

Hagedoorn, J. and J. Schakenrad.(1994). "The effect of strategic technology aliances on company performance." *Strategic Management Journal*, 15: 291-309.

Hahn R. W. and J. A. Hird.(1990). "The Costs and Benefits of Regulation Review and Synthesis." Yale Journal on Regulation, 8: 233-278.

Hall, P. A. and Taylor, R. C. R.(1996). Political Science and the Three New Institutionalisms. Political Studies, 44: 936-957.

Hall. P. A.(1986). Governing the Economy: The Politics of State Intervention in Britain and France. New York: Oxford University Press.

Hämäläine T. and Schienstock, G.(2001). Transformation of the Finnish Innovation System: A Newtork Approach.

Hart, S., G. Ahuja(1996). "Does it pay to be green? An empirical examination of the relationship between emission reduction and firm performance, Business Strategy and the Environment" 5, 30-37.

Hayek. F. A.(1978). "Competition as a Discovery Procedure," New Studies in Philosophy, Politics, Economics and the History of Ideas, Chicago: University of Chicago Press.

Hicks, J. R.(1932). The Theory of Wages, London, The Macmillan Publishers.

Hillman, A. J., M. C. Withers & B. J. Collins.(2009). "Resource dependence theory: A review." *Journal of Management*, 35(6): 1404-1427.

Huang, Kristal & Schroeder.(2010). "The Impact of Organizational Structure on Mass Customization Capability: A Contingency View." *Production and Operations Management*, 19(5): 515-530.

Jaffe, A. B., & Palmer, K.(1997). Environmental regulation and innovation: a panel data study. *The review of economics and statistics*, 79(4).

Jaffe, AB, SR Peterson, PR Portney, RN Stavins.(1995). "Environmental Regulation and Competitiveness of US Manufacturing: What Does the Evidence Tell Us?", *Journal of Economic Literature* 33(1), 132-163.

Kaufmann F., Majone G. and Ostrom V.(eds)(1986). Guidance, Control and Evaluation in the Public Sector. Berlin: de Gruyter.

Kay, N.(1988). "The R&D function: Corporate strategy and structure." in Dosi, G., Freeman, C., Nelson, R., Silverberg, G. and Soete L., (eds.). *Technical Change and Economic Theory*, Pinter Publishers.

Kelleher, Christine A. and Susan Webb Yackee.(2004). An Empirical Assessment of Devolution's Policy Impact. The Policy Studies Journal. 32(2). 253-270.

Kemp, R.(1998). Environmental regulation and innovation key issues and questions for research. The Impact of EU Regulation on Innovation of European Industry, Technical Report Series EUR, 18111.

______(1998). Environmental regulation and innovation:key issues and questions for research, In: Leone, F., Hemmelskamp, J.(Eds.), The Impact of EU Regulation on Innovation of European Industry, IPTS, Seville, 12-39.

Kingdon, J. W.(1984). Agendas, Alternatives and Public Policies. Boston:Little, Brown and Co.

Koske, I., Wanner, I., Bitetti, R., & Barbiero, O.(2015). The 2013 update of the OECD's database on product market regulation: Policy insight for OECD and non-OECD countries. OECD Economics Department Working Papers, No. 1200, Paris: OECD Publishing.

Kuhlmann, S.(1997). Evaluation as a Mediuln of Science & Technology Policy: Recent Developments in. Gerlnany and Beyond. In: OECD (ed.): Policy Evaluation in Innovation and Technology, Towards Best Practices: Paris, 443-460.

Lanjouw, JO, A. Mody.(1996). "Innovation and the international diffusion of environmentally responsive technology", Research Policy 25(4), 549-571.

Lanoie, P., M. Patry, R. Lajeunesse.(2008), “Environmental Regulation and Productivity: New Findings on the Porter Hypothesis”, Journal of Productivity Analysis 30(2), 121-128.

Lucas Robert E.(1988). On the mechanics of economic development. *Journal of Monetary Economics*, 22(1): 3-42.

Lee, S. and B. Bozeman.(2005). “The Impact of Research Collaboration on Scientific Productivity.” Social Studies of Science, 18(35), 673-702.

McKie, James, W.(1970). “Regulation and Free Markets: The Problem of Boundaries”, Bell Journal of Economics and Management Science 1, 6-26.

Meier, K. J.(1985). Regulation: Politics, Bureaucracy, and Economics.St.Martin's Press.Inc.

Mitnick, Barry. M.(1980). The Political Economy of Regulation.New York: Colombia University Press.

Narula, R. & G. Duysters.(2004). “Globalization and trends in international R&D alliances.” Journal of International Management, 10(2): 199-218.

Nguyen, N. T., & Wongsurawat, W.(2011). The impact of government policies on the development of small-and medium-sized enterprises: the case of Vietnam. Journal for International Business and Entrepreneurship Development, 6(2), 188-200.

Nieto, M. J. & L. Santamaria.(2007). “The importance of diverse collaborative networks for the novelty of product innovation.” *Technovation*, 27(6-7): 367-377.

Niskanen, Jr. A.(1971). Bureaucracy and Representative Government. Chicago: Aldine and Atherton.

______(1975). Bureaucrats and Politics. Journal of Law and Economics 18(3): 617-643.

North, Douglass C(1990). Institutions, Institutional Change, and Economic Performance, Cambridge: Cambridge University Press.

O'Toole, Laurence J., Jr., and Robert S. Montjoy.(1984). “Interorganizational policy implementation: A theoretical perspective.” *Public Administration Review*, 44: 491~503.

OECD(1997). The OECD Report on Regulatory Reform: Synthesis. Paris: OECD.

______(2002). Frascati Manual.

Ogus, Anthony I.(1994). Regulation: Legal Form and Economic Theory. Oxford, UK: Clarendon Press.

Ostrom, E.(1999). “Institutional Rational Choice: An Assessment of the Institutional Analysis and Development Framework.” In Theories of the Policy Process, ed. Paul A. Sabatier, 35-71. Boulder, CO: Westview Press, 1999.

O'Toole, Laurence J., Jr., and Robert S. Montjoy(1984). “Interorganizational Policy Implementation: A Theoretical Perspective,” Public Administration Review, (November/December 1984): Vol. 44. 491-503.

Paul Conway, Donato de Rosa, Giuseppe Nicoletti and Faye Steiner.(2006). 『Regulation, Competition and Productivity Convergence』, Economics Department Working Papers

No. 509, OECD(2006.9.4).

Pelkmans, J., and Renda, A.(2014). Does EU regulation hinder or stimulate innovation?, CEPS Special Report, No. 96.

Peltzman, S.(1976). "Toward a More General Theory of Regulation," Journal of Law and Economics, August 1976: 211-240.

Peters, Guy.(2002). "The Politics of Tool Choice". In Salamon, L.M. (ed.). The Tools of Government: A Guide to the New Governance. New York: Oxford University Press.

Pigou, Arthur C.(1938). The Economics of Welfare. London: Macmillan and Co., 4th ed.

Popp, D.(2002). "Induced innovation and energy prices", American Economic Review 92(1), 160-180.

______(2006). "International innovation and diffusion of air pollution control technologies: the effects of NOx and SO2 regulation in the US, Japan, and Germany", Journal of Environmental Economics and Management 51(1), 46-71.

Popp, DC, T. Hafner, N. Johnstone.(2007). "Policy vs. consumer pressure: innovation and diffusion of alternative bleaching technologies in the pulp industry", NBER Working Paper, No. W13439.

Porter, M. E., & Van der Linde, C.(1995a). Toward a new conception of the environment-competitiveness relationship. The journal of economic perspectives, 9(4), 97-118.

______(1995b). Green and competitive: ending the stalemate. Harvard business review, 73(5), 120-134.

Posner, R. A.(1977). Economic Analysis of Law, Boston: Little, Brown.

Pressman, Jeffrey L. and Aaron Wildavsky(1974). Implementation. Berkeley, CA: Institute for Governmental Studies.

Prieger, J. E.(2000). Regulation, innovation, and the introduction of new telecommunications services. Working Papers, University of California, Davis, Department of Economics, No. 00-8.

______(2002). Regulation, innovation, and the introduction of new telecommunications services, *Review of Economics and Statistics* 84(4), 704-715.

Regulation Taskforce.(2006). Rethinking regulation: Report of the taskforce on reducing regulatory burdens on business.

Romer, Paul M.(1990). Endogenous Technological Change, The Journal of Political Economy, Vol. 98, No. 5, Part 2: The Problem of Development: A Conference of the Institute for the Study of Free Enterprise Systems. (Oct., 1990), pp.S71-S102.

Rosenberg, N.(1969). *The direction of technological change: inducement mechanisms and focusing devices. Economic Development and Cultural Change*, 1-24.

Rothwell, R.(1992). "Industrial Innovation and Government Environmental Regulation: Some

Lessons from the Past," Technovation, 12(7): 447-458.

Salamon, L. M.(2002). The tools of government: A guide to the new governance. Oxford University Press.

Schumpeter, J. A.(1961). The Theory of Economic Development. 3rd Edition, Oxford University Press, New York.

Selznick, P.(1985). Focusing organisational research on regulation, in Noll, R. (Eds.), Regulatory Policy and Social Science, Berkeley and Los Angeles: University of California Press, 363-367.

Shadbegian, RJ, WB Gray.(2003). "What determines environmental performance at paper mills? The roles of abatement spending, regulation, and efficiency", *Topics in Economic Analysis and Policy* 3(1), 283-302.

Shan, W., G. Walker, and B. Kogut.(1994). "Interfirm cooperation and startup innovation in the biotechnology industry." *Strategic Management Journal*, 15(5): 387-394.

Stokey, Nancy L.(1991). "Human Capital, Product Quality, and Growth." *The Quarterly Journal of Economics*, 106(2): 587-616.

Small Business Research Centre.(2008). The impact of regulation on Small Business Performance.

Steinmo, Sven., Kathleen Thelen & Frank Longstreth.(eds.)(1992). Structuring Politics: Historical Institutionalism in comparative Analysis. New York: Cambridge University Press.

Stewart, L. A.(2010). The Impact of Regulation on Innovation in the United States: A Cross-Industry Literature Review, Information Technology & Innovation Foundation, June.

Stigler, George J.(1971). "The Theory of Economic Regulation," Bell Journal of Economics and Management Science, Spring 1971, pp.1-21.

Stigler, J. G.(1971). 'The Theory of Economic Regulation," Bell Journal of Management Science, 2(1), Spring, pp.3-21.

Stokey, Nancy L(1991). "Human Capital, Product Quality, and Growth," The Quarterly Journal of Economics, MIT Press, vol. 106(2), pages 587-616.

syntheses," Yale Journal on Regulation, Vol. 8, No. 1, pp.233-278.

Thelen, K. and S. Steinmo(1992). Historical institutionalism in comparative politics. Historical institutionalism in comparative politics: State, society, and economy. S. Steinmo, K. Thelen and F. Longstreth. New York, Cambridge University Press.

Thomas, L. G.(1990). "Regulation and Firm Size: FDA Impacts on Innovation," RAND Journal of Economics, 21(4): 497-517.

Thompson. J. D.(1967). *Organizations in Action*, New York: McGraw-Hill.

Vedung, Evert.(1998). Policy Instrument: Typologies and Theories In Bemelmans-Videc, M.

Ray, C. Rist and Evert Vedung(ed). Carrot, Stick and Sermons: Policy Instruments and Their Evaluation. New Brunswick NJ. USA.

Vogel, Steven. K.(1996). Freer Markets, More Rules: Regulatory Reform in Advanced Industrial Countries.Ithaca and London: Cornell University Press.

Wilson, James Q.(1980). The Politics of Regulation.In James Q.Wilson (ed.), The Politics of Regulation.New York: Basic Books.

Winston, C.(1993). "Economic Deregulation: Days of Reckoning for Microeconomists", *Journal of Economic Literature* 31(3), 1263-1289.

Wolf, Jr., Charles(1979). "A Theory of Nonmarket Failure: Framework for Implementation Analysis," Journal of Law and Economics, 22(1): 107-139.

Wollmann, H.(2003). Coordination in the intergovernmental setting, Peters G. and Pierre J. (eds). Handbook of Public Administration.

찾아보기

저자 소개

■ 김권식

현) 중소벤처기업연구원(KOSI) 연구위원
국무총리산하 경제 · 인문사회연구회 국책연구전략센터 전문위원,
한국행정연구원 규제연구센터 초청연구위원,
국무조정실 규제총괄정책관 전문위원 역임

■ 안승구

현) 한국과학기술기획평가원(KISTEP) 선임연구위원
KISTEP 혁신전략연구소 정책위원,
경영기획본부장, 감사부정 역임

■ 이광훈

현) 강원대학교 행정학과 및 에너지 · 인프라융합학과 부교수
스위스 로잔대학교 행정대학원(University of Lausanne, IDHEAP) 방문교수 역임

정부규제와 중소기업 기술혁신
-이론과 실제-

펴낸날 제1판 제1쇄 2023년 2월 23일
지은이 김권식 · 안승구 · 이광훈
펴낸이 임춘환
펴낸곳 도서출판 **대영문화사**
주소 (본사) 사무실: 경기도 고양시 일산서구 주화로 70
우신프라자 307호 (㊐ 10387)
(본사) 물류센터: 경기도 고양시 일산서구 덕산로
107번길 68-50 (㊐ 10205)
등록 1975년 12월 26일 제3-16호
전화 (031) 913-3062, (031) 914-3884~5
팩스 (031) 913-3839
홈페이지 http://www.dymbook.co.kr

인지
도서출판 대영문화사

ISBN 978-89-7644-883-5
값 26,000원